U1013544

国家自然科学基金项目成果

ANALYSES OF MEDIATING AND MODERATING EFFECTS

METHODS AND APPLICATIONS

中介效应和调节效应方法及应用

温忠麟　刘红云　著

教育科学出版社
·北　京·

前　言

在传统的研究因果关系的模型中，除了因变量就是自变量。但在一些比较复杂的模型中，除了因变量和自变量外，还经常包含中介变量或调节变量，它们通常不是应用问题的主角，却是研究方法的重心。

我涉足中介效应的研究得益于张雷教授（澳门大学心理学系讲座教授）。他当年在香港中文大学研究儿童发展，会碰到中介效应方面的问题。2004 年我们合作的第一篇关于中介效应的论文发表在《心理学报》上，至今已被 8000 多篇论文引用，单篇被引量在中国知网排名第一。随后，我和合作者发表的一系列有关中介效应和调节效应的论文在国内起到了推动作用，中介模型和调节模型在心理、行为、教育、管理、市场及社会学等学科的实证研究中得到广泛应用。有关中介效应和调节效应的研究已经成为相关领域的应用工作者和研究生关注的一个热点。

交互效应和调节效应是同义词。这样说来，我开始调节效应的研究其实更早。2000 年，我获得国家留学基金资助，在澳大利亚做访问学者，导师是教育心理学家 Herbert W. Marsh 教授。他虽然以研究自我概念而闻名于世，但在研究方法（包括结构方程）领域也有不少出色的研究成果。作为实践经验丰富的用家，他对所用的方法工具有深刻的理解和独到的见解，因而能提出一些非常值得研究的问题。我认准了其中应用性较强的一个，开始了潜变量交互效应建模研究。

我回国后，师从侯杰泰教授（香港中文大学教育心理系讲座教授）读博士，继续潜变量交互效应的研究。侯老师自 1990 年代起有很长一段时间和

Herbert W. Marsh 合作，为我提供了很好的学习与研究平台。我和两位导师一起，撰写了多篇论文，发表在美国的期刊上，尤其是 2004 年发表在《心理学方法》（*Psychological Methods*）上的一篇，已经成为潜变量交互效应研究的重要文献。

2012 年，我和合作者出版了《调节效应和中介效应分析》一书，共有八章，不仅包含了我们自己的研究成果，也介绍了国际上其他作者的有关研究成果。该书出版以后，受到广大读者的认可，几乎每年都要重印。

时间过去了八年，有关中介和调节效应的研究方法与时俱进，有了许多发展和变化。一方面，模型和方法有了许多新的拓展，其中不少是本书作者与合作者的贡献；另一方面，潜变量分析软件 Mplus 的进步远远超出原来比较流行的 LISREL，取而代之成了比较受欢迎的软件。为了反映这些变化，在对《调节效应和中介效应分析》一书进行大篇幅重写、修订的基础上，我们增加了大量新近的内容，形成本书，共有十章。

第一章是矩阵基础，无论读者以前是否学习过矩阵知识，阅读该章都可以更好地理解后面各章内容。第二章是协方差结构分析，读者最好是具备结构方程模型基础知识，读完该章会对结构方程模型的思想方法有更深刻的认识，但使用显变量建模的读者可以跳过该章。第三章是中介效应分析，包括多重中介、潜变量中介、类别变量中介和被试内设计的中介效应分析。第四章是调节效应分析，包括简单斜率检验、调节效应与中介效应的比较。第五章是中介变量和调节变量兼有的复合模型，包括有调节的中介模型、有中介的调节模型。第三至五章，有回归分析的基础就可以阅读。第六章是潜变量交互效应（即调节效应）分析，也介绍了潜变量二次效应。第七章讨论潜变量交互效应模型的标准化估计及其尺度不变性。第八章讨论潜增长交互作用模型，它是分析追踪数据的有力工具。第九章讨论多水平结构方程，包括多水平中介效应模型和多水平调节效应模型。第十章介绍结构方程分析中的模拟研究方法，不仅有助于读者理解本书及相关文献中提到的模拟研究，而且方便读者学习如何开展模拟研究。

除了极个别情形，本书介绍的所有模型都可以使用 Mplus 实现，并且都给出了 Mplus 程序。为了方便读者阅读文献，书中也用附录形式给出了主要方法的 LISREL 程序。最新版本的 Mplus 软件增加的功能，使得过去较难的方法变得容易实现，本书尽量反映这些变化。例如，潜变量交互效应分析的贝叶斯方法已经在刚推出不久的 Mplus 8.2 中实现，第六章有专门一节介绍贝叶斯方法，加强了 LMS（潜调节结构方程）方法的内容，淡化了传统的加入乘积指标的方法。第七章特别指出，在 Mplus 8.2 或者更高版本中，用 LMS 和贝叶斯方法分析潜变量交互效应已经可以得到标准化估计（所用的计算公式正是本人在 2010 年发表的论文中推导的）。总之，本书尽量跟上时代脚步，涵盖新近的文献。

本书第一章至第八章由我执笔，第九章由刘红云执笔，第十章由侯杰泰、常建芳（广东第二师范学院）和汤丹丹（本人的硕士生）提供素材，经我改编而成。全书由我统稿完成。

我自己执笔的部分，有些内容是在我和合作者发表的论文基础上加工整合而成的，其中包含了合作者的贡献。在这里我要对以下合作者致以诚挚的谢意：牛津大学（University of Oxford）Herbert W. Marsh 教授、香港中文大学侯杰泰教授、澳门大学张雷教授、广东外语外贸大学吴艳教授、江西师范大学叶宝娟教授、广东财经大学方杰博士、广东金融学院王阳博士、台湾辅英科技大学林冠群博士、德国蒂宾根大学（Eberhard Karls Universität Tübingen）Benjamin Nagengast 博士。特别是，方杰撰写了多水平调节效应部分内容，王阳撰写了被试内设计的中介效应部分内容。

书稿完成后，本人的博士生王惠惠、方俊燕、谢晋艳和硕士生陈韵宜、欧阳劲樱、黄国敏、戴蓉、杨泉森协助校对了书稿或清样；西南大学刘源博士应出版社邀请校对过一遍清样。责任编辑翁绮睿女士为本书的出版付出了辛勤劳动，在此一并向他们表示衷心的感谢。最后，要感谢国家自然科学基金（项目号：31771245、31271116）对本书撰写和出版的资助。

温忠麟

2020 年 7 月 8 日

目　录

扫描右侧二维码
获取本书程序代码

第一章　矩阵基础

简单地说，矩阵（matrix）是一个按行列顺序排成的长方形数表。有文献记载，中国人早在2600年前已经使用矩阵研究幻方，成书于公元1世纪前后的《九章算术》中已经有用矩阵求解线性方程组的例子。阿拉伯人知道幻方是公元7世纪的事情，而西方则晚至17世纪才有矩阵的概念。然而，矩阵理论的发展主要是西方数学家的贡献。如今，矩阵是线性代数的基础，并广泛应用于数学的各个分支和其他学科。对于多元统计，矩阵更是不可或缺的工具。为了对结构方程模型有比较深入的理解和掌握，有必要学习一些矩阵的基本知识。

本章介绍与矩阵有关的主要概念，并且不加证明地叙述一些基本结果，有兴趣进一步学习的读者，可以参考线性代数或者矩阵论教科书。

第一节　矩阵定义

由 $m \times n$ 个数 a_{ij}（$i=1$，…，m；$j=1$，…，n）排成的 m 行 n 列数表

$$\boldsymbol{A} = \begin{pmatrix} a_{11} & a_{12} & \cdots & a_{1n} \\ a_{21} & a_{22} & \cdots & a_{2n} \\ \cdots & \cdots & \cdots & \cdots \\ a_{m1} & a_{m2} & \cdots & a_{mn} \end{pmatrix} \tag{1.1}$$

称为 m 行 n 列矩阵，简称 $m \times n$ 矩阵。通常用大写字母表示矩阵，并将矩阵

符号印刷成黑斜体，以区别于通常的数量（常量或变量）符号。矩阵中的数称为矩阵的元素（element），a_{ij} 是矩阵 $\boldsymbol{A}$ 的第 i 行第 j 列元素。可以将（1.1）简记为

$$\boldsymbol{A}=(a_{ij})_{m\times n} \text{ 或 } \boldsymbol{A}=(a_{ij})$$

只有一行的矩阵

$$\boldsymbol{\alpha}=(a_1 \quad a_2 \quad \cdots \quad a_n) \text{ 或 } \boldsymbol{\alpha}=(a_1, a_2, \cdots, a_n)$$

也称为 $1\times n$ 向量，或行向量（row vector）。只有一列的矩阵

$$\boldsymbol{\alpha}=\begin{pmatrix} a_1 \\ a_2 \\ \vdots \\ a_m \end{pmatrix}$$

也称为 $m\times 1$ 向量，或列向量（column vector）。如果没有特别说明，一般所说的向量是指列向量。向量中的元素也称为向量的分量。

元素全为零的矩阵称为零矩阵，记为 $\boldsymbol{O}$ 。零向量记为 $\boldsymbol{0}$ 。

当 $m=n$ 时，$\boldsymbol{A}$ 称为 n 阶方阵（square matrix）。从方阵的左上角到右下角称为主对角线（main diagonal）。如果主对角线以上的元素都是零，这样的方阵称为下三角矩阵（triangular matrix below the main diagonal）。主对角线元素都是零的下三角矩阵称为严格下三角矩阵。例如下面的矩阵 $\boldsymbol{\Gamma}$ 是下三角矩阵，而矩阵 $\boldsymbol{B}$ 是严格下三角矩阵：

$$\boldsymbol{\Gamma}=\begin{pmatrix} \gamma_{11} & 0 & 0 \\ \gamma_{21} & \gamma_{22} & 0 \\ \gamma_{31} & \gamma_{32} & \gamma_{33} \end{pmatrix}, \quad \boldsymbol{B}=\begin{pmatrix} 0 & 0 & 0 \\ \beta_{21} & 0 & 0 \\ \beta_{31} & \beta_{32} & 0 \end{pmatrix}$$

一个方阵，如果主对角线上以外的元素都是零，称为对角矩阵（diagonal matrix）。例如

$$\boldsymbol{\Theta}=\begin{pmatrix} \theta_1 & 0 \\ 0 & \theta_2 \end{pmatrix}$$

特别地，如果一个 n 阶对角矩阵的主对角线上元素都是 1，称为 n 阶单位矩阵（identity matrix），记为 $\boldsymbol{I}_n$（或 $\boldsymbol{I}$ ）。例如，2 阶单位矩阵是

$$\boldsymbol{I}=\begin{pmatrix}1 & 0\\0 & 1\end{pmatrix}$$

如果 $\boldsymbol{A}=(a_{ij})$ 和 $\boldsymbol{B}=(b_{ij})$ 都是 $m\times n$ 矩阵，且它们对应的元素相等，即

$$a_{ij}=b_{ij}\text{，}(i=1,\cdots,m;\ j=1,\cdots,n)$$

则称矩阵 $\boldsymbol{A}$ 与 $\boldsymbol{B}$ 相等，记为 $\boldsymbol{A}=\boldsymbol{B}$ 。显然，两个矩阵相等，对应着一系列的等式。

第二节　矩阵运算

一、矩阵加法

设有两个 $m\times n$ 矩阵，$\boldsymbol{A}=(a_{ij})$，$\boldsymbol{B}=(b_{ij})$，则这两个矩阵的和定义为

$$\boldsymbol{A}+\boldsymbol{B}=\begin{pmatrix}a_{11}+b_{11} & a_{12}+b_{12} & \cdots & a_{1n}+b_{1n}\\a_{21}+b_{21} & a_{22}+b_{22} & \cdots & a_{2n}+b_{2n}\\\cdots & \cdots & \cdots & \cdots\\a_{m1}+b_{m1} & a_{m2}+b_{m2} & \cdots & a_{mn}+b_{mn}\end{pmatrix}$$

就是说，矩阵的加法是对应元素相加。要注意的是，只有行数和列数都相同的矩阵才能进行加法运算。

矩阵加法满足下列运算规律：

(1) $\boldsymbol{A}+\boldsymbol{B}=\boldsymbol{B}+\boldsymbol{A}$ ；

(2) $(\boldsymbol{A}+\boldsymbol{B})+\boldsymbol{C}=\boldsymbol{A}+(\boldsymbol{B}+\boldsymbol{C})$ 。

二、数乘矩阵

一个数 k 与 $m\times n$ 矩阵 $\boldsymbol{A}=(a_{ij})$ 的乘积定义为

$$k\boldsymbol{A}=\begin{pmatrix} ka_{11} & ka_{12} & \cdots & ka_{1n} \\ ka_{21} & ka_{22} & \cdots & ka_{2n} \\ \cdots & \cdots & \cdots & \cdots \\ ka_{m1} & ka_{m2} & \cdots & ka_{mn} \end{pmatrix}$$

就是说，数乘矩阵是将该数乘以矩阵的每一个元素。

数乘矩阵满足下列运算规律：

(1) $(kl)\boldsymbol{A}=k(l\boldsymbol{A})$；

(2) $(k+l)\boldsymbol{A}=k\boldsymbol{A}+l\boldsymbol{A}$；

(3) $k(\boldsymbol{A}+\boldsymbol{B})=k\boldsymbol{A}+k\boldsymbol{B}$。

三、矩阵乘法

设 $\boldsymbol{A}=(a_{ij})$ 是一个 $m\times p$ 矩阵，$\boldsymbol{B}=(b_{ij})$ 是一个 $p\times n$ 矩阵，$\boldsymbol{A}$ 与 $\boldsymbol{B}$ 的乘积定义为一个 $m\times n$ 矩阵 $\boldsymbol{C}=(c_{ij})$，其中

$$c_{ij}=a_{i1}b_{1j}+a_{i2}b_{2j}+\cdots+a_{ip}b_{pj}=\sum_{k=1}^{p}a_{ik}b_{kj}\text{，}(i=1,\cdots,m;\ j=1,\cdots,n)$$

记为 $\boldsymbol{C}=\boldsymbol{AB}$。就是说，乘积 $\boldsymbol{C}$ 的第（i，j）元素是 $\boldsymbol{A}$ 的第 i 行与 $\boldsymbol{B}$ 的第 j 列对应元素的乘积之和。显然，只有第一个矩阵（左乘矩阵）的列数与第二个矩阵（右乘矩阵）的行数相等时，两个矩阵才能相乘。

看一个线性变换的例子，就容易理解矩阵乘法的意义。设变量 y_1，y_2 是变量 x_1，x_2，x_3 的线性函数，即

$$\begin{aligned} y_1&=a_{11}x_1+a_{12}x_2+a_{13}x_3 \\ y_2&=a_{21}x_1+a_{22}x_2+a_{23}x_3 \end{aligned} \tag{1.2}$$

(1.2) 就是一个从 x_1，x_2，x_3 到 y_1，y_2 的线性变换，系数矩阵为

$$\boldsymbol{A}=\begin{pmatrix} a_{11} & a_{12} & a_{13} \\ a_{21} & a_{22} & a_{23} \end{pmatrix}$$

设有另一个从 t_1，t_2，t_3，t_4 到 x_1，x_2，x_3 的线性变换

$$
\begin{aligned}
x_1 &= b_{11}t_1 + b_{12}t_2 + b_{13}t_3 + b_{14}t_4 \\
x_2 &= b_{21}t_1 + b_{22}t_2 + b_{23}t_3 + b_{24}t_4 \\
x_3 &= b_{31}t_1 + b_{32}t_2 + b_{33}t_3 + b_{34}t_4
\end{aligned}
\tag{1.3}
$$

（1.3）的系数矩阵是

$$
\boldsymbol{B} = \begin{pmatrix} b_{11} & b_{12} & b_{13} & b_{14} \\ b_{21} & b_{22} & b_{23} & b_{24} \\ b_{31} & b_{32} & b_{33} & b_{34} \end{pmatrix}
$$

将（1.3）代入（1.2）并整理，得到一个从 t_1，t_2，t_3，t_4 到 y_1，y_2 的线性变换

$$
\begin{aligned}
y_1 = &(a_{11}b_{11} + a_{12}b_{21} + a_{13}b_{31})t_1 + (a_{11}b_{12} + a_{12}b_{22} + a_{13}b_{32})t_2 \\
&+ (a_{11}b_{13} + a_{12}b_{23} + a_{13}b_{33})t_3 + (a_{11}b_{14} + a_{12}b_{24} + a_{13}b_{34})t_4 \\
y_2 = &(a_{21}b_{11} + a_{22}b_{21} + a_{23}b_{31})t_1 + (a_{21}b_{12} + a_{22}b_{22} + a_{23}b_{32})t_2 \\
&+ (a_{21}b_{13} + a_{22}b_{23} + a_{23}b_{33})t_3 + (a_{21}b_{14} + a_{22}b_{24} + a_{23}b_{34})t_4
\end{aligned}
\tag{1.4}
$$

将这个线性变换的系数矩阵记为 $\boldsymbol{C}$

$$
\boldsymbol{C} = \begin{pmatrix} c_{11} & c_{12} & c_{13} & c_{14} \\ c_{21} & c_{22} & c_{23} & c_{24} \end{pmatrix}
$$

不难看出，$\boldsymbol{C}$ 就是 $\boldsymbol{AB}$ 。

看一个例子。设

$$
\boldsymbol{A} = \begin{pmatrix} 1 & -1 \\ 2 & 1 \\ 0 & 3 \end{pmatrix}，\boldsymbol{B} = \begin{pmatrix} 1 & -2 \\ 2 & 1 \end{pmatrix}
$$

则

$$
\boldsymbol{AB} = \begin{pmatrix} 1\times1+(-1)\times2 & 1\times(-2)+(-1)\times1 \\ 2\times1+1\times2 & 2\times(-2)+1\times1 \\ 0\times1+3\times2 & 0\times(-2)+3\times1 \end{pmatrix} = \begin{pmatrix} -1 & -3 \\ 4 & -3 \\ 6 & 3 \end{pmatrix}
$$

注意，这个例子 $\boldsymbol{B}$ 不能（左）乘以 $\boldsymbol{A}$ 。

再看一个向量乘法的例子。设

$$\boldsymbol{A}=(1 \quad -1 \quad 2),\ \boldsymbol{B}=\begin{pmatrix}2\\1\\-1\end{pmatrix}$$

则 $\boldsymbol{AB}=(-1)$，是一个 1×1 矩阵，就是一个数，通常不用括号，即 $\boldsymbol{AB}=-1$。而 $\boldsymbol{BA}$ 是一个 3×3 矩阵

$$\boldsymbol{BA}=\begin{pmatrix}2 & -2 & 4\\1 & -1 & 2\\-1 & 1 & -2\end{pmatrix}$$

矩阵乘法满足下列运算规律（假设运算都是可行的）：

(1) $\boldsymbol{IA}=\boldsymbol{AI}=\boldsymbol{A}$（$\boldsymbol{I}$ 是单位矩阵）；

(2) $(\boldsymbol{AB})\boldsymbol{C}=\boldsymbol{A}(\boldsymbol{BC})$；

(3) $\boldsymbol{A}(\boldsymbol{B}+\boldsymbol{C})=\boldsymbol{AB}+\boldsymbol{AC}$，$(\boldsymbol{B}+\boldsymbol{C})\boldsymbol{D}=\boldsymbol{BD}+\boldsymbol{CD}$；

(4) $k(\boldsymbol{AB})=(k\boldsymbol{A})\boldsymbol{B}=\boldsymbol{A}(k\boldsymbol{B})$。

记

$$\boldsymbol{y}=\begin{pmatrix}y_1\\y_2\end{pmatrix},\ \boldsymbol{x}=\begin{pmatrix}x_1\\x_2\\x_3\end{pmatrix},\ \boldsymbol{t}=\begin{pmatrix}t_1\\t_2\\t_3\\t_4\end{pmatrix}$$

则由矩阵乘法，可以将（1.2）和（1.3）分别写成如下矩阵形式

$$\boldsymbol{y}=\boldsymbol{Ax} \tag{1.5}$$

$$\boldsymbol{x}=\boldsymbol{Bt} \tag{1.6}$$

将（1.6）代入（1.5）得

$$\boldsymbol{y}=\boldsymbol{A}(\boldsymbol{Bt})=(\boldsymbol{AB})\boldsymbol{t} \tag{1.7}$$

（1.7）就是（1.4）的矩阵形式。

设 $\boldsymbol{A}$ 是一个 n 阶方阵，可以定义矩阵的幂如下：

$$\boldsymbol{A}^2=\boldsymbol{AA},\ \boldsymbol{A}^3=\boldsymbol{A}^2\boldsymbol{A},\ \cdots$$

显然，单位矩阵的任何次幂还是单位矩阵。

四、矩阵转置

将 $m \times n$ 矩阵 $\boldsymbol{A}$ 的 m 行依同样的顺序排成 m 列，得到一个 $n \times m$ 的新矩阵，称为 $\boldsymbol{A}$ 的转置矩阵（transpose of $\boldsymbol{A}$ ），记为 $\boldsymbol{A}'$ 。

例如，矩阵

$$\boldsymbol{A} = \begin{pmatrix} 1 & -1 \\ 2 & 1 \\ 0 & 3 \end{pmatrix}$$

的转置矩阵

$$\boldsymbol{A}' = \begin{pmatrix} 1 & 2 & 0 \\ -1 & 1 & 3 \end{pmatrix}$$

又如，向量 $\boldsymbol{x} = (x_1, x_2, x_3)'$ 表示一个列向量。为了节省篇幅，通常用这种“行向量加转置”的方法表示列向量。

矩阵的转置也是一种运算，满足如下运算规律（假设运算都是可行的）：

(1) $(\boldsymbol{A}')' = \boldsymbol{A}$ ；

(2) $(\boldsymbol{A} + \boldsymbol{B})' = \boldsymbol{A}' + \boldsymbol{B}'$ ；

(3) $(k\boldsymbol{A})' = k\boldsymbol{A}'$ ；

(4) $(\boldsymbol{AB})' = \boldsymbol{B}'\boldsymbol{A}'$ 。

设 $\boldsymbol{A}$ 为 n 阶方阵，如果 $\boldsymbol{A}' = \boldsymbol{A}$ ，则 $\boldsymbol{A}$ 称为对称矩阵（symmetric matrix）。对称矩阵的元素以主对角线为对称轴对应相等，即 $a_{ij} = a_{ji}$ 。下面是一个 3 阶对称矩阵：

$$\boldsymbol{S} = \begin{pmatrix} 3 & 1 & 0.5 \\ 1 & 2 & 1.5 \\ 0.5 & 1.5 & 4 \end{pmatrix} \tag{1.8}$$

显然，第 1 行元素和第 1 列元素完全一样，第 2 行元素和第 2 列元素、第 3 行元素和第 3 列元素也完全一样。一般的对称方阵也有同样的性质。

五、方阵的迹

设 $\boldsymbol{A}=(a_{ij})_{n\times n}$ 是一个 n 阶方阵，主对角线元素之和称为 $\boldsymbol{A}$ 的迹（trace），记为 $\mathrm{tr}(\boldsymbol{A})$，即

$$\mathrm{tr}(\boldsymbol{A})=\sum_{i=1}^{n}a_{ii}$$

例如，对于（1.8）中的矩阵，$\mathrm{tr}(\boldsymbol{S})=3+2+4=9$。对于 n 阶单位矩阵，显然有 $\mathrm{tr}(\boldsymbol{I}_n)=n$ 。迹运算满足如下法则：

(1) $\mathrm{tr}(\boldsymbol{A}')=\mathrm{tr}(\boldsymbol{A})$ ；

(2) $\mathrm{tr}(\boldsymbol{AB})=\mathrm{tr}(\boldsymbol{BA})$（假设 $\boldsymbol{AB}$，$\boldsymbol{BA}$ 都有意义）；

(3) $\mathrm{tr}(\boldsymbol{A}+\boldsymbol{B})=\mathrm{tr}(\boldsymbol{A})+\mathrm{tr}(\boldsymbol{B})$（假设 $\boldsymbol{A}$，$\boldsymbol{B}$ 的加法有意义）。

设 $\boldsymbol{A}=(a_{ij})_{n\times n}$ 是一个 n 阶对称方阵，即 $a_{ij}=a_{ji}$ 。由矩阵乘法定义，$\boldsymbol{A}^2$ 的第 i 个主对角线元素为 $\sum_{k=1}^{n}a_{ik}a_{ki}=\sum_{k=1}^{n}a_{ik}a_{ik}=\sum_{k=1}^{n}a_{ik}^2$，$i=1，2，\cdots，n$ 。将这 n 个主对角线元素求和得到 $\boldsymbol{A}^2$ 的迹

$$\mathrm{tr}(\boldsymbol{A}^2)=\sum_{i=1}^{n}\sum_{k=1}^{n}a_{ik}^2$$

就是说，$\boldsymbol{A}^2$ 的迹等于 $\boldsymbol{A}$ 的全部元素的平方和。

六、方阵的行列式

由 n 阶方阵 $\boldsymbol{A}$ 的元素所构成的行列式（保持元素的位置不变），称为 $\boldsymbol{A}$ 的行列式（determinant），记为 $|\boldsymbol{A}|$ 。行列式是一个数，由其中的元素按一定的运算法则确定。

对于 2 阶方阵 $\boldsymbol{A}=(a_{ij})_{2\times 2}$ ，相应的 2 阶行列式定义为

$$|\boldsymbol{A}|=\begin{vmatrix}a_{11} & a_{12}\\ a_{21} & a_{22}\end{vmatrix}=a_{11}a_{22}-a_{12}a_{21} \tag{1.9}$$

对于 3 阶方阵 $\boldsymbol{A}=(a_{ij})_{3\times 3}$ ，相应的 3 阶行列式定义为

$$|\boldsymbol{A}|=\begin{vmatrix}a_{11}&a_{12}&a_{13}\\a_{21}&a_{22}&a_{23}\\a_{31}&a_{32}&a_{33}\end{vmatrix}=a_{11}\begin{vmatrix}a_{22}&a_{23}\\a_{32}&a_{33}\end{vmatrix}-a_{12}\begin{vmatrix}a_{21}&a_{23}\\a_{31}&a_{33}\end{vmatrix}+a_{13}\begin{vmatrix}a_{21}&a_{22}\\a_{31}&a_{32}\end{vmatrix} \tag{1.10}$$

其中，与 a_{11} 相乘的是删去了 a_{11} 所在的行和列以后剩下的 2 阶行列式，称为 a_{11} 的余子式（minor）。类似地，可以定义 a_{ij} 的余子式，它是删去了 a_{ij} 所在的行和列以后剩下的行列式，记为 M_{ij} 。记 $A_{ij}=(-1)^{i+j}M_{ij}$ ，称为 a_{ij} 的代数余子式（cofactor）。由（1.9）和（1.10）可以归纳出，一个行列式等于它的第一行的各元素与其代数余子式的乘积之和。对于一般的 n 阶行列式，也有同样的结果。更一般地，一个行列式等于它的任意一行（或一列）的各元素与其代数余子式的乘积之和。由于代数余子式的阶数比原来的行列式阶数低，理论上说，使用上述方法可以计算出行列式的值，但通常教科书采用的是矩阵初等变换的方法计算行列式。而由于计算机软件的广泛使用，我们可以不用考虑如何计算行列式了。

由 $\boldsymbol{A}$ 确定 $|\boldsymbol{A}|$ 的运算满足下列规律（设 $\boldsymbol{A}$，$\boldsymbol{B}$ 为 n 阶方阵）：

(1) $|\boldsymbol{A}'|=|\boldsymbol{A}|$ ；

(2) $|k\boldsymbol{A}|=k^n|\boldsymbol{A}|$ ；

(3) $|\boldsymbol{AB}|=|\boldsymbol{A}||\boldsymbol{B}|$ 。

例如，

$$\boldsymbol{A}=\begin{pmatrix}1&-1\\1&3\end{pmatrix},\ \boldsymbol{B}=\begin{pmatrix}2&0\\1&-1\end{pmatrix}$$

要求 $|\boldsymbol{AB}|$ 。一种做法是先求出

$$|\boldsymbol{A}|=\begin{vmatrix}1&-1\\1&3\end{vmatrix}=4,\quad |\boldsymbol{B}|=\begin{vmatrix}2&0\\1&-1\end{vmatrix}=-2$$

$|\boldsymbol{AB}|=|\boldsymbol{A}||\boldsymbol{B}|=4\times(-2)=-8$。另一种做法是直接求出

$$\boldsymbol{AB}=\begin{pmatrix}1&1\\5&-3\end{pmatrix}$$

所以 $|\boldsymbol{AB}|=\begin{vmatrix}1 & 1\\5 & -3\end{vmatrix}=-8$。

七、逆矩阵

设 $\boldsymbol{A}$ 是一个 n 阶方阵，如果有一个 n 阶方阵 $\boldsymbol{B}$ ，使

$$\boldsymbol{AB}=\boldsymbol{BA}=\boldsymbol{I} \tag{1.11}$$

则称 $\boldsymbol{A}$ 为可逆矩阵，并把 $\boldsymbol{B}$ 称为 $\boldsymbol{A}$ 的逆矩阵（inverse of $\boldsymbol{A}$ ）。

如果 $\boldsymbol{A}$ 可逆，则它的逆矩阵是唯一的，记为 $\boldsymbol{A}^{-1}$ 。当 $\boldsymbol{A}$ 可逆时，$\boldsymbol{A}$ 的行列式 $|\boldsymbol{A}|\neq 0$；反之，当 $\boldsymbol{A}$ 的行列式 $|\boldsymbol{A}|\neq 0$ 时，$\boldsymbol{A}$ 可逆。逆矩阵可以由 $\boldsymbol{A}$ 的行列式和 $\boldsymbol{A}$ 的伴随矩阵（adjoint matrix）计算出来。以 3 阶方阵 $\boldsymbol{A}=(a_{ij})_{3\times 3}$ 为例，$\boldsymbol{A}$ 的伴随矩阵定义为

$$\boldsymbol{A}^{*}=\begin{pmatrix}A_{11} & A_{21} & A_{31}\\A_{12} & A_{22} & A_{32}\\A_{13} & A_{23} & A_{33}\end{pmatrix}$$

其中，A_{ij} 是 a_{ij} 的代数余子式。注意 $\boldsymbol{A}^{*}$ 的行由 $\boldsymbol{A}$ 的列对应的代数余子式组成。$\boldsymbol{A}$ 的逆矩阵为

$$\boldsymbol{A}^{-1}=\frac{1}{|\boldsymbol{A}|}\boldsymbol{A}^{*}$$

例如，矩阵

$$\boldsymbol{A}=\begin{pmatrix}1 & -2 & 1\\0 & 2 & -1\\1 & 1 & -2\end{pmatrix}$$

的逆矩阵为

$$\boldsymbol{A}^{-1}=\frac{1}{3}\begin{pmatrix}3 & 3 & 0\\1 & 3 & -1\\2 & 3 & -2\end{pmatrix}$$

如果 $|\boldsymbol{A}|=0$，$\boldsymbol{A}$ 称为奇异矩阵（singular matrix），否则称为非奇异矩

阵。显然，一个方阵是可逆矩阵当且仅当它是非奇异矩阵。

如果 $\boldsymbol{A}$ 的逆矩阵和转置矩阵相同，即 $\boldsymbol{A}^{-1}=\boldsymbol{A}'$，称为正交矩阵（orthogonal matrix）。就是说，$\boldsymbol{A}$ 是一个正交矩阵，当且仅当

$$\boldsymbol{A}\boldsymbol{A}'=\boldsymbol{A}'\boldsymbol{A}=\boldsymbol{I} \tag{1.12}$$

逆矩阵满足如下运算规律：

（1）如果 $\boldsymbol{A}$ 可逆，则 $\boldsymbol{A}^{-1}$ 也可逆，且 $(\boldsymbol{A}^{-1})^{-1}=\boldsymbol{A}$；

（2）如果 $\boldsymbol{A}$ 可逆，数 $k\neq 0$，则 $k\boldsymbol{A}$ 可逆，且 $(k\boldsymbol{A})^{-1}=\dfrac{1}{k}\boldsymbol{A}^{-1}$；

（3）如果 $\boldsymbol{A}$ 和 $\boldsymbol{B}$ 是两个阶数相同的可逆矩阵，则 $\boldsymbol{AB}$ 可逆，且 $(\boldsymbol{AB})^{-1}=\boldsymbol{B}^{-1}\boldsymbol{A}^{-1}$；

（4）如果 $\boldsymbol{A}$ 可逆，则其转置矩阵 $\boldsymbol{A}'$ 也可逆，且 $(\boldsymbol{A}')^{-1}=(\boldsymbol{A}^{-1})'$。

八、解方程组

设有三元一次方程组

$$\begin{aligned} x_1-2x_2+x_3&=3\\ 2x_2-x_3&=-2\\ x_1+x_2-2x_3&=0 \end{aligned}$$

容易验算，方程组有唯一解：$x_1=1$，$x_2=-1$，$x_3=0$。根据矩阵运算法则，可以将上面的方程组写成下面的矩阵形式

$$\begin{pmatrix}1&-2&1\\0&2&-1\\1&1&-2\end{pmatrix}\begin{pmatrix}x_1\\x_2\\x_3\end{pmatrix}=\begin{pmatrix}3\\-2\\0\end{pmatrix}$$

上式左边的 3 阶方阵称为方程组的系数矩阵，两边乘上其逆矩阵，得到

$$\begin{pmatrix}x_1\\x_2\\x_3\end{pmatrix}=\begin{pmatrix}1&-2&1\\0&2&-1\\1&1&-2\end{pmatrix}^{-1}\begin{pmatrix}3\\-2\\0\end{pmatrix}=\frac{1}{3}\begin{pmatrix}3&3&0\\1&3&-1\\2&3&-2\end{pmatrix}\begin{pmatrix}3\\-2\\0\end{pmatrix}=\begin{pmatrix}1\\-1\\0\end{pmatrix}$$

对于一般的线性方程组

$$
\begin{aligned}
&a_{11}x_1 + a_{12}x_2 + \cdots + a_{1n}x_n = b_1 \\
&a_{21}x_1 + a_{22}x_2 + \cdots + a_{2n}x_n = b_2 \\
&\cdots\cdots \\
&a_{m1}x_1 + a_{m2}x_2 + \cdots + a_{mn}x_n = b_m
\end{aligned}
$$

可以写成矩阵形式

$$\boldsymbol{Ax} = \boldsymbol{b}$$

其中

$$\boldsymbol{A} = \begin{pmatrix} a_{11} & a_{12} & \cdots & a_{1n} \\ a_{21} & a_{22} & \cdots & a_{2n} \\ \cdots & \cdots & \cdots & \cdots \\ a_{m1} & a_{m2} & \cdots & a_{mn} \end{pmatrix}, \quad \boldsymbol{x} = \begin{pmatrix} x_1 \\ x_2 \\ \cdots \\ x_n \end{pmatrix}, \quad \boldsymbol{b} = \begin{pmatrix} b_1 \\ b_2 \\ \cdots \\ b_m \end{pmatrix}$$

任何一个线性方程组都可以写成矩阵的形式，并使用矩阵进行推演。在通常的回归分析中，研究的是一个因变量与多个自变量的线性关系，如果因变量也不止一个，有多少个因变量就对应着多少个方程。所以研究多因多果的线性关系，涉及线性方程组。在通常的因子分析中，研究的是观测变量与因子之间的线性关系，也涉及线性方程组。而结构方程模型简单地说是结合了因子模型和回归模型，因而可以使用矩阵进行推演。

九、向量和矩阵的距离

我们知道，数轴上两个点 x 和 y 之间的距离是 $d(x, y) = |x - y|$，平面上两个点 (x_1, x_2) 和 (y_1, y_2) 之间的距离是 $d[(x_1, x_2), (y_1, y_2)] = [(x_1 - y_1)^2 + (x_2 - y_2)^2]^{1/2}$。一个 n 维向量对应于 n 维空间的一个点，因而可以类似地定义向量之间的距离和矩阵之间的距离。

设 $\boldsymbol{x} = (x_1, x_2, \cdots, x_n)$，$\boldsymbol{y} = (y_1, y_2, \cdots, y_n)$，它们之间的距离定义为

$$d(\boldsymbol{x}, \boldsymbol{y}) = [(x_1 - y_1)^2 + (x_2 - y_2)^2 + \cdots + (x_n - y_n)^2]^{1/2}$$

用求和符号可以简洁地写成

$$d(\boldsymbol{x},\ \boldsymbol{y})=\left[\sum_{i=1}^{n}(x_i-y_i)^2\right]^{1/2}$$

称为向量的欧几里得（Euclidian）距离。设 $\boldsymbol{A}=(a_{ij})_{m\times n}$ 和 $\boldsymbol{B}=(b_{ij})_{m\times n}$ 都是 $m\times n$ 矩阵，它们之间的距离定义为

$$\begin{aligned}d(\boldsymbol{A},\ \boldsymbol{B})=[&(a_{11}-b_{11})^2+(a_{12}-b_{12})^2+\cdots+(a_{1n}-b_{1n})^2\\&+(a_{21}-b_{21})^2+(a_{22}-b_{22})^2+\cdots+(a_{2n}-b_{2n})^2\\&+\cdots\\&+(a_{m1}-b_{m1})^2+(a_{m2}-b_{m2})^2+\cdots+(a_{mn}-b_{mn})^2]^{1/2}\end{aligned}$$

用求和符号可以简洁地写成

$$d(\boldsymbol{A},\ \boldsymbol{B})=\left[\sum_{i=1}^{m}\sum_{j=1}^{n}(a_{ij}-b_{ij})^2\right]^{1/2}$$

设 $\boldsymbol{A}=(a_{ij})$ 和 $\boldsymbol{B}=(b_{ij})$ 都是 n 阶对称方阵，即 $a_{ij}=a_{ji}$，$b_{ij}=b_{ji}$，此时 $\boldsymbol{A}-\boldsymbol{B}$ 也是对称方阵，$(\boldsymbol{A}-\boldsymbol{B})^2$ 的迹等于 $\boldsymbol{A}-\boldsymbol{B}$ 的全部元素的平方和：

$$\mathrm{tr}\,(\boldsymbol{A}-\boldsymbol{B})^2=\sum_{i=1}^{n}\sum_{k=1}^{n}(a_{ik}-b_{ik})^2$$

所以

$$d(\boldsymbol{A},\ \boldsymbol{B})=[\mathrm{tr}\,(\boldsymbol{A}-\boldsymbol{B})^2]^{1/2}$$

这样，可以通过迹来计算矩阵的距离。

第三节　分块矩阵

有时候，要将一个矩阵 $\boldsymbol{A}$ 形式地分成几个小矩阵，这些小矩阵称为 $\boldsymbol{A}$ 的子块，以子块为元素的形式上的矩阵称为分块矩阵（partitioned matrix）。

下面以一个例子说明分块矩阵。设

$$\boldsymbol{A}=\begin{pmatrix}1&3&-1\\1&2&2\\2&-2&3\\0&4&1\end{pmatrix}$$

可以根据实际需要用不同的分块法将 $\boldsymbol{A}$ 写成不同形式的分块矩阵，下面列出用 4 种不同的分块法得到的分块矩阵。

分块矩阵 1：

$$\boldsymbol{A}=\begin{pmatrix}\boldsymbol{A}_{11} & \boldsymbol{A}_{12}\\ \boldsymbol{A}_{21} & \boldsymbol{A}_{22}\end{pmatrix}$$

其中，

$$\boldsymbol{A}_{11}=\begin{pmatrix}1 & 3\\ 1 & 2\end{pmatrix},\ \boldsymbol{A}_{12}=\begin{pmatrix}-1\\ 2\end{pmatrix},\ \boldsymbol{A}_{21}=\begin{pmatrix}2 & -2\\ 0 & 4\end{pmatrix},\ \boldsymbol{A}_{22}=\begin{pmatrix}3\\ 1\end{pmatrix}$$

分块矩阵 2：

$$\boldsymbol{A}=\begin{pmatrix}\boldsymbol{A}_{11} & \boldsymbol{A}_{12}\\ \boldsymbol{A}_{21} & \boldsymbol{A}_{22}\end{pmatrix}$$

其中，

$$\boldsymbol{A}_{11}=\begin{pmatrix}1 & 3\\ 1 & 2\\ 2 & -2\end{pmatrix},\ \boldsymbol{A}_{12}=\begin{pmatrix}-1\\ 2\\ 3\end{pmatrix},\ \boldsymbol{A}_{21}=(0\quad 4),\ \boldsymbol{A}_{22}=(1)$$

分块矩阵 3：

$$\boldsymbol{A}=\begin{pmatrix}\boldsymbol{A}_{11}\\ \boldsymbol{A}_{21}\end{pmatrix}$$

其中，

$$\boldsymbol{A}_{11}=\begin{pmatrix}1 & 3 & -1\\ 1 & 2 & 2\\ 2 & -2 & 3\end{pmatrix},\ \boldsymbol{A}_{21}=(0\quad 4\quad 1)$$

分块矩阵 4：

$$\boldsymbol{A}=(\boldsymbol{\alpha}_1,\ \boldsymbol{\alpha}_2,\ \boldsymbol{\alpha}_3)$$

其中，

$$\boldsymbol{\alpha}_1=\begin{pmatrix}1\\1\\2\\0\end{pmatrix},\ \boldsymbol{\alpha}_2=\begin{pmatrix}3\\2\\-2\\4\end{pmatrix},\ \boldsymbol{\alpha}_3=\begin{pmatrix}-1\\2\\3\\1\end{pmatrix}$$

分块矩阵 4 是将矩阵的每一列作为一个列向量（子块），矩阵由这些列向量组成。同理，也可以将矩阵的每一行作为一个行向量（子块），矩阵由这些行向量组成。

可以直接将分块矩阵的子块当作矩阵元素进行矩阵运算，运算规则与普通矩阵的运算规则类似。

一、分块矩阵的加法

设矩阵 $\boldsymbol{A}$ 和 $\boldsymbol{B}$ 的行数和列数都相同，采用相同的分块法，

$$\boldsymbol{A}=\begin{pmatrix}\boldsymbol{A}_{11} & \cdots & \boldsymbol{A}_{1r}\\ \cdots & \cdots & \cdots\\ \boldsymbol{A}_{s1} & \cdots & \boldsymbol{A}_{sr}\end{pmatrix},\ \boldsymbol{B}=\begin{pmatrix}\boldsymbol{B}_{11} & \cdots & \boldsymbol{B}_{1r}\\ \cdots & \cdots & \cdots\\ \boldsymbol{B}_{s1} & \cdots & \boldsymbol{B}_{sr}\end{pmatrix}$$

其中 $\boldsymbol{A}_{ij}$ 与 $\boldsymbol{B}_{ij}$ 的行数和列数都相同，则

$$\boldsymbol{A}+\boldsymbol{B}=\begin{pmatrix}\boldsymbol{A}_{11}+\boldsymbol{B}_{11} & \cdots & \boldsymbol{A}_{1r}+\boldsymbol{B}_{1r}\\ \cdots & \cdots & \cdots\\ \boldsymbol{A}_{s1}+\boldsymbol{B}_{s1} & \cdots & \boldsymbol{A}_{sr}+\boldsymbol{B}_{sr}\end{pmatrix}$$

二、数乘分块矩阵

设 $\boldsymbol{A}=\begin{pmatrix}\boldsymbol{A}_{11} & \cdots & \boldsymbol{A}_{1r}\\ \cdots & \cdots & \cdots\\ \boldsymbol{A}_{s1} & \cdots & \boldsymbol{A}_{sr}\end{pmatrix}$，$k$ 是一个数，则

$$k\boldsymbol{A}=\begin{pmatrix} k\boldsymbol{A}_{11} & \cdots & k\boldsymbol{A}_{1r} \\ \cdots & \cdots & \cdots \\ k\boldsymbol{A}_{s1} & \cdots & k\boldsymbol{A}_{sr} \end{pmatrix}$$

三、分块矩阵乘法

设 $\boldsymbol{A}$ 是 $m \times p$ 矩阵，$\boldsymbol{B}$ 是 $p \times n$ 矩阵，分别有如下分块

$$\boldsymbol{A}=\begin{pmatrix} \boldsymbol{A}_{11} & \cdots & \boldsymbol{A}_{1t} \\ \cdots & \cdots & \cdots \\ \boldsymbol{A}_{s1} & \cdots & \boldsymbol{A}_{st} \end{pmatrix}, \quad \boldsymbol{B}=\begin{pmatrix} \boldsymbol{B}_{11} & \cdots & \boldsymbol{B}_{1r} \\ \cdots & \cdots & \cdots \\ \boldsymbol{B}_{t1} & \cdots & \boldsymbol{B}_{tr} \end{pmatrix}$$

其中 $\boldsymbol{A}_{i1}$，$\boldsymbol{A}_{i2}$ ，…，$\boldsymbol{A}_{it}$ 的列数分别与 $\boldsymbol{B}_{1j}$，$\boldsymbol{B}_{2j}$ ，…，$\boldsymbol{B}_{tj}$ 的行数相同，则

$$\boldsymbol{AB}=\begin{pmatrix} \boldsymbol{C}_{11} & \cdots & \boldsymbol{C}_{1r} \\ \cdots & \cdots & \cdots \\ \boldsymbol{C}_{s1} & \cdots & \boldsymbol{C}_{sr} \end{pmatrix}$$

其中 $\boldsymbol{C}_{ij}=\sum_{k=1}^{t}\boldsymbol{A}_{ik}\boldsymbol{B}_{kj}$ ，（$i=1$，…，s；$j=1$，…，r）。

四、分块矩阵的转置

设

$$\boldsymbol{A}=\begin{pmatrix} \boldsymbol{A}_{11} & \cdots & \boldsymbol{A}_{1r} \\ \cdots & \cdots & \cdots \\ \boldsymbol{A}_{s1} & \cdots & \boldsymbol{A}_{sr} \end{pmatrix}$$

则 $\boldsymbol{A}$ 的转置为

$$\boldsymbol{A}'=\begin{pmatrix} \boldsymbol{A}'_{11} & \cdots & \boldsymbol{A}'_{s1} \\ \cdots & \cdots & \cdots \\ \boldsymbol{A}'_{1r} & \cdots & \boldsymbol{A}'_{sr} \end{pmatrix}$$

五、分块对角方阵

设方阵 $\boldsymbol{A}$ 的分块矩阵如下

$$\boldsymbol{A}=\begin{pmatrix}\boldsymbol{A}_1 & & & \boldsymbol{O}\\ & \boldsymbol{A}_2 & & \\ & & \ddots & \\ \boldsymbol{O} & & & \boldsymbol{A}_s\end{pmatrix}$$

即主对角线以外的子块都是零矩阵，而主对角线上的子块都是方阵。称 $\boldsymbol{A}$ 为分块对角方阵，这种方阵的行列式

$$|\boldsymbol{A}|=|\boldsymbol{A}_1||\boldsymbol{A}_2|\cdots|\boldsymbol{A}_s|$$

如果 $|\boldsymbol{A}_i|\neq 0$（$i=1，2，\cdots，s$），则 $|\boldsymbol{A}|\neq 0$，并且

$$\boldsymbol{A}^{-1}=\begin{pmatrix}\boldsymbol{A}_1^{-1} & & & \boldsymbol{O}\\ & \boldsymbol{A}_2^{-1} & & \\ & & \ddots & \\ \boldsymbol{O} & & & \boldsymbol{A}_s^{-1}\end{pmatrix}$$

第四节 矩阵的秩

在一个 $m\times n$ 阶矩阵 $\boldsymbol{A}$ 中任取 k 行和 k 列（$k\leqslant \min\{m，n\}$），位于这些行列交叉处的元素按原有顺序构成一个 k 阶行列式，称为 $\boldsymbol{A}$ 的一个 k 阶子式（determinant of a $k\times k$ submatrix）。如果 $\boldsymbol{A}$ 有一个 r 阶子式不等于零，且所有 $r+1$ 阶子式（如果有的话）都等于零，则称 $\boldsymbol{A}$ 的秩（rank）为 r，记为 $\text{rank}(\boldsymbol{A})=r$。

设向量组 $\boldsymbol{a}_1，\boldsymbol{a}_2，\cdots，\boldsymbol{a}_n$ 是 n 个 m 维列向量，由这些向量组成矩阵 $\boldsymbol{A}=(\boldsymbol{a}_1，\boldsymbol{a}_2，\cdots，\boldsymbol{a}_n)$，称 $\text{rank}(\boldsymbol{A})$ 为向量组的秩。如果 $\text{rank}(\boldsymbol{A})=n$，称向量组 $\boldsymbol{a}_1，\boldsymbol{a}_2，\cdots，\boldsymbol{a}_n$ 线性无关；如果 $\text{rank}(\boldsymbol{A})<n$，称向量组 $\boldsymbol{a}_1，\boldsymbol{a}_2，\cdots，$

$\boldsymbol{a}_n$ 线性相关。

向量组 $\boldsymbol{a}_1$，$\boldsymbol{a}_2$，…，$\boldsymbol{a}_n$ 线性相关的一个充分必要条件是，向量组中至少有一个向量，可以表示成其余向量的线性组合。向量组 $\boldsymbol{a}_1$，$\boldsymbol{a}_2$，…，$\boldsymbol{a}_n$ 线性相关的另一个充分必要条件是，存在一组不全为零的数 k_1，k_2，…，k_n 使得

$$k_1\boldsymbol{a}_1+k_2\boldsymbol{a}_2+\cdots+k_n\boldsymbol{a}_n=\boldsymbol{0}$$

第五节　方阵的特征值和特征向量

设 $\boldsymbol{A}$ 是 n 阶方阵，如果数 k 和 n 维非零向量 $\boldsymbol{x}$ 使得

$$\boldsymbol{A}\boldsymbol{x}=k\boldsymbol{x} \tag{1.13}$$

则称 k 为 $\boldsymbol{A}$ 的特征值（eigenvalue）或特征根（latent root），$\boldsymbol{x}$ 为对应于特征值 k 的特征向量（eigenvector）。特征值 k 满足方程

$$|\boldsymbol{A}-k\boldsymbol{I}|=0 \tag{1.14}$$

上述方程称为 $\boldsymbol{A}$ 的特征方程，左边（$\boldsymbol{A}-k\boldsymbol{I}$ 的行列式）是 k 的 n 次多项式，在复数范围内特征方程有 n 个根（重根按重数计算），所以 n 阶方阵有 n 个特征值。当 $\boldsymbol{A}$ 是 n 阶实对称矩阵时，$\boldsymbol{A}$ 的特征值都是实数，此时，$\boldsymbol{A}$ 的 n 个特征值可以从大到小排列成 $k_1\geqslant k_2\geqslant\cdots\geqslant k_n$ 。

第六节　正定矩阵和非负定矩阵

一个 m 阶对称矩阵 $\boldsymbol{A}=(a_{ij})$，和实数向量 $\boldsymbol{t}=(t_1,\ \cdots,\ t_m)'$，由下式定义了一个 t_1，…，t_m 的二次型（quadratic form）：

$$\boldsymbol{t}'\boldsymbol{A}\boldsymbol{t}=\sum_{i=1}^{m}\sum_{j=1}^{m}a_{ij}t_it_j$$

如果对于任意实数向量 $\boldsymbol{t}=(t_1,\ \cdots,\ t_m)'$，都有

$$\boldsymbol{t}'\boldsymbol{A}\boldsymbol{t}=\sum_{i=1}^{m}\sum_{j=1}^{m}a_{ij}t_it_j\geqslant 0$$

则称二次型是非负定的（nonnegative definite）或者半正定的（positive semi-definite），对应的 $\boldsymbol{A}$ 称为非负定矩阵或半正定矩阵。如果 $\boldsymbol{t} \neq \boldsymbol{0}$ 时严格不等号成立，即 $\boldsymbol{t}'\boldsymbol{A}\boldsymbol{t} > 0$（$\boldsymbol{t} \neq \boldsymbol{0}$），则称二次型是正定的（positive definite），对应的 $\boldsymbol{A}$ 称为正定矩阵。

例如，设

$$\boldsymbol{A} = \begin{pmatrix} 3 & 1 \\ 1 & 4 \end{pmatrix}, \ \boldsymbol{t} = \begin{pmatrix} t_1 \\ t_2 \end{pmatrix}$$

则 t_1，t_2 的二次型

$$\boldsymbol{t}'\boldsymbol{A}\boldsymbol{t} = (t_1 \quad t_2)\begin{pmatrix} 3 & 1 \\ 1 & 4 \end{pmatrix}\begin{pmatrix} t_1 \\ t_2 \end{pmatrix} = (3t_1 + t_2 \quad t_1 + 4t_2)\begin{pmatrix} t_1 \\ t_2 \end{pmatrix} = 3t_1^2 + 2t_1t_2 + 4t_2^2$$

显然，$3t_1^2 + 2t_1t_2 + 4t_2^2 = 2t_1^2 + (t_1 + t_2)^2 + 3t_2^2$，除非 $t_1 = t_2 = 0$，否则 $3t_1^2 + 2t_1t_2 + 4t_2^2 > 0$ 总是成立，所以 $\boldsymbol{A} = \begin{pmatrix} 3 & 1 \\ 1 & 4 \end{pmatrix}$ 是正定矩阵。

可以证明，一个 m 阶非负定矩阵的特征值都是非负实数，此时，m 个特征值可以从大到小排列成 $k_1 \geqslant k_2 \geqslant \cdots \geqslant k_m \geqslant 0$；正定矩阵的特征值都是正实数，此时，$m$ 个特征值可以从大到小排列成 $k_1 \geqslant k_2 \geqslant \cdots \geqslant k_m > 0$。反过来，如果一个对称矩阵的特征值全部大于零，则它是正定矩阵。正定矩阵是可逆矩阵，但非负定矩阵不一定可逆。一个非负定矩阵可逆当且仅当它的全部特征值大于零，也可以说，一个非负定矩阵可逆当且仅当它是正定矩阵。

第七节　随机向量的协方差矩阵和相关矩阵

设 $\boldsymbol{U} = (u_{ij})$ 是 $m \times n$ 矩阵，其中的元素都是（随机）变量，$\boldsymbol{U}$ 的均值矩阵（expectation matrix，也称为期望矩阵）定义为 $E(\boldsymbol{U}) = (E(u_{ij}))$，即 $\boldsymbol{U}$ 的均值矩阵的元素是 $\boldsymbol{U}$ 的元素的均值。作为特例，随机向量 $\boldsymbol{x} = (x_1, x_2, \cdots, x_m)'$ 的均值向量定义为

$$E(\boldsymbol{x}) = (E(x_1), E(x_2), \cdots, E(x_m))'$$

设 $\boldsymbol{x}=(x_1, x_2, \cdots, x_m)'$ 和 $\boldsymbol{y}=(y_1, y_2, \cdots, y_n)'$ 分别是 m 维和 n 维（随机）变量，$\boldsymbol{x}$ 与 $\boldsymbol{y}$ 的协方差（covariance）矩阵定义为

$$\operatorname{cov}(\boldsymbol{x},\boldsymbol{y})=E[(\boldsymbol{x}-E(\boldsymbol{x}))(\boldsymbol{y}-E(\boldsymbol{y}))']$$

$$=\begin{pmatrix} E[(x_1-E(x_1))(y_1-E(y_1))] & E[(x_1-E(x_1))(y_2-E(y_2))] & \cdots & E[(x_1-E(x_1))(y_n-E(y_n))] \\ E[(x_2-E(x_2))(y_1-E(y_1))] & E[(x_2-E(x_2))(y_2-E(y_2))] & \cdots & E[(x_2-E(x_2))(y_n-E(y_n))] \\ \cdots & \cdots & \cdots & \cdots \\ E[(x_m-E(x_m))(y_1-E(y_1))] & E[(x_m-E(x_m))(y_2-E(y_2))] & \cdots & E[(x_m-E(x_m))(y_n-E(y_n))] \end{pmatrix}$$

$$=\begin{pmatrix} \operatorname{cov}(x_1,y_1) & \operatorname{cov}(x_1,y_2) & \cdots & \operatorname{cov}(x_1,y_n) \\ \operatorname{cov}(x_2,y_1) & \operatorname{cov}(x_2,y_2) & \cdots & \operatorname{cov}(x_2,y_n) \\ \cdots & \cdots & \cdots & \cdots \\ \operatorname{cov}(x_m,y_1) & \operatorname{cov}(x_m,y_2) & \cdots & \operatorname{cov}(x_m,y_n) \end{pmatrix}$$

这是一个 $m\times n$ 矩阵。特别地，$\boldsymbol{x}$ 与 $\boldsymbol{x}$ 的协方差矩阵为

$$\operatorname{cov}(\boldsymbol{x}, \boldsymbol{x})=\begin{pmatrix} \operatorname{cov}(x_1, x_1) & \operatorname{cov}(x_1, x_2) & \cdots & \operatorname{cov}(x_1, x_m) \\ \operatorname{cov}(x_2, x_1) & \operatorname{cov}(x_2, x_2) & \cdots & \operatorname{cov}(x_2, x_m) \\ \cdots & \cdots & \cdots & \cdots \\ \operatorname{cov}(x_m, x_1) & \operatorname{cov}(x_m, x_2) & \cdots & \operatorname{cov}(x_m, x_m) \end{pmatrix}$$

$$=\begin{pmatrix} \operatorname{var}(x_1) & \operatorname{cov}(x_1, x_2) & \cdots & \operatorname{cov}(x_1, x_m) \\ \operatorname{cov}(x_2, x_1) & \operatorname{var}(x_2) & \cdots & \operatorname{cov}(x_2, x_m) \\ \cdots & \cdots & \cdots & \cdots \\ \operatorname{cov}(x_m, x_1) & \operatorname{cov}(x_m, x_2) & \cdots & \operatorname{var}(x_m) \end{pmatrix}$$

是一个 m 阶方阵，称为 $\boldsymbol{x}$ 的协方差矩阵，也称为 $\boldsymbol{x}$ 的方差矩阵（从向量的角度看是方差），记为 $\operatorname{var}(\boldsymbol{x})$；还可以称为方差-协方差矩阵（主对角线元素是方差，其他元素是协方差）。注意到协方差是对称的，即 $\operatorname{cov}(x_i, x_j)=$

$\text{cov}(x_j, x_i)$，所以 $\boldsymbol{x}$ 的协方差矩阵是对称的。

设 $\boldsymbol{A}$ 和 $\boldsymbol{B}$ 是两个 $p \times m$ 常数矩阵（即其中的元素都是常数），$\boldsymbol{x} = (x_1, x_2, \cdots, x_m)'$ 和 $\boldsymbol{z} = (z_1, z_2, \cdots, z_m)'$ 是两个 m 维（随机）向量，则

$$E(\boldsymbol{Ax} + \boldsymbol{Bz}) = \boldsymbol{A}E(\boldsymbol{x}) + \boldsymbol{B}E(\boldsymbol{z}) \tag{1.15}$$

下面的公式都是（1.15）的特例：

$$E(\boldsymbol{Ax}) = \boldsymbol{A}E(\boldsymbol{x}),\ E(\boldsymbol{x} + \boldsymbol{z}) = E(\boldsymbol{x}) + E(\boldsymbol{z}) \tag{1.16}$$

又设 $\boldsymbol{y} = (y_1, y_2, \cdots, y_n)'$ 和 $\boldsymbol{w} = (w_1, w_2, \cdots, w_n)'$ 是两个 n 维（随机）向量，则

$$\text{cov}(\boldsymbol{x} + \boldsymbol{z}, \boldsymbol{y} + \boldsymbol{w}) = \text{cov}(\boldsymbol{x}, \boldsymbol{y}) + \text{cov}(\boldsymbol{x}, \boldsymbol{w}) + \text{cov}(\boldsymbol{z}, \boldsymbol{y}) + \text{cov}(\boldsymbol{z}, \boldsymbol{w}) \tag{1.17}$$

再设 $\boldsymbol{C}$ 是一个 $q \times n$ 常数矩阵，则

$$\text{cov}(\boldsymbol{Ax}, \boldsymbol{Cy}) = \boldsymbol{A}\,\text{cov}(\boldsymbol{x}, \boldsymbol{y})\boldsymbol{C}' \tag{1.18}$$

特别地，令 $\boldsymbol{C} = \boldsymbol{A}$，$\boldsymbol{y} = \boldsymbol{x}$，得到

$$\text{var}(\boldsymbol{Ax}) = \boldsymbol{A}\,\text{var}(\boldsymbol{x})\boldsymbol{A}' \tag{1.19}$$

由（1.19）可知，对于任意实数向量 $\boldsymbol{t} = (t_1, \cdots, t_m)'$，

$$\boldsymbol{t}'\text{var}(\boldsymbol{x})\boldsymbol{t} = \text{var}(\boldsymbol{t}'\boldsymbol{x}) \geqslant 0$$

上面的不等号是因为 $\boldsymbol{t}'\boldsymbol{x}$ 是一个随机变量（不是向量），其方差是非负的。这就证明了，任何向量 $\boldsymbol{x}$ 的协方差矩阵都是非负定的。

设 $\boldsymbol{y} = (y_1, \cdots, y_k, y_{k+1}, \cdots, y_n)' = (\boldsymbol{y}'_{(1)}, \boldsymbol{y}'_{(2)})'$，其中 $\boldsymbol{y}_{(1)} = (y_1, \cdots, y_k)'$，$\boldsymbol{y}_{(2)} = (y_{k+1}, \cdots, y_n)'$，即向量 $\boldsymbol{y}$ 由两个分向量 $\boldsymbol{y}_{(1)}$，$\boldsymbol{y}_{(2)}$ 组成，则不难验证下面的结果：

$$\text{var}(\boldsymbol{y}) = \begin{pmatrix} \text{var}(\boldsymbol{y}_{(1)}) & \text{cov}(\boldsymbol{y}_{(1)}, \boldsymbol{y}_{(2)}) \\ \text{cov}(\boldsymbol{y}_{(2)}, \boldsymbol{y}_{(1)}) & \text{var}(\boldsymbol{y}_{(2)}) \end{pmatrix} \tag{1.20}$$

即向量 $\boldsymbol{y}$ 的协方差矩阵被表示成一个分块矩阵，对角方块分别是两个分向量的方差矩阵，非对角部分是两个分向量之间的协方差矩阵。

在有了样本之后，$\boldsymbol{x} = (x_1, x_2, \cdots, x_m)'$ 的样本协方差矩阵为

$$\boldsymbol{S}=\begin{pmatrix} s_{11} & s_{12} & \cdots & s_{1m} \\ s_{21} & s_{22} & \cdots & s_{2m} \\ \cdots & \cdots & \cdots & \cdots \\ s_{m1} & s_{m2} & \cdots & s_{mm} \end{pmatrix}$$

其中 s_{ij} 表示 x_i 与 x_j 的样本协方差（i，$j=1$，2，…，m）。不难证明，样本协方差矩阵是对称的，而且还是非负定的，所有特征值都是非负实数。一个样本协方差矩阵 $\boldsymbol{S}$，它是可逆矩阵当且仅当它是正定矩阵（见本章第六节）。如果一个样本协方差矩阵 $\boldsymbol{S}$ 不是正定矩阵，则它是不可逆的，此时建立的统计模型需要逆矩阵的话是不能求解的。

如果将协方差矩阵的元素换成相关系数（correlation coefficient），则变成了相关系数矩阵，简称为相关矩阵，对角元素都是 1。$\boldsymbol{x}=(x_1, x_2, \cdots, x_m)'$ 的相关矩阵为

$$\boldsymbol{R}=\begin{pmatrix} 1 & r_{12} & \cdots & r_{1m} \\ r_{21} & 1 & \cdots & r_{2m} \\ \cdots & \cdots & \cdots & \cdots \\ r_{m1} & r_{m2} & \cdots & 1 \end{pmatrix}$$

其中，r_{ij} 是 x_i 与 x_j 的相关系数。在有了样本之后，将样本相关系数［如常用的皮尔逊（Pearson）相关系数］代入，得到样本相关矩阵。

第二章　协方差结构分析

两个变量之间的关系可以通过协方差（或相关系数[①]）来度量，多个变量之间的关系则可以通过协方差矩阵来度量。除非观测了总体中的每个个体，否则总体中变量之间的关系是无从知道的。但是，变量之间的关系会在样本中反映出来，有了样本数据后，可以计算出样本协方差，即知道了样本中变量之间的关系。

模型是研究者设定（或假设）的变量之间的一套简化关系，这种简化关系可以用一个或多个方程来表示。除了方程外，模型还包含一些假设条件。模型中通常包含若干参数，对参数的估计和检验是模型分析的主要内容。结构方程模型（structural equation model，SEM）分析，是从分析协方差结构开始的。本章首先看看我们熟知的回归模型的协方差结构，然后系统讨论结构方程模型的协方差结构、参数估计、模型评价、模型修正，最后介绍有均值结构的模型和多组比较。从未接触过结构方程模型的读者，建议先学习这方面的基础课程（例如，Bollen，1989；侯杰泰 等，2004；邱皓政，林碧芳，2009；王孟成，2014）。

---

① 相关系数是特殊的协方差，即变量标准化之后的协方差。当使用标准化变量（即 Z 分数）时，协方差变成相关系数，协方差矩阵变成相关系数矩阵。换句话说，如果使用相关系数（矩阵）代替协方差（矩阵）进行分析，相当于使用标准化变量进行分析。

第一节　回归模型的协方差结构分析

当自变量不止一个时，比较方便的是使用矩阵代数来讨论回归分析。这里只分析回归模型的协方差结构，想更多了解回归分析的读者可参考统计教科书（例如，温忠麟，2016）或者回归分析专著（例如，陈希孺，王松桂，1987）。

设因变量 y 与 p 个自变量 x_1，…，x_p 有如下线性关系

$$y=\beta_0+\beta_1 x_1+\cdots+\beta_p x_p+e \tag{2.1}$$

其中，β_0，β_1，…，β_p 为未知参数，e 是不可观测的随机误差，它与自变量无关，$E(e)=0$，$\mathrm{var}(e)=\sigma^2$，σ^2 也是未知参数。在对参数做假设检验或求参数的置信区间时，还需要假设 e 服从正态分布。（2.1）称为线性回归模型，自变量的系数称为回归系数（regression coefficient）。β_0 是方程的截距项（intercept），它与回归系数的统计意义是不同的。截距 β_0 表示的是，所有自变量都是零时 y 的均值。回归系数 β_i 表示的是，如果其他自变量保持不变，x_i 变化一个单位所引起的 y 的变化值。

在回归分析中，误差项 e 与自变量 x_1，…，x_p 无关是一个重要的基本假设，即

$$\mathrm{cov}(e, x_i)=0,\ (i=1, \cdots, p)$$

由（2.1）可得，y 与 x_1，…，x_p 的协方差依次是

$$\begin{aligned}\mathrm{cov}(y, x_1)&=\beta_1\mathrm{cov}(x_1, x_1)+\cdots+\beta_p\mathrm{cov}(x_p, x_1)\\ &\cdots\cdots\\ \mathrm{cov}(y, x_p)&=\beta_1\mathrm{cov}(x_1, x_p)+\cdots+\beta_p\mathrm{cov}(x_p, x_p)\end{aligned} \tag{2.2}$$

记 $\boldsymbol{x}=(x_1, \cdots, x_p)'$ 为自变量组成的 $p\times 1$ 向量，$\boldsymbol{\beta}=(\beta_1, \cdots, \beta_p)'$ 为回归系数组成的 $p\times 1$ 向量，按第一章介绍的向量和矩阵运算，（2.2）中的 p 个方程可以写成如下矩阵形式

$$\mathrm{cov}(y, \boldsymbol{x})=\boldsymbol{\beta}'\mathrm{cov}(\boldsymbol{x}, \boldsymbol{x}) \tag{2.3}$$

其中

$$\mathrm{cov}(y, \boldsymbol{x}) = [\mathrm{cov}(y, x_1), \cdots, \mathrm{cov}(y, x_p)]$$

$$\mathrm{cov}(\boldsymbol{x}, \boldsymbol{x}) = \begin{pmatrix} \mathrm{cov}(x_1, x_1) & \cdots & \mathrm{cov}(x_1, x_p) \\ \cdots & \cdots & \cdots \\ \mathrm{cov}(x_p, x_1) & \cdots & \mathrm{cov}(x_p, x_p) \end{pmatrix}$$

更简捷的做法是直接使用矩阵（包括向量）运算。为此，将（2.1）写成

$$y = \beta_0 + \boldsymbol{\beta}'\boldsymbol{x} + e \tag{2.4}$$

分别求（2.4）两边与 $\boldsymbol{x}$ 的协方差矩阵

$$\mathrm{cov}(y, \boldsymbol{x}) = \mathrm{cov}(\beta_0 + \boldsymbol{\beta}'\boldsymbol{x} + e, \boldsymbol{x}) = \mathrm{cov}(\boldsymbol{\beta}'\boldsymbol{x}, \boldsymbol{x}) = \boldsymbol{\beta}'\mathrm{cov}(\boldsymbol{x}, \boldsymbol{x})$$

就得到（2.3）。上面第二个等号的推导要用到第一章的（1.17），最后一个等号要用到（1.18）。以后将 $\mathrm{cov}(\boldsymbol{x}, \boldsymbol{x})$ 记为 $\boldsymbol{\Sigma}_{xx}$，它是一个对称的非负定矩阵，$\mathrm{cov}(y, \boldsymbol{x})$ 记为 $\boldsymbol{\Sigma}_{yx}$，其转置是 $\mathrm{cov}(\boldsymbol{x}, y)$，记为 $\boldsymbol{\Sigma}_{xy}$，则（2.3）变成

$$\boldsymbol{\Sigma}_{yx} = \boldsymbol{\beta}'\boldsymbol{\Sigma}_{xx}$$

如果 $\boldsymbol{\Sigma}_{xx}$ 为非奇异矩阵，上式两边右乘 $\boldsymbol{\Sigma}_{xx}^{-1}$，然后两边取转置，得到

$$\boldsymbol{\beta} = \boldsymbol{\Sigma}_{xx}^{-1}\boldsymbol{\Sigma}_{xy} \tag{2.5}$$

所以，回归系数可以表示成变量的协方差的函数。

对（2.4）两边求均值，

$$E(y) = \beta_0 + \boldsymbol{\beta}'E(\boldsymbol{x})$$

结合（2.5）有

$$\begin{aligned} \beta_0 &= E(y) - \boldsymbol{\beta}'E(\boldsymbol{x}) \\ &= E(y) - \boldsymbol{\Sigma}_{yx}\boldsymbol{\Sigma}_{xx}^{-1}E(\boldsymbol{x}) \end{aligned} \tag{2.6}$$

所以截距项可以表示成变量的协方差和均值的函数。

假设抽取了一个容量为 N 的样本，$(y, x_1, \cdots, x_p)$ 的第 i 次观测值为 $(y_i, x_{i1}, x_{i2}, \cdots, x_{ip})$，$(i=1, 2, \cdots, N)$，$y$ 的样本均值是

$$\bar{y} = \frac{1}{N}\sum_{i=1}^{N} y_i$$

$\boldsymbol{x} = (x_1, \cdots, x_p)'$ 的样本均值向量是

$$\bar{\boldsymbol{x}}=(\bar{x}_1, \cdots, \bar{x}_p)'=\left(\frac{1}{N}\sum_{i=1}^{N}x_{i1}, \cdots, \frac{1}{N}\sum_{i=1}^{N}x_{ip}\right)'$$

y 与 $\boldsymbol{x}$ 的样本协方差矩阵是

$$\boldsymbol{S}_{yx}=(s_{y1}, \cdots, s_{yp})$$

其中 $s_{yj}=\frac{1}{N-1}\sum_{i=1}^{N}(y_i-\bar{y})(x_{ij}-\bar{x}_j)$，$(j=1, \cdots, p)$。$\boldsymbol{x}$ 的样本协方差矩阵是

$$\boldsymbol{S}_{xx}=\begin{pmatrix} s_{11} & \cdots & s_{1p} \\ \cdots & \cdots & \cdots \\ s_{p1} & \cdots & s_{pp} \end{pmatrix}$$

其中 $s_{jk}=\frac{1}{N-1}\sum_{i=1}^{N}(x_{ij}-\bar{x}_j)(x_{ik}-\bar{x}_k)$，$(j, k=1, \cdots, p)$。

在有了样本后，用样本协方差矩阵 $\boldsymbol{S}_{xx}$ 和 $\boldsymbol{S}_{xy}$ 分别代替总体协方差矩阵 $\boldsymbol{\Sigma}_{xx}$ 和 $\boldsymbol{\Sigma}_{xy}$，由（2.5）就可以得到回归系数的估计

$$\hat{\boldsymbol{\beta}}=\boldsymbol{S}_{xx}^{-1}\boldsymbol{S}_{xy} \tag{2.5'}$$

然后可以由样本均值 $\bar{y}$ 和 $\bar{\boldsymbol{x}}$ 分别代替总体均值 $E(y)$ 和 $E(\boldsymbol{x})$，由（2.6）可以得到截距项的估计

$$\hat{\beta}_0=\bar{y}-\boldsymbol{S}_{yx}\boldsymbol{S}_{xx}^{-1}\bar{\boldsymbol{x}} \tag{2.6'}$$

为了求 σ^2 的估计，在（2.4）两边求方差，使用到第一章的公式（1.17）推导，并注意到误差项 e 与自变量 $x_1, \cdots, x_p$ 无关的基本假设，容易得到

$$\mathrm{var}(y)=\boldsymbol{\beta}'\boldsymbol{\Sigma}_{xx}\boldsymbol{\beta}+\sigma^2$$

将（2.5）代入得到

$$\sigma^2=\mathrm{var}(y)-\boldsymbol{\Sigma}_{yx}\boldsymbol{\Sigma}_{xx}^{-1}\boldsymbol{\Sigma}_{xy} \tag{2.7}$$

有了样本后，由（2.7）便可求出误差方差 σ^2 的估计

$$\hat{\sigma}^2=S_{yy}-\boldsymbol{S}_{yx}\boldsymbol{S}_{xx}^{-1}\boldsymbol{S}_{xy} \tag{2.7'}$$

其中 S_{yy} 是 y 的样本方差。

在结构方程中，通常将全部观测变量（因变量在前，自变量在后）放在一起分析。在回归模型中相当于分析向量 $(y, \boldsymbol{x}')'$，由第一章的公式

（1.20），不难写出 $(y, \boldsymbol{x}')'$ 的协方差矩阵如下：

$$\mathrm{var}\begin{pmatrix} y \\ \boldsymbol{x} \end{pmatrix} = \begin{pmatrix} \mathrm{var}(y) & \mathrm{cov}(y, \boldsymbol{x}) \\ \mathrm{cov}(\boldsymbol{x}, y) & \mathrm{var}(\boldsymbol{x}) \end{pmatrix} = \begin{pmatrix} \boldsymbol{\beta}'\boldsymbol{\Sigma}_{xx}\boldsymbol{\beta} + \sigma^2 & \boldsymbol{\beta}'\boldsymbol{\Sigma}_{xx} \\ \boldsymbol{\Sigma}_{xx}\boldsymbol{\beta} & \boldsymbol{\Sigma}_{xx} \end{pmatrix} \tag{2.8}$$

$(y, \boldsymbol{x}')'$ 的样本协方差矩阵是

$$\begin{pmatrix} \boldsymbol{S}_{yy} & \boldsymbol{S}_{yx} \\ \boldsymbol{S}_{xy} & \boldsymbol{S}_{xx} \end{pmatrix}$$

令 $(y, \boldsymbol{x}')'$ 的总体协方差矩阵等于样本协方差矩阵，即

$$\begin{pmatrix} \boldsymbol{\beta}'\boldsymbol{\Sigma}_{xx}\boldsymbol{\beta} + \sigma^2 & \boldsymbol{\beta}'\boldsymbol{\Sigma}_{xx} \\ \boldsymbol{\Sigma}_{xx}\boldsymbol{\beta} & \boldsymbol{\Sigma}_{xx} \end{pmatrix} = \begin{pmatrix} \boldsymbol{S}_{yy} & \boldsymbol{S}_{yx} \\ \boldsymbol{S}_{xy} & \boldsymbol{S}_{xx} \end{pmatrix} \tag{2.9}$$

解得

$$\hat{\boldsymbol{\Sigma}}_{xx} = \boldsymbol{S}_{xx}, \ \hat{\boldsymbol{\beta}} = \boldsymbol{S}_{xx}^{-1}\boldsymbol{S}_{xy}, \ \hat{\sigma}^2 = \boldsymbol{S}_{yy} - \boldsymbol{S}_{yx}\boldsymbol{S}_{xx}^{-1}S_{xy}$$

就得到了（2.5′）和（2.7′）。（2.6′）则可以通过对 $(y, \boldsymbol{x}')'$ 求均值，然后令其等于 $(\bar{y}, \bar{\boldsymbol{x}}')'$ 得到。

对于回归模型，只要 $\boldsymbol{\Sigma}_{xx}$ 是非奇异矩阵，（2.9）有唯一解，并且可以将参数用样本协方差矩阵的元素表示出来［见（2.5′）—（2.7′）］。但如果 $\boldsymbol{\Sigma}_{xx}$ 是奇异矩阵，即没有逆矩阵，则由（2.9）不能求出确定的参数值，此时模型不可识别（under identified）。$\boldsymbol{\Sigma}_{xx}$ 是奇异矩阵当且仅当其行列式等于零，等价于自变量之间存在线性相关，即存在自变量可以表示成其他自变量的线性组合，也就是所谓的多重共线性（multicollinearity）。在多重共线性情形下，由于抽样的影响，$\boldsymbol{\Sigma}_{xx}$ 的行列式不一定真的等于零，但接近于零，计算 $\boldsymbol{\Sigma}_{xx}$ 的逆矩阵会有很大的误差，因而计算的参数估计也有很大误差。所以，只要 $\boldsymbol{\Sigma}_{xx}$ 的行列式近似等于零，就可以认为自变量之间存在多重共线性。

上面介绍的就是协方差结构分析方法。首先，通过模型求出变量的方差、协方差，对于没有经过中心化（centered）① 的数据，还需要求出变量均值，得到它们之间的关系式，即方程。这些方程含有参数。然后求解方程，将参

① 一个变量减去其均值，就成了中心化变量。中心化变量的均值为零。

数用方差、协方差和均值表示出来。最后，将这些方差、协方差和均值分别用样本方差、样本协方差和样本均值代替，就得到了参数的估计。

协方差结构分析的统计思想有别于通常的最小二乘法。作为对照，不妨复习一下回归分析的通常最小二乘估计。对于模型（2.1），假设抽取了一个容量为 N 的样本，$(y, x_1, \cdots, x_p)$ 的第 i 次观测值为 $(y_i, x_{i1}, \cdots, x_{ip})$，$(i=1, 2, \cdots, N)$。将其代入（2.1）得到误差

$$e_i = y_i - \beta_0 - \beta_1 x_{i1} - \cdots - \beta_p x_{ip}$$

全部 N 个误差的平方和为

$$S(\beta_0, \beta_1, \cdots, \beta_p) = \sum_{i=1}^{N}(y_i - \beta_0 - \beta_1 x_{i1} - \cdots - \beta_p x_{ip})^2$$

使 $S(b_0, b_1, \cdots, b_p) = \min\{S(\beta_0, \beta_1, \cdots, \beta_p)\}$ 的 $b_0, b_1, \cdots, b_p$ 称为 $\beta_0, \beta_1, \cdots, \beta_p$ 的最小二乘估计。可见，从统计思想上说，上面的协方差结构分析和最小二乘分析方法是很不一样的。

不过，就回归模型而言，上面协方差结构分析求出的回归系数和截距项的估计与通常最小二乘法得到的估计完全一样。例如，在只有一个自变量的情形，线性回归模型

$$y = \beta_0 + \beta_1 x + e$$

在有了样本 $(x_1, y_1), (x_2, y_2), \cdots, (x_N, y_N)$ 后，由（2.5′）可得

$$\hat{\beta}_1 = S_{xx}^{-1} S_{xy} = \frac{\sum_{i=1}^{N}(x_i - \bar{x})(y_i - \bar{y})}{\sum_{i=1}^{N}(x_i - \bar{x})^2}$$

$$\hat{\beta}_0 = \bar{y} - \hat{\beta}_1 \bar{x}$$

结果和通常最小二乘估计完全一样。

第二节　结构方程模型及其协方差结构

一、结构方程模型的矩阵形式

回归分析研究的是显变量（manifest variable）之间的关系，显变量是可以直接测量的，也称为可观测变量（observed variable）。如果研究对象不能直接测量，即所谓的潜变量（latent variable），则需要设计若干题目（item）去间接测量，这些题目称为相应潜变量的指标（indicator）。要像回归分析那样研究潜变量之间的关系时，简单的做法是“化潜为显”：先通过指标的观测值“产生”出潜变量的“观测值”来，然后将潜变量当作显变量进行回归分析。有多种方法可以“产生”潜变量的“观测值”，最简单、最常用的是指标的平均值，有时也用指标的加权平均值，权重一般由研究者根据专业知识来确定。有人偏爱因子分析（factor analysis）中的因子得分（factor score），因为它们是由理论推算出来的，比简单的均值更加客观。常用的因子得分其实都是指标的某种加权平均值。将潜变量当作显变量处理的缺点是忽略了测量误差，如果测量信度不高，“化潜为显”进行回归分析得到的结果可能不够精确，甚至是错误的。

结构方程模型是验证性因子模型和（潜变量）因果模型的结合。因子模型部分称为测量模型（measurement model），其中的方程称为测量方程（measurement equation），描述了潜变量与指标之间的关系。因果模型部分称为结构模型（structural model），其中的方程称为结构方程（structural equation），描述了潜变量之间的关系。

例如，要研究语文自我概念 ξ_1 和数学自我概念 ξ_2 对学业自我概念 η 的影响，这 3 个变量都是潜变量，分别用 3 个题目来测量，即各有 3 个指标。η 的指标是 y_1，y_2，y_3；ξ_1 和 ξ_2 的指标分别是 x_1，x_2，x_3 和 x_4，x_5，x_6。ξ_1 和 ξ_2 处于自变量的位置，称为外生（exogenous）潜变量，也称为外源潜变量，其指标称为外生指标或者外源指标。η 处于因变量的位置，称为内生（endogenous）潜变量，其指标称为内生指标。图 2－1 是模型的路径图（path diagram），相应的 Mplus 程序（Muthén，L. K. & Muthén，B. O.，2012）见附录 2.1。

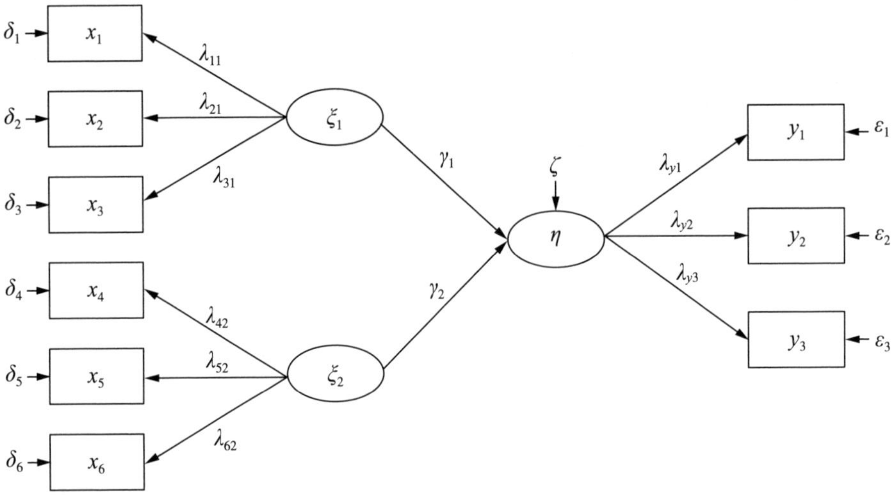

图 2－1　有一个内生潜变量的结构方程模型路径图

测量方程可以分为 y-指标测量方程和 x-指标测量方程。y-指标测量方程描述了内生指标与内生潜变量之间的关系：

$$\begin{aligned} y_1 &= \lambda_{y1}\eta + \varepsilon_1 \\ y_2 &= \lambda_{y2}\eta + \varepsilon_2 \\ y_3 &= \lambda_{y3}\eta + \varepsilon_3 \end{aligned} \tag{2.10}$$

x-指标测量方程描述了外源指标与外源潜变量之间的关系：

$$\begin{aligned} x_1 &= \lambda_{11}\xi_1 + \delta_1 \\ x_2 &= \lambda_{21}\xi_1 + \delta_2 \\ x_3 &= \lambda_{31}\xi_1 + \delta_3 \\ x_4 &= \lambda_{42}\xi_2 + \delta_4 \\ x_5 &= \lambda_{52}\xi_2 + \delta_5 \\ x_6 &= \lambda_{62}\xi_2 + \delta_6 \end{aligned} \tag{2.11}$$

结构方程描述了内生潜变量与外源潜变量之间的关系：

$$\eta = \gamma_1 \xi_1 + \gamma_2 \xi_2 + \zeta \tag{2.12}$$

结构方程（2.12）可以写成如下矩阵形式：

$$\boldsymbol{\eta} = \boldsymbol{\Gamma}\boldsymbol{\xi} + \boldsymbol{\zeta} \tag{2.13}$$

其中，

$$\boldsymbol{\Gamma} = (\gamma_1 \quad \gamma_2),\ \boldsymbol{\xi} = \begin{pmatrix} \xi_1 \\ \xi_2 \end{pmatrix}$$

测量方程（2.10）可以写成如下矩阵形式：

$$\boldsymbol{y} = \boldsymbol{\Lambda}_y \boldsymbol{\eta} + \boldsymbol{\varepsilon} \tag{2.14}$$

其中，

$$\boldsymbol{y} = \begin{pmatrix} y_1 \\ y_2 \\ y_3 \end{pmatrix},\ \boldsymbol{\Lambda}_y = \begin{pmatrix} \lambda_{y1} \\ \lambda_{y2} \\ \lambda_{y3} \end{pmatrix},\ \boldsymbol{\varepsilon} = \begin{pmatrix} \varepsilon_1 \\ \varepsilon_2 \\ \varepsilon_3 \end{pmatrix}$$

测量方程（2.11）可以写成如下矩阵形式：

$$\boldsymbol{x} = \boldsymbol{\Lambda}_x \boldsymbol{\xi} + \boldsymbol{\delta} \tag{2.15}$$

其中，

$$\boldsymbol{x} = \begin{pmatrix} x_1 \\ x_2 \\ x_3 \\ x_4 \\ x_5 \\ x_6 \end{pmatrix},\ \boldsymbol{\Lambda}_x = \begin{pmatrix} \lambda_{11} & 0 \\ \lambda_{21} & 0 \\ \lambda_{31} & 0 \\ 0 & \lambda_{42} \\ 0 & \lambda_{52} \\ 0 & \lambda_{62} \end{pmatrix},\ \boldsymbol{\delta} = \begin{pmatrix} \delta_1 \\ \delta_2 \\ \delta_3 \\ \delta_4 \\ \delta_5 \\ \delta_6 \end{pmatrix}$$

这样，要研究的模型就可以简洁地用矩阵方程（2.13）—(2.15）来表示。

上面这个模型只有一个内生潜变量，是典型的由（潜变量）回归分析和（验证性）因子分析构成的全模型（full model）。通常的回归模型只能有一个因变量，但结构方程模型可以包含多个内生潜变量，并且还允许内生潜变量之间相互影响。为了让读者熟悉模型的矩阵形式，下面写出与图 2—2 所示的路径图相对应的结构方程模型。

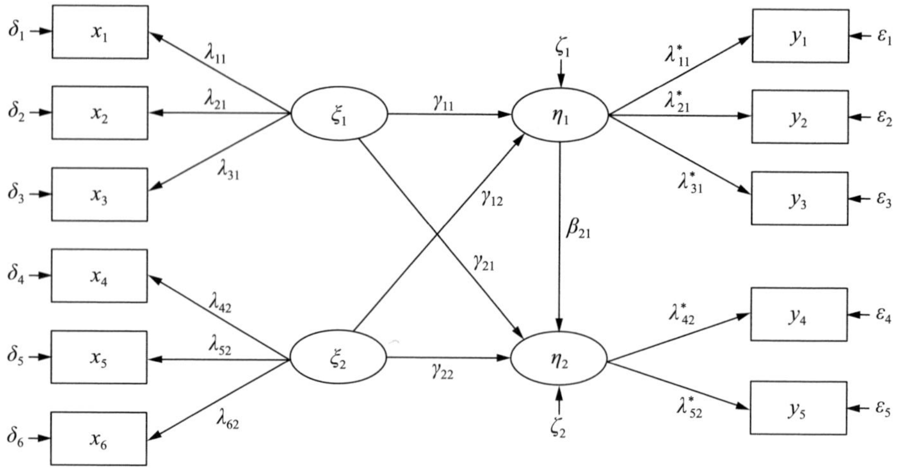

图 2—2　有两个内生潜变量的结构方程模型路径图

结构方程的个数与内生潜变量个数相同，每个内生潜变量都对应着一个方程：

$$\eta_1 = \gamma_{11}\xi_1 + \gamma_{12}\xi_2 + \zeta_1$$

$$\eta_2 = \beta_{21}\eta_1 + \gamma_{21}\xi_1 + \gamma_{22}\xi_2 + \zeta_2$$

将上面的结构方程写成 $\boldsymbol{\eta} = \boldsymbol{B\eta} + \boldsymbol{\Gamma\xi} + \boldsymbol{\zeta}$ 的矩阵形式，即

$$\begin{pmatrix}\eta_1\\ \eta_2\end{pmatrix} = \begin{pmatrix}0 & 0\\ \beta_{21} & 0\end{pmatrix}\begin{pmatrix}\eta_1\\ \eta_2\end{pmatrix} + \begin{pmatrix}\gamma_{11} & \gamma_{12}\\ \gamma_{21} & \gamma_{22}\end{pmatrix}\begin{pmatrix}\xi_1\\ \xi_2\end{pmatrix} + \begin{pmatrix}\zeta_1\\ \zeta_2\end{pmatrix} \tag{2.16}$$

将 y-指标测量方程写成 $\boldsymbol{y} = \boldsymbol{\Lambda}_y\boldsymbol{\eta} + \boldsymbol{\varepsilon}$ 的矩阵形式，即

$$\begin{pmatrix}y_1\\ y_2\\ y_3\\ y_4\\ y_5\end{pmatrix} = \begin{pmatrix}\lambda_{11}^* & 0\\ \lambda_{21}^* & 0\\ \lambda_{31}^* & 0\\ 0 & \lambda_{42}^*\\ 0 & \lambda_{52}^*\end{pmatrix}\begin{pmatrix}\eta_1\\ \eta_2\end{pmatrix} + \begin{pmatrix}\varepsilon_1\\ \varepsilon_2\\ \varepsilon_3\\ \varepsilon_4\\ \varepsilon_5\end{pmatrix} \tag{2.17}$$

将 x-指标测量方程写成 $\boldsymbol{x}=\boldsymbol{\Lambda}_x\boldsymbol{\xi}+\boldsymbol{\delta}$ 的矩阵形式，即

$$\begin{pmatrix} x_1 \\ x_2 \\ x_3 \\ x_4 \\ x_5 \\ x_6 \end{pmatrix} = \begin{pmatrix} \lambda_{11} & 0 \\ \lambda_{21} & 0 \\ \lambda_{31} & 0 \\ 0 & \lambda_{42} \\ 0 & \lambda_{52} \\ 0 & \lambda_{62} \end{pmatrix} \begin{pmatrix} \xi_1 \\ \xi_2 \end{pmatrix} + \begin{pmatrix} \delta_1 \\ \delta_2 \\ \delta_3 \\ \delta_4 \\ \delta_5 \\ \delta_6 \end{pmatrix} \tag{2.18}$$

在方程（2.16）—(2.18）中，有 4 个参数矩阵：

$$\boldsymbol{\Lambda}_y = \begin{pmatrix} \lambda_{11}^* & 0 \\ \lambda_{21}^* & 0 \\ \lambda_{31}^* & 0 \\ 0 & \lambda_{42}^* \\ 0 & \lambda_{52}^* \end{pmatrix},\ \boldsymbol{\Lambda}_x = \begin{pmatrix} \lambda_{11} & 0 \\ \lambda_{21} & 0 \\ \lambda_{31} & 0 \\ 0 & \lambda_{42} \\ 0 & \lambda_{52} \\ 0 & \lambda_{62} \end{pmatrix}$$

$$\boldsymbol{B} = \begin{pmatrix} 0 & 0 \\ \beta_{21} & 0 \end{pmatrix},\ \boldsymbol{\Gamma} = \begin{pmatrix} \gamma_{11} & \gamma_{12} \\ \gamma_{21} & \gamma_{22} \end{pmatrix}$$

其中的参数都是需要估计的。此外，还有 4 个没有在方程中出现但需要估计的参数矩阵，它们都是潜变量的协方差矩阵（误差和残差也是潜变量）。一个是 y-指标测量误差（向量）$\boldsymbol{\varepsilon}$ 的协方差矩阵：

$$\boldsymbol{\Theta}_{\varepsilon} = \mathrm{var}(\boldsymbol{\varepsilon}) = \begin{pmatrix} \theta_{11}^* & & & & \\ \theta_{21}^* & \theta_{22}^* & & & \\ \theta_{31}^* & \theta_{32}^* & \theta_{33}^* & & \\ \theta_{41}^* & \theta_{42}^* & \theta_{43}^* & \theta_{44}^* & \\ \theta_{51}^* & \theta_{52}^* & \theta_{53}^* & \theta_{54}^* & \theta_{55}^* \end{pmatrix} \tag{2.19}$$

一个是 x-指标测量误差（向量）$\boldsymbol{\delta}$ 的协方差矩阵：

$$\boldsymbol{\Theta}_{\delta}=\operatorname{var}(\boldsymbol{\delta})=\begin{pmatrix}\theta_{11} & & & & & \\ \theta_{21} & \theta_{22} & & & & \\ \theta_{31} & \theta_{32} & \theta_{33} & & & \\ \theta_{41} & \theta_{42} & \theta_{43} & \theta_{44} & & \\ \theta_{51} & \theta_{52} & \theta_{53} & \theta_{54} & \theta_{55} & \\ \theta_{61} & \theta_{62} & \theta_{63} & \theta_{64} & \theta_{65} & \theta_{66}\end{pmatrix} \tag{2.20}$$

一个是外源潜变量（向量）$\boldsymbol{\xi}$ 的协方差矩阵：

$$\boldsymbol{\Phi}=\operatorname{var}(\boldsymbol{\xi})=\begin{pmatrix}\phi_{11} & \\ \phi_{21} & \phi_{22}\end{pmatrix} \tag{2.21}$$

还有一个是结构方程的残差（向量）$\boldsymbol{\zeta}$ 的协方差矩阵：

$$\boldsymbol{\Psi}=\operatorname{var}(\boldsymbol{\zeta})=\begin{pmatrix}\psi_{11} & \\ \psi_{21} & \psi_{22}\end{pmatrix} \tag{2.22}$$

这样，一个完整的结构方程模型（即全模型）包含如下 8 个参数矩阵：$\boldsymbol{\Lambda}_y$，$\boldsymbol{\Lambda}_x$，$\boldsymbol{B}$，$\boldsymbol{\Gamma}$，$\boldsymbol{\Phi}$，$\boldsymbol{\Psi}$，$\boldsymbol{\Theta}_{\varepsilon}$ 和 $\boldsymbol{\Theta}_{\delta}$ 。前面 4 个矩阵在测量方程或结构方程中出现，$\boldsymbol{\Phi}$ 为潜变量 ξ 的协方差矩阵，$\boldsymbol{\Psi}$ 为残差 $\boldsymbol{\zeta}$ 的协方差矩阵，$\boldsymbol{\Theta}_{\varepsilon}$ 和 $\boldsymbol{\Theta}_{\delta}$ 分别是误差 $\boldsymbol{\varepsilon}$ 和 $\boldsymbol{\delta}$ 的协方差矩阵。

一个模型，除了方程外，还需要一些假设条件。即使两个模型的结构方程和测量方程完全一样，若假设条件不同，则这两个模型也是不同的。任何一个结构方程模型，都有如下假设：

（1）测量方程误差项 $\boldsymbol{\varepsilon}$ 和 $\boldsymbol{\delta}$ 的均值为零；

（2）结构方程残差项 $\boldsymbol{\zeta}$ 的均值为零；

（3）误差项 $\boldsymbol{\varepsilon}$，$\boldsymbol{\delta}$ 与因子 $\boldsymbol{\eta}$，$\boldsymbol{\xi}$ 之间不相关，$\boldsymbol{\varepsilon}$ 与 $\boldsymbol{\delta}$ 不相关；

（4）残差项 $\boldsymbol{\zeta}$ 与 $\boldsymbol{\xi}$，$\boldsymbol{\varepsilon}$，$\boldsymbol{\delta}$ 之间不相关。

除非讨论的结构方程模型有均值结构（见本章第六节），还假设指标和潜变量都是中心化的。

除了上述一般假设外，对于具体的一个模型，还会有一些具体的假设。除了一些特殊的情形，通常都假设误差 $\boldsymbol{\varepsilon}$ 的分量不相关，即 $\boldsymbol{\Theta}_{\varepsilon}$ 是对角矩阵；

误差 $\boldsymbol{\delta}$ 的分量不相关，即 $\boldsymbol{\Theta}_{\delta}$ 是对角矩阵；残差 $\boldsymbol{\zeta}$ 的分量不相关，即 $\boldsymbol{\Psi}$ 是对角矩阵。这样，需要估计的模型参数大大减少。如（2.20），$\boldsymbol{\Theta}_{\delta}$ 变成对角矩阵后，要估计的参数个数就由原来的 21 个减少到 6 个。有的模型还假设 $\boldsymbol{\xi}$ 的分量不相关，即 $\boldsymbol{\Phi}$ 是对角矩阵。

二、结构方程模型的协方差结构

考虑一般的结构方程模型：

测量方程

$$\boldsymbol{y} = \boldsymbol{\Lambda}_y \boldsymbol{\eta} + \boldsymbol{\varepsilon} \tag{2.23}$$

$$\boldsymbol{x} = \boldsymbol{\Lambda}_x \boldsymbol{\xi} + \boldsymbol{\delta} \tag{2.24}$$

结构方程

$$\boldsymbol{\eta} = \boldsymbol{B}\boldsymbol{\eta} + \boldsymbol{\Gamma}\boldsymbol{\xi} + \boldsymbol{\zeta} \tag{2.25}$$

其中（2.23）是内生变量的测量方程，$\boldsymbol{y}$ 是由 p 个内生指标组成的 $p \times 1$ 向量，$\boldsymbol{\eta}$ 是由 m 个内生潜变量组成的 $m \times 1$ 向量，$\boldsymbol{\Lambda}_y$ 是 $\boldsymbol{y}$ 在 $\boldsymbol{\eta}$ 上的 $p \times m$ 因子负荷矩阵，$\boldsymbol{\varepsilon}$ 是 p 个测量误差组成的 $p \times 1$ 向量；（2.24）是外源变量的测量方程，$\boldsymbol{x}$ 是由 q 个外源指标组成的 $q \times 1$ 向量，$\boldsymbol{\xi}$ 是由 n 个外源潜变量组成的 $n \times 1$ 向量，$\boldsymbol{\Lambda}_x$ 是 $\boldsymbol{x}$ 在 $\boldsymbol{\xi}$ 上的 $q \times n$ 因子负荷矩阵，$\boldsymbol{\delta}$ 是 q 个测量误差组成的 $q \times 1$ 向量。在结构方程（2.25）中，$\boldsymbol{B}$ 是 $m \times m$ 系数矩阵，描述了内生潜变量 $\boldsymbol{\eta}$ 之间的彼此影响；$\boldsymbol{\Gamma}$ 是 $m \times n$ 系数矩阵，描述了外源潜变量 $\boldsymbol{\xi}$ 对内生潜变量 $\boldsymbol{\eta}$ 的影响；$\boldsymbol{\zeta}$ 是 $m \times 1$ 残差向量。

为了求出全部指标组成的 $(p+q) \times 1$ 向量 $(\boldsymbol{y}', \boldsymbol{x}')'$ 的协方差矩阵，由（2.8），先求出 $\boldsymbol{y}$，$\boldsymbol{x}$ 的协方差矩阵以及它们之间的协方差矩阵。回头看看回归模型，由（2.8）可知，$(y, \boldsymbol{x}')'$ 的协方差矩阵是模型参数的函数，即与模型参数有关。一般的模型也是这样，为了反映这种关系，通常将模型的所有参数放在一起，称为参数向量，记为 $\boldsymbol{\theta}$ 。对于方程（2.23）—（2.25），将 $\boldsymbol{y}$ 的协方差矩阵 $\mathrm{var}(\boldsymbol{y})$ 记为 $\boldsymbol{\Sigma}_{yy}(\boldsymbol{\theta})$，$\boldsymbol{x}$ 的协方差矩阵 $\mathrm{var}(\boldsymbol{x})$ 记为 $\boldsymbol{\Sigma}_{xx}(\boldsymbol{\theta})$，$\boldsymbol{y}$ 与 $\boldsymbol{x}$ 的协方差矩阵 $\mathrm{cov}(\boldsymbol{y}, \boldsymbol{x})$ 记为 $\boldsymbol{\Sigma}_{yx}(\boldsymbol{\theta})$ 。

由（2.24），运用协方差矩阵的运算法则（1.17)—(1.19）得

$$\mathrm{var}(\boldsymbol{x})=\mathrm{var}(\boldsymbol{\Lambda}_x\boldsymbol{\xi}+\boldsymbol{\delta})=\boldsymbol{\Lambda}_x\mathrm{var}(\boldsymbol{\xi})\boldsymbol{\Lambda}'_x+\mathrm{var}(\boldsymbol{\delta})$$

注意到 $\mathrm{var}(\boldsymbol{x})=\boldsymbol{\Sigma}_{xx}(\boldsymbol{\theta})$，$\mathrm{var}(\boldsymbol{\xi})=\boldsymbol{\Phi}$，$\mathrm{var}(\boldsymbol{\delta})=\boldsymbol{\Theta}_\delta$ ，有

$$\boldsymbol{\Sigma}_{xx}(\boldsymbol{\theta})=\boldsymbol{\Lambda}_x\boldsymbol{\Phi}\boldsymbol{\Lambda}'_x+\boldsymbol{\Theta}_\delta \tag{2.26}$$

$\boldsymbol{y}$ 的协方差矩阵比较复杂。用推导 $\boldsymbol{\Sigma}_{xx}(\boldsymbol{\theta})=\boldsymbol{\Lambda}_x\boldsymbol{\Phi}\boldsymbol{\Lambda}'_x+\boldsymbol{\Theta}_\delta$ 同样的方法，可得

$$\boldsymbol{\Sigma}_{yy}(\boldsymbol{\theta})=\boldsymbol{\Lambda}_y\mathrm{var}(\boldsymbol{\eta})\boldsymbol{\Lambda}'_y+\boldsymbol{\Theta}_\varepsilon \tag{2.27}$$

将 $\boldsymbol{\eta}=\boldsymbol{B}\boldsymbol{\eta}+\boldsymbol{\Gamma}\xi+\zeta$ 变形为

$$\boldsymbol{\eta}=(\boldsymbol{I}-\boldsymbol{B})^{-1}(\boldsymbol{\Gamma}\xi+\zeta)=\widetilde{\boldsymbol{B}}(\boldsymbol{\Gamma}\xi+\zeta) \tag{2.28}$$

其中 $\widetilde{\boldsymbol{B}}=(\boldsymbol{I}-\boldsymbol{B})^{-1}$ ，这隐含了模型应当有一个假设：$\boldsymbol{I}-\boldsymbol{B}$ 是可逆矩阵。由（2.28）可求出

$$\mathrm{var}(\boldsymbol{\eta})=\widetilde{\boldsymbol{B}}\mathrm{var}(\boldsymbol{\Gamma}\xi+\zeta)\widetilde{\boldsymbol{B}}'=\widetilde{\boldsymbol{B}}(\boldsymbol{\Gamma\Phi\Gamma}'+\boldsymbol{\Psi})\widetilde{\boldsymbol{B}}' \tag{2.29}$$

将（2.29）代入（2.27）得

$$\boldsymbol{\Sigma}_{yy}(\boldsymbol{\theta})=\boldsymbol{\Lambda}_y\widetilde{\boldsymbol{B}}(\boldsymbol{\Gamma\Phi\Gamma}'+\boldsymbol{\Psi})\widetilde{\boldsymbol{B}}'\boldsymbol{\Lambda}'_y+\boldsymbol{\Theta}_\varepsilon$$

$\boldsymbol{y}$ 与 $\boldsymbol{x}$ 的协方差矩阵为

$$\begin{aligned}\boldsymbol{\Sigma}_{yx}(\boldsymbol{\theta})&=\mathrm{cov}(\boldsymbol{y},\ \boldsymbol{x})\\&=\mathrm{cov}(\boldsymbol{\Lambda}_y\boldsymbol{\eta}+\boldsymbol{\varepsilon},\ \boldsymbol{\Lambda}_x\xi+\boldsymbol{\delta})\\&=\boldsymbol{\Lambda}_y\mathrm{cov}[\widetilde{\boldsymbol{B}}(\boldsymbol{\Gamma}\xi+\zeta),\ \xi]\boldsymbol{\Lambda}'_x\\&=\boldsymbol{\Lambda}_y\widetilde{\boldsymbol{B}}\boldsymbol{\Gamma\Phi}\boldsymbol{\Lambda}'_x\end{aligned}$$

所以 $(\boldsymbol{y}',\ \boldsymbol{x}')'$ 的协方差矩阵可表示为 8 个参数矩阵的函数

$$\boldsymbol{\Sigma}(\boldsymbol{\theta})=\begin{pmatrix}\boldsymbol{\Sigma}_{yy}(\boldsymbol{\theta}) & \boldsymbol{\Sigma}_{yx}(\boldsymbol{\theta})\\ \boldsymbol{\Sigma}_{xy}(\boldsymbol{\theta}) & \boldsymbol{\Sigma}_{xx}(\boldsymbol{\theta})\end{pmatrix}$$

$$=\begin{pmatrix}\boldsymbol{\Lambda}_y\widetilde{\boldsymbol{B}}(\boldsymbol{\Gamma\Phi\Gamma}'+\boldsymbol{\Psi})\widetilde{\boldsymbol{B}}'\boldsymbol{\Lambda}'_y+\boldsymbol{\Theta}_\varepsilon & \boldsymbol{\Lambda}_y\widetilde{\boldsymbol{B}}\boldsymbol{\Gamma\Phi}\boldsymbol{\Lambda}'_x\\ \boldsymbol{\Lambda}_x\boldsymbol{\Phi\Gamma}'\widetilde{\boldsymbol{B}}'\boldsymbol{\Lambda}'_y & \boldsymbol{\Lambda}_x\boldsymbol{\Phi}\boldsymbol{\Lambda}'_x+\boldsymbol{\Theta}_\delta\end{pmatrix} \tag{2.30}$$

称 $\boldsymbol{\Sigma}(\boldsymbol{\theta})$ 为假设模型推出的 $(\boldsymbol{y}',\ \boldsymbol{x}')'$ 协方差矩阵（也称为假设模型隐含的协方差矩阵)，将 $(\boldsymbol{y}',\ \boldsymbol{x}')'$ 的总体协方差矩阵记为 $\boldsymbol{\Sigma}$ ，如果假设模型为真，则 $\boldsymbol{\Sigma}(\boldsymbol{\theta})$ 等于总体的协方差矩阵 $\boldsymbol{\Sigma}$ ，即 $\boldsymbol{\Sigma}=\boldsymbol{\Sigma}(\boldsymbol{\theta})$ ，从而观测变量 $(\boldsymbol{y}',\ \boldsymbol{x}')'$ 的协方差是模型参数的函数。

看一个具体的例子。考虑图 2—3 的路径图所示的模型，方程如下：

$$
\begin{aligned}
y_1 &= \eta_1 + \varepsilon_1 \\
y_2 &= \lambda_2 \eta_1 + \varepsilon_2 \\
x_1 &= \xi_1 + \delta_1 \\
x_2 &= \lambda_4 \xi_1 + \delta_2 \\
x_3 &= \lambda_5 \xi_1 + \delta_3 \\
\eta_1 &= \gamma_1 \xi_1 + \zeta_1
\end{aligned} \tag{2.31}
$$

假设误差项 ε_1，ε_2，δ_1，δ_2，δ_3 的均值为零，它们彼此不相关，并且都与 η_1，ξ_1 不相关；残差项 ζ_1 与 ξ_1，ε_1，ε_2，δ_1，δ_2，δ_3 都不相关。此时，误差方差矩阵 $\boldsymbol{\Theta}_{\varepsilon}$，$\boldsymbol{\Theta}_{\delta}$ 都是对角矩阵。

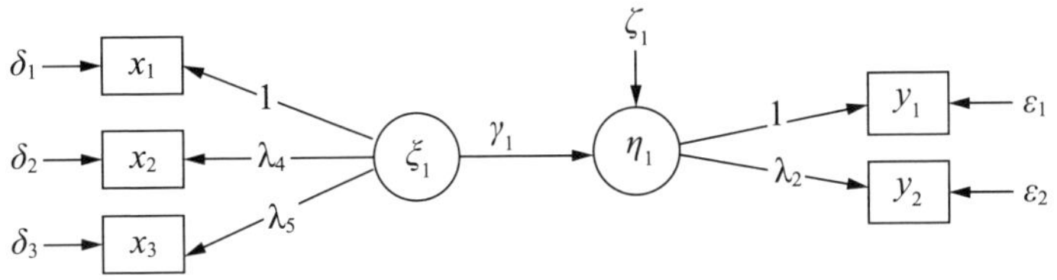

图 2—3　结构方程路径图

指标向量 $(y_1, y_2, x_1, x_2, x_3)'$ 在总体中的真实（但未知的）协方差矩阵为

$$
\boldsymbol{\Sigma} = \begin{pmatrix}
\mathrm{var}(y_1) \\
\mathrm{cov}(y_2, y_1) & \mathrm{var}(y_2) \\
\mathrm{cov}(x_1, y_1) & \mathrm{cov}(x_1, y_2) & \mathrm{var}(x_1) \\
\mathrm{cov}(x_2, y_1) & \mathrm{cov}(x_2, y_2) & \mathrm{cov}(x_2, x_1) & \mathrm{var}(x_2) \\
\mathrm{cov}(x_3, y_1) & \mathrm{cov}(x_3, y_2) & \mathrm{cov}(x_3, x_1) & \mathrm{cov}(x_3, x_2) & \mathrm{var}(x_3)
\end{pmatrix}
$$

根据方程组（2.31）推出的 $(y_1, y_2, x_1, x_2, x_3)'$ 的协方差矩阵为

$$
\boldsymbol{\Sigma}(\boldsymbol{\theta}) = \begin{pmatrix}
\gamma_1^2\phi_{11} + \psi_{11} + \theta_{\varepsilon 1} \\
\lambda_2(\gamma_1^2\phi_{11} + \psi_{11}) & \lambda_2^2(\gamma_1^2\phi_{11} + \psi_{11}) + \theta_{\varepsilon 2} \\
\gamma_1\phi_{11} & \lambda_2\gamma_1\phi_{11} & \phi_{11} + \theta_{\delta 1} \\
\lambda_4\gamma_1\phi_{11} & \lambda_4\lambda_2\gamma_1\phi_{11} & \lambda_4\phi_{11} & \lambda_4^2\phi_{11} + \theta_{\delta 2} \\
\lambda_5\gamma_1\phi_{11} & \lambda_5\lambda_2\gamma_1\phi_{11} & \lambda_5\phi_{11} & \lambda_5\lambda_4\phi_{11} & \lambda_5^2\phi_{11} + \theta_{\delta 3}
\end{pmatrix} \tag{2.32}
$$

下面用一个对角线元素和一个非对角线元素示范（2.32）是如何推出来的。由（2.31）的第 2 个和最后一个方程可得

$$y_2 = \lambda_2 \eta_1 + \varepsilon_2 = \lambda_2(\gamma_1 \xi_1 + \zeta_1) + \varepsilon_2$$

从而

$$\begin{aligned} \mathrm{var}(y_2) &= \mathrm{var}[\lambda_2(\gamma_1 \xi_1 + \zeta_1) + \varepsilon_2] \\ &= \mathrm{var}[\lambda_2(\gamma_1 \xi_1 + \zeta_1)] + \mathrm{var}(\varepsilon_2) \\ &= \lambda_2^2 \mathrm{var}(\gamma_1 \xi_1 + \zeta_1) + \mathrm{var}(\varepsilon_2) \\ &= \lambda_2^2[\gamma_1^2 \mathrm{var}(\xi_1) + \mathrm{var}(\zeta_1)] + \mathrm{var}(\varepsilon_2) \\ &= \lambda_2^2(\gamma_1^2 \phi_{11} + \psi_{11}) + \theta_{\varepsilon 2} \end{aligned}$$

由（2.31）的第 2 个 、第 4 个和最后一个方程可得

$$\begin{aligned} \mathrm{cov}(x_2, y_2) &= \mathrm{cov}[\lambda_4 \xi_1 + \delta_2, \lambda_2(\gamma_1 \xi_1 + \zeta_1) + \varepsilon_2] \\ &= \lambda_4 \lambda_2 \mathrm{cov}(\xi_1, \gamma_1 \xi_1) \\ &= \lambda_4 \lambda_2 \gamma_1 \mathrm{var}(\xi_1) \\ &= \lambda_4 \lambda_2 \gamma_1 \phi_{11} \end{aligned}$$

（2.32）等号右边矩阵中的其他元素可以类似计算。不难看出，模型有 11 个未知参数：$\boldsymbol{\theta}' = (\lambda_2, \lambda_4, \lambda_5, \gamma_1, \phi_{11}, \theta_{\varepsilon 1}, \theta_{\varepsilon 2}, \theta_{\delta 1}, \theta_{\delta 2}, \theta_{\delta 3}, \psi_{11})$，未知参数也称为自由参数（free parameter）。

三、若干特殊的结构方程模型的协方差结构

在一般的结构方程模型中对 p，q，m 和 n 做一些限制，或指定某些参数矩阵的元素，可以得到一些有用的特殊模型，包括验证性因子分析（confirmatory factor analysis，CFA）模型和路径分析（path analysis）模型。

（一）不含内生变量的模型

不含内生变量相当于 $p = m = 0$，对应的结构方程模型就是验证性因子分析模型

$$\boldsymbol{x} = \boldsymbol{\Lambda}_x \xi + \boldsymbol{\delta}$$

要估计的参数矩阵有 3 个：$\boldsymbol{\Lambda}_x$，$\boldsymbol{\Phi}$，$\boldsymbol{\Theta}_\delta$。模型推出的协方差矩阵为

$$\boldsymbol{\Sigma}(\boldsymbol{\theta})=\boldsymbol{\Lambda}_x\boldsymbol{\Phi}\boldsymbol{\Lambda}'_x+\boldsymbol{\Theta}_\delta$$

（二）不含测量误差的模型

不含测量误差相当于 $m=p$，$n=q$，且 $\boldsymbol{\Lambda}_y=I_p$，$\boldsymbol{\Lambda}_x=\boldsymbol{I}_q$，$\boldsymbol{\Theta}_\varepsilon=\boldsymbol{O}$，$\boldsymbol{\Theta}_\delta=\boldsymbol{O}$，$\boldsymbol{\Phi}=\boldsymbol{\Sigma}_{xx}$。对应的结构方程模型就是路径分析模型

$$\boldsymbol{y}=\boldsymbol{B}\boldsymbol{y}+\boldsymbol{\Gamma}\boldsymbol{x}+\boldsymbol{\zeta}$$

要估计的参数矩阵有 3 个：$\boldsymbol{B}$，$\boldsymbol{\Gamma}$，$\boldsymbol{\Psi}$。模型推出的协方差矩阵为

$$\boldsymbol{\Sigma}(\boldsymbol{\theta})=\begin{pmatrix}\widetilde{\boldsymbol{B}}(\boldsymbol{\Gamma}\boldsymbol{\Sigma}_{xx}\boldsymbol{\Gamma}'+\boldsymbol{\Psi})\widetilde{\boldsymbol{B}}' & \widetilde{\boldsymbol{B}}\boldsymbol{\Gamma}\boldsymbol{\Sigma}_{xx}\\ \boldsymbol{\Sigma}_{xx}\boldsymbol{\Gamma}'\widetilde{\boldsymbol{B}}' & \boldsymbol{\Sigma}_{xx}\end{pmatrix}$$

进一步假设 $\boldsymbol{B}=\boldsymbol{O}$，$m=p=1$，$\boldsymbol{\Psi}$ 变成一个数，就是通常的回归模型。此时，

$$\boldsymbol{\Sigma}(\boldsymbol{\theta})=\begin{pmatrix}\boldsymbol{\Gamma}\boldsymbol{\Sigma}_{xx}\boldsymbol{\Gamma}'+\boldsymbol{\Psi} & \boldsymbol{\Gamma}\boldsymbol{\Sigma}_{xx}\\ \boldsymbol{\Sigma}_{xx}\boldsymbol{\Gamma}' & \boldsymbol{\Sigma}_{xx}\end{pmatrix}$$

（三）不含外源指标的模型

此时 $q=0$，模型只含方程（2.23）和（2.25），将（2.25）解出 η 代入（2.23），可以写成

$$\boldsymbol{y}=\boldsymbol{\Lambda}_y(\boldsymbol{I}-\boldsymbol{B})^{-1}(\boldsymbol{\Gamma}\xi+\boldsymbol{\zeta})+\boldsymbol{\varepsilon}$$

要估计的参数矩阵有 6 个：$\boldsymbol{\Lambda}_y$，$\boldsymbol{B}$，$\boldsymbol{\Gamma}$，$\boldsymbol{\Phi}$，$\boldsymbol{\Psi}$ 和 $\boldsymbol{\Theta}_\varepsilon$。因为内生变量既可以做自变量，又可以做因变量，所以任何一个结构方程模型都可以通过将外源变量视为内生变量变成不含外源指标的模型。

特别地，当 $\boldsymbol{B}=\boldsymbol{O}$ 时，变成 2 阶因子模型：

$$\boldsymbol{y}=\boldsymbol{\Lambda}_y\boldsymbol{\eta}+\boldsymbol{\varepsilon}$$

$$\boldsymbol{\eta}=\boldsymbol{\Gamma}\xi+\zeta$$

其中 $\boldsymbol{\xi}$ 为 2 阶因子，$\boldsymbol{\Gamma}$ 为 2 阶因子负荷矩阵。模型推出的协方差矩阵为

$$\boldsymbol{\Sigma}(\boldsymbol{\theta})=\boldsymbol{\Lambda}_y(\boldsymbol{\Gamma}\boldsymbol{\Phi}\boldsymbol{\Gamma}'+\boldsymbol{\Psi})\boldsymbol{\Lambda}'_y+\boldsymbol{\Theta}_\varepsilon$$

（四）不含外源变量的模型

此时 $q=n=0$，模型可以写成

$$\boldsymbol{y}=\boldsymbol{\Lambda}_y\widetilde{\boldsymbol{B}}\boldsymbol{\zeta}+\boldsymbol{\varepsilon}$$

要估计的参数矩阵有 4 个：$\boldsymbol{\Lambda}_y$，$\boldsymbol{B}$，$\boldsymbol{\Psi}$ 和 $\boldsymbol{\Theta}_\varepsilon$ 。模型推出的协方差矩阵为

$$\boldsymbol{\Sigma}(\boldsymbol{\theta})=\boldsymbol{\Lambda}_y\widetilde{\boldsymbol{B}}\boldsymbol{\Psi}\widetilde{\boldsymbol{B}}'\boldsymbol{\Lambda}'_y+\boldsymbol{\Theta}_\varepsilon$$

特别地，当 $\boldsymbol{B}=\boldsymbol{O}$ 时，变成以 $\boldsymbol{y}$ 为指标的因子模型：

$$\boldsymbol{y}=\boldsymbol{\Lambda}_y\boldsymbol{\zeta}+\boldsymbol{\varepsilon}$$

因而

$$\boldsymbol{\Sigma}(\boldsymbol{\theta})=\boldsymbol{\Lambda}_y\boldsymbol{\Psi}\boldsymbol{\Lambda}'_y+\boldsymbol{\Theta}_\varepsilon$$

第三节　结构方程模型参数估计

一、模型识别与指定尺度单位

为了估计模型参数，和回归分析中的（2.9）一样，令模型推出的协方差矩阵等于样本协方差矩阵，即

$$\begin{pmatrix}\boldsymbol{\Lambda}_y\widetilde{\boldsymbol{B}}(\boldsymbol{\Gamma\Phi\Gamma}'+\boldsymbol{\Psi})\widetilde{\boldsymbol{B}}'\boldsymbol{\Lambda}'_y+\boldsymbol{\Theta}_\varepsilon & \boldsymbol{\Lambda}_y\widetilde{\boldsymbol{B}}\boldsymbol{\Gamma\Phi}\boldsymbol{\Lambda}'_x \\ \boldsymbol{\Lambda}_x\boldsymbol{\Phi\Gamma}'\widetilde{\boldsymbol{B}}'\boldsymbol{\Lambda}'_y & \boldsymbol{\Lambda}_x\boldsymbol{\Phi}\boldsymbol{\Lambda}'_x+\boldsymbol{\Theta}_\delta\end{pmatrix}=\begin{pmatrix}\boldsymbol{S}_{yy} & \boldsymbol{S}_{yx} \\ \boldsymbol{S}_{xy} & \boldsymbol{S}_{xx}\end{pmatrix} \quad (2.33)$$

等价于下面三个矩阵方程：

$$\boldsymbol{\Lambda}_x\boldsymbol{\Phi}\boldsymbol{\Lambda}'_x+\boldsymbol{\Theta}_\delta=\boldsymbol{S}_{xx} \quad (2.34)$$

$$\boldsymbol{\Lambda}_y\widetilde{\boldsymbol{B}}\boldsymbol{\Gamma\Phi}\boldsymbol{\Lambda}'_x=\boldsymbol{S}_{yx} \quad (2.35)$$

$$\boldsymbol{\Lambda}_y\widetilde{\boldsymbol{B}}(\boldsymbol{\Gamma\Phi\Gamma}'+\boldsymbol{\Psi})\widetilde{\boldsymbol{B}}'\boldsymbol{\Lambda}'_y+\boldsymbol{\Theta}_\varepsilon=\boldsymbol{S}_{yy} \quad (2.36)$$

对于回归模型，只要 $\boldsymbol{\Sigma}_{xx}$ 是非奇异矩阵，模型就是可识别的（identified），如果 $\boldsymbol{\Sigma}_{xx}$ 是奇异矩阵，则模型不可识别。在结构方程模型分析中，模型识别问题更加复杂，因而也更加受到重视。当模型涉及潜变量时，

即使是简单的 CFA 模型，如果不指定（specify）潜变量的尺度单位，任何 CFA 模型都是不可识别的，因为负荷会随潜变量的尺度单位变化而变化。通常有两个方式指定潜变量的尺度单位：一种是固定负荷法，即对每个潜变量，都将其中一个指标的负荷固定为 1；另一种是固定方差法，即将全部因子的方差都固定为 1。例如，由方程组（2.31）定义的模型（见图 2－3），将 x_1 在 ξ_1 上的负荷固定为 1，这相当于将潜变量 ξ_1 的尺度单位指定为与指标 x_1 的尺度单位相同，称 x_1 为 ξ_1 的尺度（scale）指标。

一般地，固定负荷法和固定方差法得到的参数估计是不同的，但两者的标准化解（standardized solution）或完全标准化解（completely standardized solution）[①] 都是相同的。标准化解是潜变量标准化但指标不标准化得到的估计结果。完全标准化解是指标和潜变量都标准化得到的估计结果。对于 CFA 模型，用固定负荷法和固定方差法都可以，但对于全模型中的 y-指标，应当使用固定负荷法，因为固定内生潜变量的方差是一件困难的事情。

模型是否可识别，与潜变量的指标个数有关，也与潜变量之间的关系有关。看两个很类似的 5 个指标、2 个因子的 CFA 模型（见图 2－4）：指标个数相同，因子个数相同，指标与因子的从属关系也相同

$$x_1=\lambda_{11}\xi_1+\delta_1$$
$$x_2=\lambda_{21}\xi_1+\delta_2$$
$$x_3=\lambda_{31}\xi_1+\delta_3$$
$$x_4=\lambda_{42}\xi_2+\delta_4$$
$$x_5=\lambda_{52}\xi_2+\delta_5$$

模型都假设：

（1）误差项的均值为零，即 $E(\delta_i)=0$（$i=1, \cdots, 5$）。

（2）误差项与因子之间不相关，即 $\mathrm{cov}(\xi_i, \delta_j)=0$（$i=1, 2$；$j=$

---

① 在 Mplus 中，“OUTPUT：STANDARDIZED;”输出标准化解（STD Standardization）和完全标准化解（STDYX Standardization）。在 LISREL 中，“OU SS”输出标准化解，“OU SC”输出完全标准化解。

1，…，5）。

（3）误差项之间不相关，即 $\mathrm{cov}(\delta_i, \delta_j)=0$（$i \neq j$）。

两个模型不同之处是：模型（a）中的两个因子相关（即 ϕ_{21} 自由估计），但模型（b）中的两个因子不相关（即 $\phi_{21}=0$）。

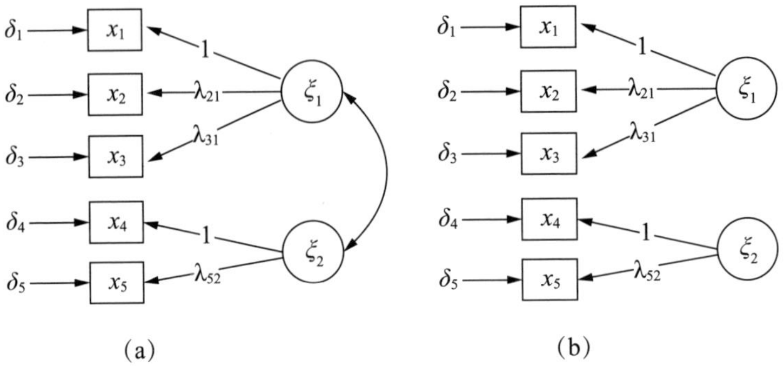

图 2—4 因子分析模型

对于模型（a），由模型推出的 $\boldsymbol{x}=(x_1, x_2, x_3, x_4, x_5)'$ 的协方差矩阵为

$$\boldsymbol{\Sigma}(\boldsymbol{\theta})=\begin{pmatrix} \phi_{11}+\theta_{11} & & & & \\ \lambda_{21}\phi_{11} & \lambda_{21}^2\phi_{11}+\theta_{22} & & & \\ \lambda_{31}\phi_{11} & \lambda_{31}\lambda_{21}\phi_{11} & \lambda_{31}^2\phi_{11}+\theta_{33} & & \\ \phi_{21} & \lambda_{21}\phi_{21} & \lambda_{31}\phi_{21} & \phi_{22}+\theta_{44} & \\ \lambda_{52}\phi_{21} & \lambda_{52}\lambda_{21}\phi_{21} & \lambda_{52}\lambda_{31}\phi_{21} & \lambda_{52}\phi_{22} & \lambda_{52}^2\phi_{22}+\theta_{55} \end{pmatrix} \tag{2.37}$$

模型有 11 个未知参数：$\boldsymbol{\theta}'=(\lambda_{21}, \lambda_{31}, \lambda_{52}, \phi_{11}, \phi_{21}, \phi_{22}, \theta_{11}, \theta_{22}, \theta_{33}, \theta_{44}, \theta_{55})$。$\boldsymbol{x}=(x_1, x_2, x_3, x_4, x_5)'$ 的样本协方差矩阵为

$$\boldsymbol{S}_{xx}=\begin{pmatrix} s_{11} & & & & \\ s_{21} & s_{22} & & & \\ s_{31} & s_{32} & s_{33} & & \\ s_{41} & s_{42} & s_{43} & s_{44} & \\ s_{51} & s_{52} & s_{53} & s_{54} & s_{55} \end{pmatrix} \tag{2.38}$$

其中 s_{ij} 表示 x_i 与 x_j 的样本协方差（i，$j=1$，2，3，4，5），可以由样本计算出来，是已知量。为了估计模型参数，令 $\boldsymbol{\Sigma}(\boldsymbol{\theta})=\boldsymbol{S}_{xx}$，由（2.37）和（2.38）得到 15 个等式（即 15 个方程）：

$$\phi_{11}+\theta_{11}=s_{11}，\lambda_{21}\phi_{11}=s_{21}，\lambda_{21}^2\phi_{11}+\theta_{22}=s_{22}，\cdots，\lambda_{52}^2\phi_{22}+\theta_{55}=s_{55}$$

但只有 11 个未知数，属于所谓的矛盾方程组，通常没有一组解能满足全部方程。这样的模型是超识别的（over identified），可以求出这样的一组解，使得这 15 个等式“尽可能接近”成立。

矩阵等式 $\boldsymbol{\Sigma}(\boldsymbol{\theta})=\boldsymbol{S}_{xx}$ 包含的方程个数 15 减去未知参数的个数 11，就是模型（a）的自由度 4。一般地，方程的个数由指标个数决定，设内生指标（y-指标）和外源指标（x-指标）一共有 $p+q$ 个，则方程个数有 $(p+q)(p+q+1)/2$ 个，与模型无关。设模型中有 t 个未知参数，如果比方程个数还多，则参数有无穷多解，即不能确定参数究竟是多少，因而模型是不可识别的。可见，模型可识别的一个必要条件是

$$t\leqslant(p+q)(p+q+1)/2$$

这就是模型可识别的 t-法则（Bollen，1989；侯杰泰 等，2004）。模型的自由度为

$$df=(p+q)(p+q+1)/2-t$$

模型中的未知参数也称为自由参数，是相对于固定参数（fixed parameter）而言的。一个模型对应于一个路径图，在路径图中增加一条路径，相当于将固定为零的一个参数变成自由参数，因而自由度减少 1。相反，在路径图中减少一条路径，相当于将一个自由参数固定为零，因而自由度增加 1。

对于模型（b），由模型推出的 $\boldsymbol{x}=(x_1，x_2，x_3，x_4，x_5)'$ 的协方差矩阵为

$$\boldsymbol{\Sigma}(\boldsymbol{\theta})=\begin{pmatrix}\phi_{11}+\theta_{11} & & & & \\ \lambda_{21}\phi_{11} & \lambda_{21}^2\phi_{11}+\theta_{22} & & & \\ \lambda_{31}\phi_{11} & \lambda_{31}\lambda_{21}\phi_{11} & \lambda_{31}^2\phi_{11}+\theta_{33} & & \\ 0 & 0 & 0 & \phi_{22}+\theta_{44} & \\ 0 & 0 & 0 & \lambda_{52}\phi_{22} & \lambda_{52}^2\phi_{22}+\theta_{55}\end{pmatrix}$$

（2.39）

模型有 10 个未知参数：$\boldsymbol{\theta}'=(\lambda_{21}, \lambda_{31}, \lambda_{52}, \phi_{11}, \phi_{22}, \theta_{11}, \theta_{22}, \theta_{33}, \theta_{44}, \theta_{55})$，与模型（a）相比少了 ϕ_{21}。$\boldsymbol{x}=(x_1, x_2, x_3, x_4, x_5)'$ 的样本协方差矩阵还是（2.38）。在模型可识别的前提下，少了一个自由参数，自由度增加 1。然而，模型（b）却是不可识别的。令 $\boldsymbol{\Sigma}(\boldsymbol{\theta})=\boldsymbol{S}_{xx}$，由（2.39）和（2.38）得到包含参数的方程只有下面 9 个：

$$\phi_{11}+\theta_{11}=s_{11}, \lambda_{21}\phi_{11}=s_{21}, \lambda_{21}^2\phi_{11}+\theta_{22}=s_{22}$$

$$\lambda_{31}\phi_{11}=s_{31}, \lambda_{31}\lambda_{21}\phi_{11}=s_{32}, \lambda_{31}^2\phi_{11}+\theta_{33}=s_{33}$$

$$\phi_{22}+\theta_{44}=s_{44}, \lambda_{52}\phi_{22}=s_{54}, \lambda_{52}^2\phi_{22}+\theta_{55}=s_{55}$$

其中 λ_{52}，ϕ_{22}，θ_{44} 和 θ_{55} 共 4 个未知数只出现在最后 3 个方程中，因而有无穷多解，模型是不可识别的。

如果一个 CFA 模型只有一个因子，那么至少要有 3 个指标，模型才是可识别的。就是说，单指标单因子模型和两指标单因子模型都是不可识别的。上面的模型（a）和模型（b）都含有一个两指标因子作为模型的一部分。模型（a）中，因子之间有联系，所以模型变成可识别的了。而在模型（b）中，两个因子之间没有联系，模型不可识别。一般地，如果一个模型有一个部分是不可识别的，且这一部分与模型的其他部分没有联系，则模型是不可识别的。

有一些理论方法可以判断一个模型是否可识别（Bollen，1989；侯杰泰等，2004），但应用工作者关注的是如何避免建立不可识别的模型。采用以下策略通常都可以建立可识别的模型：

（1）每个潜变量都通过固定负荷或固定方差指定了尺度单位；

（2）尽可能让每个因子有 3 个或更多指标；

（3）使用两指标因子时，要让其与别的因子有路径联系；

（4）使用单指标因子时，除了固定负荷或固定方差外，还要设定误差方差。如果没有该指标的信度可以利用，通常是将误差方差设定为零。如果知道了该指标的信度（如重测信度），则将误差方差设定为“指标方差×

（1－信度）”[①]。如果使用相关系数进行分析，相当于使用标准化变量进行分析，此时指标方差是1，误差方差设定为“1－信度”。

二、参数估计方法

对于一般的结构方程模型，由模型可以推出（$\boldsymbol{y}'$，$\boldsymbol{x}'$）$'$的协方差矩阵 $\boldsymbol{\Sigma}(\boldsymbol{\theta})$，含有未知参数。在有了样本数据后，可以计算出（$\boldsymbol{y}'$，$\boldsymbol{x}'$）$'$的样本协方差矩阵 $\boldsymbol{S}$。为了估计模型参数，令 $\boldsymbol{\Sigma}(\boldsymbol{\theta})=\boldsymbol{S}$。我们自然希望有一个向量 $\hat{\boldsymbol{\theta}}$，使得 $\boldsymbol{\Sigma}(\hat{\boldsymbol{\theta}})=\boldsymbol{S}$ 成立，则 $\hat{\boldsymbol{\theta}}$ 就是所要的参数估计。然而，在模型可识别的情况下，$\boldsymbol{\Sigma}(\boldsymbol{\theta})=\boldsymbol{S}$ 通常对应一个矛盾方程组，即 $\boldsymbol{\Sigma}(\boldsymbol{\theta})=\boldsymbol{S}$ 没有解。这时，我们降低要求，希望有一个向量 $\hat{\boldsymbol{\theta}}$，使得 $\boldsymbol{\Sigma}(\hat{\boldsymbol{\theta}})$与 $\boldsymbol{S}$ 最“接近”，$\boldsymbol{S}-\boldsymbol{\Sigma}(\hat{\boldsymbol{\theta}})$ 称为残差矩阵。对“接近”的不同理解就导致不同的估计方法。

要计量 $\boldsymbol{\Sigma}(\boldsymbol{\theta})$ 与 $\boldsymbol{S}$“接近”的程度，需要定义一个类似于人们熟知的“距离”，它是 $\boldsymbol{S}$ 和 $\boldsymbol{\Sigma}(\boldsymbol{\theta})$ 的函数，称为拟合函数（fit function），记为 $F[\boldsymbol{S},\boldsymbol{\Sigma}(\boldsymbol{\theta})]$。后面会看到，拟合函数有多种定义方法。参数估计是要求出这样的 $\hat{\boldsymbol{\theta}}$，使得 $F[\boldsymbol{S},\boldsymbol{\Sigma}(\hat{\boldsymbol{\theta}})]$ 达到最小值，此时 $\boldsymbol{\Sigma}(\hat{\boldsymbol{\theta}})$ 与 $\boldsymbol{S}$ 按所定义的距离最“接近”。

虽然 $\boldsymbol{S}$ 和 $\boldsymbol{\Sigma}(\boldsymbol{\theta})$ 都是矩阵，但拟合函数 $F[\boldsymbol{S},\boldsymbol{\Sigma}(\boldsymbol{\theta})]$ 的取值是非负的数值。下面列出几种估计方法及其相应的拟合指数，其中最常用的是极大似然估计。

（一）未加权最小二乘估计

未加权最小二乘（unweighted least squares，ULS）的拟合函数为

$$F_{\mathrm{ULS}}=\frac{1}{2}\mathrm{tr}\{[\boldsymbol{S}-\boldsymbol{\Sigma}(\boldsymbol{\theta})]^2\} \tag{2.40}$$

---

① 如所知，指标＝真分数＋误差，所以，指标方差＝真分数方差＋误差方差。注意到信度是真分数方差与指标方差之比，误差方差＝指标方差－真分数方差＝指标方差×（1－真分数方差/指标方差）＝指标方差×（1－信度）。

使得 F_{ULS} 达到最小值的 $\hat{\boldsymbol{\theta}}$ 称为 $\boldsymbol{\theta}$ 的未加权最小二乘估计，简称为 ULS 估计。$\text{tr}\{[\boldsymbol{S}-\boldsymbol{\Sigma}(\boldsymbol{\theta})]^2\}$ 等于残差矩阵 $[\boldsymbol{S}-\boldsymbol{\Sigma}(\boldsymbol{\theta})]$ 中全部元素的平方和。由第一章第二节介绍的两个矩阵的距离可知，$F_{\text{ULS}}=\frac{1}{2}d^2[\boldsymbol{S},\boldsymbol{\Sigma}(\boldsymbol{\theta})]$，所以使 F_{ULS} 达到最小值的 $\hat{\boldsymbol{\theta}}$，也使 $d[\boldsymbol{S},\boldsymbol{\Sigma}(\boldsymbol{\theta})]$ 达到最小，此时 $\boldsymbol{\Sigma}(\boldsymbol{\theta})$ 与 $\boldsymbol{S}$ 按欧氏距离最“接近”。

（二）广义最小二乘估计

在上面的未加权最小二乘的拟合函数中，残差矩阵 $\boldsymbol{S}-\boldsymbol{\Sigma}(\boldsymbol{\theta})$ 中的每个元素平方直接相加，相当于对 $\boldsymbol{S}-\boldsymbol{\Sigma}(\boldsymbol{\theta})$ 中的每个元素赋予同等权重。但许多时候，对不同位置的元素赋予不同的权重更加合理。用 $\boldsymbol{S}^{-1}$ 作为加权矩阵，就有下面的拟合函数

$$\begin{aligned}F_{\text{GLS}}&=\frac{1}{2}\text{tr}\{[(\boldsymbol{S}-\boldsymbol{\Sigma}(\boldsymbol{\theta}))\boldsymbol{S}^{-1}]^2\}\\&=\frac{1}{2}\text{tr}\,[(\boldsymbol{I}-\boldsymbol{\Sigma}(\boldsymbol{\theta})\boldsymbol{S}^{-1})^2]\end{aligned}\tag{2.41}$$

使得 F_{GLS} 达到最小值的 $\hat{\boldsymbol{\theta}}$ 称为 $\boldsymbol{\theta}$ 的广义最小二乘（generalized least squares，GLS）估计。

（三）极大似然估计

用极大似然（maximum likelihood，ML）法可以推出下面的拟合函数

$$F_{\text{ML}}=\text{tr}\,[\boldsymbol{S}\boldsymbol{\Sigma}^{-1}(\boldsymbol{\theta})]+\log|\boldsymbol{\Sigma}(\boldsymbol{\theta})|-\log|\boldsymbol{S}|-(p+q)\tag{2.42}$$

其中 $\log|\boldsymbol{S}|$ 表示矩阵 $\boldsymbol{S}$ 的行列式的对数。使得 F_{ML} 达到最小值的 $\hat{\boldsymbol{\theta}}$ 称为 $\boldsymbol{\theta}$ 的极大似然估计，简称为 ML 估计。一般情况下，Mplus 和 LISREL 等 SEM 软件默认使用 ML 估计。

拟合函数 F_{ML} 是由似然函数的对数修改而成的，推导似然函数的时候需要假设指标向量 $(\boldsymbol{y}',\boldsymbol{x}')'$ 服从多元正态分布。还要假设 $\boldsymbol{S}$ 和 $\boldsymbol{\Sigma}(\boldsymbol{\theta})$ 都是正定矩阵（因而它们的行列式大于零），并且 $\boldsymbol{\Sigma}(\boldsymbol{\theta})$ 有逆矩阵。如果实际的数据不满足这一假设，将使求解过程无法进行。

(四) 加权最小二乘估计

上述 ULS 估计、GLS 估计和 ML 估计，都是加权最小二乘(weighted least squares，WLS) 估计的特例。设 $(\boldsymbol{y}', \boldsymbol{x}')'$ 是 k 维向量($k=q+p$)，加权最小二乘的拟合函数为

$$F_{\text{WLS}}=(\boldsymbol{s}-\boldsymbol{\sigma}^{*})'\boldsymbol{V}^{-1}(\boldsymbol{s}-\boldsymbol{\sigma}^{*}) \tag{2.43}$$

其中 $\boldsymbol{s}=(s_{11}, s_{21}, s_{22}, s_{31}, \cdots, s_{kk})'$ 是 $\boldsymbol{S}=(s_{ij})$ 的下三角(主对角线及其以下)元素按列顺序排列成的 $k(k+1)/2$ 维向量，$\boldsymbol{\sigma}^{*}=(\sigma_{11}^{*}, \sigma_{21}^{*}, \sigma_{22}^{*}, \sigma_{31}^{*}, \cdots, \sigma_{kk}^{*})'$ 是 $\boldsymbol{\Sigma}(\boldsymbol{\theta})=(\sigma_{ij}^{*})$ 的下三角(主对角线及其以下)元素按列顺序排列成的向量，$\boldsymbol{V}$ 是一个用于加权的 $k(k+1)/2$ 阶正定矩阵。使得 F_{WLS} 达到最小值的 $\hat{\boldsymbol{\theta}}$ 称为 $\boldsymbol{\theta}$ 的加权最小二乘估计，简称为 WLS 估计。

相应于 $\boldsymbol{s}=(s_{11}, s_{21}, s_{22}, s_{31}, \cdots, s_{kk})'$ 中元素的下标，可以将 $\boldsymbol{V}$ 表示成 $\boldsymbol{V}=(v_{gh,ij})$。如果取特殊一点的加权矩阵 $\boldsymbol{V}$，使得

$$v_{gh,ij}=w_{gi}w_{hj}+w_{gj}w_{hi}$$

则

$$F_{\text{WLS}}=(\boldsymbol{s}-\boldsymbol{\sigma}^{*})'\boldsymbol{V}^{-1}(\boldsymbol{s}-\boldsymbol{\sigma}^{*})=\frac{1}{2}\text{tr}\{[(\boldsymbol{S}-\boldsymbol{\Sigma}(\boldsymbol{\theta}))\boldsymbol{W}^{-1}]^{2}\} \tag{2.44}$$

(Browne，1984)，其中 $\boldsymbol{W}=(w_{ij})$。ULS估计、GLS估计和ML估计分别对应于 $\boldsymbol{W}=\boldsymbol{I}$、$\boldsymbol{W}=\boldsymbol{S}$ 和 $\boldsymbol{W}=\boldsymbol{\Sigma}(\hat{\boldsymbol{\theta}}_{\text{ML}})$，其中 $\hat{\boldsymbol{\theta}}_{\text{ML}}$ 表示 $\boldsymbol{\theta}$ 的 ML 估计。

不过，通常所说的 WLS 估计是取渐近协方差矩阵(asymptotic covariance matrix) $\boldsymbol{V}=(v_{gh,ij})$ 为加权矩阵。渐近协方差矩阵是观测变量的样本协方差矩阵对角线以下元素(含对角线)按列排成的向量的协方差矩阵。就是说，将 $\boldsymbol{s}=(s_{11}, s_{21}, s_{22}, s_{31}, \cdots, s_{kk})'$ 作为随机向量，是 $k(k+1)/2$ 维的，可以产生一个 $k(k+1)/2$ 阶的协方差矩阵，就是渐近协方差矩阵。计算公式为

$$\text{Acov}(s_{gh}, s_{ij})=(\sigma_{gi}\sigma_{hj}+\sigma_{gj}\sigma_{hi})/N$$

其中 $\boldsymbol{\Sigma}=(\sigma_{ij})$ 是指标 $(\boldsymbol{y}', \boldsymbol{x}')'$ 的总体协方差矩阵，因而是未知的，σ_{ij} 用 s_{ij} 来代替，就得到渐近协方差的估计值。

在 PRELIS 中，有现成的选项用于计算渐近协方差矩阵 **V**（Jöreskog & Sörbom，1993）。做法是在 OU 命令行加上“AC＝ filename. ACM”。为了使用 WLS 估计方法，在 LISREL 的 MO 命令前面，要加上“AC＝ filename. ACM”，这时 LISREL 默认的估计方法就是 WLS。就是说，要通过 LISREL 软件计算 WLS 估计，需要分两步进行。第一步是先用 PRELIS 计算渐近协方差矩阵 **V**，通过“AC＝ filename. ACM” 计算渐近协方差矩阵并存盘。第二步是在 LISREL 中通过“AC＝ filename. ACM” 调用渐近协方差矩阵。在 Mplus 中，使用原始数据，在 ANALYSIS 命令中加上“ESTIMATOR＝ WLS” 便可得到 WLS 估计。

WLS 估计在有些文献中也称为渐近无分布假设（asymptotically distribution free，ADF）估计，该方法不需要假设指标服从多元正态分布。但许多研究（例如，Jaccard & Wan，1995；Wall & Amemiya，2001；Marsh，Wen，& Hau，2004）都发现，除非样本容量很大（比如大于 2000），否则，即使是非正态情形，WLS 估计也不比 ML 估计好。

（五）对角加权最小二乘估计

将 WLS 估计的加权矩阵 **V** 取为对角矩阵，相应的 WLS 估计就是对角加权最小二乘（diagonally weighted least squares，DWLS）估计。DWLS 对应的拟合函数为

$$F_{\mathrm{DWLS}}=\sum_{i=1}^{p+q}\sum_{j=1}^{p+q}v_{ij}^{-1}\left(s_{ij}-\sigma_{ij}^{*}\right)^{2} \tag{2.45}$$

在 LISREL 的 MO 命令前面加上“DM＝filename. DM”，这时 LISREL 默认的估计方法就是 DWLS。作为 ULS 与 WLS 之间的一个折中方法，DWLS 实际上并不常用。

（六）工具变量估计

上面介绍的估计方法都需要用迭代法进行数值运算，在计算机运算速度不断加快的今天，迭代法在运算时间上的局限性已经不是问题。不过，迭代法需要一个初始值，在 LISREL 中，用户可以指定各参数的初始值，否则初

始值由系统产生，产生初始值的方法是借助工具变量(instrumental variable，IV)。

这里以一个简单的CFA模型说明工具变量。一个单因子模型为

$$x_1=\xi_1+\delta_1 \tag{2.46}$$

$$x_2=\lambda_{21}\xi_1+\delta_2 \tag{2.47}$$

$$x_3=\lambda_{31}\xi_1+\delta_3 \tag{2.48}$$

$$x_4=\lambda_{41}\xi_1+\delta_4 \tag{2.49}$$

其中 $\mathrm{cov}(\xi_1, \delta_i)=0$，$\mathrm{cov}(\delta_i, \delta_j)=0(i\neq j)$。由(2.46)得 $\xi_1=x_1-\delta_1$，代入(2.47)得

$$x_2=\lambda_{21}(x_1-\delta_1)+\delta_2=\lambda_{21}x_1+e \tag{2.50}$$

其中 $e=-\lambda_{21}\delta_1+\delta_2$。乍一看，(2.50)是指标 x_2 对 x_1 的直线回归，可以用通常回归方法解出 λ_{21}，然而，$e=-\lambda_{21}\delta_1+\delta_2$ 与 x_1 相关，不满足通常最小二乘假定。注意到 x_3 和 x_4 与 e 都不相关，将 x_3 和 x_4 作为工具变量，由(2.50)可得

$$\mathrm{cov}(x_2, x_3)=\lambda_{21}\mathrm{cov}(x_1, x_3)$$

$$\mathrm{cov}(x_2, x_4)=\lambda_{21}\mathrm{cov}(x_1, x_4)$$

这是关于参数 λ_{21} 的矛盾方程组，将样本协方差代入，得到 λ_{21} 的最小二乘估计为[参见(2.5′)]

$$\lambda_{21}=\left[(s_{13}\quad s_{14})\begin{pmatrix}s_{13}\\ s_{14}\end{pmatrix}\right]^{-1}(s_{13}\quad s_{14})\begin{pmatrix}s_{23}\\ s_{24}\end{pmatrix} \tag{2.51}$$

用同样的方法可以求出 λ_{31} 和 λ_{41}，但注意工具变量要相应地变化。如求 λ_{31} 时工具变量是 x_2 和 x_4。

在有了负荷矩阵 $\boldsymbol{\Lambda}_x$ 的估计后，就可以求因子的协方差矩阵 $\boldsymbol{\Phi}$ 和误差协方差矩阵 $\boldsymbol{\Theta}_\delta$ 的估计。

(七) 两步最小二乘估计

两步最小二乘(two-stage least squares，TSLS或2SLS)估计与工具变量密切相关。看一个简单的结构方程模型。设因变量 y 是可观测变量，自变量

ξ_1 有两个指标 x_1 和 x_2，ξ_2 有两个指标 x_3 和 x_4。从而模型的测量方程为

$$x_1=\xi_1+\delta_1, \quad x_2=\lambda_2\xi_1+\delta_2 \tag{2.52}$$

$$x_3=\xi_2+\delta_3, \quad x_4=\lambda_4\xi_2+\delta_4 \tag{2.53}$$

结构方程为

$$y=\alpha+\gamma_1\xi_1+\gamma_2\xi_2+\zeta \tag{2.54}$$

其中，误差项之间不相关，因子与误差项之间也不相关。由(2.52) 可得 $\xi_1=x_1-\delta_1$，由(2.53) 可得 $\xi_2=x_3-\delta_3$，代入(2.54) 得到

$$\begin{aligned} y &=\alpha+\gamma_1(x_1-\delta_1)+\gamma_2(x_3-\delta_3)+\zeta \\ &=\alpha+\gamma_1x_1+\gamma_2x_3+e \end{aligned} \tag{2.55}$$

其中

$$e=-\gamma_1\delta_1-\gamma_2\delta_3+\zeta$$

虽然(2.55) 只涉及可观测变量，但误差项 e 与自变量 x_1，x_3 相关，不符合通常最小二乘回归模型的假设。解决的办法是用 x_2，x_4 的函数取代(2.55) 的 x_1，x_3。第一步，做 x_1 对 x_2，x_4 的最小二乘回归得到预测值 $\hat{x}_1$，做 x_3 对 x_2，x_4 的最小二乘回归得到预测值 $\hat{x}_3$。第二步，分别用 $\hat{x}_1$，$\hat{x}_3$ 代替(2.55) 中的 x_1，x_3，但误差项 e 不变，即做 y 对 $\hat{x}_1$，$\hat{x}_3$ 的最小二乘回归。由于 $\hat{x}_1$，$\hat{x}_3$ 都是 x_2，x_4 的函数，与 e 无关，从而符合通常回归模型的假设，可以用最小二乘估计，其中 x_2，x_4 就是工具变量。

三、ML 估计和 GLS 估计的性质

在上面介绍的估计方法中，ML 估计和 GLS 估计是比较常用的，一般情况下 ML 估计更是 LISREL 默认的估计方法。下面简要介绍这两种估计的性质。设 $\boldsymbol{\theta}$ 为待估计的参数向量，$\hat{\boldsymbol{\theta}}_{\mathrm{ML}}$ 为 ML 估计，$\hat{\boldsymbol{\theta}}_{\mathrm{GLS}}$ 为 GLS 估计。

(1)ML 估计和 GLS 估计都是渐近无偏(asymptotically unbiased) 估计，即当样本容量增大时，$E(\hat{\boldsymbol{\theta}}_{\mathrm{ML}})$ 和 $E(\hat{\boldsymbol{\theta}}_{\mathrm{GLS}})$ 都收敛于 $\boldsymbol{\theta}$。可以理解为，对于大样本，就平均而言，$\hat{\boldsymbol{\theta}}_{\mathrm{ML}}$ 和 $\hat{\boldsymbol{\theta}}_{\mathrm{GLS}}$ 与 $\boldsymbol{\theta}$ 没有什么差异。

（2）ML 估计和 GLS 估计都是一致（consistent）估计（一致估计也称为相容估计），即 $\hat{\boldsymbol{\theta}}_{ML}$ 和 $\hat{\boldsymbol{\theta}}_{GLS}$ 都依概率收敛于 $\boldsymbol{\theta}$（Browne，1984）。可以理解为，对于一个大样本，$\hat{\boldsymbol{\theta}}_{ML}$ 和 $\hat{\boldsymbol{\theta}}_{GLS}$ 与 $\boldsymbol{\theta}$ 有实质性偏差的可能性很微小。

（3）ML 估计和 GLS 估计的分布都是渐近正态分布，即 $\hat{\boldsymbol{\theta}}_{ML}$ 和 $\hat{\boldsymbol{\theta}}_{GLS}$ 都依分布收敛于均值为 $\boldsymbol{\theta}$ 的一个正态分布。可以理解为，对于大样本，ML 估计和 GLS 估计的分布近似于一个正态分布。这一性质在参数的显著性检验中很重要，它说明参数的估计与它的标准误（standard error）[①] 的比在大样本时近似服从标准正态分布。

（4）ML 估计和 GLS 估计都是渐近有效（asymptotically efficient）估计，即不存在这样的一致估计：它的渐近方差比 ML 估计或 GLS 估计的还小。

（5）ML 估计的卡方 $\chi^2=(N-1)\min\{F_{ML}\}$ 和 GLS 估计的卡方 $\chi^2=(N-1)\min\{F_{GLS}\}$ 的渐近分布都是自由度为 $df=(p+q)(p+q+1)/2-t$ 的 χ^2 分布（Browne，1984），其中 p，q 分别是内生指标（y-指标）和外源指标（x-指标）的个数，t 是模型中未知参数的个数。如果模型是正确的，对于大样本，由 GLS 估计得到的 $\chi^2=(N-1)\min\{F_{GLS}\}$ 和由 ML 估计得到的 $\chi^2=(N-1)\min\{F_{ML}\}$ 将很接近。

（6）如果对参数没有附加约束，完全标准化的 ML 估计和 GLS 估计有尺度不变性（Cudeck，1989）。就是说，完全标准化的 ML 估计和 GLS 估计不受尺度单位的影响，当一个或多个指标的尺度单位变化时（如由米变为厘米），完全标准化的参数估计值不变。如果一种估计有尺度不变性，意味着基于协方差矩阵得到的估计与基于相关系数矩阵得到的估计是一样的。

（7）如果对参数没有附加约束，ML 估计和 GLS 估计的卡方是尺度不变的（Cudeck，1989），即用协方差矩阵分析得到的卡方和用相关系数矩阵分析得到的卡方是一样的。

实际上，ML 估计和 GLS 估计是渐近等价的（Lee，2007）。可以理解为，

---

① 设 θ 是待估计的参数，$\hat{\theta}$ 是一个估计，则 $\hat{\theta}$ 的标准差（standard deviation）的估计称为 $\hat{\theta}$ 的标准误，记为 $se(\hat{\theta})$，可以作为衡量参数估计的精确度的一个指标。

对于大样本，ML 估计和 GLS 估计相当接近。

第四节　结构方程模型评价

对于一个假设的理论模型，有了参数估计后，就得到了一个拟合模型。如何知道拟合模型的优劣？需要从不同的角度对模型进行评价。模型评价包括对模型的整体评价和对方程的评价。

一、残差

沿用前面的记号，$\boldsymbol{\Sigma}$ 为 $\boldsymbol{x}$ 在总体中的真实(但未知)的协方差矩阵，反映了观测变量(指标)在总体中的真实关系。$\boldsymbol{S}$ 为 $\boldsymbol{x}$ 的样本协方差矩阵，反映了变量在样本中的关系。$\boldsymbol{\Sigma}(\boldsymbol{\theta})$ 为假设模型隐含的总体协方差矩阵，是研究者假设或构想的变量在总体中的简化关系。$\boldsymbol{\Sigma}(\hat{\boldsymbol{\theta}})$ 为代入估计的参数 $\hat{\boldsymbol{\theta}}$ 后的协方差矩阵(即再生协方差矩阵)，反映了观测变量在样本中的简化关系。这四个矩阵之间的关系见图 2－5(MacCallum et al.，1994)。

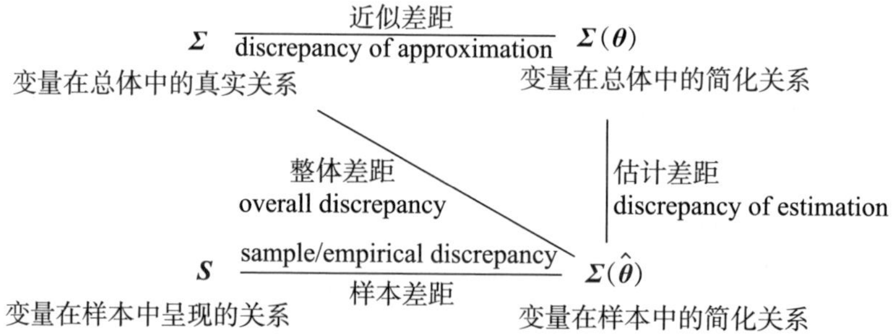

图 2－5　四种协方差矩阵的关系

如果假设模型为真，则 $\boldsymbol{\Sigma}=\boldsymbol{\Sigma}(\boldsymbol{\theta})$，即 $\boldsymbol{\Sigma}-\boldsymbol{\Sigma}(\boldsymbol{\theta})=\boldsymbol{O}$。所以残差矩阵 $\boldsymbol{\Sigma}-\boldsymbol{\Sigma}(\boldsymbol{\theta})$ 反映了假设模型在多大程度上接近于真实模型。但这两个矩阵都是总体

的，是未知的，需要根据样本做出估计。$\boldsymbol{\Sigma}$ 的估计是 $\boldsymbol{S}$，$\boldsymbol{\Sigma}(\boldsymbol{\theta})$ 的估计是 $\boldsymbol{\Sigma}(\hat{\boldsymbol{\theta}})$。在很一般的条件下，当样本容量增大时，$\boldsymbol{S}$ 收敛于 $\boldsymbol{\Sigma}$，$\boldsymbol{\Sigma}(\hat{\boldsymbol{\theta}})$ 收敛于 $\boldsymbol{\Sigma}(\boldsymbol{\theta})$，从而 $\boldsymbol{S}-\boldsymbol{\Sigma}(\hat{\boldsymbol{\theta}})$ 收敛于 $\boldsymbol{\Sigma}-\boldsymbol{\Sigma}(\boldsymbol{\theta})$。所以，可以用样本残差矩阵 $\boldsymbol{S}-\boldsymbol{\Sigma}(\hat{\boldsymbol{\theta}})$ 来衡量假设模型接近于真实模型的程度。

设 $\boldsymbol{S}=(s_{ij})$，$\boldsymbol{\Sigma}(\hat{\boldsymbol{\theta}})=(\hat{\sigma}_{ij})$，考虑 $\boldsymbol{S}-\boldsymbol{\Sigma}(\hat{\boldsymbol{\theta}})$ 的元素 $s_{ij}-\hat{\sigma}_{ij}$，它是 x_i 与 x_j 的协方差的样本残差。如果 $s_{ij}-\hat{\sigma}_{ij}>0$，说明模型低估了 x_i 与 x_j 的协方差。如果 $s_{ij}-\hat{\sigma}_{ij}<0$，说明模型高估了 x_i 与 x_j 的协方差。样本残差受下列因素的影响：

(1) 假设模型与真实模型的差距；

(2) 抽样误差；

(3) 指标的尺度单位。

如果是比较两个模型哪个拟合得更好，后面两个因素不成问题，因为两个模型都用同一个样本，有相同的尺度单位。这两个样本残差的差异主要是第一个因素引起的。但如果独立地评价一个模型，后面两个因素不可忽视。因为 $\boldsymbol{S}-\boldsymbol{\Sigma}(\hat{\boldsymbol{\theta}})$ 收敛于 $\boldsymbol{\Sigma}-\boldsymbol{\Sigma}(\boldsymbol{\theta})$，所以增加样本可以减少第二个因素的影响。为了避免尺度单位的影响，可以计算相关系数残差 $r_{ij}-\hat{r}_{ij}$，其中 r_{ij} 是样本相关系数，$\hat{r}_{ij}=\hat{\sigma}_{ij}/\sqrt{\hat{\sigma}_{ii}\hat{\sigma}_{jj}}$。理论上，$r_{ij}$ 和 $\hat{r}_{ij}$ 的绝对值都不超过 1，故相关系数残差的绝对值不超过 2。正态化残差（normalized residual）也不受尺度单位的影响，对样本容量的影响也做了校正（Jöreskog & Sörbom，1996）。正态化残差如下：

$$\text{正态化残差}=\frac{s_{ij}-\hat{\sigma}_{ij}}{[(\hat{\sigma}_{ii}\hat{\sigma}_{jj}+\hat{\sigma}_{ij}^{2})/N]^{1/2}}$$

正态化残差可以用来粗略地检验残差矩阵中的元素是否为零：如果一个正态化残差的绝对值不超过 2，则对应的残差矩阵中的元素可以认为是零。然而，这种检验不实用，因为要求所有残差都是零太苛刻了，应用中几乎没有模型能满足。通常要做的是，看看是否存在大得出奇的残差。

二、拟合指数

为了评价模型的整体拟合程度，一般是看拟合指数(fit index)。拟合指数是拟合优度统计量(goodness of fit statistic) 的简称，是人们从某一角度构造出来，用于反映模型拟合好坏的统计量。所有的拟合指数都是 $\boldsymbol{S}$ 和 $\boldsymbol{\Sigma}(\hat{\boldsymbol{\theta}})$ 的函数，用于衡量它们的差距。关于拟合指数，侯杰泰、温忠麟和成子娟(2004) 的结构方程书上有一章专门介绍，其中相当详尽地列出了各种拟合指数的定义。这里只叙述目前认为比较有用的几个拟合指数以及相关的研究背景。

(一) 卡方与模型比较

上一节说过，拟合函数 $F[\boldsymbol{S}, \boldsymbol{\Sigma}(\boldsymbol{\theta})]$ 是 $\boldsymbol{S}$ 和 $\boldsymbol{\Sigma}(\boldsymbol{\theta})$ 之间的一种“距离”，拟合函数的最小值 $F[\boldsymbol{S}, \boldsymbol{\Sigma}(\hat{\boldsymbol{\theta}})]$（以下记为 $\min\{F\}$ ）是 $\boldsymbol{S}$ 和 $\boldsymbol{\Sigma}(\hat{\boldsymbol{\theta}})$ 之间的“距离”。对于ML估计和GLS估计，这个距离的 $(N-1)$ 倍可用于检验假设 H_0：$\boldsymbol{\Sigma}=\boldsymbol{\Sigma}(\boldsymbol{\theta})$ 。如果 H_0 为真，

$$\chi^2=(N-1)\min\{F\}$$

是渐近卡方分布，自由度 $df=(p+q)(p+q+1)/2-t$ (Bollen，1989；Browne，1982，1984)，其中 N 为样本容量， t 是自由参数个数。对于 ULS 估计，相应的卡方统计量比较复杂(Browne，1984)。但使用 SEM 软件时，不管用的是什么估计方法，只需直接看输出结果中的卡方值。

在一般的统计学中，卡方是衡量一个模型拟合好坏的一个指数，最小值是零，但没有上界。对于一个好的模型，卡方值应当小。当得到一个显著的卡方值时(如相应的显著性概率小于 0.01)，认为拟合的模型不好。如果卡方值不显著，认为模型可以接受。然而，许多因素会影响卡方检验的结果。$\chi^2=(N-1)\min\{F\}$ 只是近似的卡方分布，近似的程度依赖于：

(1) H_0：$\boldsymbol{\Sigma}=\boldsymbol{\Sigma}(\boldsymbol{\theta})$ 是否完全成立；

(2) 指标是否服从正态分布；

(3) 样本容量 N 的大小；

(4) 用协方差矩阵还是相关系数矩阵进行分析。

这几点使得卡方检验不是衡量结构方程模型好坏的理想方法，卡方值也不是一个理想的指数。第一，回忆一下熟知的两总体均值差异的 t 检验，推导检验统计量时，假设均值完全相等，这个假设不是很过分。但这里要使 H_0：$\boldsymbol{\Sigma}=\boldsymbol{\Sigma}(\boldsymbol{\theta})$ 完全成立的条件是很苛刻的，因为这要求 $(p+q)(p+q+1)/2$ 个值都相等。在实际应用时，几乎没有一个模型能被接受。我们可以要求低一点，如果一个模型推出的 $\boldsymbol{\Sigma}(\boldsymbol{\theta})$ 能够帮助我们合理地解释变量之间的关系并且合理地拟合了数据，就认为模型是可以接受的。从这个角度说，不应当将卡方检验作为一票否决的依据。

第二，如果指标不是正态分布，当峰度(kurtosis)过高(高于正态的峰度)时，会高估卡方值，导致犯第一类错误(拒绝真模型)的概率偏大；而当峰度过低时，则低估卡方值，犯第一类错误的概率偏小(Browne，1984)。如果指标的分布有较大的偏态(skewness)，也会高估卡方值(Boomsma，1983)。这说明，当指标不是正态分布时，卡方检验靠不住。

第三，卡方分布作为渐近分布，N 越大，分布近似得越好。所以对于小的 N(比如，N 小于 50)，估计的卡方值误差往往很大。然而，对于大的 N，正如第一点提到的那样，卡方值都较大，导致几乎所有模型都被拒绝。

第四，当模型中的参数附加了额外的约束时，卡方可能没有尺度不变性，这时，根据协方差矩阵的结果和相关系数的结果所做的卡方检验可能是很不相同的(Boomsma，1983)。

我们通常只是将卡方作为一般的指数进行报告，并报告卡方与其自由度的比值 χ^2/df 。但这个比值只是消除了自由度的影响，没有消除 N 的影响，所以它的大小还是难以说明模型的好坏，但可以比较不同的模型哪个更好。特别地，在比较嵌套的模型时，卡方检验特别有用。对于一个给定的样本和模型，增加自由参数(即增加新的路径)后卡方只降不升。一个模型增加自由参数后其实是一个新的模型，前后两个模型形成嵌套关系，原模型嵌套于增加了自由参数的新模型。当然也可以反过来，约束一个模型的某些参数(如固定为零)，即减少自由参数，从而形成两个嵌套的模型。自由参数多的模型，卡方值比较小，但同时自由度也比较小。比较两个嵌套模型时，LISREL 的作者 Jöreskog 和 Sörbom(1981) 提出的做法是，用两个模型的卡方值的差作为一个新的卡方统计量的值，其自由度是原来两个卡方自由度的差。如果新的卡方值比较大，达到显著性水平，则认为自由参数较多的模型较好，否则认为自由参数少的模型较好。这一做法后来一直被用于嵌套模型的比较与选择。

设模型 M_1 的卡方是 χ_1^2，自由度是 df_1；模型 M_2 的卡方是 χ_2^2，自由度是 df_2。又设 M_2 比 M_1 有较多的自由参数，则 M_2 的卡方比较小，自由度也较小。记 $\Delta\chi^2=\chi_1^2-\chi_2^2$，$\Delta df=df_1-df_2$，用 $\Delta\chi^2$ 作为新的卡方，其自由度是 Δdf 。如果 $\Delta\chi^2$ 比较大，相应的显著性水平小于 0.01，则认为 M_2 较好。如果 $\Delta\chi^2$ 比较小，相应的显著性水平大于 0.05，则认为 M_1 较好。如果显著性水平在 0.01—0.05 之间，需要根据其他信息进行判断。

如果比较的模型不是嵌套的，可以比较 χ^2/df ，这个比值小的模型较好。也可以使用信息准则指数(详见侯杰泰 等，2004)，如 Akaike 的信息准则(Akaike information criterion，AIC；Akaike，1987) 和期望交叉证实指数(expected cross validation index，ECVI；Cudeck & Browne，1983)。AIC 的定义为

$$\text{AIC}=\chi^2+2t$$

其中 $t=p(p+1)/2-df$ ，是自由参数个数。ECVI 的定义为

$$\text{ECVI}=\text{AIC}/(N-1)$$

以 AIC 为例，如果模型 M_1 的 AIC 小于模型 M_2 的 AIC，则认为模型 M_1 拟合得较好。

(二) 常用的拟合指数

从 1973 年 Tucker 和 Lewis 提出的第一个指数 TLI 至 1996 年 Marsh 和 Balla 等提出的 NTLI，文献上正式发表、有名字的指数有 40 多个，并且还不断有新的指数推出(Yuan，2005)。将众多的指数进行分类，有助于对指数的

理解和合理使用。文献上出现了许多不同的分类方法(如 Hu & Bentler，1998；Bollen & Long，1993；McDonald & Ho，2002；Mulaik et al.，1989)，分类的依据各有侧重。Marsh、Hau 和 Grayson(2005) 将指数分成三大类：一类是绝对指数(absolute index 或 stand-alone index)；一类是相对指数(relative index)，也称为增值指数(incremental index) 或比较指数(comparative index)；还有一类是省俭指数(也称为简约指数，parsimony index)。绝对指数又可(有重叠地) 分成：直接基于拟合函数的指数、拟合优度指数、基于离中参数的指数、近似误差指数和信息指数；相对指数又可分成有模型复杂性校正和无模型复杂性校正两种。

指数虽多，但除了 RMR、SRMR、GFI、AGFI 和 PGFI 外，其他都是统计量 χ^2 的函数。绝对指数(如 GFI、SRMR、RMSEA) 衡量了所假设的模型与样本数据的拟合程度，它只基于假设模型本身，不与别的模型比较。相对指数则将假设模型与虚模型[①](null model) 比较，都可以写成这样的形式：

$$[f(\chi^2_{null}) - f(\chi^2_{model})]/f(\chi^2_{null}) \tag{2.56}$$

它衡量了相对于虚模型的 $f(\chi^2_{null})$ 而言，假设模型的 $f(\chi^2_{model})$ 减少的比例，其中 $f(\chi^2)$ 是卡方的函数，$f(\chi^2_{null})$ 和 $f(\chi^2_{model})$ 分别是拟合虚模型和假设模型得到的 $f(\chi^2)$。最简单的情形是 $f(\chi^2)=\chi^2$，对应的相对指数是 NFI(Marsh et al.，1996)。但 NFI 受到样本容量的明显影响(Bentler，1990)，因而不是理想的拟合指数。比较常用的相对指数是非范拟合指数 NNFI 和比较拟合指数 CFI(后面会专门介绍)。省俭指数是前两类指数派生出来的一类指数，某个指数对应的省俭指数是用省俭比 df_{model}/df_{null} 乘以该指数(其中分子和分母分别表示拟合假设模型和虚模型对应的自由度)，目的是惩罚复杂模型(即自由度少的模型)。

指数研究的历史上可谓争论不断，争论的焦点有两个：一是哪些指数比较好？这个问题，从不同的角度分析会有不同的结果，这是指数家族庞大的

---

① 所有观测变量互不相关的模型，与其他模型相比，它的卡方和自由度都比较大。

重要原因。二是指数的（临）界值（cutoff value）取多大合适？很长一段时间里，比较公认的标准是，相对指数在 0.9 或以上，拟合的模型可以接受（Bentler & Bonett，1980）；RMSEA 小于 0.05 表示模型拟合得好，在 0.05—0.08 之间表示模型基本可以接受（Browne & Cudeck，1993；Jöreskog & Sörbom，1993）。

Hu 和 Bentler（1998，1999）经过文献分析和模拟研究，推出 2 指数准则，即联合使用 SRMR 和以下指数中的一个来检验模型：TLI、BL89、RNI（或 CFI）、Gamma Hat、Mc 和 RMSEA。他们建议的临界值是 TLI、BL89、RNI（或 CFI）和 Gamma Hat 为 0.95，Mc 为 0.9，SRMR 为 0.08，RMSEA 为 0.06。温忠麟、侯杰泰和 Marsh（2004）对此率先提出质疑，换一个角度部分地重复 Hu 和 Bentler 的模拟研究，来说明他们的临界值标准（包括 2 指数准则）是不妥的。同一组作者引入“可以接受的错误模型”（acceptable misspecified model）的概念，说明错误模型与真模型的差距会影响临界值的确定，因而不仅用模拟研究结果，而且从理论上说明了 Hu 和 Bentler 的临界值标准为何不妥（Marsh，Hau，& Wen，2004）。此后，其他一些研究者也对 Hu 和 Bentler 的临界值标准提出质疑（Fan & Sivo，2005；Sivo et al.，2006；Yuan，2005）。虽然 Yuan 认为拟合指数仍有一定存在的价值，但他指出：拟合指数的均值及分布受样本容量、数据分布及所选取统计量的影响，拟合指数除了反映模型拟合程度外，还反映这些因素。故拟合指数的临界值、置信区间、检验力（即拒绝错误模型的概率），都备受质疑（Yuan，2005）。

后来，温忠麟和侯杰泰（2008）明确指出，拟合指数的临界值是不能用模拟研究确定的，因而从方法论上否定了通过模拟研究来确定拟合指数临界值的做法。他们的理由是，错误模型与真模型的差距不同，会导致不同的最佳临界值，而 SEM 中错误模型与真模型的差距复杂多样，所以仅仅通过设计一个真模型和一两个错误模型就想得到临界值标准是行不通的。和通常检验的临界值一样，拟合指数的临界值是约定俗成的，而不是“研究”出来的。

在说明应当看哪些指数之前，先介绍一下什么样的指数比较理想。第一，一个理想的指数，应当与 N 无关或者关系不大，即不受样本容量的系统影响（Anderson & Gerbing，1984；Hu & Bentler，1998；Marsh et al.，1988；McDonald & Marsh，1990）。第二，一个理想的指数，应当惩罚复杂模型。一般地，模型越复杂，拟合越好。Steiger 和 Lind(1980) 注意到，使用那些不对复杂模型惩罚的指数，不可避免地导致选择最复杂的模型。Bozdogan(1987) 认为，模型选择需要研究者在过分拟合(参数过多) 与不足拟合(参数过少) 之间达至合适的平衡。按 McDonald 和 Marsh(1990) 说法就是，在拟合优度与模型省俭之间找到平衡点。第三，一个理想的指数，应当对误设模型敏感。就是说，用同一个样本拟合误设模型与拟合真模型，指数值应当有明显的区别。Marsh 和他的合作者多次指出，应当将指数是否能区分真实模型和各种不同程度的误设模型作为评价指数好坏的一个标准（Marsh & Balla，1994；Marsh et al.，1988；Marsh et al.，1996；Marsh & Hau，1996）。

那么，通常应当看哪些指数呢？根据前人的大量研究结果，NNFI、CFI、RMSEA 和 SRMR 是比较理想的指数（Hu & Bentler，1998；温忠麟等，2004）。NNFI 和 CFI 越大，模型拟合越好；RMSEA 和 SRMR 越小，模型拟合越好。这些指数的定义和分类见表 2－1。为了让读者熟悉这几个指数，下面对它们做简单介绍。

表 2－1 比较理想的拟合指数

指数名称及定义	LISREL 缩写	分类
$TLI=\dfrac{\chi^2_{null}/df_{null}-\chi^2_{model}/df_{model}}{\chi^2_{null}/df_{null}-1}$	NNFI	相对、校正
$CFI=1-\dfrac{\max[(\chi^2_{model}-df_{model}),0]}{\max[(\chi^2_{model}-df_{model}),(\chi^2_{null}-df_{null}),0]}$	CFI	相对
$RMSEA=\{\max[(\chi^2-df)/(N-1),0]/df\}^{1/2}$	RMSEA	绝对、近似误差、校正

续表

指数名称及定义	LISREL 缩写	分类
$\text{SRMR}=\left\{2\sum_{i=1}^{p}\sum_{j=1}^{i}(s_{ij}-\hat{\sigma}_{ij})^2/(s_{ii}s_{jj})\Big/[p(p+1)]\right\}^{1/2}$	Standardized RMR	绝对、近似误差

注：TLI(Tucker-Lewis index) 亦称为 NNFI(non-normed fit index，非范拟合指数)。CFI(comparative fit index，比较拟合指数) 是 RNI(relative noncentrality index，相对非中心指数) 的规范形式(即大于 1 时就取为 1，小于 0 时就取为 0)。RMSEA(root mean square error of approximation) 是近似误差均方根。SRMR(standardized root mean-square residual) 是标准化残差均方根。N 是样本容量。p 是观测变量个数。df 表示自由度。χ^2_{null}和 df_{null}分别表示拟合虚模型得到的卡方和自由度。χ^2_{model}和 df_{model} 分别表示拟合待检验的模型得到的卡方和自由度。s_{ij} 是样本协方差，$\hat{\sigma}_{ij}$ 是由模型再生的样本协方差的估计。

1. 非范拟合指数

非范拟合指数(non-normed fit index，NNFI；Bentler & Bonett，1980；Tucker & Lewis，1973) 定义为

$$\text{NNFI}=\frac{\chi^2_{\text{null}}/df_{\text{null}}-\chi^2_{\text{model}}/df_{\text{model}}}{\chi^2_{\text{null}}/df_{\text{null}}-1}$$

它对应于(2.56) 的 $f(\chi^2)=\chi^2/df-1$。不像 NFI，NNFI 的取值范围不是 [0，1]，而可能超出这个范围。一般地说，NNFI 超过 0.9，认为模型可以接受(Bentler & Bonett，1980)。对 NNFI 的主要批评在于它的样本波动性较大，特别是当虚模型能很好地拟合样本数据的时候。尽管如此，它还是比较常用的相对指数。在 Mplus 中，NNFI 记为 TLI。

2. 比较拟合指数

比较拟合指数(comparative fit index，CFI；Bentler，1990) 的定义为

$$\text{CFI}=1-\frac{\max[(\chi^2_{\text{model}}-df_{\text{model}}),0]}{\max[(\chi^2_{\text{model}}-df_{\text{model}}),(\chi^2_{\text{null}}-df_{\text{null}}),0]}$$

它是下面的相对非中心指数(relative noncentrality index，RNI；McDonald & Marsh，1990) 的规范形式(即低于 0 的值规定为 0，超过 1 的值规定为 1)：

$$\text{RNI}=\frac{(\chi^2_{\text{null}}-df_{\text{null}})-(\chi^2_{\text{model}}-df_{\text{model}})}{\chi^2_{\text{null}}-df_{\text{null}}}$$

显然，RNI对应于(2.56)的 $f(\chi^2)=\chi^2-df$ 。CFI(或RNI)超过0.9，认为模型可以接受。CFI的主要缺点是没有惩罚复杂模型。

3. 近似误差均方根

近似误差均方根(root mean square error of approximation，RMSEA)是较早提出的指数之一(Steiger & Lind，1980)，定义为

$$\text{RMSEA}=\{\max\left[(\chi^2-df)/(N-1),\ 0\right]/df\}^{1/2}$$

其中 df 是卡方的自由度。RMSEA与好几个指数密切相关。χ^2-df 称为非中心参数(noncentrality parameter，NCP；Steiger & Lind，1980)。将非中心参数重新标度变为 Dk＝NCP/$(N-1)$(McDonald & Marsh，1990)。规范Dk，即把Dk的负值变为0，变成总体差距函数(population discrepancy function，PDF；Steiger & Lind，1980)，通常记为 $\hat{F}_0$：

$$\hat{F}_0=\max\left[(\chi^2-df)/(N-1),\ 0\right]$$

它除以自由度后的平方根就是RMSEA。在众多指数中，RMSEA受 N 的影响较小，对错误模型比较敏感，而且惩罚了复杂模型，是比较理想的指数。Steiger(1990)认为，RMSEA低于0.1表示好的拟合，低于0.05表示非常好的拟合，低于0.01表示非常出色的拟合。

4. 标准化残差均方根

标准化残差均方根(standardized root mean-square residual，SRMR；Jöreskog & Sörbom，1981，1988)是少数几个直接基于残差的指数之一，定义为

$$\text{SRMR}=\left\{2\sum_{i=1}^{p}\sum_{j=1}^{i}(s_{ij}-\hat{\sigma}_{ij})^2/(s_{ii}s_{jj})/[p(p+1)]\right\}^{1/2}$$

其中 $s_{ij}-\hat{\sigma}_{ij}$ 就是前面提到的 x_i 与 x_j 的协方差的样本残差，s_{ii} 是 x_i 的样本方差。与SRMR类似的指数是残差均方根(root mean-square residual，RMR；Jöreskog & Sörbom，1981，1988)，定义为

$$\text{RMR}=\left\{2\sum_{i=1}^{p}\sum_{j=1}^{i}(s_{ij}-\hat{\sigma}_{ij})^2/[p(p+1)]\right\}^{1/2}$$

如果是用相关矩阵进行分析，则SRMR和RMR相同。SRMR不受变量尺度

单位的影响，取值范围是 0—1，但 RMR 的上限不是 1。Marsh 和 Balla(1994) 发现 RMR 对误设模型敏感，但受 N 的影响，建议不要使用它。Hu 和 Bentler(1998) 的研究说明 SRMR 对误设模型敏感。但从他们的模拟结果中可以发现，SRMR 的表现与模型密切相关，对有些模型，它受 N 的影响不大，对有些模型，它受 N 的影响较大。Hu 和 Bentler 对 SRMR 推荐的临界值是 0.08，即当 SRMR 大于 0.08 时，认为模型拟合得不好。

就以往对拟合指数的研究和应用来看，我们建议报告 NNFI、CFI、RMSEA 和 SRMR。一般地说，NNFI 和 CFI 达到 0.9 以上，可以认为模型整体拟合不错，以零模型为基准，所拟合的模型在某种意义上“改进”了 90%。RMSEA 和 SRMR 在 0.08 以下，可以认为模型整体拟合不错。当然，也应当留意其他拟合指数，不能差得太离谱。由于种种原因，某些学术期刊可能对报告拟合指数有指引，这时自然是按拟投稿的期刊的指引报告拟合指数。需要指出的是，上述的拟合指数临界值不是什么金科玉律，而是约定俗成的。有关统计检验的本质和约定临界值的逻辑可参考温忠麟和侯杰泰(2008) 的文章。拟合指数只是反映了模型对数据的整体拟合程度，即从协方差分析的角度评价模型。如果一个模型在其他方面的评价不好，拟合程度再好也不能接受模型。例如，通常的线性回归模型，只涉及显变量，从协方差分析的角度看，整体拟合总是很完美(NNFI=1，CFI=1，RMSEA=0，SRMR=0)，但我们知道，判定一个回归方程好坏，除了要检验回归系数外，还要看方程的测定系数。另一方面，如果一个模型各方面的评价都相当不错，但拟合指数略差(如 CFI=0.88)，还是可以报告结果并据此进行讨论。就是说，拟合指数的临界值不是模型好坏的绝对分界线。

三、参数检验

即使拟合指数显示模型拟合得好，也不排除可能有些参数的估计值根本就没有意义。所以对参数逐一检视是评价模型很重要的步骤，并且通常要在检视拟合指数之前进行。

每一个参数估计都有相应的标准误(在 SEM 中求出的是渐近标准误)，这样就可以对参数做显著性检验。在 LISREL 输出结果中，除了参数的估计值外，还有标准误和 t 统计量的值。t 统计量用于检验“参数等于零”的假设，当检验结果是参数显著不等于零时，认为假设模型让该参数自由估计是合理的。相反，如果检验结果是参数不显著，则认为该参数应固定为零，这时应当修正模型并重新估计。在实际应用中，如果一个自由参数对应的 t 值小于 2，则认为该自由参数不显著，可以从模型中剔除，然后重新拟合模型。就 CFA 而言，要检验的参数包括自由估计的负荷(特别是一个指标不止在一个因子上有负荷时)、因子之间的相关系数(或协方差)、误差之间的相关系数(或协方差)，即检验 $\boldsymbol{\Lambda}$ 中的元素、$\boldsymbol{\Phi}$ 和 $\boldsymbol{\Theta}_{\boldsymbol{\delta}}$ 的非对角线元素。对于 SEM，除了上述参数外，还要检验潜变量之间的路径系数、残差之间的相关系数(或协方差)，即检验 $\boldsymbol{B}$ 和 $\boldsymbol{\Gamma}$ 中的元素、$\boldsymbol{\Psi}$ 的非对角线元素。

四、方程的测定系数

在回归分析中，测定系数(coefficient of determination)也称为平方复相关系数(squared multiple correlation coefficient)，是回归平方和(SS_R)占总平方和(SS_T)的比例，也可以用残差平方和(SS_E)来表示，就是

$$R^2=1-\frac{SS_E}{SS_T}$$

在 SEM 中，每一个结构方程和每一个测量方程都有一个测定系数。第 i 个结构方程的测定系数是

$$R_{\eta_i}^2=1-\frac{\psi_{ii}}{\sigma_{\eta_i}^2}$$

其中 ψ_{ii} 是第 i 个方程的残差方差(对应于残差平方和)，$\sigma_{\eta_i}^2$ 是 η_i 的方差(对应于总平方和)。$R_{\eta_i}^2$ 用于评价第 i 个结构方程对数据的拟合程度。$R_{\eta i}^2$ 的最大值是 1，$R_{\eta_i}^2$ 越大，说明该方程对数据的拟合程度越高。类似地，不难定义和解释测量方程的测定系数。以 ξ_1 的指标 x_2 的测量方程为例，测定系数是

$$R_{x_2}^2=1-\frac{\theta_{22}}{\sigma_{x_2}^2}$$

其中$\sigma_{x_2}^2$是指标x_2的方差，θ_{22}是误差方差。对于一个指标只属于一个因子的情形，测定系数就是该指标的信度，它等于完全标准化解中该指标的负荷平方。

可见，对于负荷，显著性是必要的，但远远不够。对于完全标准化解，如果负荷是0.5，相应的指标的信度是0.25。如果有许多的负荷不足0.5，模型肯定是不好的。

虽然也可以用矩阵的行列式来定义结构方程模型的总测定系数，但存在不少问题(侯杰泰 等，2004)，所以不建议用测定系数来评价整个模型，对整个模型的评价还是用拟合指数比较合适。

第五节　结构方程模型修正

一、模型修正的步骤

模型修正是在模型评价的基础上进行的。除了纯粹地验证模型，通常的研究在必要的时候都会对模型做适当修正，然后对修正后的模型再评价，过程如下：

假设模型 → 评价模型 → 修正模型 →

评价模型 → …… 修正模型 → 评价模型(确定或放弃)

对于一个模型，运行程序得到参数估计后，可以按下面的步骤对模型进行修正。

(1) 检视所估计的参数是否适当(proper)。

这包括检视参数的符号是否符合理论构想，是否可以得到合理解释，参数的估计值是否在适当的范围内。例如，如果相关系数的绝对值大于1，或者方差出现负值，或者标准误出现负值，则参数估计是不适当的，应当对模型进行修正。

(2) 检视修正指数(modification index，MI)，看是否要增加模型的路径。

在 LISREL 中，如果在输出命令(OU)中写上输出修正指数的选项(MI)，则固定参数的位置都会给出一个修正指数，它等于当该参数设为自由参数时，减少的卡方值。将有最大修正指数的那个参数设定为自由参数，重新拟合模型。这一过程可以重复进行，在减少卡方的同时，模型变得复杂，直到在减少卡方与模型简约性方面有一个可以接受的平衡时为止。在增加路径的过程中，前后两个模型是嵌套的模型，可以通过前面介绍的卡方检验来比较两个模型。在 Mplus 中，输出修正指数的命令是在“OUTPUT：”后面加上“MODINDICES；”。

(3) 参数检验，看是否要减少模型的路径。

如果一个自由参数对应的 t 值小于 2，则认为该自由参数不显著，可以从模型中剔除，然后重新拟合模型。通常每次只减少一条路径，就是删除 t 值最小(并且小于 2) 的那条路径。

(4) 检视测定系数，看是否要减少方程。

测量方程和结构方程都有测定系数，如果一个方程测定系数很低，说明该方程意义不大，可以考虑删除该方程。例如，如果一个指标的测量方程的测定系数小于 0.2，或者完全标准化解的负荷小于 0.45，说明该指标不适合用来测量相应的潜变量(因子)。删除相应的测量方程相当于剔除了相应的指标。

(5) 检视残差，看看是否有异常的残差存在。

如果异常的残差多，并且不能解释原因，应当考虑修正模型。

(6) 检视拟合指数。

拟合指数可以用来衡量模型整体拟合程度，对于拟合程度低的模型要设法进行修正。

二、模型修正的类型

（一）测量模型修正类型

对于 CFA，模型修正可以分为三种：不改变因子个数、增加因子个数和减少因子个数。

不改变因子个数的修正可以分成两类：增加路径和减少路径。通过检视修正指数(MI)，可以知道是否要增加模型的路径，包括增加新的负荷(即让一个原来从属于 A 因子的指标，同时从属于 A 因子和 B 因子)，增加因子之间的相关(即原来假设为不相关的因子变成相关)。在特殊情况下，还可以增加误差之间的相关(即允许某些指标的误差之间相关)，但由于比较难解释结果，除非有特别的理由，不要增加误差之间的相关。通过参数检验，可以知道是否要减少模型的路径，包括删除原有的负荷(即将原来自由估计的负荷固定为零)，删除因子之间的相关(即将原来自由估计的因子相关固定为零)。还要看每个测量方程的测定系数，如果有小于 0.2 者，应当删除该方程和对应的指标。也可以直接删除完全标准化解中负荷小于 0.45 的路径。通过增加和减少路径，还可以达到改变指标和因子的从属关系的目的。例如，如果指标 X 本来是属于因子 A 的，建模时被误置到因子 B 了，检视修正指数，就会发现应当增加路径，让指标 X 从属于因子 A(同时也从属于 B)。重新拟合模型后就会发现，指标 X 在因子 B 上的负荷不显著，因而需要删除。这一增一减的过程，就改变了指标和因子的从属关系。

通过增加和减少路径的修正，可以得到一个既没有路径值得增加，也没有路径需要删减的模型，这时可以检视残差和拟合指数，如果不理想，可考虑增加因子，并调整指标和因子的从属关系。如果原来构想的同属于一个因子的多个指标在模型修正过程中被删除，可以考虑增加一个因子，让这些被删除的指标同属于这个因子。很少碰到减少因子的机会：如果有两个因子高度相关，可以考虑将它们合并成一个因子。

（二）结构模型修正类型

对于结构模型，模型修正可以分为三种：不改变内生变量个数、增加内生变量个数和减少内生变量个数。

不改变内生变量个数的修正，可以增加或减少外源变量；也可以不改变外源变量个数，但变动因果路径联系；还可以保持内生变量和外源变量之间的路径联系不变，只变动残差的相关模式。所有这些修正，都可以通过参数检验和检视修正指数进行。

如所知，一个内生变量对应于一个结构方程，增加或减少内生变量个数相当于增加或减少结构方程个数。当一个方程的测定系数很低（如小于0.1），可以认为外源变量对内生变量的变异量的解释偏低，考虑删除该方程。除非研究者自己要尝试，否则需要增加一个结构方程的机会很少。

三、模型修正小结

尽管对模型的修正有许多种类，但一般情况下，对测量方程部分的修正主要是：

（1）添加或删除因子负荷，即变动矩阵 $\boldsymbol{\Lambda}_x$ 或（和）$\boldsymbol{\Lambda}_y$。

（2）添加或删除因子之间的协方差，即变动矩阵 $\boldsymbol{\Phi}$ 。

（3）添加或删除测量误差之间的协方差，即变动矩阵 $\boldsymbol{\Theta}_\varepsilon$ 或（和）$\boldsymbol{\Theta}_\delta$。

对结构方程部分的修正主要是：

（4）增加或减少内生变量，分别相当于增加或减少方程，即变动矩阵 $\boldsymbol{B}$ 和 $\boldsymbol{\Gamma}$ 的行数。

（5）保持内生变量不变，增加或减少外源变量，即变动 $\boldsymbol{\Gamma}$ 的列数。

（6）保持内生变量和外源变量不变，添加或删除路径，即变动 $\boldsymbol{B}$ 或（和）$\boldsymbol{\Gamma}$ 中的自由估计的元素。

（7）保持内生变量、外源变量和它们之间的路径不变，只修正残差的协方差，即变动 $\boldsymbol{\Psi}$ 。

需要明确的是，模型修正过程的每一步，都要考虑修正后的模型是否有意义。就是说，模型修正不能是随意的探索，不能被数据牵着鼻子走，而应当有学科理论和实际背景的支持。如果一个模型从学科理论上或实际经验上都无法解释，拟合再好也不可取。

有时候会发现，一个模型可能从一个角度看很不错，但从另一个角度看却不好。或者，模型整体上说拟合得不错，但部分方程却拟合得不好。如果修改方程，测定系数是提高了，但拟合指数却降低了。实际上，应用中几乎找不到从各个角度看都很理想的模型，我们能做的是在有理论支持和实际意义的模型中找到一个相对好的折中模型。

第六节　有均值结构的模型

前面几节都假设了所有的潜变量和指标都是中心化变量(即均值为零)。为了区别于本节要讨论的有均值结构的非中心化模型，将前面各节讨论的模型称为中心化模型。变量是否中心化，不影响变量之间的协方差结构，因而不影响变量之间的关系。这就和通常的(显变量)回归分析一样，变量是否中心化，不影响回归系数。但如果要研究潜变量的大小，例如要比较男女生的数学能力是否有差异，或者数学自我概念是否随年级而变化，就需要知道潜变量的均值和测量方程的截距项(即常数项)，这时，要建立有均值结构的因子模型。有的研究甚至还需要建立有截距项的结构模型，如潜变量交互效应模型(见第六章)。

一、有均值结构的因子模型

含有 p 个指标，n 个因子，有截距项的测量方程如下：

$$\boldsymbol{x}=\boldsymbol{\tau}_x+\boldsymbol{\Lambda}_x\boldsymbol{\xi}+\boldsymbol{\delta} \tag{2.57}$$

其中 $\boldsymbol{x}$ 是由 p 个指标组成的 $p\times1$ 指标向量，$\boldsymbol{\tau}_x$ 是 $p\times1$ 截距向量，$\boldsymbol{\xi}$ 是由 n

个潜变量(因子) 组成的 $n\times 1$ 因子向量，$\boldsymbol{\Lambda}_x$ 是 $p\times n$ 因子负荷矩阵，$\boldsymbol{\delta}$ 是 p 个误差组成的 $p\times 1$ 误差向量。模型假设：

(1) 误差项的均值为零，即 $E(\boldsymbol{\delta})=\boldsymbol{0}$；

(2) 误差项与因子之间不相关，即 $\text{cov}(\boldsymbol{\xi},\boldsymbol{\delta})=\boldsymbol{O}$ 。

这个模型除了参数矩阵 $\boldsymbol{\Lambda}_x$，$\boldsymbol{\Phi}$，$\boldsymbol{\Theta}_{\delta}$外，还增加了两个参数向量，一个是测量方程的截距项 $\boldsymbol{\tau}_x$，另一个是潜变量 $\boldsymbol{\xi}$ 的均值 $\boldsymbol{\kappa}$ 。$\boldsymbol{x}$ 的均值向量为

$$E(\boldsymbol{x})=\boldsymbol{\tau}_x+\boldsymbol{\Lambda}_x\boldsymbol{\kappa} \tag{2.58}$$

当 $\boldsymbol{\xi}$ 为中心化变量时(即 $\boldsymbol{\kappa}=\boldsymbol{0}$)，$\boldsymbol{\tau}_x$就是 $\boldsymbol{x}$ 的均值。$\boldsymbol{x}$ 的协方差矩阵为

$$\begin{aligned}\text{var}(\boldsymbol{x})&=\text{cov}(\boldsymbol{\tau}_x+\boldsymbol{\Lambda}_x\boldsymbol{\xi}+\boldsymbol{\delta},\ \boldsymbol{\tau}_x+\boldsymbol{\Lambda}_x\boldsymbol{\xi}+\boldsymbol{\delta})\\&=\text{cov}(\boldsymbol{\Lambda}_x\boldsymbol{\xi},\ \boldsymbol{\Lambda}_x\boldsymbol{\xi})+\text{cov}(\boldsymbol{\Lambda}_x\boldsymbol{\xi},\ \boldsymbol{\delta})+\text{cov}(\boldsymbol{\delta},\ \boldsymbol{\Lambda}_x\boldsymbol{\xi})+\text{cov}(\boldsymbol{\delta},\ \boldsymbol{\delta})\\&=\boldsymbol{\Lambda}_x\text{var}(\boldsymbol{\xi})\boldsymbol{\Lambda}_x'+\text{var}(\boldsymbol{\delta})\\&=\boldsymbol{\Lambda}_x\boldsymbol{\Phi}\boldsymbol{\Lambda}_x'+\boldsymbol{\Theta}_{\delta}\end{aligned} \tag{2.59}$$

与中心化的因子模型相同，不含均值向量。因此 $\boldsymbol{\Lambda}_x$，$\boldsymbol{\Phi}$，$\boldsymbol{\Theta}_{\delta}$的识别与中心化的因子模型一模一样。新增参数向量的识别完全在于(2.58)。以 3 个指标、1 个因子的模型为例，相应的(2.58) 简化为

$$E(x_1)=\tau_1+\kappa_1$$

$$E(x_2)=\tau_2+\lambda_{21}\kappa_1$$

$$E(x_3)=\tau_3+\lambda_{31}\kappa_1$$

这里假设使用固定负荷（即 $\lambda_{11}=1$）的方法，指定潜变量的尺度单位。上面 3 个方程，有 4 个新增的参数 τ_1，τ_2，τ_3，κ_1，所以起码要固定其中一个，模型才能识别。道理和潜变量需要指定尺度单位才能识别模型一样，这里是因为潜变量需要指定测量原点才能识别模型。一种常用的指定方法是将一个方程的截距固定为零。例如，设 x_1，x_2，x_3 是用 3 种智力量表测得的儿童智力分数，固定 $\lambda_{11}=1$ 和 $\tau_1=0$，则潜变量的单位和原点与 x_1 的相同，即用第一种量表分数的单位和原点作为智力的单位和原点。第二种指定方法是固定潜变量的原点为零。不难看出，对于有均值结构的因子模型，只要指定了潜变量的原点，新增的参数就可以由包含均值的方程识别了。

有均值结构的因子模型有许多实际用处。例如，在多组比较中，可以比

较一个潜变量在不同的组是否有相同的均值。在纵向数据分析中，可以比较同一组被试在前后时间点的潜变量均值是否相等，或者在前后时间点的方程截距是否稳定。也可以比较同一个被试组的两个可比的潜变量在指定了相同的尺度单位后的均值是否相等。这些问题都可以归结为多组（多样本）比较（见本章第七节）。

二、有均值结构的全模型

考虑一般的结构方程模型，变量不做中心化，测量方程和结构方程都带有截距项，模型如下：

$$\boldsymbol{y} = \boldsymbol{\tau}_y + \boldsymbol{\Lambda}_y \boldsymbol{\eta} + \boldsymbol{\varepsilon} \tag{2.60}$$

$$\boldsymbol{x} = \boldsymbol{\tau}_x + \boldsymbol{\Lambda}_x \boldsymbol{\xi} + \boldsymbol{\delta} \tag{2.61}$$

$$\boldsymbol{\eta} = \boldsymbol{\alpha} + \boldsymbol{B}\boldsymbol{\eta} + \boldsymbol{\Gamma}\boldsymbol{\xi} + \boldsymbol{\zeta} \tag{2.62}$$

其中 $\boldsymbol{y}$ 是由 p 个内生指标组成的 $p \times 1$ 向量，$\boldsymbol{\eta}$ 是由 m 个内生潜变量组成的 $m \times 1$ 向量，$\boldsymbol{\Lambda}_y$ 是 $\boldsymbol{y}$ 在 $\boldsymbol{\eta}$ 上的 $p \times m$ 因子负荷矩阵，$\boldsymbol{\varepsilon}$ 是 p 个测量误差组成的 $p \times 1$ 向量，$\boldsymbol{\tau}_y$ 是 $p \times 1$ 向量（$\boldsymbol{y}$ 的测量方程的截距项）；$\boldsymbol{x}$ 是由 q 个外源指标组成的 $q \times 1$ 向量，$\boldsymbol{\xi}$ 是由 n 个外源潜变量组成的 $n \times 1$ 向量，$\boldsymbol{\Lambda}_x$ 是 $\boldsymbol{x}$ 在 $\boldsymbol{\xi}$ 上的 $q \times n$ 因子负荷矩阵，$\boldsymbol{\delta}$ 是 q 个测量误差组成的 $q \times 1$ 向量，$\boldsymbol{\tau}_x$ 是 $q \times 1$ 向量（$\boldsymbol{x}$ 的测量方程的截距项）。$\boldsymbol{B}$ 是 $m \times m$ 系数矩阵，$\boldsymbol{\Gamma}$ 是 $m \times n$ 系数矩阵，$\boldsymbol{\zeta}$ 是 $m \times 1$ 残差向量，$\boldsymbol{\alpha}$ 是 $m \times 1$ 向量（结构方程的截距项）。模型的假设与中心化模型的假设相同。增加的参数向量除了 $\boldsymbol{\tau}_y$，$\boldsymbol{\tau}_x$ 和 $\boldsymbol{\alpha}$ 外，还有 $\boldsymbol{\xi}$ 的均值向量，记为 $\boldsymbol{\kappa}$ 。

由于变量是否含有均值项不影响变量之间的协方差，所以非中心化结构方程模型推出的协方差矩阵与中心化的相同，见（2.30）。不同之处是，非中心化模型还可以推出指标的均值向量。注意到 $E(\boldsymbol{\xi}) = \boldsymbol{\kappa}$ ，由（2.62）得

$$\begin{aligned} E(\boldsymbol{\eta}) &= E[(\boldsymbol{I} - \boldsymbol{B})^{-1}(\boldsymbol{\alpha} + \boldsymbol{\Gamma}\boldsymbol{\xi} + \boldsymbol{\zeta})] \\ &= (\boldsymbol{I} - \boldsymbol{B})^{-1}(\boldsymbol{\alpha} + \boldsymbol{\Gamma}\boldsymbol{\kappa}) \end{aligned} \tag{2.63}$$

由（2.60）和（2.63）得

$$E(\boldsymbol{y})=\boldsymbol{\tau}_y+\boldsymbol{\Lambda}_y(\boldsymbol{I}-\boldsymbol{B})^{-1}(\boldsymbol{\alpha}+\boldsymbol{\Gamma\kappa}) \tag{2.64}$$

由（2.61）显然有

$$E(\boldsymbol{x})=\boldsymbol{\tau}_x+\boldsymbol{\Lambda}_x\boldsymbol{\kappa} \tag{2.65}$$

非中心化模型的参数识别比较复杂。对于中心化模型中已有的 8 个参数矩阵 $\boldsymbol{\Lambda}_y$，$\boldsymbol{\Lambda}_x$，$\boldsymbol{B}$，$\boldsymbol{\Gamma}$，$\boldsymbol{\Phi}$，$\boldsymbol{\Theta}_\varepsilon$，$\boldsymbol{\Theta}_\delta$ 和 $\boldsymbol{\Psi}$ 的识别，可以和中心化模型一样进行；对于新增的 4 个矩阵 $\boldsymbol{\tau}_y$，$\boldsymbol{\tau}_x$，$\boldsymbol{\alpha}$ 和 $\boldsymbol{\kappa}$，则由（2.64）和（2.65）来识别。

看看第二节中的例子，见图 2－3 和方程组（2.31）。非中心化的模型如下：

$$
\begin{aligned}
y_1&=\tau_1+\eta_1+\varepsilon_1\\
y_2&=\tau_2+\lambda_2\eta_1+\varepsilon_2\\
x_1&=\tau_3+\xi_1+\delta_1\\
x_2&=\tau_4+\lambda_4\xi_1+\delta_2\\
x_3&=\tau_5+\lambda_5\xi_1+\delta_3\\
\eta_1&=\alpha_1+\gamma_1\xi_1+\zeta_1
\end{aligned}
$$

参数矩阵 $\boldsymbol{\Lambda}_y$，$\boldsymbol{\Lambda}_x$，$\boldsymbol{\Gamma}$，$\boldsymbol{\Phi}$，$\boldsymbol{\Theta}_\varepsilon$，$\boldsymbol{\Theta}_\delta$ 和 $\boldsymbol{\Psi}$（注意此例没有 $\boldsymbol{B}$）都是可识别的，这里只考虑截距项的识别问题。与均值有关的参数如下：

$$
\begin{aligned}
E(\eta_1)&=\alpha_1+\gamma_1\kappa_1\\
E(y_1)&=\tau_1+\alpha_1+\gamma_1\kappa_1\\
E(y_2)&=\tau_2+\lambda_2(\alpha_1+\gamma_1\kappa_1)\\
E(x_1)&=\tau_3+\kappa_1\\
E(x_2)&=\tau_4+\lambda_4\kappa_1\\
E(x_3)&=\tau_5+\lambda_5\kappa_1
\end{aligned}
$$

注意到 γ_1，λ_2，λ_4，λ_5 由协方差识别，上面的后 5 个方程含有 7 个未知参数 τ_1，τ_2，τ_3，τ_4，τ_5，α_1，κ_1，两个潜变量 ξ_1 和 η_1 需要指定测量原点模型才能识别。一种方法是指定 $\kappa_1=0$，$\alpha_1=0$。另一种方法是将潜变量的单位和原点都指定为与其中一个指标相同。这里因为 η_1 与 y_1 的单位相同，所以将 τ_1 指定为零。同理将 τ_3 指定为零。这时，其余 5 个参数已经可以识别：

$$\kappa_1 = E(x_1)$$

$$\tau_2 = E(y_2) - \lambda_2 E(y_1)$$

$$\tau_4 = E(x_2) - \lambda_4 E(x_1)$$

$$\tau_5 = E(x_3) - \lambda_5 E(x_1)$$

$$\alpha_1 = E(y_1) - \gamma_1 E(x_1)$$

一般地，如果一个非中心化模型对应的中心化模型可识别，每个潜变量都指定了原点，那么这个非中心化模型也可识别。

对于参数估计，拟合函数除了包含协方差矩阵外，还包含均值向量。如极大似然估计的拟合函数为

$$F_{\mathrm{ML}} = \log|\boldsymbol{\Sigma}(\boldsymbol{\theta})| - \log|\boldsymbol{S}| + \mathrm{tr}[\boldsymbol{S}\boldsymbol{\Sigma}^{-1}(\boldsymbol{\theta})] - (p+q) + [\bar{z} - \boldsymbol{\mu}(\boldsymbol{\theta})]'\boldsymbol{\Sigma}^{-1}(\boldsymbol{\theta})[\bar{z} - \boldsymbol{\mu}(\boldsymbol{\theta})]$$

其中 $\boldsymbol{z}=(\boldsymbol{y}', \boldsymbol{x}')'$ 是全部指标组成的 $(p+q)\times 1$ 向量，$\boldsymbol{\mu}(\boldsymbol{\theta})$ 是由模型推出的 $\boldsymbol{z}$ 的均值，$\bar{z}$ 是样本均值。其他符号的含义与中心化模型的相同。

Mplus 中默认的就是有均值结构的非中心化模型，输出结果包含均值参数。有无均值结构，模型拟合的卡方值会不一样，但自由度不会变化。使用 LISREL 8（或以上版本）可以像中心化模型那样直接编写程序，在 MO 命令行增加 TY，TX，KA 和 AL 选项，分别代表 $\boldsymbol{\tau}_y$，$\boldsymbol{\tau}_x$，$\boldsymbol{\kappa}$ 和 $\boldsymbol{\alpha}$。同时，在数据输入部分，要有 ME 关键字输入指标的全部均值，y-指标在前，x-指标在后（见侯杰泰 等，2004）。

第七节　多组比较

人们对多组比较并不陌生，方差分析就是多组比较的一种。本节介绍的有均值结构的多组 CFA，可以看作方差分析的推广。在 CFA 中，如果有多组样本，研究者可以分析不同组的因子结构是否相同，如果因子结构相同，可以进一步分析参数是否也相同。其中的多组样本，可以是来自不同总体的样本，也可以是同一个总体在不同时间点的样本。

一、中心化因子模型的多组比较

先看一个例子，考虑自我概念研究中的一个分量表“外表长相”，它根据被试对下列叙述的认同程度（从“完全不同意”到“完全同意”6 级计分）来测量：

（1）我长相好；

（2）我有张漂亮的面孔；

（3）我样子长得难看；

（4）我有一副好身材；

（5）别人认为我的样子好看。

要比较男女学生的差异，首先要检验的是，两组是否有相同的结构模式，即因子个数相同，且所有的参数矩阵（负荷矩阵 $\boldsymbol{\Lambda}_x$，因子的协方差矩阵 $\boldsymbol{\Phi}$，误差协方差矩阵 $\boldsymbol{\Theta}_\delta$）有相同的自由、固定或约束模式。图 2－6 表示两组有不同的因子结构，男生组只有一个因子，女生组有两个因子。图 2－7 表示两组有相同的结构模式，都只有一个因子，都固定第一个指标的负荷来指定因子的尺度单位，其余 4 个负荷都自由估计，误差方差都自由估计，且误差之间都不相关。如果同一个模型分别拟合两个样本，对两个样本都拟合得好，则认为两组有相同的结构模式。这时就可以检验两组的参数是否相同，即检验两组的参数是否有跨组不变性（invariance）。

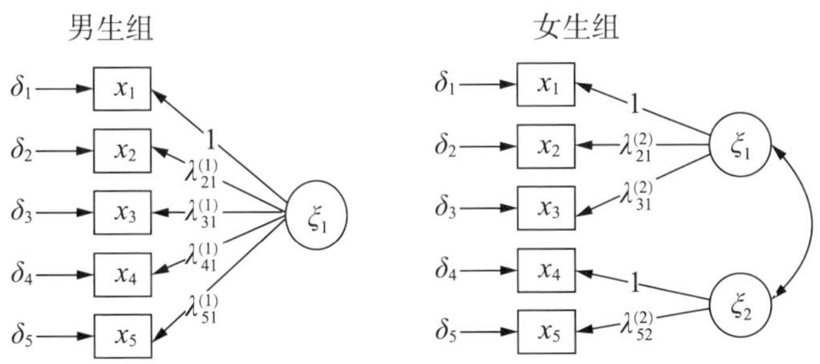

图 2－6　两组有不同的结构模式

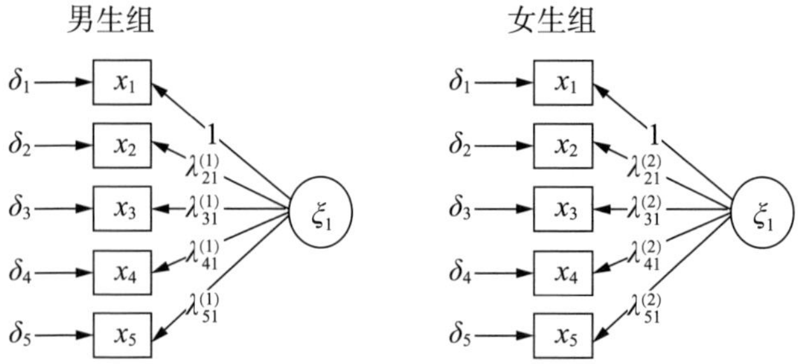

图 2—7 两组有相同的结构模式

多组比较时，模型中变量和参数的符号与单个样本的一致，但所有参数符号带有上标以表示所在的组（参见图 2—7 的负荷符号）。

虽然检验的顺序与问题的实质和研究者的兴趣有关，但研究者通常感兴趣的跨组不变性的参数检验顺序为：

（1）负荷；

（2）测量误差的方差；

（3）潜变量的方差和协方差。

以两组比较为例，应当依次检验如下假设：

（1）$H_{\boldsymbol{\Lambda}}$：$\boldsymbol{\Lambda}_x^{(1)}=\boldsymbol{\Lambda}_x^{(2)}$

（2）$H_{\boldsymbol{\Lambda},\boldsymbol{\Theta}}$：$\boldsymbol{\Lambda}_x^{(1)}=\boldsymbol{\Lambda}_x^{(2)}$，$\boldsymbol{\Theta}_{\boldsymbol{\delta}}^{(1)}=\boldsymbol{\Theta}_{\boldsymbol{\delta}}^{(2)}$

（3）$H_{\boldsymbol{\Lambda},\boldsymbol{\Theta},\boldsymbol{\Phi}}$：$\boldsymbol{\Lambda}_x^{(1)}=\boldsymbol{\Lambda}_x^{(2)}$，$\boldsymbol{\Theta}_{\boldsymbol{\delta}}^{(1)}=\boldsymbol{\Theta}_{\boldsymbol{\delta}}^{(2)}$，$\boldsymbol{\Phi}^{(1)}=\boldsymbol{\Phi}^{(2)}$

对于第 g 个样本（即第 g 组），有一个样本协方差矩阵 $\boldsymbol{S}_g$ 和一个由模型推出的带有参数的协方差矩阵 $\boldsymbol{\Sigma}_g(\boldsymbol{\theta}_g)$。当各组的参数之间没有约束时（即各自自由估计时），各个样本可以分别进行估计。第 g 个样本估计的参数要使拟合函数 $F_g[\boldsymbol{S}_g,\boldsymbol{\Sigma}_g(\boldsymbol{\theta}_g)]$ 达到最小。但当各组有一部分参数被约束相等时，使一个样本的拟合函数达到最小的参数，一般不会使其他样本的拟合函数也同时达到最小。所以需要一个将多组同时进行估计的模型，并由各组的拟合函数构造出一个综合的拟合函数，它是各组拟合函数的加权和：

$$F=\sum_{g=1}^{G}\frac{N_g}{N}F_g[\boldsymbol{S}_g,\boldsymbol{\Sigma}_g(\boldsymbol{\theta}_g)]$$

其中 N_g 是第 g 个样本的容量，N 是全部 G 个样本的容量之和，F_g 是单组样本的拟合函数，可以是 ML、ULS 或 GLS 等估计对应的拟合函数中的一种。所有的样本要放在一起同时进行估计，估计的参数要使上面的综合拟合函数值达到最小。一般的结构方程模型软件都有多组分析功能，如两组比较，LISREL 是在 DA 命令行写上“NG=2”，然后对每一个样本都写出一个完整的模型，如果有约束等式（由待检验的假设得到），从第二个模型开始，需要将参数进行约束。Mplus 的多组比较程序见附录 2.2。

在多组同时估计的模型中，基准模型（baseline model）是设定各组有相同的结构模式。上面三个假设对应的模型与基准模型，构成系列的嵌套模型。带有假设 $H_{\Lambda,\Theta,\Phi}$ 的模型嵌套在带有假设 $H_{\Lambda,\Theta}$ 的模型中，而带有假设 $H_{\Lambda,\Theta}$ 的模型嵌套在带有假设 H_{Λ} 的模型中，后者则嵌套在基准模型中。这样，多组比较的假设检验就可以用前面介绍的比较嵌套模型的卡方检验来进行。对于 ML 估计和 GLS 估计，卡方值等于（$N-1$）乘以综合的拟合函数的最小值，自由度是 $\frac{1}{2}Gp(p+1)-t$，其中 t 是所有 G 组中自由估计的参数个数。

二、有均值结构的因子模型的多组比较

对于有均值结构的模型（2.57），也可以像上面那样进行多组比较。首先要检查各组是否有相同的结构模式，称为形态不变性（configural invariance）。在各组有相同结构模式的基础上，就有了基准模型，其中各组的参数是独立估计的，没有约束关系。负荷的跨组不变性（也称为弱不变性，weak invariance）检验总是要最优先考虑的，因为此检验比较的是在各组中测量的特质（潜变量）是否相同。如果不同，就失去了进一步比较的基础。在此基础上，人们最感兴趣的是潜变量的均值是否有跨组不变性，为此，只需要检验测量方程的截距项是否有跨组不变性（也称为强不变性，strong invariance），而将潜变量的均值都指定为零。在强不变性基础上，可以进一步检验误差方差是否有跨组不变性（也称为严格不变性，strict invariance）。这样，研究者通常感兴趣的

跨组不变性的参数检验顺序为：

（1）负荷；

（2）测量方程的截距项；

（3）测量误差的方差；

（4）潜变量的方差和协方差。

以两组比较为例，应当依次检验如下假设：

（1）$H_{\boldsymbol{\Lambda}}$：$\boldsymbol{\Lambda}_x^{(1)}=\boldsymbol{\Lambda}_x^{(2)}$

（2）$H_{\boldsymbol{\Lambda},\boldsymbol{\tau}}$：$\boldsymbol{\Lambda}_x^{(1)}=\boldsymbol{\Lambda}_x^{(2)}$，$\boldsymbol{\tau}_x^{(1)}=\boldsymbol{\tau}_x^{(2)}$

（3）$H_{\boldsymbol{\Lambda},\boldsymbol{\tau},\boldsymbol{\Theta}}$：$\boldsymbol{\Lambda}_x^{(1)}=\boldsymbol{\Lambda}_x^{(2)}$，$\boldsymbol{\tau}_x^{(1)}=\boldsymbol{\tau}_x^{(2)}$，$\boldsymbol{\Theta}_\delta^{(1)}=\boldsymbol{\Theta}_\delta^{(2)}$

（4）$H_{\boldsymbol{\Lambda},\boldsymbol{\tau},\boldsymbol{\Theta},\boldsymbol{\Phi}}$：$\boldsymbol{\Lambda}_x^{(1)}=\boldsymbol{\Lambda}_x^{(2)}$，$\boldsymbol{\tau}_x^{(1)}=\boldsymbol{\tau}_x^{(2)}$，$\boldsymbol{\Theta}_\delta^{(1)}=\boldsymbol{\Theta}_\delta^{(2)}$，$\boldsymbol{\Phi}^{(1)}=\boldsymbol{\Phi}^{(2)}$

当有一个假设被拒绝时，后面的假设就不用再做检验了。例如，如果假设 $H_{\boldsymbol{\Lambda}}$ 没有被拒绝，但假设 $H_{\boldsymbol{\Lambda},\boldsymbol{\tau}}$ 被拒绝了，说明 $\boldsymbol{\Lambda}_x^{(1)}=\boldsymbol{\Lambda}_x^{(2)}$，但 $\boldsymbol{\tau}_x^{(1)}\neq\boldsymbol{\tau}_x^{(2)}$。这时可以依次检验 $\boldsymbol{\tau}^{(1)}$ 与 $\boldsymbol{\tau}^{(2)}$ 的元素是否相等，目的是检验是否有部分测量方程的截距项有跨组不变性。建模步骤和 Mplus 程序见附录 2.2。

上面的做法是先设定了 $\boldsymbol{\kappa}^{(1)}=\boldsymbol{\kappa}^{(2)}=\boldsymbol{0}$，然后检验 $\boldsymbol{\tau}_x^{(1)}=\boldsymbol{\tau}_x^{(2)}$。如果检验结果是 $\boldsymbol{\tau}_x^{(1)}=\boldsymbol{\tau}_x^{(2)}$，足以说明 $\boldsymbol{\kappa}^{(1)}=\boldsymbol{\kappa}^{(2)}$。如果检验结果是 $\boldsymbol{\tau}_x^{(1)}\neq\boldsymbol{\tau}_x^{(2)}$，通常意味着 $\boldsymbol{\kappa}^{(1)}\neq\boldsymbol{\kappa}^{(2)}$。也可以不检验 $\boldsymbol{\tau}_x^{(1)}=\boldsymbol{\tau}_x^{(2)}$，直接考察哪些潜变量的均值在不同组之间有差异。做法是，将第一组的潜变量均值设定为零，让测量方程的截距项自由估计；设定第二组的截距项与第一组的相同，但第二组的潜变量均值自由估计。即让$\boldsymbol{\tau}_x^{(1)}$自由估计，并固定$\boldsymbol{\kappa}^{(1)}=\boldsymbol{0}$；设定$\boldsymbol{\tau}_x^{(2)}=\boldsymbol{\tau}_x^{(1)}$，并让$\boldsymbol{\kappa}^{(2)}$自由估计。如果$\boldsymbol{\kappa}^{(2)}$的分量的估计值为正（负），说明对应的潜变量均值是第二组高（低）于第一组（因为第一组的潜变量均值都设定为零）。如果相应的 t 值（绝对值）大于 2，则差异达到显著水平。

当组数较多或者题数较多的时候，截距项跨组不变性假设很难成立。如果只是少量题目（例如不超过 20%）的截距不等，还是可以继续比较各组的潜变量均值。有兴趣的读者可参考 Asparouhov 和 Muthén（2014）提出的对齐（alignment）方法（也见 Marsh et al.，2017；温聪聪 等，2019）。

三、结构方程模型的多组比较

假设各组有相同的测量模式和结构模式，这样就有了基准模型，其中各组的参数是独立估计的，组之间没有约束关系。在此基础上，就可以检验参数的跨组不变性。虽然检验的顺序与问题的实质和研究者的兴趣有关，但对于结构方程模型，通常感兴趣的跨组不变性的参数检验顺序为：

中心化模型：

（1）负荷；

（2）结构方程的路径系数；

（3）回归残差的方差和协方差；

（4）测量误差的方差。

非中心化模型：

（1）负荷；

（2）结构方程的路径系数；

（3）测量方程的截距项、结构方程的截距项；

（4）回归残差的方差和协方差；

（5）测量误差的方差。

前面说过，负荷的跨组不变性检验总是要最优先考虑的。如果负荷不同，就失去了进一步比较的基础。除非要检验测量的信度有跨组不变性，否则，一般研究者对误差方差的不变性检验可能是最没有兴趣的（Byrne，1998）。

以两组比较的中心化因果模型为例，可依次检验如下假设：

（1）$H_{\boldsymbol{\Lambda}}$：$\boldsymbol{\Lambda}_x^{(1)}=\boldsymbol{\Lambda}_x^{(2)}$

（2）$H_{\boldsymbol{\Lambda},\boldsymbol{B},\boldsymbol{\Gamma}}$：$\boldsymbol{\Lambda}_x^{(1)}=\boldsymbol{\Lambda}_x^{(2)}$，$\boldsymbol{B}^{(1)}=\boldsymbol{B}^{(2)}$，$\boldsymbol{\Gamma}^{(1)}=\boldsymbol{\Gamma}^{(2)}$

（3）$H_{\boldsymbol{\Lambda},\boldsymbol{B},\boldsymbol{\Gamma},\boldsymbol{\Psi}}$：$\boldsymbol{\Lambda}_x^{(1)}=\boldsymbol{\Lambda}_x^{(2)}$，$\boldsymbol{B}^{(1)}=\boldsymbol{B}^{(2)}$，$\boldsymbol{\Gamma}^{(1)}=\boldsymbol{\Gamma}^{(2)}$，$\boldsymbol{\Psi}^{(1)}=\boldsymbol{\Psi}^{(2)}$

（4）$H_{\boldsymbol{\Lambda},\boldsymbol{B},\boldsymbol{\Gamma},\boldsymbol{\Psi},\boldsymbol{\Theta}}$：$\boldsymbol{\Lambda}_x^{(1)}=\boldsymbol{\Lambda}_x^{(2)}$，$\boldsymbol{B}^{(1)}=\boldsymbol{B}^{(2)}$，$\boldsymbol{\Gamma}^{(1)}=\boldsymbol{\Gamma}^{(2)}$，$\boldsymbol{\Psi}^{(1)}=\boldsymbol{\Psi}^{(2)}$，$\boldsymbol{\Theta}^{(1)}=\boldsymbol{\Theta}^{(2)}$

当有一个假设被拒绝时，后面的假设就不用再检验了。

附录 2.1 结构方程模型的 Mplus 程序

图 2—1 所示模型的 Mplus 程序

```
TITLE：This is an example of SEM with one endogenous latent variable
DATA：FILE IS ex2-1. dat；
VARIABLE：NAMES ARE x1 x2 x3 x4 x5 x6 y1 y2 y3；
          USEVARIABLES ARE x1 x2 x3 x4 x5 x6 y1 y2 y3；
ANALYSIS：ESTIMATOR = ML；
MODEL：ksi1 BY x1 x2 x3；
       ksi2 BY x4 x5 x6；
       eta BY y1 y2 y3；
       eta ON ksi1 ksi2；
OUTPUT：STANDARDIZED；
```

图 2—2 所示模型的 Mplus 程序

```
TITLE：This is an example of SEM with two endogenous latent variables
DATA：FILE IS ex2-2. dat；
VARIABLE：NAMES ARE x1 x2 x3 x4 x5 x6 y1 y2 y3 y4 y5；
          USEVARIABLES ARE x1 x2 x3 x4 x5 x6 y1 y2 y3
          y4 y5；
```

```
ANALYSIS: ESTIMATOR = ML;
MODEL: ksi1 BY x1 x2 x3;
       ksi2 BY x4 x5 x6;
       eta1 BY y1 y2 y3;
       eta2 BY y4 y5;
       eta1 ON ksi1 ksi2;
       eta2 ON eta1 ksi1 ksi2;
OUTPUT: STANDARDIZED;
```

附录 2.2　多组 CFA 的分析步骤和 Mplus 程序

第一步：检验男女两组模型的形态是否相同（以图 2－6 右图所示 CFA 模型为例）。这一步要建立一个男女两组各自自由估计的基准模型，这个模型要拟合良好，才能进行下一步。

```
TITLE: This is an example of a multiple group CFA with a mean
       structure (configural invariance)
DATA: FILE IS ex2-6. dat;
VARIABLE: NAMES ARE x1 x2 x3 x4 x5 g;
          GROUPING IS g (1 = male  2 = female);
ANALYSIS: ESTIMATOR = ML;
MODEL: ksi1 BY x1 x2 x3;
       ksi2 BY x4 x5;
MODEL female: ksi1 BY x2 x3;
              ksi2 BY x5;
              [x2 x3 x5];
```

```
OUTPUT：STANDARDIZED;
! Mplus 的多组比较，默认的是各组负荷和截距相等，其余参数自由估
计；因为这一步是各组自由估计，所以要在女生组写出负荷和截距
```

第二步：若通过第一步检验，再检验男女两组模型的因子负荷是否相等（弱不变性）。这一步的模型要限制两组负荷相等，并与上一步的模型比较。

```
TITLE: This is an example of a multiple group CFA with a mean
       structure (factor loadings invariance)
DATA: FILE IS ex2-6. dat;
VARIABLE: NAMES ARE x1 x2 x3 x4 x5 g;
          GROUPING IS g (1 = male  2 = female);
ANALYSIS: ESTIMATOR = ML;
MODEL: ksi1 BY x1 x2 x3;
       ksi2 BY x4 x5;
MODEL female: [x2 x3 x5];
OUTPUT: STANDARDIZED;
```

第三步：若通过第二步检验，再检验男女两组模型的指标截距是否相等（强不变性）。这一步的模型要限制两组负荷、截距相等，并与上一步的模型比较。

```
TITLE: This is an example of a multiple group CFA with a mean
       structure (factor loadings & intercepts invariance)
DATA: FILE IS ex2-6. dat;
VARIABLE: NAMES ARE x1 x2 x3 x4 x5 g;
          GROUPING IS g (1 = male  2 = female);
```

```
ANALYSIS: ESTIMATOR = ML;
MODEL: ksi1 BY x1 x2 x3;
       ksi2 BY x4 x5;
OUTPUT: STANDARDIZED;
```

第四步：若通过第三步检验，再检验男女两组模型的误差方差是否相等（严格不变性）。这一步的模型要限制两组负荷、截距、误差方差相等，并与上一步的模型比较。

```
TITLE: This is an example of a multiple group CFA with a mean
       structure (factor loadings & intercepts & error variances
       invariance)
DATA: FILE IS ex2-6.dat;
VARIABLE: NAMES ARE x1 x2 x3 x4 x5 g;
          GROUPING IS g (1 = male  2 = female);
ANALYSIS: ESTIMATOR = ML;
MODEL: ksi1 BY x1 x2 x3;
       ksi2 BY x4 x5;
       x1-x5 (1-5);   ! (1-5) 表示五个误差方差是第 1 个至第 5
       个跨组相等的参数
OUTPUT: STANDARDIZED;
```

第五步：若通过第四步检验，再检验男女两组模型的因子方差和协方差是否相等。这一步的模型要限制两组负荷、截距、误差方差、因子方差-协方差相等，并与上一步的模型比较。

```
TITLE: This is an example of a multiple group CFA with a mean
       structure (factor loadings & intercepts & error variances &
       factor variances-covariances invariance)
DATA: FILE IS ex2-6.dat;
VARIABLE: NAMES ARE x1 x2 x3 x4 x5 g;
          GROUPING IS g (1 = male  2 = female);
ANALYSIS: ESTIMATOR = ML;
MODEL: ksi1 BY x1 x2 x3;
       ksi2 BY x4 x5;
       x1-x5 (1-5);   ! (1-5) 表示五个误差方差是第 1 个至第 5
       个跨组相等的参数
       ksi1-ksi2 (6-7);   ! (6-7) 表示两个因子方差是第 6 个和第
       7 个跨组相等的参数
       ksi1 WITH ksi2 (8);   ! (8) 表示因子协方差是第 8 个跨
       组相等的参数
OUTPUT: STANDARDIZED;
```

第三章 中介效应分析

假设我们感兴趣的是因变量（Y）和自变量（X）的关系。它们之间不一定是真实的因果关系，而是通过理论、文献或经验常识可以合理地认为 X 影响 Y，在此基础上讨论中介变量（mediator）。

本章包括中介变量的定义、中介效应（mediating effect）模型、中介效应估计、中介效应量、中介效应检验方法、中介效应分析流程、应用实例、多重中介效应分析、潜变量中介效应分析、类别变量中介效应分析等。

第一节 中介效应模型及其估计

一、中介变量的定义

考虑自变量 X 对因变量 Y 的影响，如果 X 通过影响变量 M 来影响 Y，则称 M 为中介变量。例如，“父亲的社会经济地位”影响“儿子的教育程度”，进而影响“儿子的社会经济地位”（Duncan et al.，1972），其中“儿子的教育程度”是中介变量。又如，“工作环境”（如技术条件）通过“工作感觉”（如挑战性）影响“工作满意度”（James & Brett，1984），其中“工作感觉”是中介变量。

为了行文简便，避免在回归方程中出现与方法讨论无关的截距项，假设所有变量都已经中心化（即将数据减去样本均值，中心化数据的均值为 0，中心化的 SPSS 程序参见第四章附录 4.1）或者标准化（即 Z 分数，均值为 0，标准差为 1，SPSS 的描述统计 Descriptives 中有现成的指令产生 Z 分数），可用下列回归方程来描述变量之间的关系（图 3－1 是相应的路径图）：

$$Y = cX + e_1 \tag{3.1}$$

$$M = aX + e_2 \tag{3.2}$$

$$Y = c'X + bM + e_3 \tag{3.3}$$

其中方程（3.1）的系数 c 为自变量 X 对因变量 Y 的总效应；方程（3.2）的系数 a 为自变量 X 对中介变量 M 的效应；方程（3.3）的系数 b 是在控制了自变量 X 的影响后，中介变量 M 对因变量 Y 的效应；系数 c' 是在控制了中介变量 M 的影响后，自变量 X 对因变量 Y 的直接效应；e_1、e_2、e_3 是回归残差。

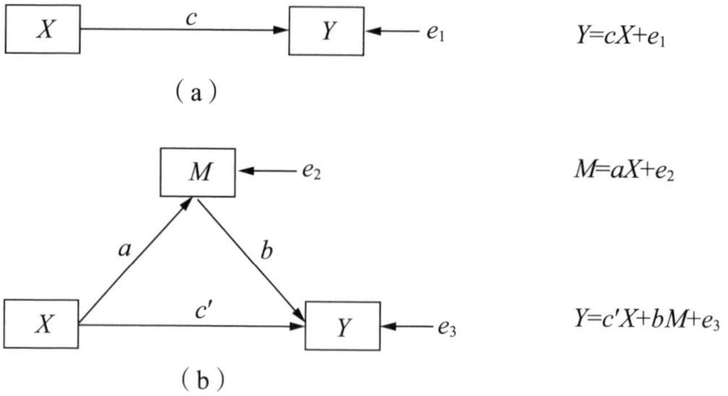

图 3－1　中介模型

二、中介效应和间接效应

依据路径分析中的效应分解的术语（Bollen，1989；侯杰泰 等，2004），中介效应就是间接效应（indirect effect）。在图 3－1 中，c 是 X 对 Y 的总效应，ab 是经过中介变量 M 的间接效应（也就是中介效应），c' 是直接效应。当只有一个中介变量时，这两种效应之间有如下关系：

$$c = c' + ab \tag{3.4}$$

当所有的变量都是标准化变量时，（3.4）就是相关系数的分解公式

(Bollen，1989；侯杰泰 等，2004)。但（3.4）对一般的回归系数也成立（证明见 MacKinnon et al.，1995)。

在只有一个中介变量的模型中，中介效应和间接效应是同义词。一般地说，中介效应都是间接效应，但间接效应不一定是中介效应。实际上，这两个概念是有区别的（Mathieu & Taylor，2006)。首先，当中介变量不止一个时，中介效应要明确是哪个中介变量的中介效应，而间接效应既可以指经过某个特定中介变量的间接效应（即中介效应)，也可以指部分或所有中介效应的和（见本章第六节)。其次，在经典中介模型中，中介效应的大前提是自变量与因变量相关显著，否则就认为不存在中介变量。但即使自变量与因变量相关系数是零，仍然可能有间接效应。下面的例子可以说明这一有趣的现象（McFatter，1979，p. 128；Bollen，1989，p. 48)。设 Y 是装配线上工人的出错次数，X 是他的智力，M 是他的厌倦程度。又设智力（X）对厌倦程度（M）的效应是 0.707（$=a$)，厌倦程度（M）对出错次数（Y）的效应也是 0.707（$=b$)，而智力对出错次数的直接效应是 −0.50（$=c'$)。智力对出错次数的总效应（$=c$）是零（即智力与出错次数的相关系数是零)。本例涉及效应（或相关系数）的遮掩（suppression）问题，见本章第二节“广义中介分析”部分。

三、中介效应的估计和效应量

由于中介效应是间接效应，所以无论变量是否涉及潜变量，都可以用结构方程模型分析中介效应。从路径图（见图 3—1）可以看出，模型是递归的（recursive)，即在路径图上直线箭头都是单向的，没有反向或循环的直线箭头，且误差之间没有双向的弧线箭头联系。所以，如果所有变量都是显变量，可以依次做（3.1）—（3.3）的回归分析。无论是结构方程分析还是回归分析，用统计软件都可以得到 c 的估计 $\hat{c}$ 和 a，b，c' 的估计 $\hat{a}$，$\hat{b}$，$\hat{c}'$，以及相应的标准误。中介效应的估计是 $\hat{a}\hat{b}$ 或 $\hat{c}-\hat{c}'$，在显变量情形并且是通常的最小二乘回归时，这两个估计相等（MacKinnon et al.，1995)。在其他情形，使用 $\hat{a}\hat{b}$ 比较直观，并且它等于间接效应的估计。

除了报告中介效应的大小外，还应当报告效应量（effect size)。这是因为中介效应的估计值与变量的测量单位有关，需要使用与测量单位无关的效应量才能更好地解释和比较中介效应大小。传统的中介效应量是中介效应与总效应之比（Alwin & Hauser，1975；MacKinnon，2008；MacKinnon & Dwyer，1993；Preacher & Kelley，2011)：

$$P_M = \frac{\hat{a}\hat{b}}{\hat{c}} \tag{3.5}$$

另一个简单的中介效应量是中介效应与直接效应之比（MacKinnon，2008；Preacher & Kelley，2011；Sobel，1982)：

$$R_M = \frac{\hat{a}\hat{b}}{\hat{c}'} \tag{3.6}$$

Preacher 和 Kelley（2011）给出了 10 余种中介效应量计算方法，其中包括 MacKinnon（2008；也见 Fairchild et al.，2009）基于回归分析中的 R^2 定义的三个 R^2 型中介效应量，但这些 R^2 型中介效应量没有单调性。具体来说就是，中介效应 ab 上升时，R^2 型中介效应量一般是上升，但也可能反而下降。Preacher 和 Kelley（2011）也指出，R^2 型中介效应量并不是方差被解释的比例，他们提出并推荐使用中介效应量 κ^2。但温忠麟和范息涛批评 κ^2 不仅没有单调性，而且其定义本身就有问题，不适合作为中介效应量（Wen & Fan，2015)。较好的做法是报告一些计算简单、意义明确的效应量。如果变量的原始单位有意义，可以报告原始估计的总效应、中介效应和直接效应；无论原始单位是否有意义，都要报告标准化估计的总效应、中介效应和直接效应；可以报告 P_M 作为中介效应量，但 R_M 作为中介效应量不合适，因为它没有单调性。

第二节　中介效应检验方法

经典的中介模型，假设 Y 与 X 的相关显著，意味着（3.1）的回归系数 c

显著（即 H_0：$c=0$ 的假设被拒绝），在这个前提下考虑中介变量 M，扩展后的模型见本节的“广义中介分析”。

如何知道 M 真正起到了中介变量的作用，或者说如何检验中介效应的显著性呢？系数乘积的检验（即检验 H_0：$ab=0$）是中介效应检验的核心。可以有三种不同的做法。一种是分别检验间接路径上的系数 a 和 b 的显著性，一种是直接检验间接效应 ab 的显著性，还有一种是检验 $c-c'$ 的显著性（MacKinnon et al.，1998；MacKinnon et al.，2002）。

一、Baron 和 Kenny 的逐步法

检验中介效应最常用的方法是逐步检验回归系数（Baron & Kenny，1986；温忠麟，张雷 等，2004），即通常说的逐步法：（ⅰ）检验方程（3.1）的系数 c（即检验 H_0：$c=0$）。（ⅱ）依次检验方程（3.2）的系数 a（即检验 H_0：$a=0$）和方程（3.3）的系数 b（即检验 H_0：$b=0$）。如果（ⅰ）系数 c 显著，（ⅱ）系数 a 和 b 都显著，则中介效应显著。完全中介过程还要加上：（ⅲ）方程（3.3）的系数 c' 不显著，即完全中介意味着，在有了路径（系数）a 和 b 后，原来显著的 c 变成了不显著的 c'（Judd & Kenny，1981）。

上述 Baron 和 Kenny（1986）的逐步法，第一步检验的是 X 对 Y 的总效应；第二步实际上是检验系数乘积的显著性（即检验 H_0：$ab=0$），通过依次检验系数 a 和 b 的显著性来间接进行；第三步检验用来区分完全中介和部分中介。这三步其实是可以分开进行的。区分每一步的目的对理解和讨论逐步法很重要。特别地，应当将检验系数乘积（即检验 H_0：$ab=0$）的依次检验与逐步法区分开来，前者是后者的一个步骤。文献上提到逐步法时，有的是指全部步骤，有的却是指依次检验，不小心的读者容易引起混淆。

在各种检验方法中，依次检验回归系数 a 和 b 是最简单的。检验统计量 t 等于回归系数的估计除以相应的标准误。流行的统计软件分析结果中一般都有回归系数的估计值、标准误和 t 值，检验结果一目了然。

依次检验的想法很直观，如果检验结果是 $a\neq 0$ 且 $b\neq 0$，就可以推出

$ab \neq 0$。这个推理在代数上没有问题，但在统计检验上如何呢？模拟研究发现，用依次检验来检验 H_0：$ab=0$，第一类错误率较低，低于设定的显著性水平（如 0.05）（MacKinnon et al.，2002；温忠麟，张雷 等，2004）。这就是说，如果依次检验结果 a 和 b 都显著，已经足够支持所要的结果，即 ab 显著。但依次检验的检验力（power）① 也较低，即如果系数乘积 ab 实际上显著而依次检验比较容易得出不显著的结论（Fritz & MacKinnon，2007；MacKinnon et al.，2002）。

二、检验 H_0：$ab=0$ 的方法

上面说过，逐步法是通过依次检验系数 a 和 b 的显著性间接检验 ab 的显著性。直接针对 H_0：$ab=0$ 进行检验，关键在于求出 $\hat{a}\hat{b}$ 的标准误。文献上至少有 5 种近似计算公式（MacKinnon et al.，2002）。当样本容量比较大时（如大于 500），各种检验的检验力差别不大。比较常用的是 Sobel（1982，1988）根据 1 阶 Taylor 展式得到的近似公式

$$s_{ab}=\sqrt{\hat{a}^2 s_b^2+\hat{b}^2 s_a^2} \tag{3.7}$$

其中，s_a，s_b 分别是 $\hat{a}$，$\hat{b}$ 的标准误。检验统计量是 $z=\hat{a}\hat{b}/s_{ab}$，称为 Sobel 检验。在只有一个中介变量的情形，LISREL 输出的间接效应的标准误与使用这个公式计算的结果一致（在 OU 中加入 EF 选项，会输出包括间接效应在内的效应估计、相应的标准误和它们的比值 z）。

模拟研究发现，Sobel 法的检验力高于依次检验（MacKinnon et al.，2002；也见温忠麟，张雷 等，2004）。但 Sobel 检验的统计量的推导需要假设 $\hat{a}\hat{b}$ 服从正态分布，就算其中每一个系数都是正态分布，其乘积通常也不是正态的，因而上面标准误 s_{ab} 的计算只是近似的，可能很不准确。这样，即使总体的 X，M 和 Y 都是正态分布，这时 $\hat{a}$ 和 $\hat{b}$ 也是正态的，但检验统计量

---

① 检验力是原假设不真时，能够正确拒绝原假设的概率。它等于 1 减去第二类错误率 β，即检验力等于 $1-\beta$。

$z = \hat{a}\hat{b}/s_{ab}$ 还是可能与标准正态分布有较大的出入。MacKinnon 等人（1998）用同一个统计量但不同的临界值进行检验。在他们的临界值表中，显著性水平 0.05 对应的临界值是 0.97 左右，而不是通常的 1.96，这样，中介变量有更多的机会被认为是显著的，从而提高了检验力，但也增加了第一类错误率。MacKinnon 等人（2002）的模拟比较研究发现，在样本较小或总体的中介效应不大时，使用新的临界值检验的检验力比同类检验的要高，在总体参数 $a=0$ 且 $b=0$ 时犯第一类错误的概率与 0.05 很接近，因此，这是一种比较好的检验方法。不过，由于出现了其他更好的检验方法，这种使用新的临界值的方法并没有流行起来。

如所知，参数检验也可以通过置信区间进行。以 Sobel 检验为例，用中介效应估计值 $\hat{a}\hat{b}$ 及其标准误 s_{ab} 得到置信区间（$\hat{a}\hat{b} - z_{\alpha/2}s_{ab}$，$\hat{a}\hat{b} + z_{\alpha/2}s_{ab}$），其中 $z_{\alpha/2}$ 是 $\alpha/2$ 对应的（右侧）临界值［即标准正态分布的 $100\times(1-\alpha/2)$ 百分位点］。如果置信区间不包含 0，说明中介效应显著；如果置信区间包含 0，说明中介效应不显著。

因为 $\hat{a}\hat{b}$ 的分布是不对称的偏态分布，较好的做法是构造不对称的置信区间。试图用来替代 Sobel 法以构造不对称的置信区间的方法至少有三类（方杰，张敏强，2012），包括乘积分布法、Bootstrap 法和马尔科夫链蒙特卡罗（Markov chain Monte Carlo，MCMC）法。

乘积分布法默认 $\hat{a}\hat{b}$ 分布是两个正态变量的乘积分布，根据乘积分布构建临界值进行检验和区间估计（Fritz & MacKinnon，2007；MacKinnon et al.，2004；Tofighi & MacKinnon，2011）。

Bootstrap 法是一种从样本中重复取样的方法，前提条件是样本能够代表总体（当然这也是通常取样进行统计推论的要求）。Bootstrap 法主要有非参数百分位 Bootstrap 法和偏差校正的非参数百分位 Bootstrap 法。在 Bootstrap 法前面冠以“非参数”，是因为所论的 Bootstrap 法不涉及总体分布及其参数（因而不要求正态假设），利用样本所推导的经验分布代替总体分布，属于非参数方法（温忠麟，叶宝娟，2014a）。鉴于 Bootstrap 法的重要性，后面将专门进行介绍。

在中介效应分析中，MCMC 法是一种贝叶斯统计方法（Ntzoufras，2009；Yuan & MacKinnon，2009）。具体一点说，MCMC 法是在贝叶斯理论框架下，将马尔科夫链过程引入蒙特卡罗模拟，实现抽样分布随模拟的进行而改变的动态模拟（方杰，张敏强，2012）。MCMC 法需要较多的统计知识和复杂的算法，还会涉及引起争论的先验分布（prior distribution）问题，这里不拟多说。

研究发现，上述三类方法中，用偏差校正的非参数百分位 Bootstrap 法或者有先验信息的 MCMC 法计算系数乘积的置信区间比 Sobel 法得到的置信区间更精确，有更高的检验力（方杰，张敏强，2012；Hayes & Scharkow，2013；MacKinnon，2008；Preacher & Hayes，2004；Yuan & MacKinnon，2009）。常用的统计软件 Mplus（Muthén & Muthén，2012）已经有简单的指令调用 Bootstrap 法和 MCMC 法计算系数乘积的置信区间，实现系数乘积的 Bootstrap 法检验和 MCMC 法检验。不熟悉 Bootstrap 法和 MCMC 法的读者，可以将其如最小二乘法、极大似然法那样看待，利用统计软件提供的功能实现计算。但多数方法学文章都只推荐 Bootstrap 法（例如 Biesanz et al.，2010；Cheung & Lau，2008；Fritz et al.，2012；Hayes & Scharkow，2013；MacKinnon et al.，2004；Pituch & Stapleton，2008；Pituch et al.，2006；Taylor et al.，2008），而且 MCMC 法的先验分布通常也无法得到，所以到目前为止，Bootstrap 法是公认的可以取代 Sobel 法构造置信区间检验系数乘积的方法。不过，偏差校正的非参数百分位 Bootstrap 法在某些条件下的第一类错误率会超过设定的显著性水平（如 0.05）（方杰，张敏强，2012；Fritz & MacKinnon，2007；MacKinnon et al.，2004），而非参数百分位 Bootstrap 法没有这个问题（Fritz et al.，2012）。

三、检验 H_0：$c-c'=0$ 的方法

因为 $ab=c-c'$，所以检验间接效应也可以通过检验 H_0：$c-c'=0$ 来进行（Clogg et al.，1992；Freedman & Schatzkin，1992），称为系数差异

检验法，以区别于上面讨论的系数乘积检验法。如果拒绝原假设，中介效应显著。

同样地，检验 H_0：$c-c'=0$ 的关键在于如何计算 $\hat{c}-\hat{c}'$ 的标准误。文献上也有多种近似公式。MacKinnon 等人（2002）比较研究的结果发现，有两个公式得到的检验具有较高的检验力，在总体参数 $a=0$ 且 $b=0$ 时犯第一类错误的概率与 0.05 很接近。一个是 Clogg 等人（1992）给出的公式

$$s_{c-c'}=|r_{XM}|s_{c'} \tag{3.8}$$

其中 r_{XM} 是 X 和 M 的相关系数。另一个是 Freedman 和 Schatzkin（1992）推出的

$$s_{c-c'}=\sqrt{s_c^2+s_{c'}^2-2s_cs_{c'}\sqrt{1-r_{XM}^2}} \tag{3.9}$$

问题是，当 $a=0$ 但 $b\neq 0$ 时（此时 $ab=0$，即中介效应为零），这两个公式对应的检验［即 $t=(\hat{c}-\hat{c}')/s_{c-c'}$ 作为检验统计量］的第一类错误率都很高。特别是使用 Clogg 等人（1992）的公式进行的检验，其对应的第一类错误率有可能高达 100%。事实上，由（3.8）得到的检验与 H_0：$b=0$ 的检验等价（Clogg et al.，1992）。就是说，即使中介效应不存在（$ab=0$），只要 b 显著，也会得到中介效应显著的结果。因为系数差异检验法的第一类错误率明显高于系数乘积检验法（可能远高于 0.05），所以系数差异检验法很早就输给了系数乘积检验法（MacKinnon et al.，2002；温忠麟，张雷 等，2004）。

四、用 Bootstrap 方法构造中介效应的置信区间

由于 Sobel 检验的局限性，出现了多种替代方法，包括乘积分布法、Bootstrap 法和 MCMC 法，其中 Bootstrap 法的检验力高于 Sobel 法，是受到最多推荐的检验中介效应的现代方法。下面对 Bootstrap 法做专门介绍。

Bootstrap 法经常被用于参数估计不是正态分布，或者虽然是正态分布但其标准误难以用公式简单计算的场合。Bootstrap 法通过把一个固定的样本当作总体，进行重复取样。大量重复样本的内在变异性为参数置信区间的估计

提供了实证基础，用 Bootstrap 法得到的参数分布能够完全获得取样的变异性，即使数据非正态，用 Bootstrap 法得到的参数区间估计也往往优于其他方法得到的区间估计（Chan，2009）。

Bootstrap 法有多种取样方案，其中一种简单的方案是从一个给定的样本中有放回地重复取样以产生许多样本，即将原始样本当作 Bootstrap 总体，从这个总体中重复取样以得到类似于原始样本的 Bootstrap 样本（Wen et al.，2010）。例如，将一个容量为 500 的样本当作 Bootstrap 总体，从中有放回地重复取样，可以得到一个 Bootstrap 样本，通常可以设定样本容量和总体的一样（还是 500）。类似地，可以得到很多 Bootstrap 样本（比如 1000 个），对这 1000 个 Bootstrap 样本，可以得到 1000 个中介效应估计值，其全体记为 $\{\hat{a}\hat{b}\}$ 。将它们按数值从小到大排序，其中第 2.5 百分位点和第 97.5 百分位点就构成一个置信度为 95%的中介效应置信区间。据此就可以进行检验了：如果置信区间不包含 0，则系数乘积显著（方杰，张敏强，2012；Preacher & Hayes，2008；Preacher et al.，2007）。这样的检验方法称为非参数百分位 Bootstrap 法，检验力高于 Sobel 检验（Fritz & MacKinnon，2007；MacKinnon et al.，2004）。

上面构造置信区间时默认了 1000 个 Bootstrap 样本得到的中介效应估计值全体 $\{\hat{a}\hat{b}\}$ 的中位数正好是原始样本数据得到的中介效应估计值 $\hat{a}_0\hat{b}_0$，但实际上二者可能不相等。如果二者相差较大，可以使用校正后的置信区间。方法如下：计算 $\hat{a}_0\hat{b}_0$ 在 $\{\hat{a}\hat{b}\}$ 中的百分等级，即得到 $\hat{a}\hat{b} < \hat{a}_0\hat{b}_0$ 的概率 p_0，取 z_0 使得标准正态分布函数 $\Phi(z_0)=p_0$，则置信度为 $1-\alpha$ 的中介效应置信下限为 $\{\hat{a}\hat{b}\}$ 的 $\Phi(2z_0-z_{\alpha/2})$ 百分位点，上限为 $\{\hat{a}\hat{b}\}$ 的 $\Phi(2z_0+z_{\alpha/2})$ 百分位点。使用这样的置信区间进行检验，就是所谓的偏差校正的非参数百分位 Bootstrap 法，检验力高于非参数百分位 Bootstrap 法（Edwards & Lambert，2007；方杰，张敏强，2012；Fritz & MacKinnon，2007；MacKinnon，2008；Preacher & Hayes，2008；Taylor et al.，2008）。特别地，如果 $\hat{a}_0\hat{b}_0$ 正好是 $\{\hat{a}\hat{b}\}$ 的中位数，则 $z_0=0$，$\Phi(2z_0-z_{\alpha/2})=\Phi(-z_{\alpha/2})=\alpha/2$，$\Phi(2z_0+$

$z_{\alpha/2}$) $=\Phi(z_{\alpha/2})=1-\alpha/2$，得到的置信区间与未校正的置信区间一致。

Bootstrap 抽样过程，实质是模拟了从总体中随机抽取大量样本的过程。Bootstrap 方法得到的参数估计分布是一种实证结果，基本要求是原始的样本（即 Bootstrap 总体）可以反映研究总体，但不需要知道总体的分布。Bootstrap 法可以用流行的统计软件（如 Mplus、LISREL、EQS 等）得到结果。使用 Mplus 有现成指令（参见附录 3.1 至附录 3.3），使用 LISREL 要用到其中的 PRELIS（参见附录 7.4 的 PRELIS 程序）。有关 Bootstrap 法更详细的介绍，读者可参见有关的论著（例如，Efron & Tibshirani，1993；Shrout & Bolger，2002）。

五、中介效应检验小结

检验间接效应可以分成两类，一类是检验 H_0：$ab=0$，另一类是检验 H_0：$c-c'=0$。检验 H_0：$ab=0$ 又可以分成间接检验和直接检验两类。依次检验是间接检验 H_0：$ab=0$，而 Sobel 检验、Bootstrap 法、MCMC 法等是直接检验 H_0：$ab=0$。直接检验 H_0：$ab=0$ 比较好的方法是偏差校正的非参数百分位 Bootstrap 法，应当取代 Sobel 检验。研究者如果在乎检验的第一类错误率，使用非参数百分位 Bootstrap 法比较妥当（Fritz et al.，2012；Hayes & Scharkow，2013）。但很多文献想当然就认为依次检验也应当让位给 Bootstrap 法，至少从检验的角度来说是没有道理的，下一节会详细讨论。

六、广义中介分析

经典的中介模型，假设 X 影响 Y（两者相关显著），研究中介效应的目的是：了解 X 是如何影响 Y 的，即影响的机制。但也有研究者认为自变量与因变量相关显著不应作为研究中介效应的先决条件（Frazier et al.，2004；Shrout & Bolger，2002）。问题是，如果把中介效应的范围扩大的话，有关中介效应理论中的许多陈述都需要改变。例如，既然 X 与 Y 的相关不显著，即没有影响，就谈不上研究影响机制了，而是要研究为什么没有影响。这里引入广义中介分析的概念，以区别于经典中介分析。

所谓广义中介分析，就是在中介效应检验中，当第一步检验得出 X 对 Y 的影响不显著时，仍然继续后面的检验。但做广义中介分析应当有一定的问题背景才有意义，一是分析效应（或相关系数）的遮掩（Judd & Kenny，1981；Kenny，2003；MacKinnon，2008；MacKinnon et al.，2000；MacKinnon et al.，2002；Shrout & Bolger，2002）问题，二是分析所谓的远端（distal；Shrout & Bolger，2002）关系。

如果理论或经验认为 X 对 Y 应当有影响（或者相关显著），但第一步的检验结果是相关不显著，我们希望弄清楚为什么相关不显著了，变量 M 在其中起到了什么作用，这时就是要研究效应（或相关系数）的遮掩问题。例如，设 X 是居民区每月人均购物消费，Y 是居民区每月人均便利店购物消费。按理说，居民消费越高，便利店生意越好，即 X 对 Y 应当有正向影响。但调查结果是它们的相关不显著，原因是什么呢？经过分析发现，原来是超市在作怪，即居民区每月人均超市购物消费（M）起到了“中介”作用。居民要买少量东西才到便利店，要买大量东西的时候往往上超市购物，所以增加的消费大都是在超市完成的，而在超市消费多，就意味着在便利店消费少。这样，统计结果就会显示，X 与 M 有显著正相关，而 M 与 Y 有显著负相关，这样，间接效应是负号；在控制了变量 M 以后，X 对 Y 的直接效应显著，但符号与间接效应符号相反，相互抵消以致总效应不显著，这就是效应（或相关系数）的遮掩问题。

更明确地说，如果直接效应 c' 的绝对值比总效应 c 的绝对值还大（增加 M 反而使得 X 的回归系数变大），就是遮掩效应。更一般的情况是不一致中介（inconsistent mediation model），直接效应 c' 与间接效应 ab 符号相反。如果 c' 与 ab 符号相同，而两者之和的总效应 c 不显著，这样的研究意义不大，除非 X 与 Y 是下面说到的远端关系。

当自变量与因变量相关不显著，但它们有理论明确的远端关系，并且这种关系敏感（subtle）时（Shrout & Bolger，2002），可以做广义中介分析。

远端关系可以是时间上的，也可以是空间上的。远端关系使得自变量与因变量的相关比较弱，达不到显著水平也情有可原；关系敏感意味着研究有重要性，即使两者相关不显著，也值得研究。例如，儿童时期家庭以外寄养的经历（X）对成年后的偏差行为（Y）（如吸毒或精神障碍）是远端关系，中介变量是少年时期的行为问题（M）。研究发现寄养的经历（X）显著影响少年时期的行为问题（M），而少年时期的行为问题（M）又显著影响成年后的偏差行为（Y），尽管寄养的经历（X）对成年后的偏差行为（Y）的影响不显著（即相关不显著），这个“中介”变量仍然值得重视和研究。首先是 $X-M$ 关系显著，以及 $M-Y$ 关系显著，这两个关系本身就值得重视和研究。其次，由 $X-M$ 和 $M-Y$ 关系的显著性，就应当重视 $X-Y$ 关系，哪怕很轻微。比方说，如果有家庭以外寄养经历的儿童到少年时期 5%有行为问题，而少年时期有行为问题的人 4%在成年后有偏差行为，则有家庭以外寄养经历的儿童中约 1/500 在成年后有偏差行为，这个比例尽管不大，但仍然非常重要，并且需要引起重视。最后强调一点，关系敏感是使得远端关系的广义中介分析有实质意义的决定条件。

七、中介效应的解释

对于检验结果显著的中介效应，传统上还会区分是完全中介效应还是部分中介效应。如果是完全中介效应，则说明自变量 X 对因变量 Y 的影响，完全通过中介变量 M 而起作用，此时 X 对 Y 没有直接影响。如果是部分中介效应，则说明自变量 X 对因变量 Y 的影响，有一部分是通过中介变量 M 而起作用。但也有人建议避免使用完全中介的概念（Zhao et al.，2010），就说只有间接效应（详见本章第三节），没有直接效应。

如果检验结果是总效应不显著，通常是间接效应与直接效应符号相反、相互抵消的结果。如果直接效应的绝对值比总效应的还大，按遮掩效应解释结果。

无论哪种情况，在给出统计结果解释后，都要从学科理论或者经验常识上给予有意义的解释。

第三节　对 Baron 和 Kenny 逐步法的质疑和辨析

Baron 和 Kenny（1986）的逐步法，是使用最多的中介效应检验方法。其中的每一步，都有人提出批评和质疑，最彻底否定的要数 Zhao 等人（2010）的文章。下面看看这些批评要点，逐一辨析（温忠麟，叶宝娟，2014a）。

一、依次检验还有用吗?

就间接效应的检验而言，依次检验方程（3.2）的系数 a 和方程（3.3）的系数 b，曾经是最多人使用的方法。尽管早有方法文章建议使用 Bootstrap 法直接检验系数乘积，但很多应用工作者还是使用依次检验。依次检验受到欢迎的原因是方法简单，容易理解和解释。方法学者不推荐也可以理解，因为依次检验的检验力在各种方法中是最低的（Fritz & MacKinnon，2007；Hayes，2009；MacKinnon et al.，2002）。就是说，依次检验比较不容易检验到中介效应显著。但如果研究者用依次检验已经得到显著的结果，检验力低的问题对其而言就不是问题！此时，依次检验的结果甚至好过 Bootstrap 法的结果，下面给出理由。

设想甲乙两人用同一组数据检验系数乘积（即检验 H_0：$ab=0$），甲做依次检验结果显著，乙用 Bootstrap 法检验结果也显著，甲的结果更好，原因有三：(1) 看着甲的结果，我们几乎可以肯定乙的检验结果也是显著，因为 Bootstrap 法的检验力高于 Sobel 检验（Fritz & MacKinnon，2007；MacKinnon et al.，2004），后者又高于依次检验（MacKinnon et al.，2002）；而看着乙的结果却不能判断甲的检验结果是否显著（因为依次检验比较不容易得到显著的结果）。(2) 看着甲的结果，我们知道 X 显著影响 M，而且 M 显著影响 Y，推论是间接效应显著；看着乙的结果，我们只知道间接效应是显著的，但不知道 X 是否显著影响 M，也不知道 M 是否显著影响 Y。（3）当检验结果是显著的时候，可能的错误只是第一类的。检验力比较高的方法，通常也有比较高的第一类错误率。前面说过，当设定显著性水平 0.05 时，依次检验的第一类错误率低于 0.05（MacKinnon et al.，2002；温忠麟，张雷 等，2004），而 Bootstrap 法的第一类错误率可能会超过 0.05（Fritz & MacKinnon，2007；MacKinnon et al.，2004）。一般而言，甲的错误率不会比乙的错误率高。综合上面三点可以说，如果检验结果都显著，依次检验的结果强于 Bootstrap 法检验结果。

但要注意，上面说的是已经得到“显著”结果的情况（就像大多数论文投稿中的结果那样），才是依次检验的结果强于 Bootstrap 法检验结果。但并不意味着要推荐依次检验、不推荐 Bootstrap 法，因为两者的检验力高低不同。我们推荐的检验方法和步骤详见本章第四节。

二、要先检验总效应吗？

逐步法中第一步是检验方程（3.1）的系数 c ，有些人认为没有必要（例如，MacKinnon et al.，2000；Zhao et al.，2010）。他们的论据是，间接效应（ab）的符号可能和直接效应（ c' ）的符号相反，使得总效应（c）不显著，但中介效应还是存在；也可能存在两条中介路径，其间接效应大小相近但符号相反，使得总效应不显著。就是说，即使总效应不显著，间接效应还是可能存在。

这里其实涉及两个问题：一是要不要检验系数 c ？二是中介效应要不要以系数 c 显著为前提条件？第一个问题的答案是肯定的，因为研究者肯定会关心 X 是否显著影响 Y。对于特定的两个变量 X 和 Y，如果根据理论、经验或者与它们关系密切的第三个变量 M，都无法设想 X 和 Y 之间有关系的话，还会去研究 X 如何影响 Y 吗？文章将如何立论？所以说，研究者肯定会关心 X 和 Y 之间的关系。

对于第二个问题，则涉及“中介效应”概念的定义问题。以系数 c 显著为前提条件是一种定义，不用这个前提条件是另一种定义，从外延来看，后者包含了前者。按概念的外延与内涵的反变关系，后者的内涵缩小了。这是要引起重视的，而不是仅仅支持或者反对这个系数 c 显著为前提就完事。如果不加区分地使用两种不同定义的概念，就会造成混乱。这方面应当向数学家学习，他们在将“数”的概念不断扩张的同时，也用不同的名称进行区分，如整数、有理数、实数和复数。

按 Baron 和 Kenny（1986）的定义，中介效应以系数 c 显著为前提，即以 X 显著影响 Y 为前提。在这个定义下，分析中介效应可以解释“X 如何影响 Y”，中介过程提供了“X 对 Y 的作用机制”（MacKinnon & Fairchild，2009；温忠麟 等，2005）。涉及中介的应用文章往往会声称要研究“X 对 Y 的作用（或影响）机制”。如果系数 c 不显著，就说明 X 对 Y 的影响不显著，如果还问“X 如何影响 Y”或者“X 对 Y 的作用机制是什么”，不合常理。此时，合理的问题应当是“X 为何不影响 Y”，建模的逻辑已经与前面说的中介模型的逻辑不同了。所以比较好的做法是将这种情形与通常中介效应区分开来（Judd & Kenny，1981；Kenny，2003；MacKinnon，2008；MacKinnon et al.，2000；MacKinnon et al.，2002；Shrout & Bolger，2002）。如果间接效应和直接效应符号相反，许多时候都是总效应被遮掩了，其绝对值比预料的要低。

上一节我们将系数 c 不显著的情形归入“广义中介分析”，既说明这种情形与通常的中介分析有区别，也可以看出它与中介分析有联系。如果根据前后文可以自明，也可以删去“广义”两字。说到底，如果是按传统的目的研究中介效应，是要以系数 c 显著为前提，否则就是另一个故事了。比方说，如果一个人买了房子，你可以问：“他是通过中介买的，还是自己直接买的?”但如果一个人没有房子，此时的问题应当是“他为啥没有房子?”，可能根本就没有买过，也可能买了又卖掉了（类似于符号相反的抵消）。从问题的提出，到结果的解释，两种情形可能是很不同的故事。

这样说来，不用去争论中介效应要不要以系数 c 显著为前提，而是应当根据实际情况进行立论，合理地提出相应的问题，建立模型进行分析，并做出相应的解释。虽然系数 c 不显著还是可以继续分析，但应当明白，系数 c

显著与否，是不同的事情，用不同的名称区分开来是明智的做法。

三、区分完全中介和部分中介是否合适?

逐步法中最后一步，通过检验方程（3.3）的系数 c' 来区分是完全中介还是部分中介。如果系数 c' 不显著，属于完全中介（James & Brett，1984）。Baron 和 Kenny（1986）认为完全中介是中介效应存在的最强有力的证明。区分完全中介和部分中介，是对中介效应模型的效应量的一种文字描述（Preacher & Kelley，2011），可以帮助解释结果。

但“完全中介”和“部分中介”概念是有问题的。第一，在总效应小（但显著）的时候，间接效应可能不到总效应的七成，直接效应已经不显著了，结果是完全中介，与常理相悖。一般地说，当总效应小且样本也小的时候，容易得到完全中介的结果（Preacher & Hayes，2008），但其实完全中介的情况是很少的（Baron & Kenny，1986；Iacobucci，2008）。第二，当说 M 是 X 和 Y 关系的完全中介时，排除了将来探索其他中介的可能性（Pituch et al.，2005）。Preacher 和 Hayes（2008）呼吁放弃“完全中介”的概念，将所有中介都看作部分中介。Zhao 等人（2010）建议直接报告间接效应和直接效应的显著性，是可取的做法。

具体说来就是，“部分中介”的概念还可以用，此时的间接效应和直接效应都显著。显著的直接效应提示可能存在未考虑到的中介变量，在论文的讨论部分值得提及这一点，作为将来有待研究的一个问题（Zhao et al.，2010）。如果间接效应显著而直接效应不显著（即以前说的完全中介情形），就说只有间接效应，直接效应不显著。如果间接效应占了总效应的九成以上，使用“完全中介”说得过去。

四、逐步法能验证因果关系吗?

逐步法的英文“causal steps approach”按字面翻译是“因果逐步法”，使得部分研究者误以为逐步法可以证明因果关系，也有部分研究者质疑逐步法其实得到的是相关关系，不是因果关系（Stone-Romero & Rosopa，2008）。

温忠麟（2017a）以专文讨论了实证研究中的因果推理与因果分析，其中有一节专门讨论中介模型中的因果关系。单纯统计方法本身无法验证因果，变量之间因果关系的提出和假设，应当是模型建立之前要做的事情。中介模型中的每一个箭头表示的因果关系，包括“$X \to Y$”“$X \to M$”“$M \to Y$”，都要有理据：或者有某种学科理论支持，或者有文献做铺垫，或者有经验常识作为佐证。总之，因果链中的每一个关系，都要在提出假设和建模之前得到支持，否则假设的模型就没有根基。如果只有“$X \to M$”和“$M \to Y$”，也可以推论“$X \to Y$”，做出假设。

应当如何分析变量之间的因果关系呢？先看看社科中比较经典的推论因果关系的三个准则（Cook & Campbell，1979）：（1）因和果共同变化；（2）因在果之前发生；（3）排除因果联系外的其他解释。根据这些准则，社科研究可以采用以下方法分析因果关系：一是理论分析进行因果推理，二是实验设计验证因果关系，三是追踪研究观察因果关系。

先说理论分析，这是通过问卷测量收集数据进行中介分析必须要做的。对于两个相关的变量 X 和 Y（相关变量满足了因果关系的第一个准则），通过下面的理论分析可以增加对“$X \to Y$”的信心。

（1）看 X 和 Y 的变量属性，X 是比 Y 更加本质的（或者是长久的、稳定的）属性。一般来说，本质属性影响状态属性，长期属性影响临时属性，稳定属性影响不稳定属性。例如，学生的智力和学业成绩，前者更加本质，应当是智力影响成绩。又如，成年人的身高比体重稳定，因而身高影响体重。至于性别，从生物学知道是由染色体决定的，相对于社科中的其他变量，性别更加本质和长久稳定，所以社科中凡是与性别相关的变量，都可以说受到性别的影响，即性别是这些变量的“因”。

（2）颠倒 X 和 Y 的因果顺序，难以解释。就是说“$Y \to X$”还不如“$X \to Y$”那样好解释。例如，性犯罪数量与气温正相关，哪个是因？如果说性犯罪数量影响气温，解释不通；而“气温升高使得性犯罪数量增加”比较容易解释。又如，有人调查发现，参加过补习的学生，平均成绩还不如从未参加过补习的学生，得到结论是补习不能提高成绩。这里显然忽视了一个事实：成绩不好是参加补习的一个原因，而不是结果。

（3）尽量排除共同原因引起的虚假效应（有关虚假效应，参见侯杰泰等，2004）。例如，婚龄与年医药费支出正相关，谁是原因呢？都不是，年龄（代表时间）才是这两个变量的共同原因。重要期刊要求作者检验方法效应，也是一样道理，就是排除方法对各变量的共同影响。

上面的前两个分析都在支持因果关系的第二个准则，即因在果之前发生。最后一个分析是支持第三个准则，即排除其他解释。

再说实验设计，通常认为它是验证因果关系最有效的一种做法。上面说到的补习能否提高成绩的例子，如果进行实验设计，将同年级成绩相当的学生分成实验组（参加补习，当然教师水平还不能太差）和控制组（不参加补习），并且两组除了是否补习不同外，其他会影响成绩的因素都控制到基本相同，得到的结果能说明补习是否提高成绩。实验设计的关键在于控制无关因素，即控制与实验目的无关但可能会影响因变量的因素，然后看看自变量的变化是否会引起因变量的变化，读者可以参考有关实验设计的研究方法论著（如莫雷 等，2007）。

既然实验可以验证因果关系，那么设计“$X \rightarrow M$”“$M \rightarrow Y$”和“$X \rightarrow Y$”三个实验（是否需要第三个实验，参考本节第二点的讨论），就应当可以验证中介效应的因果关系。如果第一个实验能验证 X 是导致 M 的原因，第二个实验能验证 M 是导致 Y 的原因，那么间接路径的因果链就得到了验证（Spencer et al.，2005）。当然，相同的变量，在每个实验中都应当有相同的定义和测量。

如果要验证“完全中介”，则要通过所谓的过程调节设计（moderation-of-process design），先设计一个实验验证“$X \rightarrow Y$”；然后设计另一个实验，如果控制了 M，无论 X 如何变化，Y 都不会变化了（Spencer et al.，2005）。前面说过，“完全中介”的情形罕见，不拟赘述。

最后说说追踪研究。实验设计通常是在时间很短的一次实验中观测涉及的变量，因而需要假设自变量的变化会对因变量产生即时的影响。变量之间的即时影响，是横断数据推理因果关系的前提条件（温忠麟，2017a）。然而，在心理和其他社科领域，有些变量之间虽然有因果关系，但可能需要一段时间才能观测到变化，即所谓的滞后效应。例如，引进有效的教学手段，难以立即改变学生的成绩。又如，学业成绩的改变可能即时影响自信，但自信的改变却要一段时间后才能影响学业成绩。针对这种变量之间的历时性作用，基于横断数据不能够对因果做出推断，应当采用追踪研究获取纵向数据（Cole & Maxwell，2003；温忠麟，2017a）。

追踪研究是间隔一段时间对研究对象重复（两次或多次）测量自变量、中介变量和因变量，获得历时性的数据，用追踪数据分析技术（刘红云，张雷，2005），检验自变量是否会影响后续观测的中介变量，中介变量是否会影响后续观测的因变量。MacKinnon、Fairchild 和 Fritz（2007）总结了至少三种可以检验追踪数据的中介效应的方法，包括自回归模型（autoregressive modeling）、潜增长模型（latent growth modeling）和潜差异分数模型（latent difference score modeling）。

上述三类因果关系分析方法，都有一定的局限性。理论分析只是一种因果推理，推理只要符合逻辑就是有效推理，但不能保证推理一定正确，需要通过实验或者调查获取数据进行验证。前面已经提到过横断数据的不足，其实追踪研究也有局限，包括重复测量会引起的练习效应、疲劳效应等（温忠麟，2017b）。而且，对于变量之间的即时影响关系，追踪研究并不必要，甚至可能是不合适的（温忠麟，2017a）。

总之，中介效应分析是否仅仅是相关分析，关键要看内容。相关是不能证明因果的，回归或者中介分析中的因果关系依靠统计以外的理论来支撑。不能一看到中介分析就认定仅仅是相关分析。如果有理论分析，加上统计验证，我们就提高了对因果关系的信心。所有方法都只能在一定程度上证实因果关系，其中实验设计是最为可靠的方法。但所有方法都不能说最终证实了因果关系，只能证伪，因果关系的确立最终还是要经过实践的检验。最后说明一下，这里所说的因果，包括直接因果和间接因果。还有，我们是在统计意义上谈论因果关系，只是集体规律，对个体可能无效。

第四节 中介效应分析流程

对于系数乘积的检验，温忠麟、张雷等人（2004）早就意识到，如果检验结果都显著，依次检验结果强于 Sobel 检验结果，所以在他们提出的检验流程中，先进行依次检验，不显著才需要做 Sobel 检验。现在，Sobel 法由 Bootstrap 法取代，而且考虑到 X 对 Y 的影响（总效应）可能显著也可能不显著，温忠麟和叶宝娟（2014a）提出了新的中介效应分析流程（见图 3－2，本书略有改编），步骤如下。

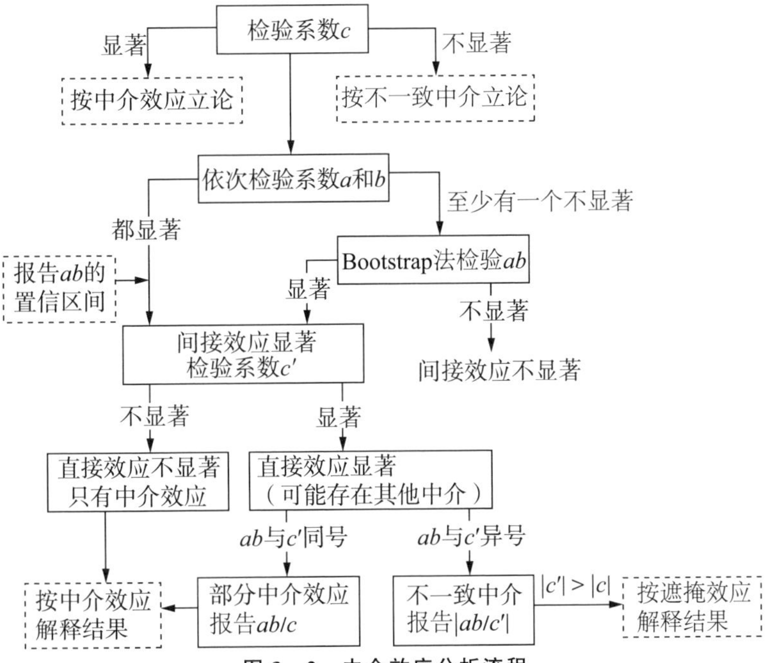

图 3－2　中介效应分析流程

第一步，检验方程（3.1）的系数 c。如果显著，按中介效应立论，否则按不一致中介立论。但无论是否显著，都进行后续检验。

第二步，依次检验方程（3.2）的系数 a 和方程（3.3）的系数 b。如果两个都显著，则间接效应显著，转到第四步；如果至少有一个不显著，进行第三步。

第三步，用 Bootstrap 法直接检验 H_0：$ab=0$。如果显著，则间接效应显著，进行第四步；否则间接效应不显著，停止分析。

第四步，检验方程（3.3）的系数 c'。如果不显著，即直接效应不显著，说明只有中介效应。如果显著，即直接效应显著，进行第五步。

第五步，比较 ab 和 c' 的符号。如果同号，属于部分中介效应，报告中介效应占总效应的比例 ab/c。如果异号，属于不一致中介，报告间接效应与直接效应的比例的绝对值 $|ab/c'|$。如果 $|c'|>|c|$，属于遮掩效应。

这样的层次检验流程，两类错误率之和通常比单一检验方法要低。为了说明使用层次检验流程与已有的检验方法的差别以及层次检验的优点，不妨设想有三个研究者用同一组数据检验同一个中介模型，甲使用传统的依次检验，乙使用 Bootstrap 法检验系数乘积，丙使用图 3－2 中的层次检验。根据第二节的讨论可知，就甲、乙而言，乙的检验力较高。因此，如果甲的结果显著，则乙的结果也显著（不排除出现例外的可能，但现有的模拟和实际数据都未发现例外）。因而，可以推知甲、乙的检验结果只有表 3－1 所列的 3 种情形，使用层次检验的丙的检验结果可以根据甲、乙的检验结果而确定。

情形 1：甲的结果显著，因而乙的结果也显著；丙做了甲的检验就停止了，和甲的结果相同。

情形 2：甲的结果不显著，但乙的结果显著；丙首先得到甲的结果（不显著），然后得到乙的结果（显著）。

情形 3：甲、乙的结果都不显著；丙首先得到甲的结果（不显著），然后得到乙的结果（不显著）。

丙的检验力和乙的一样，在情形 2 中高于甲；丙获得的信息是最多的，在情形 2 中多于其他两人；在检验结果解释方面，丙是最强的一个，在情形 1 和情形 2 中，其解释都与甲、乙中显著性解释更强的一个相同，详见表 3－1。

表 3—1　层次检验与依次检验、Bootstrap 法检验的比较

检验方法	情形 1	情形 2	情形 3
甲：依次检验系数 a 和 b	检验结果显著 **信息**：知道乙、丙的结果也显著 **解释**：知道中介路径上各系数都显著	检验结果不显著 **信息**：不知乙、丙的结果 **解释**：中介效应不显著	检验结果不显著 **信息**：与情形 2 相同 **解释**：中介效应不显著
乙：Bootstrap 法检验 ab	检验结果显著 **信息**：知道丙的结果也显著，但不知甲的结果 **解释**：中介效应显著，但不知道各系数是否显著	检验结果显著 **信息**：与情形 1 相同 **解释**：与情形 1 相同	检验结果不显著 **信息**：知道甲和丙的结果也不显著 **解释**：中介效应不显著
丙：层次检验	检验结果显著 **信息**：知道甲、乙的结果也显著 **解释**：与甲的情形 1 相同	检验结果显著 **信息**：知道甲的结果不显著、乙的结果显著 **解释**：与乙的情形 1 相同	检验结果不显著 **信息**：知道甲和乙的结果也不显著 **解释**：中介效应不显著
各检验方法优劣	丙和甲的信息多于乙，丙和甲的结果解释性也强于乙	丙和乙的检验力高于甲；丙的信息多于甲和乙	丙和乙的信息多于甲

对图 3—2 所示的分析流程，有几点说明：

(1) 当间接效应显著时，如果第一步检验后按不一致中介立论，最后结果按不一致中介（常见特例是遮掩效应）解释。如果第一步检验后按中介效应立论，要根据 ab 和 c' 的符号进行解释，如果符号相反，按不一致中介解释。就是说，开始按中介效应立论，不排除最后要按不一致中介（常见特例是遮掩效应）解释，但这样的情况少见。

（2）这个流程主要是从参数检验的角度考虑的。从参数估计角度看，一般认为，单单给出点估计是不够的，应当给出区间估计。系数乘积 ab 的置信区间计算应当用 Bootstrap 法代替 Sobel 法。这样，为了做区间估计，Bootstrap 法成为一个必要的方法，而且依次检验也可以通过 Bootstrap 法进行，即用 Bootstrap 法求出系数 a 和 b 的置信区间进行检验（但单个系数不像系数乘积那样肯定会违背正态分布，所以使用 Bootstrap 法依次检验 a 和 b 与通常的依次检验结果基本上不会有出入）。有经验的研究者还可以通过区间估计看出方程（3.3）是否存在多重共线性问题。如果 Bootstrap 法的置信区间过大，说明参数估计摇摆不定，可能存在多重共线性问题。尽管如此，还是应当先做依次检验，因为如果显著的话，结果强于 Bootstrap 检验。用附录 3.1 那样的简单 Mplus 程序，可以一次性得到所要的全部结果，包括通常的依次检验结果和 Bootstrap 法置信区间。

（3）如果直接效应显著，不排除存在其他中介变量的可能，Zhao 等人（2010）建议在讨论部分说明这种可能性。

第五节　中介效应的应用实例：儿童行为对同伴关系的影响

本实例要研究的是学生行为（X）对同伴关系（Y）的影响（温忠麟，张雷 等，2004）。变量及其数据来自香港中文大学张雷教授主持的儿童同伴关系研究（这里只用到部分变量和部分数据）。这里只简单地给出有关变量的符号、含义和计分方法，有关的研究背景、量表及其施测方法等说明请参见 Chang（2003；也见 Chang，et al.，2004）。学生行为（X）是被试的违纪捣乱行为，包括 9 个题目（如挑起争斗、欺负同学、说脏话等），使用同伴提名法，即要求被试对每个题目写出班上有题目所述行为的同学姓名（最多列出 3 个）。而被试在 X 上的得分是 9 个题目上被提名的总次数。同伴关系（Y）

是被试受同学欢迎的程度，也使用同伴提名法，就是同班同学有多少人将其列入喜欢的名单（每人所列的喜欢名单没有名额限制）。为了消除班级大小的影响，上述采用提名法测量的变量数据做了“加权”处理，做法是以班级为单位，将变量乘以平均每班人数与所在班级人数之比。老师的管教方式（U）是被试对班主任老师的管教方式的评价，也有 9 个题目（如“班主任愿意听我们的意见”，“班主任的期望和要求明确清晰”，等等），采用 5 级记分：完全不真实（0 分）到完全真实（4 分），用 9 个题目得分的均值作为 U 的得分。老师对学生的喜欢程度（W）由班主任为被试打分，也是 5 级记分：一点都不喜欢（1 分）到非常喜欢（5 分），使用间隔三个月的两次问卷结果的均值作为 W 的得分。被试人数 $N=595$。

考虑到要分析调节效应（参见第四章第三节），将变量 Y，W，X，U 做中心化处理，即各自减去其样本均值。然后产生乘积变量 UW，UX。数据分析中需要 Y，W，X，U，UW，UX 的协方差矩阵和均值向量，见表 3－2。由于是中心化数据，Y，W，X，U 的均值是零，但 UW，UX 的均值不是零。理论上 UW 的均值等于 U 和 W 的协方差，但由于计算时的舍入误差，两者可能不完全相等。使用广义最小二乘估计方法进行分析，由于样本容量大，广义最小二乘估计与极大似然估计的结果非常接近（Bollen，1989）。

表 3－2　中心化变量的协方差和均值

变量	Y	W	X	U	UW	UX
Y	18.87					
W	1.13	0.45				
X	−9.78	−2.20	94.25			
U	0.63	0.09	−0.22	0.56		
UW	0.48	0.04	−0.36	0.04	0.37	
UX	5.52	−0.55	5.58	0.53	−0.92	55.25
均值	0.00	0.00	0.00	0.00	0.10	−0.23

一、教师喜欢程度作为中介变量

理论上说，喜欢程度（W）可以做中介变量：学生行为会影响老师对其喜欢程度，而同伴关系会受到老师喜欢程度的影响，从这个意义上可以把喜欢程度作为中介变量进行分析。

喜欢程度（W）的中介效应分析结果见表3—3。这里报告标准化解，用小写字母代表相应变量的标准化变量。由于依次检验（指前面3个t检验）都是显著的，所以喜欢程度的中介效应显著。由于第四个t检验也是显著的，所以是部分中介效应，中介效应占总效应的比例为$0.338\times0.349/0.232=50.8\%$。

表3—3　喜欢程度（W）的中介效应分析

	标准化回归方程	回归系数检验
第一步	$y=-0.232x$	SE=0.040，$t=-5.8^{**}$
第二步	$w=-0.338x$	SE=0.039，$t=-8.7^{**}$
第三步	$y=0.349w$	SE=0.040，$t=8.7^{**}$
	$-0.114x$	SE=0.040，$t=-2.8^{**}$

注：SE表示标准误。**表示在0.01水平上显著。

上面的分析表明，老师对学生的喜欢程度（W）是中介变量。一方面，学生行为对同伴关系有直接负效应，即违纪捣乱行为多的同学受同学欢迎的程度会低一点。另一方面，学生行为通过老师喜欢程度对同伴关系有间接负效应，即对违纪捣乱行为多的同学，老师比较不喜欢，而老师的态度会影响同学，使得其他同学也比较不喜欢。

二、教师管教方式作为中介变量

理论上说，管教方式（U）可以做中介变量：学生行为会影响老师的管教方式，而管教方式会影响同伴关系，从这个意义上可以把管教方式作为中介变量进行分析。

管教方式（U）的中介效应分析结果（标准化解）见表 3－4。由于依次检验中的第二步检验不显著（即 u 对 x 的回归系数不显著，$t=-0.72$），根据图 3－2 所示的分析流程，需要做 Bootstrap 检验，要用到原始样本数据，Mplus 程序见附录 3.1。参数估计值如下：

$$\hat{a}=-0.030,\ \hat{b}=0.187,\ \hat{a}\hat{b}=-0.006$$

Bootstrap 法得到的 $\hat{a}\hat{b}$ 的 95%置信区间为（－0.020，0.008），包含零，说明管教方式（U）的中介效应不显著，即管教方式（U）不是儿童行为影响同伴关系的中介变量。

表 3－4　管教方式（U）的中介效应分析

	标准化回归方程	回归系数检验
第一步	$y=-0.232x$	SE=0.040，$t=-5.81^{**}$
第二步	$u=-0.030x$	SE=0.041，$t=-0.72$
第三步	$y=0.187u$	SE=0.039，$t=4.79^{**}$
	$-0.226x$	SE=0.039，$t=-5.79^{**}$

注：SE 表示标准误。** 表示在 0.01 水平上显著。

第六节　多重中介效应分析

对于情景比较复杂的研究，经常需要多个中介变量才能清晰地解释自变量对因变量的作用（MacKinnon，2008），这就涉及多重中介（multiple mediation）模型，两个中介变量的情形见图 3－3。根据中介变量之间是否存在相互影响，多重中介模型可以分为单步多重中介模型和多步多重中介模型（Hayes，2009；柳士顺，凌文辁，2009）。单步多重中介模型，也称为并行多重中介模型，是指中介变量之间不存在相互影响［见图 3－3（a）］。多步多重中介模型，也称为链式多重中介模型，是指中介变量之间存在影响关系，形成中介链［见图 3—3（b）］。

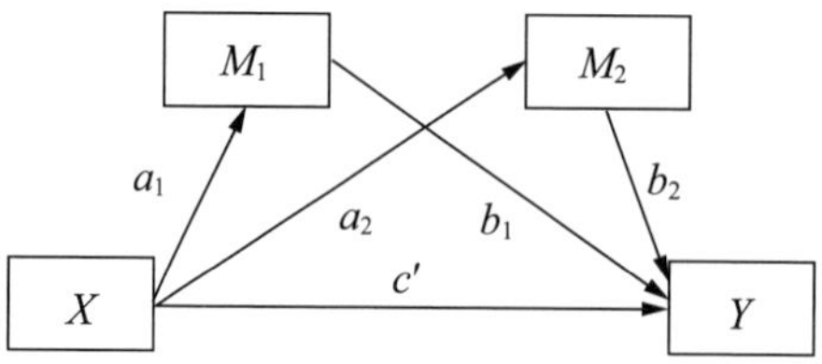

（a）单步多重中介

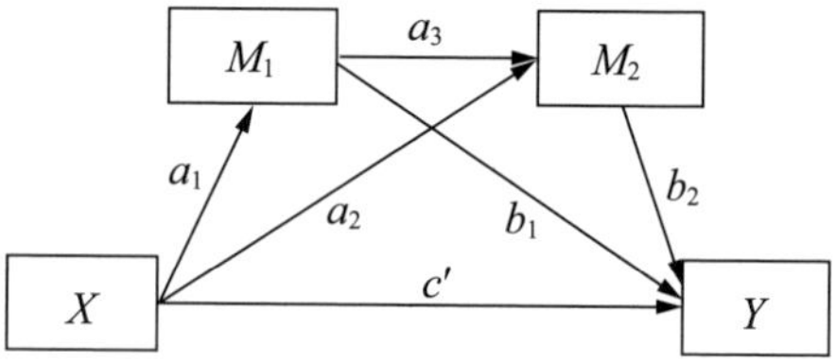

（b）多步多重中介

图 3—3 多重中介模型

多重中介效应分析可以从三个角度进行：（1）总的中介效应（total mediation effect），即估计和检验所有间接效应的总和；（2）特定路径的中介效应（specific mediation effect），即估计和检验某个感兴趣的特定路径的间接效应；（3）对比中介效应，即估计和检验某两个路径的间接效应的差异（Hayes，2009；MacKinnon，2008；Preacher & Hayes，2008）。对于特定中介路径，如果所有系数都是显著的，则特定路径的中介效应显著。不过，其他角度的中介分析就没有那么简单。多重中介模型因为涉及的变量较多、路径比较复杂，即使只涉及显变量，一般也要使用结构方程模型进行分析（Cheung，2007；Lau & Cheung，2012；Macho & Ledermann，2011；Preacher & Hays，2008），检验多重中介效应比较好的方法是 Bootstrap 法（Cheung，2007；方杰，温忠麟，张敏强，孙配贞，2014；Lau & Cheung，2012），详见本章第七节。

第七节 潜变量中介效应分析

为了方便，我们前面讨论的模型所涉及的变量都是显变量，但有关的概念、模型路径图、分析思路、检验方法和流程同样适用于潜变量（温忠麟，叶宝娟，2014a）。对于潜变量的中介效应分析，只需将路径图中的长方形框（表示显变量）换作椭圆形图框（表示潜变量）。使用结构方程，不仅可以同时处理显变量和潜变量，还可以同时分析多个自变量、多个因变量和多个中介变量的关系，也可以分析追踪数据（侯杰泰 等，2004）。

对于显变量模型的分析，模型的拟合指数一般都很好，因此，可以把重点放在效应分析上。但是，对于潜变量，模型会变得更复杂，模型中既包括结构方程，也包括测量方程，此时，模型的拟合检验变得很重要。对于题目指标多的潜变量，可能还涉及题目打包问题（吴艳，温忠麟，2011）。

具体到用结构方程分析图 3－1 相应的潜变量中介模型，不失一般性，假设 X 有 4 个指标 x_1，x_2，x_3，x_4，M 有 3 个指标 m_1，m_2，m_3，Y 也有 3 个指标 y_1，y_2，y_3。首先，建立一个图 3－1（a）相应的结构方程模型，检验 c 的显著性。这一步，熟悉结构方程的读者都会做。然后建立一个图 3－1（b）相应的结构方程模型，按附录 3.2 的 Mplus 程序，就可以得到需要的结果，包括依次检验的结果和 Bootstrap 法置信区间。程序中已经注明如何看结果，熟悉结构方程的读者容易明白，并可在自己的研究中修改程序。

如果测验的信度很高（如 0.9 以上），使用显变量和使用潜变量分析变量之间关系得到的结果会很接近。但如果测验信度不是很高（如只是通常可接受的 0.7 左右），使用显变量分析变量之间关系往往会低估效应（侯杰泰 等，2004）。中介效应因为涉及两个路径系数的乘积，受到的影响可能更大。Ledgerwood 和 Shrout（2011）的模拟研究发现，如果使用指标的均值作为显变量，中介效应的估计值低估实际中介效应的比例与合成信度（叶宝娟，温忠麟，2011）的乘积有关。例如，如果信度都是 0.9，则中介效应的估计值是实际中介效应的 80%（≈0.9×0.9）左右。但使用潜变量的弱点是中介效应估计的标准误较大，降低了检验力。就是说，使用潜变量的检验力通常低于使用显变量的检验力。为此，Ledgerwood 和 Shrout（2011）建议，如果测验信度不够高，使用两步分析策略：第一步用显变量建模检验中介效应，第二步用潜变量建模估计中介效应。不过，如果用潜变量检验中介效应已经显著，就没有必要报告显变量分析结果了。

使用结构方程分析中介效应，对于多重中介效应分析尤其方便，编程难度与简单中介分析相当。下面是一个例子（方杰，温忠麟，张敏强，孙配贞，

2014；孙配贞 等，2010）。本例要研究的是（积极和消极）应对方式（M_1 和 M_2）在初中生感戴（X）与学校生活满意度（Y）关系中的并行多重中介效应（见图 3－4）。采用 Mplus 7.0 软件进行并行多重中介效应分析（Mplus 程序见附录 3.3）。由于“MODEL INDIRECT”命令无法直接得到对比中介效应 $a_1b_1-a_2b_2$，因此将其设置为辅助变量。使用偏差校正的非参数百分位 Bootstrap 法进行检验。

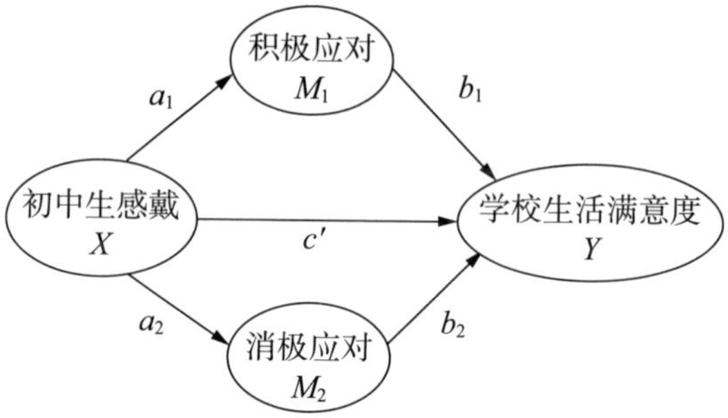

图 3－4　初中生感戴、应对方式与学校生活满意度的并行多重中介模型

首先需要检验模型的拟合程度。Mplus 软件得到的模型拟合结果是 $\chi^2=156.29$，自由度 $df=32$，$\chi^2/df=4.88$，CFI＝0.96，TLI＝0.94，RMSEA＝0.07，模型拟合程度良好。偏差校正的表 3－5 列出了感兴趣的中介效应估计值及其置信区间。结果显示，经过（积极和消极）应对方式（M_1 和 M_2）的特定中介效应都显著，总的中介效应也显著，但两个特定中介效应之间的差异不显著，表明积极应对和消极应对的中介效应相当。另外，由于对比中介效应设置为辅助变量，因此只能得到对比中介效应的非标准化解。

表 3－5　初中生感戴与学校生活满意度关系的并行多重中介的 SEM 分析结果

	点估计	95%置信区间	
		下限	上限
a_1b_1	.036（.058）	.016（.022）	.060（.094）
a_2b_2	.030（.049）	.014（.019）	.055（.079）

续表

	点估计	95%置信区间	
		下限	上限
$a_1b_1+a_2b_2$	.066 (.107)	.037 (.063)	.095 (.152)
$a_1b_1-a_2b_2$	.006	−.027	.036

注：括号中显示的是标准化解。

第八节　类别变量中介效应分析

通常的中介效应模型，假设自变量、中介变量和因变量均为连续变量（continuous variable）。对于自变量 X 是类别变量（categorical variable）的情景，可以通过定义虚拟变量（dummy variable，也称为伪变量）的方法来处理，中介效应的分析与连续变量的步骤完全相同。但当自变量的类别多于两个时，虚拟变量不止一个，检验方法与连续变量的检验方法相比有一些技术上的差异。

如果因变量是类别变量，自变量是连续变量，需要用 Logistic 回归取代通常的线性回归（Pregibon，1981），回归系数的尺度转换为 Logit 量尺。这样一来，中介路径上前后回归系数可能存在不同的尺度，因此不能简单采用分析连续变量中介效应的方法，不能将回归系数 a 和 b 相乘得到中介效应大小（温忠麟，叶宝娟，2014a）。

一、自变量为类别变量的中介分析

当自变量为类别变量、中介变量和因变量为连续变量时（以下简称类别自变量的中介分析），如果自变量为二分类别变量，可利用回归分析按照逐步法做中介效应分析（MacKinnon et al.，1995）；如果自变量为 k 个类别

($k \geqslant 3$)，以往常用以下四类方法进行分析（方杰 等，2017）。第一类方法是利用单因素方差分析和协方差分析按照逐步法进行中介分析（Wirtz & McColl-Kennedy，2010）。第二类方法是将多类别自变量转化为二分类别变量，然后使用回归分析按照逐步法进行中介分析（Calogero & Jost，2011）。第三类方法是将多类别自变量当成连续变量，然后使用回归分析按照逐步法进行中介分析（参见刘红云 等，2013）。第四类方法是用连续的“实验操纵效果的检验变量”取代多类别自变量，然后利用回归分析按照逐步法进行中介分析（Forgas，2011）。上述方法可以归结为两种思路：一种是保持类别自变量不变，使用方差和协方差分析进行中介分析（第一类方法）；第二种是将类别自变量向连续变量转化，使用回归分析进行中介分析（后三类方法）。但两种分析思路都存在不足。

Hayes 和 Preacher（2014）使用相对中介效应（relative mediation effect）、相对直接效应（relative direct effect）和相对总效应（relative total effect）来阐述和理解多类别自变量（$k \geqslant 3$）的中介分析过程。

首先，根据研究目的选择自变量的某个水平为参照水平。Hayes 和 Preacher 提出的“相对”概念是自变量的其他水平相对于参照水平，即自变量的其他 $k-1$ 个水平都与参照水平进行对照，从而得到相对于参照水平的中介效应、直接效应和总效应。由此可知，随着参照水平选择的不同，中介效应、直接效应和总效应的大小和显著性都会发生相应的变化。因此，在报告中介分析的结果时，必须说明是基于哪个参照水平的中介分析结果。

然后，对自变量进行编码，常用的编码方法是虚拟编码（dummy coding)。由于自变量存在 k 个水平，因此需要 $k-1$ 个虚拟变量（D_1，D_2，…，D_{k-1}）。也就是说，在中介分析中，类别自变量 X 的回归系数将有 $k-1$ 个（见图 3—5)，这导致自变量为连续变量时的中介分析方法无法正常使用。

接着，依次进行下面的回归分析：

$$Y=i_1+c_1D_1+c_2D_2+\cdots+c_{k-2}D_{k-2}+c_{k-1}D_{k-1}+\varepsilon_1 \quad (3.10)$$

$$M=i_2+a_1D_1+a_2D_2+\cdots+a_{k-2}D_{k-2}+a_{k-1}D_{k-1}+\varepsilon_2 \quad (3.11)$$

$$Y=i_3+c'_1D_1+c'_2D_2+\cdots+c'_{k-2}D_{k-2}+c'_{k-1}D_{k-1}+bM+\varepsilon_3 \quad (3.12)$$

得到 $k-1$ 个相对总效应 c_1，c_2，…，c_{k-1}；$k-1$ 个相对直接效应 c'_1，c'_2,…，c'_{k-1}；$k-1$ 个相对间接效应（中介效应）a_1b，a_2b，…，$a_{k-1}b$。相对总效应的大小等于相对直接效应和相对间接效应的大小之和：

$$c_i=c'_i+a_ib \quad (i=1,\ 2,\ \cdots,\ k-1) \quad (3.13)$$

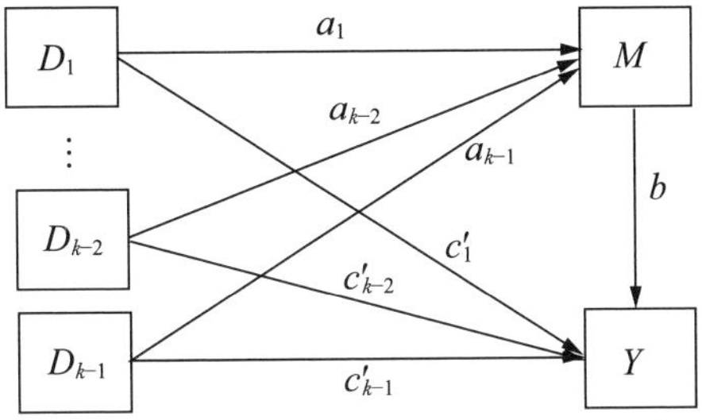

图 3—5　自变量虚拟编码后的中介效应模型

上述回归分析，可以通过依次检验回归系数，看看相对中介效应是否显著。也可以用 Bootstrap 法求出相对中介效应的置信区间并做检验，既可以通过 Mplus 软件完成，也可以使用 Hayes 和 Preacher 编写的 SPSS 宏 PROCESS 和 MEDIATE 完成（免费下载网址：http://www.afhayes.com/）。需要说明的是，类别自变量的水平数越多，需要检验的相对中介效应、直接效应和总效应就越多，这可能会导致检验的第一类错误率增大，Hayes 和 Preacher（2014）建议增加 Bootstrap 置信区间的置信度［用 $1-\alpha/(k-1)$ 代替通常的 $1-\alpha$］来控制检验的第一类错误率。

除了检验相对中介效应，还可以检验整体中介效应（omnibus mediation effect），即检验 $k-1$ 个相对中介效应是否全部为 0。相对中介效应检验类似于回归分析中单个自变量的显著性检验，而整体中介效应检验类似于整体回归显著性检验。整体中介效应检验不受参照水平的影响，比相对中介效应检验有更高的检验力，可使用 Hayes 和 Preacher 编写的 SPSS 宏 MEDIATE 完成（Hayes & Preacher，2011）。

整体中介效应检验的原假设是 $k-1$ 个相对中介效应全部为 0，检验的统

计量为 $R_a^2 \times b$，R_a^2 表示回归方程（3.11）的校正后的测定系数，b 表示方程（3.12）的回归系数。检验的逻辑是，如果回归方程（3.11）的系数 a_1，a_2，…，a_{k-1} 中至少有一个显著不为 0，则 R_a^2 就不为 0；同时，如果方程（3.12）的 b 显著不为 0，则 $R_a^2 \times b$ 就显著不为 0，据此可以拒绝原假设，得出 $k-1$ 个相对中介效应不全为 0 的结论。SPSS 宏 MEDIATE 可以得到该检验统计量的 Bootstrap 置信区间，如果置信区间不包含 0，就说明检验统计量显著不为 0（方杰 等，2017；Hayes & Preacher，2011）。

二、中介变量或因变量为类别变量的中介分析

在中介变量或因变量为类别变量的中介分析中，应当用 Logistic 回归取代通常的线性回归（Pregibon，1981；刘红云 等，2013；温忠麟，叶宝娟，2014a）。比较常见的是自变量和中介变量为连续变量，因变量为二分类别变量的中介模型，方程如下：

$$Y' = i_1 + cX + e_1 \tag{3.14}$$

$$M = i_2 + aX + e_M \tag{3.15}$$

$$Y'' = i_3 + c'X + bM + e_Y \tag{3.16}$$

$$Y' = \text{Logit}\,P(Y=1 \mid X) = \ln \frac{P(Y=1 \mid X)}{P(Y=0 \mid X)} \tag{3.17}$$

$$Y'' = \text{Logit}\,P(Y=1 \mid M, X) = \ln \frac{P(Y=1 \mid M, X)}{P(Y=0 \mid M, X)} \tag{3.18}$$

自变量和中介变量是连续变量，所以方程（3.15）使用通常的线性回归；因变量是类别变量，所以方程（3.14）和（3.16）用到 Logistic 回归（MacKinnon & Dwyer，1993；MacKinnon，Lockwood et al.，2007；刘红云 等，2013）。此时，c 和 c' 不是相同的尺度，a 和 b 也不是相同的尺度，ab 与 $c-c'$ 不相等。

为了解决尺度问题，需要将 a 和 b 的估计标准化（Iacobucci，2012）。在线性回归中，回归系数 a 的显著性检验用 t 检验，检验的统计量为 $t=a/$

$se(a)$，当自由度超过 30 时，t 检验可以看成是 Z 检验，写成 $Z_a=a/se(a)$。在 Logistic 回归中，回归系数 b 的显著性检验用 Wald 的 χ^2 检验，检验的统计量为 $\chi^2=[b/se(b)]^2$，检验统计量的平方根是 $b/se(b)$，当样本容量增大到自由度超过 30 时，也相当于 Z 检验，可以写成 $Z_b=b/se(b)$。在将回归系数 a 和 b 转换为 Z_a 和 Z_b 后，Z_a 和 Z_b 有相同尺度，中介效应大小为 $Z_a\times Z_b$，中介效应的检验也就是检验 $Z_a\times Z_b$ 的显著性。如果依次检验显著，则中介效应显著。也可以使用 Sobel 法，检验统计量为：

$$Z=\frac{Z_{a\times b}}{se(Z_{a\times b})}=\frac{Z_a\times Z_b}{se(Z_{a\times b})}=\frac{Z_a\times Z_b}{\sqrt{Z_a^2+Z_b^2+1}}$$

如所知，Sobel 法基于正态假设，而实际上 $Z_a\times Z_b$ 通常都不是正态的，所以 Sobel 法有明显的局限。MacKinnon 和 Cox（2012）建议使用乘积分布法检验 $Z_a\times Z_b$ 的显著性。理论上说，用 Bootstrap 法建造 $Z_a\times Z_b$ 的置信区间进行检验总是好的（Feinberg，2012），但常用统计软件目前还不能直接得到 Bootstrap 法的置信区间。

第九节　基于被试内设计的中介效应分析

中介效应分析不仅可以应用于被试间设计的研究，也可以应用于被试内设计的研究（每个被试对应的中介变量和因变量多于一次测量）。较常见到的是基于两水平被试内设计的中介实验研究：实验研究者对同一组被试施加两种不同水平的实验处理（自变量 X），每种处理下两个结果变量（中介变量 M 和因变量 Y）均可以获得连续的测量数据。按照被试内设计数据惯用的宽式结构（wide format）呈现方式（见表 3－6），两水平被试内中介模型有两种分析方法：依次检验法和路径分析法（Judd et al.，2001；Montoya & Hayes，2017；王阳，温忠麟，2018）。

表 3—6 两水平被试内设计中介效应分析数据的宽式结构呈现

被试编号	处理 1（X=1）		处理 2（X=2）	
	M_1	Y_1	M_2	Y_2
1	3.5	4.8	1.2	3.7
2	4.5	4.3	2.6	3.3
…	…	…	…	…

一、依次检验法

第一步分析因变量 Y 在两种处理（X）条件下的重复测量是否有均值差异，相当于检验如下方程中截距项 c 的显著性：

$$Y_2 - Y_1 = c + e_1 \tag{3.19}$$

如所知，有三种等价的检验方式：(1) 对重复测量的 Y 做配对样本 t 检验；(2) 对重复测量的 Y 的差值做单样本 t 检验，检验值为 0；(3) 对 Y 做单因子重复测量方差分析。所得均值差异值即截距项 c 的估计值，也即 X 对 Y 的总效应。

第二步分析中介变量 M 在 X 的两种条件下的均值差异，相当于检验如下方程中截距项 a 的显著性：

$$M_2 - M_1 = a + e_2 \tag{3.20}$$

所用统计方法同第一步，所得均值差异值即截距项 a 的估计值，相当于检验 X 对 M 的效应显著性，也即中介模型前半段路径。

第三步，建立如下方程：

$$Y_2 - Y_1 = c' + b(M_2 - M_1) + d(M_1 + M_2 - \overline{M_1 + M_2}) + e_3 \tag{3.21}$$

其中，系数 b 是两种条件下 M 对 Y 的平均效应，也是两次 M 测量差异对两次 Y 测量差异的效应，代表了中介模型的后半段路径。

若截距项 a 和系数 b 均统计显著，则被试内中介效应存在，变量 X 通过 M 影响 Y。此时若 c' 也显著，表明在排除中介效应的作用后，X 对 Y 的直接效应显著，该中介效应为部分中介。系数 d 反映了 X 和 M 的交互效应，通常不必关注。

二、路径分析法

被试内中介效应分析的路径分析法可以在结构方程路径分析的框架下检验中介效应，原理类似于被试间中介效应分析中的系数乘积法，可直接检验 H_0：$ab=0$。其方法是在结构方程模型软件中同时运行（3.19）、（3.20）和（3.21）这三个方程，ab 的显著性检验可采用非参数百分位 Bootstrap 法做区间检验，既可以通过 Mplus 软件完成，也可以使用 Montoya 和 Hayes（2017）编写的 SPSS 宏 MEMORE（免费下载网址：http：//afhayes.com/spss-sas-and-mplus-macros-and-code.html）。

路径分析法提供了被试内中介模型的所有路径系数，且所有参数可在同一模型整体中同时估计，研究者可以画出中介模型图（例如图 3—6），并标注参数估计结果。由于数据集中没有 X 这一列变量，所以模型图中 X 以方程常数项（常数 1）的形式表示，用三角形呈现。

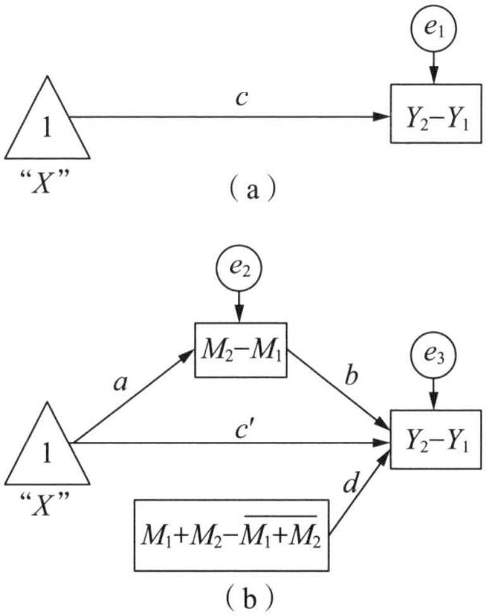

图 3—6　基于两水平被试内设计的简单中介模型

三、长式数据结构下的分析

如果将表 3—6 的宽式数据结构转换为长式数据结构（long format），即将被试编号作为一列变量，每个被试有两行数据，一行对应 X 的一种条件及该条件下 M 与 Y 的观测值（数据格式示例见表 3—7）。这样 X 就可以作为一列变量存在，而不再是“内隐的”。可以很明显地看出这个数据其实是多水平结构的，实验处理 X 和重复测量的两个变量 M 和 Y 均可看作第一层变量，它们嵌套于被试个体，即第二层抽样单位。这样结构的数据可以采用多层线性模型，建立 1-1-1 型中介模型进行分析（方杰 等，2010；Preacher et al.，2010）。

表 3—7　两水平被试内设计中介效应分析数据的长式结构呈现

被试编号	*X*	*M*	*Y*
1	1	3.5	4.8
1	2	1.2	3.7
2	1	4.5	4.3
2	2	2.6	3.3
…	…	…	…

四、多重中介效应分析

（一）被试内并行多重中介模型

如果要分析包含 k 个中介变量的被试内并行多重中介模型，只需用下面的方程（3.22）和（3.23）替换方程（3.20）和（3.21），保留方程（3.19）不变（Montoya & Hayes，2017）。

$$M_{j2}-M_{j1}=a_j+e_j \tag{3.22}$$

$$Y_2 - Y_1 = c' + \sum_{j=1}^{k} b_j (M_{j2} - M_{j1}) + \sum_{j=1}^{k} d_j (M_{j1} + M_{j2} - \overline{M_{j1} + M_{j2}}) + e_4 \tag{3.23}$$

k 个中介效应中的第 j 个中介效应估计值为 $\hat{a}_j \hat{b}_j$，总的间接效应为 $\sum_{j=1}^{k} a_j b_j$，总效应 $c = c' + \sum_{j=1}^{k} a_j b_j$。为了比较任意两个中介效应之间的相对大小，研究者还可以设置辅助变量来获得对比中介效应值，进行显著性检验，在 Mplus 软件中使用"Model Constraint" 命令即可实现。

（二）被试内链式多重中介模型

以两个中介变量构成的链式中介模型为例，如果要分析被试内链式中介模型，只需用下面的方程(3.24)—(3.26) 替换方程(3.20) 和(3.21)，保留方程(3.19) 不变(Montoya & Hayes，2017)。

$$M_{12} - M_{11} = a_1 + e_5 \tag{3.24}$$

$$M_{22} - M_{21} = a_2 + a_3 (M_{12} - M_{11}) + d_0 (M_{11} + M_{12} - \overline{M_{11} + M_{12}}) + e_6 \tag{3.25}$$

$$Y_2 - Y_1 = c' + \sum_{j=1}^{2} b_j (M_{j2} - M_{j1}) + \sum_{j=1}^{2} d_j (M_{j1} + M_{j2} - \overline{M_{j1} + M_{j2}}) + e_7 \tag{3.26}$$

上面包含 3 条不同的中介路径：前一个中介变量 M_1 的简单中介效应 $a_1 b_1$，后一个中介变量 M_2 的简单中介效应 $a_2 b_2$，及 M_1 和 M_2 构成的链式中介效应 $a_1 a_3 b_2$。总效应 $c = c' + a_1 b_1 + a_2 b_2 + a_1 a_3 b_2$。

五、自变量有多个类别的中介模型

在实际研究中，也不乏自变量水平超过 3 个的被试内设计。Judd 等人(2001) 提出了一个包含 3 水平自变量的被试内中介效应分析方法。这种方法首先要定义一个感兴趣的变量差异模式，比如研究者想了解 X 的 3 个水平当中任意 2 个在 Y 得分上是否有差异，以及该效应是否通过中介变量 M 起作用，可以建立如下方程求取 Y 对 M 的回归系数 b：

$$Y_2-Y_1=c'+d\ (M_1+M_2+M_3-\overline{M_1+M_2+M_3})\ +\\ b'\ (M_1+M_2-2M_3)\ +b\ (M_2-M_1)\ +e_8 \qquad (3.27)$$

系数 c 和 a 的显著性检验可通过配对样本 t 检验或方差分析法分别检验两种处理水平下 Y 的均值差异和 M 的均值差异。这种方法的缺点是只能做相对中介分析（X 某一个水平相对另一个水平而言存在显著的中介效应），而无法对 3 个类别的整体中介效应（是否所有相对中介效应都为 0）进行检验（王阳，温忠麟 等，2018）。

附录 3.1 Bootstrap 法检验显变量中介效应的 Mplus 程序

```
DATA: FILE IS p1.dat;    ! p1.dat 是原始数据文件，数据变量按 X，
                           M，Y 顺序排列
VARIABLE: NAMES ARE X M Y;    ! 变量名称
ANALYSIS: bootstrap=1000;    ! Bootstrap 法抽样 1000 次
MODEL:
Y on X;    ! 做 Y 对 X 的回归
M on X (a);    ! 做 M 对 X 的回归，X 的回归系数命名为 a
Y on X
   M (b);    ! 做 Y 对 X 和 M 的回归，M 的回归系数命名为 b，需
              要单独一行
MODEL CONSTRAINT:
new (H);    ! 定义辅助变量
H=a*b;    ! 系数乘积 ab 的估计
OUTPUT:
```

```
cinterval (bcbootstrap);
! 输出各个系数及系数乘积 ab 的偏差校正的非参数百分位 Bootstrap 法置信区间，若要得到不校正的非参数百分位 Bootstrap 法置信区间，只需将 OUTPUT 中的 cinterval (bcbootstrap) 改为 cinterval (bootstrap)
```

说明：各个系数及系数乘积 ab 的估计值，对应于 Mplus 输出结果中的“MODEL RESULTS”部分中的各个系数及“New/Additional Parameters”中的 H 的参数估计值，各个系数及 ab 的 95%（或 99%）置信区间的下限和上限，对应于 Mplus 输出结果中的“CONFIDENCE INTERVALS OF MODEL RESULTS”部分中的各个系数及“New/Additional Parameters”中的 H 的“Lower 2.5%”（或“.5%”）和“Upper 2.5%”（或“.5%”）的值。

附录 3.2　Bootstrap 法检验潜变量中介效应的 Mplus 程序

```
DATA: FILE IS p2.dat;      ! p2.dat 是原始数据文件，数据变量按
                              x1—x4，m1—m3，y1—y3 顺序排列
VARIABLE: NAMES ARE x1-x4 m1-m3 y1-y3;    ! 变量名称
ANALYSIS: bootstrap=1000;    ! Bootstrap 法抽样 1000 次
MODEL:
Y by y1-y3;    ! y1—y3 是潜变量 Y 的指标
M by m1-m3;    ! m1—m3 是潜变量 M 的指标
X by x1-x4;    ! x1—x4 是潜变量 X 的指标
Y on X;    ! 做 Y 对 X 的回归
M on X (a);    ! 做 M 对 X 的回归，X 的回归系数命名为 a
Y on X
    M (b);    ! 做 Y 对 X 和 M 的回归，M 的回归系数命名为 b，需
                 要单独一行
```

```
MODEL CONSTRAINT：
new（H）；  ！定义辅助变量
H=a*b；  ！系数乘积 ab 的估计
OUTPUT：
cinterval（bcbootstrap）；
！输出各个系数及系数乘积 ab 的偏差校正的非参数百分位 Bootstrap 法置信区间
```

附录 3.3 Bootstrap 法检验多重中介效应的 Mplus 程序

```
DATA：FILE IS p3.txt；  ！p3.txt 是包含原始数据的文本文件
VARIABLE：NAMES ARE y1-y11 x1-x3；  ！变量名称
ANALYSIS：bootstrap=1000；  ！Bootstrap 法抽样 1000 次
MODEL：
  eta1 BY y6-y8；eta2 BY y9-y11；eta3 BY y1-y5；ksi1 BY x1-x3；
！y6—y8 为潜变量 eta1 的指标，余类推
eta1 ON ksi1（a1）；  ！将 ksi1 到 eta1 的路径系数命名为 a1
eta2 ON ksi1（a2）；
eta3 ON ksi1
        eta1（b1）
        eta2（b2）；
！做 eta3 对 ksi1，eta1 和 eta2 的回归，后面两个系数分别命名为 b1 和 b2，需要单独一行
```

```
MODEL INDIRECT：eta3 IND eta1 ksi1；eta3 IND eta2 ksi1；
！eta3 IND eta1 ksi1 表示计算 ksi1 经过 eta1 到 eta3 的中介效应 a1 * b1，
余类推
MODEL CONSTRAINT：
new（con）；                              ！对比中介效应命名为 con
con＝a1 * b1-a2 * b2；                    ！计算对比中介效应大小
OUTPUT：cinterval（bcbootstrap）；standardized；
！输出偏差校正的非参数百分位 Bootstrap 法置信区间和标准化解
```

第四章　调节效应分析

在研究变量之间的关系和影响时，人们通常关注的是变量的主效应（main effect），即一个变量的变化如何引起另一个变量的变化，或者一个变量的变化在多大程度上可以由另一个变量来解释。然而，在心理以及其他社会科学研究领域，经常会遇到交互作用（interaction）问题。例如，一组学生的某项动机指标，在初中一年级时和在初中三年级时的均值，差异不显著；但如果将男女生分开考虑，结果是男生的均值显著下降，而女生的均值显著上升，说明年级的主效应不显著，但年级与性别的交互效应显著，或者说，动机与年级的关系，受到性别的调节（moderation）。

本章讨论变量之间关系的调节作用，包括调节变量（moderator）的定义、调节效应（moderating effect）模型、调节效应估计、调节效应量、调节效应检验方法、应用实例、简单主效应的检验、调节变量与中介变量的比较等。

第一节　调节效应模型

一、调节变量的定义

如果两个变量之间的关系（如 Y 与 X 的关系）是变量 M 的函数，称 M 为调节变量（Baron & Kenny，1986；James & Brett，1984）。就是说，Y 与 X 的关系受到第三个变量 M 的影响［见图 4－1（a）］。调节变量可以是定性的

（如性别、种族、班级等），也可以是定量的（如年龄、受教育年限、刺激次数等），它影响因变量和自变量之间关系的方向（正或负）或强弱（Baron & Kenny，1986）。例如，学生的学习效果和指导方案的关系，往往受到学生个性指标的影响：一种指导方案对某类学生很有效，对另一类学生却没有效，即"学生个性"是调节变量。再如，学生自尊与某项自我概念（如外貌、体能等）的关系，受到学生对该项自我概念重视程度的影响：很重视外貌的人，长相不好会大大降低其自尊；不重视外貌的人，长相不好对其自尊影响不大，即"重视程度"是调节变量。

一种常用的特例是，Y 与 X 有如下关系：

$$Y=\beta_0+\beta_1 X+\beta_2 M+\beta_3 MX+e \tag{4.1}$$

图 4—1（b）是相应的路径图。（4.1）可以重新写成

$$Y=(\beta_0+\beta_2 M)+(\beta_1+\beta_3 M)X+e \tag{4.2}$$

对于固定的 M，这是 Y 对 X 的直线回归。Y 与 X 的关系由回归系数 $\beta_1+\beta_3 M$ 来刻画，它是 M 的线性函数，如果 β_3 不等于零，M 是调节变量。β_3 反映了调节效应的大小。

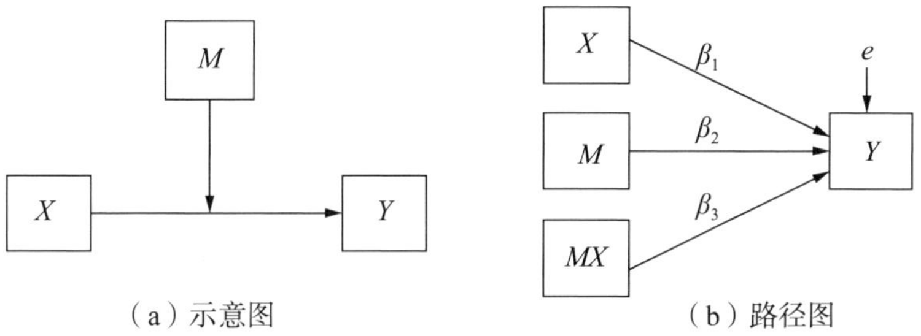

图 4—1 调节变量示意图和路径图

二、调节效应和交互效应

调节效应与交互效应（interaction effect）在某种意义上是同义词（Klein & Moosbrugger，2000；Marsh，Wen et al.，2013）。对（4.1）中调节变量的分析

主要是估计和检验β_3。如果β_3显著（即H_0：$\beta_3=0$的假设被拒绝），说明M的调节效应显著。从（4.1）可以看出，β_3其实代表了X与M的交互效应，所以调节效应与交互效应从数据分析的角度看可以说是一样的。当问题涉及调节变量，需要做调节效应分析时，就需要做交互效应分析。

然而，“调节效应”和“交互效应”这两个概念不完全一样。在交互效应分析中，两个自变量的地位可以是对称的，其中任一个都可以解释为调节变量；也可以是不对称的，只要其中有一个起到了调节变量的作用，交互效应就存在。这一点从有关讨论交互效应的专著中可以看出（如 Aiken & West，1991，讨论显变量之间的交互效应；Schumacker & Marcoulides，1998，讨论潜变量之间的交互效应）。但在调节效应中，哪个是自变量，哪个是调节变量，是很明确的，在一个确定的模型中两者不能互换。例如，要研究数学能力的性别差异（即性别对数学能力的影响），将年级作为调节变量，这个问题关注的是性别差异，以及性别差异是否会随年级而变化。如果从小学一年级到高中三年级都获得了各年级学生有代表性的样本，每个年级各用一份测试题，对所得的数据就可以进行上述分析。但同样的数据却不能用于做年级为自变量、数学能力为因变量、性别为调节变量的分析，因为各年级的测试题目不同，得分没有可比性（除非用现代测量技术进行等值设计和分析），因而按常规的方法，分不同性别做数学能力对年级的回归没有意义。要做数学能力对年级的回归，应当用同一份试题测试所有年级的学生（或者用现代测量技术进行等值设计和分析得到的学生数学能力数据）。

第二节　调节效应分析方法

考虑两个自变量X_1，X_2对因变量Y的影响，设所有变量都是显变量，下面根据X_1，X_2的测量级别，介绍相应的交互效应（调节效应）分析方法。

一、方差分析

当两个自变量 X_1 和 X_2 都是类别变量时，通常采用两因素方差分析。习惯上将自变量称为因素，其中一个记为 A，另一个记为 B。为了分析 A 和 B 对 Y 的交互效应，将总平方和 SS_T 做如下分解：

$$SS_T = SS_A + SS_B + SS_{A\times B} + SS_E$$

其中 SS_A，SS_B，$SS_{A\times B}$，SS_E 分别称为 A 的效应平方和、B 的效应平方和、A 和 B 的交互效应平方和以及误差平方和。各平方和相应的自由度分解①如下：

$$df_T = df_A + df_B + df_{A\times B} + df_E$$

用统计量

$$F = \frac{SS_{A\times B}/df_{A\times B}}{SS_E/df_E} \tag{4.3}$$

做 F 检验，以推断 A 和 B 的交互效应是否显著。

多数人对交互效应的认识，就是从两因素实验设计和方差分析开始的。许多心理与教育统计方面的著述都有方差分析的内容（例如，舒华，1994；温忠麟，2016）。也可以用线性模型的参数估计方法估计交互效应的值（可参考石磊 等，1997）。方差分析中通常用 η^2 或者偏 η^2 作为效应量（郑昊敏 等，2011），交互效应的 η^2 公式如下：

$$\eta^2_{A\times B} = SS_{A\times B}/SS_T$$

交互效应的偏 η^2 公式如下：

$$偏\ \eta^2_{A\times B} = SS_{A\times B}/（SS_{A\times B} + SS_E）$$

流行的统计软件（如 SPSS、SAS）都有方差分析功能，可以做交互效应分析。

---

① 准确地说，这里给出的平方和分解和自由度分解仅适用于被试间设计的方差分析。其他设计类型的平方和分解和自由度分解可参见心理与教育统计方面的著作。

二、回归分析

当两个自变量 X_1，X_2 都是连续变量时，为了分析交互效应，可以使用带 X_1X_2 项的回归模型（参见：Aiken & West，1991；Cohen et al.，2003；Friedrich，1982；Jaccard et al.，1990）：

$$Y=\beta_0+\beta_1X_1+\beta_2X_2+\beta_3X_1X_2+e \tag{4.4}$$

其中 X_1，X_2 是主效应项，X_1X_2 是交互效应项。对假设 H_0：$\beta_3=0$ 做 t 检验，以推断 X_1 和 X_2 的交互效应是否显著。如果检验结果是 $\beta_3\neq0$，交互效应显著。检验统计量是

$$t=\frac{\hat{\beta}_3}{se(\hat{\beta}_3)} \tag{4.5}$$

其中 $se(\hat{\beta}_3)$ 是 $\hat{\beta}_3$ 的标准误。流行的统计软件都有回归分析功能，可以做回归系数的显著性检验。

为了降低 X_1X_2 和 X_1、X_1X_2 和 X_2 的相关性，即减少回归自变量多重共线性的可能性，通常要先将 X_1 和 X_2 中心化，然后才产生它们的乘积项（SPSS 程序见附录 4.1）。不难验证，中心化前后，X_1X_2 的回归系数（即交互效应）没有变化，但 X_1 和 X_2 的回归系数（主效应）会变化。实际上，通过中心化减少多重共线性对调节效应检验结果没有任何影响，因此，中心化减少的共线性也称为非本质的共线性（nonessential collinearity）（Aiken & West，1991；Fairchild & McQuillin，2010；Dalal & Zickar，2012）。真正能影响调节效应检验结果的共线性是 X_1 和 X_2 之间的共线性，称为本质的共线性（essential collinearity），中心化无法减少这种本质的共线性（Aiken & West，1991；Dalal & Zickar，2012）。不过，中心化能改善对结果的理解。回归方程（4.4）中，回归系数 β_1 的含义是，当 X_2 为 0 时，X_1 每变化 1 个单位，因变量 Y 相应变化 β_1 个单位，反映的是当 X_2 为 0 时，X_1 和 Y 的关系。如果 X_2 的取值范围不包括 0，即变量为 0 没有实际意义时，对于回归系数 β_1 的理解就会造成困难。同理，对回归系数 β_2 的理解也存在同样的问题。

中心化后，变量的零点移到了原始数据的均值位置，这时，回归系数 β_1 反映了当 X_2 为均值时 X_1 和 Y 的关系。这样，回归系数 β_1 和 β_2 的统计意义就容易理解了（Aiken & West，1991；Fairchild & McQuillin，2010；Dalal & Zickar，2012；Hayes，2013）。

不妨设 X_1 和 X_2 已经中心化，分析调节效应需要做如下层次回归（hierarchical regression）（温忠麟，2016）：

（1）做 Y 对 X_1 和 X_2 的回归，得平方复相关系数 R_1^2；

（2）做 Y 对 X_1，X_2 和 X_1X_2 的回归得 R_2^2。

如果 X_1X_2 的回归系数显著，则 R_2^2 显著高于 R_1^2。$R_2^2-R_1^2$ 是两个模型的 R^2 变化，衡量了交互效应项 X_1X_2 对解释 Y 的变异的额外贡献。如果只是检验交互效应的显著性，直接做上述第二步就可以了，可以不做第一步。但仅仅知道是否显著是不够的，应当求出交互效应项的额外贡献。这个额外贡献 $R_2^2-R_1^2$，可以作为交互项效应量（即调节效应量）的大小。

在心理和行为研究中，调节效应通常都较小，但是相应的研究往往还是有意义的。首先，在非实验类研究中，调节效应量小是不争的事实（Aguinis et al.，2005；Chaplin，1991）。一项对 30 年来社会和行为科学中效应量的元分析表明，交互效应的中位数转化为标准化回归系数仅为 0.045（Aguinis et al.，2005）。其次，小效应量若能支持所检验的理论观点，则可能因此具有重要的理论意义（Ellis，2010）。再次，小效应量若能引发重要结果（如戒断烟酒）、若能随时间不断累积、若能影响很多人，则可能具有重要的实践意义（Ellis，2010；Prentice & Miller，1992）。

值得一提的是，即使（4.4）中因变量和自变量都是标准化变量，方程中的常数项 β_0 也是不可少的。这是因为

$$E(X_1X_2)=\text{cov}(X_1, X_2)+E(X_1)E(X_2) \tag{4.6}$$

通常不等于零（除非 X_1 与 X_2 不相关），而 $E(Y)$，$E(X_1)$，$E(X_2)$，$E(e)$ 都为零，如果没有常数项，方程（4.4）不可能成立。

三、分组回归

当自变量 X_1 是连续变量，X_2 是类别变量时，可以按 X_2 的取值对被试分组，在每组内做 Y 对 X_1 的线性回归分析，然后检验这些回归系数是否相等。如果不全相等，则交互效应显著。可以将所有回归直线画在一张图上，交互效应不显著意味着所有回归直线平行或近似平行，图 4－2 是 X_2 取 3 个值的情形。在方差分析中经常用这样的方法直观展示两个因素是否有交互效应。如果只有两组（即 X_2 只取 2 个值），设 Y 对 X_1 的回归系数在第Ⅰ组是 b_{I}，在第Ⅱ组是 b_{II}，要检验的假设是 H_0：$b_{\mathrm{I}}=b_{\mathrm{II}}$。检验统计量是

$$t=\frac{b_{\mathrm{I}}-b_{\mathrm{II}}}{\sqrt{\dfrac{SSE_{\mathrm{I}}+SSE_{\mathrm{II}}}{n_{\mathrm{I}}+n_{\mathrm{II}}-4}\cdot\dfrac{SS_{\mathrm{I}}+SS_{\mathrm{II}}}{SS_{\mathrm{I}}\cdot SS_{\mathrm{II}}}}} \tag{4.7}$$

(Cohen & Cohen，1983，p. 56)。其中，SSE_{I}，SSE_{II} 分别是 Y 对 X_1 的回归在两组中的残差平方和；n_{I}，n_{II} 分别是两组的样本容量；SS_{I}，SS_{II} 分别是 X_1 在两组中的离均差平方和（参见温忠麟，2016）。如果检验结果是拒绝原假设，则交互效应显著。

可以用结构方程模型的多组比较方法检验交互效应（参见第二章第七节），步骤如下：

(1) 建立一个多组回归分析模型 M_0，其中各组参数自由估计，作为基准模型。

(2) 在模型 M_0 中，限制各组的回归系数相等，得到模型 M_1，与 M_0 比较并进行检验。如果 M_1 没有被拒绝，即可以认为各组的回归系数相等，交互效应不显著；否则，如果 M_1 被拒绝，即可以认为各组的回归系数不全相等，交互效应显著。

(3) 类似于方差分析的多重比较，在交互效应显著的情况下，可以进一步分析哪些组之间的回归系数不相等，做法是只限制感兴趣的那些组之间的回归系数相等，然后与 M_0 比较并进行检验。

分组回归的一个缺点是，只能知道交互效应是否显著，不能估计交互效

应的大小。如果只有两组，可以将 X_2 作为虚拟变量，其中一组编码为 0，另一组编码为 1，用方程（4.4）进行回归分析。

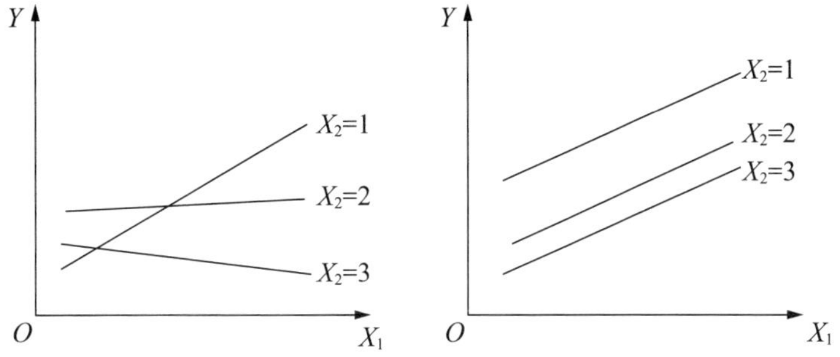

（a）X_1与X_2对Y的交互效应显著　　（b）X_1与X_2对Y的交互效应不显著

图 4—2　分组回归

四、显变量调节效应分析方法小结

调节效应分析方法根据自变量和调节变量的测量级别而定。变量可分为两类：一类是类别变量，包括定类（nominal）和定序（ordinal）变量；另一类是连续变量，包括定距（interval）和定比（ratio）变量。定序变量的取值比较多且间隔比较均匀时，也可以近似作为连续变量处理。表 4—1 分类列出了调节效应分析方法（温忠麟 等，2005）。

表 4—1　显变量的调节效应分析方法

调节变量 *M*	自变量 *X*	
	类别变量	连续变量
类别变量	有交互效应的两因素方差分析（ANOVA），交互效应即调节效应。	方法 1：分组回归，按 *M* 的取值分组，做 *Y* 对 *X* 的回归。若回归系数的差异显著，则调节效应显著。 方法 2：调节变量使用虚拟变量，并将自变量和调节变量中心化，做层次回归（同左栏下一行）。

续表

调节变量 M	自变量 X	
	类别变量	连续变量
连续变量	自变量使用虚拟变量，并将自变量和调节变量中心化，做 $Y=\beta_0+\beta_1X+\beta_2M+\beta_3MX+e$ 的层次回归。如果 MX 的系数 β_3 显著，则调节效应显著。	将自变量和调节变量中心化，做层次回归（同左）。 除了考虑交互效应项 MX 外，还可以考虑高阶交互效应项（如：M^2X，表示非线性调节效应；MX^2，表示曲线回归的调节）。

除了自变量和调节变量都是类别变量时用方差分析外，其他情形都可以用带有乘积项的回归分析（Aiken & West，1991）。有一个是类别变量时，该变量要重新编码成为虚拟变量。当调节变量是类别变量时，可以用分组回归（Cohen & Cohen，1983）。但自变量是类别变量时，不能做分组回归。

五、潜变量调节效应分析

如果涉及的变量中至少有一个是潜变量，应当使用潜变量调节效应分析方法。潜变量的测量会带来测量误差，所以通常都认为潜变量是连续变量（本书不考虑潜变量是类别变量的情形，参见 Hagenaars & McCutcheon，2002；邱皓政，2008）。有潜变量的调节效应模型通常只考虑如下两种情形：一是调节变量是类别变量，自变量是潜变量；二是调节变量和自变量都是潜变量。

当调节变量是类别变量时，做多组结构方程分析。当调节变量和自变量都是潜变量时，分析方法比较复杂，在第六章专门讨论。

六、调节效应解释

在估计出方程（4.1）中的参数后，代回方程并去掉残差项，得到所谓的拟合方程：

$$Y=\hat{\beta}_0+\hat{\beta}_1X+\hat{\beta}_2M+\hat{\beta}_3MX \tag{4.8}$$

为了解释结果，通常是分别取变量 M 的值等于其均值、均值上下一个标准差代入上面的拟合方程，即将 $M=\overline{M}$、$M=\overline{M}-S_M$ 和 $M=\overline{M}+S_M$ 分别代入，就可以得到三组 Y 与 X 关系的斜率和截距，然后比较和讨论它们的差别，分别对 M 的不同取值，说明 Y 与 X 关系的含义。

例如，设涉及的变量已经中心化（即均值为零），M 的标准差为 0.848，拟合方程为

$$Y=0.043-1.070X+0.787M+0.301MX$$

当 $M=0$（均值）时，$Y=0.043-1.070X$，即 X 每增加 1 个单位，Y 减少 1.070 个单位。当 $M=-0.848$（比均值低 1 个标准差）时，$Y=-0.624-1.325X$，即 X 每增加 1 个单位，Y 减少 1.325 个单位；当 $M=0.848$（比均值高 1 个标准差）时，$Y=0.710-0.815X$，即 X 每增加一个单位，Y 减少 0.815 个单位。显然，自变量 X 对因变量 Y 的负面影响，随着调节变量 M 的增加而降低（见图 4—3）。当 $M=3.554$ 时，X 对 Y 的影响为零。当 $M>3.554$ 时，X 对 Y 变成了正面影响。不过，要随时留意 M 的取值范围，不要做算术游戏。因为 M 的均值是零，标准差是 0.848，如果 M 是正态或者近似正态分布的，则 $M>3.554$ 几乎是不可能的。

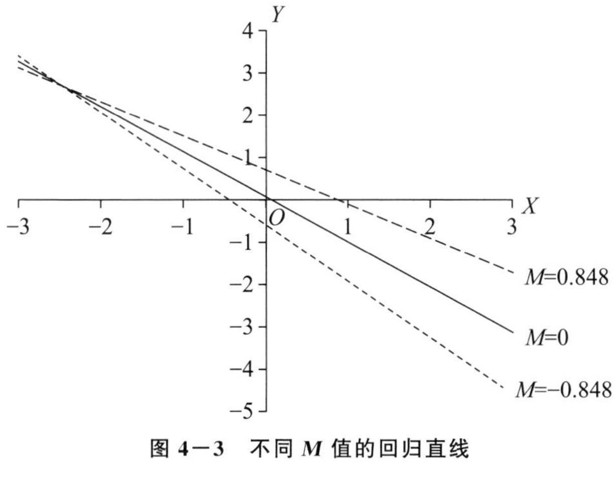

图 4—3　不同 M 值的回归直线

通过画图，考察调节变量不同取值对应的因变量与自变量关系，可以对调节作用给出更多细致的解释，有兴趣的读者可参考 Marsh、Hau 等人（2013）的论著。

七、简单斜率检验

简单斜率检验主要有两种方法：选点法和 Johnson-Neyman 法（方杰等，2015）。

（一）选点法

由（4.8）可知，对于固定的 M，对应的简单斜率为 $\hat{\beta}_1+\hat{\beta}_3 M$，常用如下 t 统计量检验简单斜率的显著性：

$$t=\frac{\hat{\beta}_1+\hat{\beta}_3 M}{\sqrt{\operatorname{var}(\hat{\beta}_1)+2M\operatorname{cov}(\hat{\beta}_1,\ \hat{\beta}_3)+M^2\operatorname{var}(\hat{\beta}_3)}} \tag{4.9}$$

选择调节变量 M 的某个特定取值（如 $M=\overline{M}$、$M=\overline{M}-S_M$ 和 $M=\overline{M}+S_M$），计算出 t 值，然后和临界值比较，其中 t 分布的自由度为 $N-K-1$，N 为样本容量，K 为方程（4.1）的自变量个数（$K=3$）。如果 t 的绝对值大于临界值，简单斜率 $\hat{\beta}_1+\hat{\beta}_3 M$ 显著（Aiken & West，1991；Cohen et al.，2003）。

可以将 M 的原点移到选定的特定取值（如 $\overline{M}+S_M$），创造一个新变量 $M'=M-(\overline{M}+S_M)$，则 $Y=\beta'_0+\beta'_1 X+\beta'_2 M'+\beta'_3 M'X+e'$ 的回归系数 β'_1 就是 $M'=0$（也就是 $M=\overline{M}+S_M$）对应的简单斜率，其显著性检验结果就是所要的简单斜率检验结果（Aiken & West，1991）。这样就可以由统计软件直接得到所要的结果，避免公式（4.9）那样复杂的计算。

（二）J-N 法

Bauer 和 Curran（2005）将 Johnson-Neyman 方法（简写为 J-N 法）应用于调节变量为连续变量的简单斜率检验。在公式（4.9）中，等式左边的 t

用临界值代入，两边平方，并将 M 当作未知数进行整理，然后求解 M 的二次方程，就可以找到使得简单斜率显著的 M 值区间，下面介绍具体做法。

首先确定临界值 $t_{crit}=t_{0.05}$（$N-K-1$）。然后，将公式（4.9）改写为

$$t_{crit}^2\left[\text{var}(\hat{\beta}_1)+2M\text{cov}(\hat{\beta}_1, \hat{\beta}_3)+M^2\text{var}(\hat{\beta}_3)\right]=(\hat{\beta}_1+\hat{\beta}_3M)^2 \quad (4.10)$$

以 M 为主项进行整理得到

$$\left[t_{crit}^2\text{var}(\hat{\beta}_3)-\hat{\beta}_3^2\right]M^2+\left[2t_{crit}^2\text{cov}(\hat{\beta}_1, \hat{\beta}_3)-2\hat{\beta}_1\hat{\beta}_3\right]M+\left[t_{crit}^2\text{var}(\hat{\beta}_1)-\hat{\beta}_1^2\right]=0 \quad (4.11)$$

记 $A=t_{crit}^2\text{var}(\hat{\beta}_3)-\hat{\beta}_3^2$，$B=2t_{crit}^2\text{cov}(\hat{\beta}_1, \hat{\beta}_3)-2\hat{\beta}_1\hat{\beta}_3$，$C=t_{crit}^2\text{var}(\hat{\beta}_1)-\hat{\beta}_1^2$，则 M 的一元二次方程（4.11）的解为

$$\hat{M}=\frac{-B\pm\sqrt{B^2-4AC}}{2A} \quad (4.12)$$

$\hat{M}$ 的含义是，当调节变量 M 取值为 $\hat{M}$ 时，简单斜率 $\hat{\beta}_1+\hat{\beta}_3M$ 的显著性检验的 t 值［由公式（4.9）算出］刚好等于 t_{crit}，显著性概率 p 刚好等于选定的显著性概率 $\alpha=0.05$。也就是说，$\hat{M}$ 的简单斜率 $\hat{\beta}_1+\hat{\beta}_3M$ 是显著与否的分界点。为了叙述方便，以下将 J-N 法得到的两个解 $\hat{M}$［见公式（4.12）］记为 JN_{M1} 和 JN_{M2}（$JN_{M1}<JN_{M2}$）。这两个点将 M 的取值范围分成三个区间，每个区间中的 M 对应的简单斜率要么都显著，要么都不显著。

最后，在每个区间利用选点法检验调节变量 M 取这些值时的简单斜率的显著性，就可以找出简单斜率显著的区间了（Hayes，2013）。因此，J-N 法实际上包含了选点法，J-N 法的输出结果中包含了选点法的检验结果。值得注意的是，如果 JN_{M1} 和（或）JN_{M2} 值在调节变量的取值范围［M_{min}，M_{max}］之外，则 JN_{M1} 和（或）JN_{M2} 将被忽略，以确保调节变量 M 的取值一定在 M 的取值范围内。

（三）小结

选点法是先选点（即固定调节变量 M 的若干值），然后计算 t 值，最后判断简单斜率的显著性。J-N 法则相反，首先固定 t 值等于临界值（$t=t_{crit}$），

然后找到简单斜率显著与否的分界点（即对应的 M 值）。选点法一次只能检验一个点（调节变量 M 的某个取值）的简单斜率的显著性，被称为闪光灯检验（spotlight test；Spiller et al.，2013）。J-N 法立足于调节变量 M 的整个取值范围 $[M_{min}, M_{max}]$，就像用探照灯巡视调节变量 M 的整个取值范围，来寻找简单斜率显著的区间，可以获得更多信息，Spiller 等人（2013）形象地称之为探照灯分析（floodlight analysis）。

J-N 法已可以在 SPSS、SAS 软件上通过 PROCESS 或 MODPROBE 宏（免费下载网址：http：//www. afhayes. com）进行窗口操作的简单斜率检验（Hayes，2013），也可以在 R 软件上运行（Preacher et al.，2006）。J-N 法在常用统计软件上的实现，推广了其实际应用。建议在调节变量为连续变量时，使用 J-N 法进行简单斜率检验；在调节变量为类别变量或研究者对某个调节变量值感兴趣时，使用选点法进行简单斜率检验。

第三节　调节效应的应用实例：儿童行为对同伴关系的影响

本实例中，要研究的是学生行为（X）对同伴关系（Y）的影响，变量及相关数据见第三章第五节。

一、教师喜欢程度作为调节变量

理论上说，喜欢程度（W）可以做调节变量：老师的喜欢程度会改变学生行为对同伴关系的影响，从这个意义上，可以把喜欢程度作为调节变量进行分析。

喜欢程度（W）的调节效应分析结果见表 4－2。由于第二步中乘积项 WX 的回归系数不显著（$t=-0.98$，R^2 的变化只有 0.001），所以喜欢程度（W）的调节效应不显著，即喜欢程度不是调节变量。

表 4—2　喜欢程度（*W*）的调节效应分析

	回归方程	R^2	R^2 的变化
第一步	$Y=2.262W-0.051X$	0.162	
第二步	$Y=-0.051+2.249W$ $-0.051X-0.023WX$	0.163	0.001

值得一提的是，尽管所有变量都中心化，但其乘积不是中心化变量，所以第二步得到的回归方程有常数项。一般情况下，可以将变量进行标准化，但第二步不能用通常的标准化解，因为即使每一变量都是标准化的，其乘积也不是标准化变量。有关调节效应模型标准化解的讨论见第七章。

二、教师管教方式作为调节变量

理论上说，管教方式（*U*）可以做调节变量：老师的管教方式会改变学生行为对同伴关系的影响，从这个意义上，可以把管教方式作为调节变量进行分析。

管教方式（*U*）的调节效应分析结果见表 4—3。由于第二步中乘积项 *UX* 的回归系数显著（$t=4.452$，R^2 的变化约为 3%），所以管教方式（*U*）的调节效应显著。

表 4—3　管教方式（*U*）的调节效应分析

	回归方程	R^2	R^2 的变化
第一步	$Y=1.085U-0.101X$	0.089	
第二步	$Y=0.023+0.987U$ $-0.107X+0.101UX$	0.118	0.029**

注：** 表示在 0.01 水平上显著。

上面的分析表明，老师的管教方式（*U*）是调节变量，即同伴关系与学生违纪捣乱行为之间的关系，受到管教方式（*U*）的影响。由表 4—3 第二步

的回归方程

$$Y=0.023+0.987U+(0.101U-0.107)X$$

可知，管教方式（U）得分越低，学生行为（X）对同伴关系（Y）的负效应越大。当 $U=1.06$ 时（注意到 U 的均值为零，方差是 0.56，$U=1.06$ 相当于高出均值 1.4 个标准差），学生行为（X）对同伴关系（Y）的负效应消失。由进一步的分析可知，对于更大的 U，X 对 Y 的（正）效应不显著。

三、关于变量测量的说明

就本节的实例而言，使用的量表和测量方法虽然在同类研究中很常用，但有明显的局限性。被试来自许多不同的班级，有不同的班主任、不同的班级大小、不同的班级气氛等，无论是班主任还是学生在测试时都可能有不同的评分尺度。以同伴提名法测量同伴关系（Y）为例，如果一个学生所在的班级大，那么他被同伴提名的机会较大。看一个极端情形，如果班上所有同学都喜欢他，当他所在的班级有 30 人时，他的得分是 30（理论上说他也可以提名自己），当他所在的班级有 40 人时，他的得分是 40。为了消除班级大小的影响，一种做法是将变量以班级为单位做标准化处理（Chang et al.，2004）。这里则采用“加权”处理来消除班级大小的影响。当样本不止一个班级时，班级因素可能会影响变量的测量尺度，有的影响可能不是简单地通过数据处理就可以消除的。不过，对这类问题的深入讨论超出了本书的主旨。

第四节　调节变量与中介变量的比较

相对于人们关注的自变量和因变量而言，调节变量和中介变量都是第三者，因而经常被人混淆。从文献上看，存在的问题主要有如下几种：(1) 术语混用或换用，对两个概念不加区分。例如，在描述同一个过程时，既使用调节过程的术语（interact with），又使用中介过程的术语（mediating）

(Davies & Cummings，1995)。(2) 术语和概念不一致。如研究的是调节过程，却使用中介的术语 (Ireys et al.，1994；Lazarus & Folkman，1984)。(3) 术语和统计分析不一致。如使用了中介变量的术语，却没有做相应的统计分析 (Thompson et al.，1993)。出现前面的任何一个问题都会使统计结果解释含混不清，往往导致错误结论。仅从儿童临床心理和少儿心理方面的研究文献中，Holmbeck (1997) 就指出了不少误用的例子。

其实，在明确了调节变量和中介变量的定义后，一般情况下区分它们不难。表4—4从不同角度对这两种变量做了比较（温忠麟 等，2005)。

如果自变量 X 与因变量 Y 的关系受到第三个变量 U 的作用，此时 U 是调节变量，影响 X 和 Y 之间关系的方向（正或负）和强弱。比如，“感觉寻求”与“青少年烟酒使用”的关系，受到“(压力性) 生活事件”的影响：当生活事件较少时，感觉寻求与青少年烟酒使用相关不显著；当生活事件较多时，感觉寻求与青少年烟酒使用呈显著正相关。调节效应分析的目的是探究 X 何时影响 Y 或何时影响较大 (Baron & Kenny，1986；Muller et al.，2005)。如果自变量 X 通过影响第三个变量 W 来影响因变量 Y。此时，W 是中介变量，代表的是一种机制，X 通过它影响 Y。比如，“家庭社会经济地位”影响“家庭功能”，进而影响“青少年疏离感”。中介效应分析的目的是探究 X 如何影响 Y (Baron & Kenny，1986；MacKinnon，2008；Muller et al.，2005；Yuan & MacKinnon，2009)。

如果一个变量与自变量或因变量相关不大，它不可能成为中介变量，但有可能成为调节变量。理想的调节变量与自变量和因变量的相关都不大 (Abrahams & Alf，1972；Baron & Kenny，1986；James & Brett，1984)。有的变量，如性别、年龄等，由于不受自变量的影响，自然不能成为中介变量，但许多时候都可以考虑为调节变量。对于给定的自变量和因变量，有的变量做调节变量和中介变量都是合适的，从理论上都可以做出合理的解释。例如，研究小学生某种行为（如欺负行为）对同伴关系的影响，老师对该生的喜欢程度（简称喜欢程度）既可以做调节变量，也可以做中介变量。如果认为喜欢程度与欺负行为关系不大，而更多地受其他变量的影响，如学习成绩等，这时可以将喜欢程度作为调节变量进行分析，看它是否影响同伴关系与欺负行为之间的关系。如果认为欺负行为影响喜欢程度，后者又影响同伴关系，则可以将喜欢程度作为中介变量进行分析，看它的中介效应是否显著。

表 4—4 调节变量与中介变量的比较

	调节变量 M	中介变量 M
研究目的	X 何时影响 Y 或何时影响较大	X 如何影响 Y
关联概念	调节效应、交互效应	中介效应、间接效应
什么情况下考虑	X 对 Y 的影响时强时弱	X 对 Y 的影响较强且稳定
典型模型	$Y=\beta_0+\beta_1X+\beta_2M+\beta_3MX+e$	$M=aX+e_2$ $Y=c'X+bM+e_3$
模型中 M 的位置	X，M 在 Y 前面，M 可以在 X 前面	M 在 X 之后、Y 之前
M 的功能	影响 Y 和 X 之间关系的方向（正或负）或强弱	代表一种机制，X 通过它影响 Y
M 与 X，Y 的关系	M 与 X，Y 的相关可以显著或不显著（后者较理想）	M 与 X，Y 的相关都显著
效应	回归系数 β_3	回归系数乘积 ab
效应估计	$\hat{\beta}_3$	$\hat{a}\hat{b}$
效应量	调节项的额外平方和	中介效应占总效应的比例
效应检验	β_3 是否等于零	ab 是否等于零

续表

	调节变量 *M*	中介变量 *M*
检验策略	做层次回归分析，检验回归系数 β_3 的显著性（*t* 检验）	尝试依次检验，必要时做 Bootstrap 检验

尽管有许多信息可以区分调节变量和中介变量，但误用、换用、混用的情况时有出现。例如，Thompson 和他的合作者在研究脊椎发育不良儿童的中枢神经系统功能和家庭关系在心理调节中的作用时，将“发病年龄”“病情严重程度”“认知过程”“家庭社会经济地位”“社会支持”等变量全都作为“慢性病压力”和“社会心理状况”之间的中介变量（Thompson et al., 1989）。显然，“发病年龄”和“家庭社会经济地位”不能作为中介变量，因为“慢性病压力”（在后）不会影响“发病年龄”（在前），“慢性病压力”也不会影响“家庭社会经济地位”（由父母的学历、职业和收入等指标测量）。“发病年龄”和“家庭社会经济地位”应当作为可能的调节变量进行分析：不同的“发病年龄”，或者不同的“家庭社会经济地位”，患儿的“慢性病压力”与“社会心理状况”的关系可能是不同的。

总的来说，模型建立有赖于对变量的区分，变量的区分和建模都依靠学科理论或经验常识。考虑将一个变量作为调节变量或中介变量分析之前，从学科理论或经验常识的角度要能够解释得通。

附录 4.1 变量中心化的 SPSS 程序

```
AGGREGATE
  /OUTFILE= *
  MODE=ADDVARIABLES
  OVERWRITEVARS=YES
  /PRESORTED
```

```
  /BREAK=GroupNo
  /mY1 = MEAN (Y1) /mY2 = MEAN (Y2) /mY3 = MEAN (Y3)
  /mX1 = MEAN (X1) /mX2 = MEAN (X2) /mX3 = MEAN (X3)
  /mX4 = MEAN (X4) /mX5 = MEAN (X5) /mX6 = MEAN (X6).
 * GroupNo is a variable to classify samples.
 * GroupNo=1 for all cases when there is only one group of samples.
COMPUTE Y1C = Y1-mY1.      COMPUTE Y2C = Y2-mY2.
COMPUTE Y3C = Y3-mY3.      COMPUTE X1C = X1-mX1.
COMPUTE X2C = X2-mX2.      COMPUTE X3C = X3-mX3.
COMPUTE X4C = X4-mX4.      COMPUTE X5C = X5-mX5.
COMPUTE X6C = X6-mX6.      COMPUTE X1CX4C = X1C * X4C.
COMPUTE X2CX5C = X2C * X5C.
COMPUTE X3CX6C = X3C * X6C.
EXECUTE.

SAVE OUTFILE='D: \ filename. sav'
  /KEEP= GroupNo Y1C Y2C Y3C X1C X2C X3C X4C X5C X6C
         X1CX4C X2CX5C X3CX6C
/COMPRESSED.
```

第五章　有调节的中介与有中介的调节

在心理和行为研究中，经常遇到调节变量和中介变量。如果一个模型包含不止 3 个变量，可能同时包含调节变量和中介变量，这些变量在模型中的位置和作用不同，会产生不同的模型，包括有调节的中介（moderated mediation）模型和有中介的调节（mediated moderator）模型，以及两者兼有的混合模型。由于有中介的调节模型很少使用，而且同一个模型换一个角度看作有调节的中介模型更易解释，所以本章主要论述有调节的中介模型。

本章先讨论有调节的中介模型、检验方法、检验流程和应用实例，然后引出有中介的调节模型及其与有调节的中介模型的联系与区别。

第一节　有调节的中介模型

有调节的中介模型意味着自变量通过中介变量对因变量产生影响，而中介过程受到调节变量的调节（Baron & Kenny，1986；Edwards & Lambert，2007；温忠麟 等，2006；温忠麟，叶宝娟，2014b）。例如，设要分析青少年“感恩”（X）对其“学业成就”（Y）的影响。研究发现，日常性学业“复原力”（W）是感恩影响学业成就的中介变量［见图 5－1（a）］，而压力性“生活事件”（U）调节了中介过程（叶宝娟 等，2013）。调节可以发生在中介过程的前半路径，也可以发生在后半路径，还可以同时发生在前后路径。最一般的模型是中介过程的前后路径和直接路径都受到调节，见图 5－1（b）。

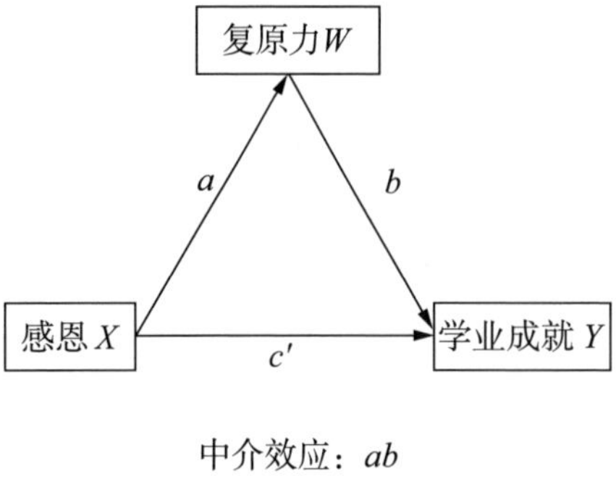

（a）简单中介模型

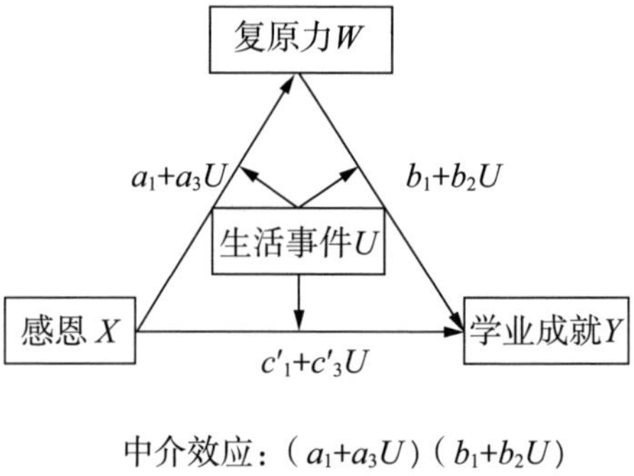

（b）调节了中介过程前后路径和直接路径

图5—1　有调节的中介模型与简单中介模型比较

为了检验直接效应是否受到调节，在做中介效应分析之前，先建立如下回归方程（即 Y 对 X，U 和 UX 的回归）：

$$Y = c_0 + c_1 X + c_2 U + c_3 UX + e_1 \tag{5.1}$$

如果 c_3 显著，则应当考虑调节了直接效应的模型。

以 W 为因变量，可以得到如下回归方程（即 W 对 X，U 和 UX 的回归）

$$W = a_0 + a_1 X + a_2 U + a_3 UX + e_2 \tag{5.2}$$

写成 $W = a_0 + a_2 U + (a_1 + a_3 U)X + e_2$ 可知，X 对 W 的效应是 $a_1 + a_3 U$。

以 Y 为因变量，可以得到如下回归方程（即 Y 对 X，U，UX，W 和 UW 的回归）

$$Y = c'_0 + c'_1 X + c'_2 U + c'_3 UX + b_1 W + b_2 UW + e_3 \tag{5.3}$$

写成 $Y = c'_0 + c'_1 X + c'_2 U + c'_3 UX + (b_1 + b_2 U)W + e_3$ 可知，W 对 Y 的效应是 $b_1 + b_2 U$，因而 X 经过 W 对 Y 的中介效应为 $(a_1 + a_3 U)(b_1 + b_2 U)$，这不难将方程（5.2）中的 W 代入方程（5.3）进行验算得到。

如果模型不考虑直接效应的调节作用［相当于（5.1）中的 c_3 等于零，（5.3）中的 c'_3 也等于零］，中介效应的代数表达式相同，还是 $(a_1 + a_3 U)(b_1 + b_2 U)$。另外两个常用的简单情形是，只有前半路径或者后半路径受到调节。只有前半路径受到调节时［见图5—2（a）］，中介效应为 $(a_1 + a_3 U)b_1$；只有后半路径受到调节时［见图5—2（b）］，中介效应为 $a_1(b_1 + b_2 U)$。

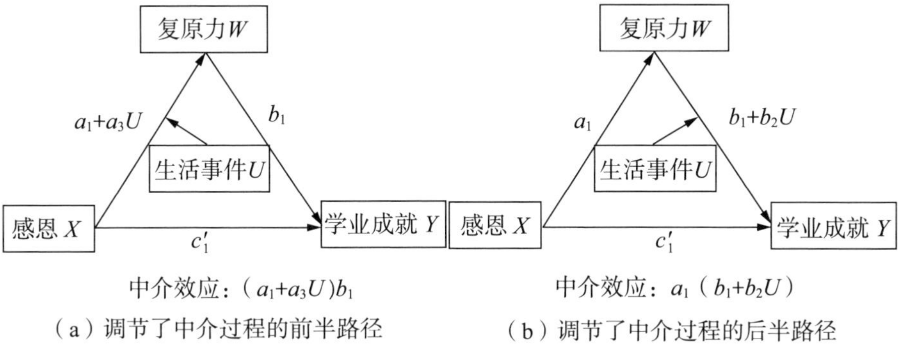

图 5—2　调节单个中介路径的模型

只有前半路径或者后半路径受到调节时，中介效应是调节变量 U 的线性函数（即线性调节）。如只有前半路径受到调节，中介效应

$$\omega=(a_1+a_3U)\ b_1=a_1b_1+a_3b_1U$$

其中斜率 a_3b_1 反映了中介效应 ω 随着 U 取值变化的情况。当 $U=0$ 时，$\omega=a_1b_1$；当 $U=1$ 时，$\omega=a_1b_1+a_3b_1$。Hayes（2015）称斜率 a_3b_1 为有调节的中介指数（index of moderated mediation），可以作为有调节的中介分析的效应量。

只有后半路径受到调节时，中介效应

$$\omega=a_1(b_1+b_2U)=a_1b_1+a_1b_2U$$

此时，有调节的中介指数是 a_1b_2。有调节的中介指数的概念被推广到了多重中介模型受到调节的情形，但没有推广到前后路径都受到调节的情形。就是说，该指数只适用于线性调节，而前后路径都受到调节的情形属于非线性调节。为了评价调节效应大小，还是可以从方程（5.2）和（5.3）入手，计算包含调节项前后 R^2 变化的大小（参见第四章）。

第二节　有调节的中介效应检验方法

一、系数乘积的依次检验

考虑最一般的情形，只要中介效应 $(a_1+a_3U)(b_1+b_2U)=a_1b_1+(a_1b_2+a_3b_1)U+a_3b_2U^2$ 与 U 有关，或者说随 U 变化，中介效应就受到 U 的调节。

为了检验 $(a_1+a_3U)(b_1+b_2U)$ 与 U 有关，需要检验如下关于系数乘积的假设：

$$H_0: a_1b_2=0\ ;\ H_0: a_3b_1=0\ ;\ H_0: a_3b_2=0$$

只要其中有一个被拒绝，中介效应就是有调节的。例如，设 $a_1b_2\neq0$，如果 $a_1b_2+a_3b_1\neq0$，则 $(a_1+a_3U)(b_1+b_2U)$ 与 U 有关；如果 $a_1b_2+a_3b_1=0$，则 $a_3b_1=-a_1b_2\neq0$，从而 $a_3b_2\neq0$，$(a_1+a_3U)(b_1+b_2U)$ 也与 U 有关。

和简单中介检验一样，对于系数乘积的检验，一种方法是依次检验，将一个系数乘积的检验变成两个系数的检验。例如，要检验 $a_1b_2=0$，变成检验 a_1 和 b_2 是否显著（即检验 $a_1=0$ 和 $b_2=0$）。现在 3 个系数乘积涉及 4 个系数，先检验方程（5.2）中的 a_1，a_3 是否显著，再检验方程（5.3）中的 b_1，b_2 是否显著。如果 $a_1\neq0$ 且 $b_2\neq0$，或者 $a_3\neq0$ 且 $b_1\neq0$，或者 $a_3\neq0$ 且 $b_2\neq0$，至少有一组成立，则中介效应受到调节。虽然所用的模型不尽相同，但许多作者都使用了这种依次检验方法（如 Muller et al.，2005；温忠麟，叶宝娟，2014b）。

显然，如果只考虑中介效应过程的一个路径是否受到调节，则只需要检验一个系数乘积，例如，只考虑前半路径的调节（此时 $b_2=0$），只需要检验 $H_0: a_3b_1=0$，即依次检验 a_3 和 b_1 是否显著。

二、系数乘积的直接检验：Bootstrap 法

我们知道，依次检验的检验力较低，即系数乘积实际上显著，但依次检验比较容易得出不显著的结论（Fritz & MacKinnon，2007；MacKinnon et al.，2002）。直接检验系数乘积，检验力比较高。和简单中介检验一样，对于系数乘积的检验，传统的系数乘积检验方法是 Sobel 检验（1982），检验力高于依次检验（MacKinnon et al.，2002），而用 Bootstrap 法计算系数乘积的置信区间比 Sobel 法得到的置信区间更精确，有更高的检验力（方杰，张敏强，2012；MacKinnon，2008；Preacher & Hayes，2004；Yuan & MacKinnon，2009）。

三、中介效应差异的检验：Bootstrap 法

为了检验中介效应（a_1+a_3U）（b_1+b_2U）随 U 变化，有一种直观的想法是代入不同的 U 值，看看中介效应是否会变化，这就是条件间接效应（conditional indirect effects）分析法（MacKinnon et al.，2002；Preacher et al.，2007）。如果对某个 U 值，中介效应（a_1+a_3U）（b_1+b_2U）显著，则存在条件中介效应（conditional mediation effect；Preacher et al.，2007）。如果还有另一个 U 值，令中介效应不显著了，说明中介效应随 U 变化，这是所谓的亚组分析法（subgroup approach；Preacher et al.，2007）。亚组分析法可用 Bootstrap 法或 Sobel 检验进行检验（Preacher et al.，2007）。亚组分析法有多个明显的缺点（Edwards & Lambert，2007），例如，即使中介效应随 U 变化，在某两个点处也未必反映出来；当在调节变量 U 的不同水平上的条件中介效应都显著或都不显著时，不能确定中介效应是否受到调节。

针对亚组分析法的不足，Edwards 和 Lambert（2007）提出用 Bootstrap 法检验中介效应的差异来判断中介效应是否随 U 变化，即检验 U 的不同取值上的中介效应之差是否显著。例如，取 U 的平均值上下一个标准差的值，分别

记为U_H和U_L，如果（$a_1+a_3U_H$）（$b_1+b_2U_H$）与（$a_1+a_3U_L$）（$b_1+b_2U_L$）差异显著，则中介效应受到U的调节。但如果差异不显著，仅凭U的两个取值对应的中介效应进行判断，可想而知检验力不高。对连续型调节变量，如果只有一个中介路径受到调节，可以使用调节变量的最大和最小观测值来检验中介效应的差异（刘东 等，2012）。此时中介效应是U的线性函数，在U的最大和最小观测值处，中介效应的差异最大。如果中介路径的前后路径都受到调节，中介效应是U的二次函数，可以从中介效应（a_1+a_3U）（b_1+b_2U）出发找最值，然后检验最大值和最小值之差是否显著。如果（a_1+a_3U）（b_1+b_2U）的最大值和最小值之差显著，则中介效应受到U的调节。如果不显著，可以认定（a_1+a_3U）（b_1+b_2U）不会随U变化，即中介效应不受U的调节（温忠麟，叶宝娟，2014b）。

二次函数$y=ax^2+bx+c(a\neq0)$的图像是抛物线，在$x=-b/(2a)$处达到最小值（当$a>0$）或者最大值（当$a<0$）。不难计算二次函数在区间$[x_1, x_2]$上的最大值和最小值。如果$-b/(2a)$在区间$[x_1, x_2]$中，二次函数最大值和最小值可以通过计算下面三个点的函数值比较后得到：x_1，x_2和$-b/(2a)$。如果$-b/(2a)$不在区间$[x_1, x_2]$中，则二次函数在区间$[x_1, x_2]$上是单调的，在区间端点达到最大值和最小值。对于调节变量U，合理的取值区间是其均值上下两个标准差，这样就不难求得（a_1+a_3U）（b_1+b_2U）的最大值和最小值了。

前面说过，直接检验乘积系数的Bootstrap法的检验力高于Sobel检验，而后者高于依次检验。检验力最高的则是中介效应的差异检验，道理很简单，如果（a_1+a_3U）（b_1+b_2U）与U有关，则（a_1+a_3U）（b_1+b_2U）的最大值和最小值的差异一定显著。看一个简单的例子：$y=bx+c$，若系数b显著，则在$x=1$和$x=0$的y值差异（等于b）显著，y值的最大值和最小值之差自然显著（温忠麟，叶宝娟，2014b）。

四、检验方法的比较

现在要比较上述三种检验方法：系数乘积的依次检验、系数乘积的直接检验和中介效应差异检验，目的是理清它们之间的关系。

前面说过，依次检验的第一类错误率较低，如果检验结果是显著，已经可以知道中介效应受到调节。但因为依次检验的检验力也较低，所以当依次检验结果是不显著时（三对系数乘积无一显著），还不能下结论。改用检验力较高的系数乘积的直接检验，还有可能得到显著的结果。无论是系数乘积的依次检验还是系数乘积的直接检验，都是将整个中介效应 $(a_1+a_3U)(b_1+b_2U)$ 分成几部分进行检验的，检验结果就算是每部分都不显著，还有可能合起来是显著的。所以，即使系数乘积的直接检验结果不显著，检验中介效应的最大值与最小值之差，还有可能得到显著的结果。上述三种方法的检验力一个比一个高。

既然如此，是不是应当首选检验力最高的中介效应差异检验，一次就解决问题呢？不是的，正好相反，面对有调节的中介模型，建议先做系数乘积的依次检验，如果不显著，再做系数乘积的直接检验，如果还不显著，最后做中介效应差异检验。如果前面的检验已经显著，后面的检验不需要做了，除非研究者有特别的用意。下面详述这样建议的理由。

第一，从三个检验方法得到的显著性（即中介效应受到调节）结果看，依次检验的最强，中介效应差异检验的最弱。就是说，当用前一种方法检验结果显著的时候，用后一种方法检验结果几乎可以肯定也是显著的。但反之不然。

第二，从显著性结果包含的信息看，依次检验的最丰富，中介效应差异检验的最少。依次检验显著的时候，$a_1 \neq 0$ 且 $b_2 \neq 0$，或者 $a_3 \neq 0$ 且 $b_1 \neq 0$，或者 $a_3 \neq 0$ 且 $b_2 \neq 0$，至少有一组成立，可以知道图 5－1（b）的中介路径上每个系数是否显著，从而知道究竟是前半路径受到调节、后半路径受到调节，还是前后路径都受到调节。写出中介效应 $(a_1+a_3U)(b_1+b_2U)$ 的表达式，可以清晰反映中介效应是如何随 U 变化的。系数乘积的直接检验显著时，整个中介路径作为一个整体与 U 有关。根据显著的系数乘积可以判断哪一段中介路径受到调节，如 a_3b_2 显著，前后路径都受到调节。此时还是可以写出有意义的中介效应表达式 $a_1b_1+(a_1b_2+a_3b_1)U+a_3b_2U^2$。中介效应差异检验显著时，不仅不能判断哪一段中介路径受到调节，而且如果系数乘积都不显著，中介效应的表达式 $a_1b_1+(a_1b_2+a_3b_1)U+a_3b_2U^2$ 就没有统计意义了。虽然知道中介效应会随 U 变化，但不知道如何变化了。

第三，从显著性结果的解释看，依次检验的最清晰，中介效应差异检验的最含糊。显著性结果的解释依赖显著性包含的信息，信息越多，解释越清晰。如所知，对于简单的调节效应分析，除了报告检验结果外，通常取调节变量的均值上下一个标准差报告对应的效应大小。对于有调节的中介效应，当依次检验或系数乘积的直接检验显著时，也可以取调节变量均值上下一个标准差报告对应的中介效应值。由于此时中介效应的表达式 $a_1b_1+(a_1b_2+a_3b_1)U+a_3b_2U^2$ 是有统计意义的，这保证了上面所说的报告是有意义的。对于依次检验显著的，还可以报告调节变量均值上下一个标准差相应的前后路径的中介效应值。但中介效应差异检验，检验的是中介效应最大值和最小值的差异，所以取调节变量均值上下一个标准差报告对应的中介效应值还不知道是否有意义，还应当检验其差异是否显著。其实，差异显著只是说差异在统计上是可以分辨的，结果很弱。当依次检验或系数乘积的直接检验显著时，得到的中介效应与调节变量的关系表达式比上述差异显著性重要得多，此时通常不用关注调节变量的均值上下一个标准差对应的中介效应差异是否显著，就像回归分析中得到显著的回归方程后，通常不用关注自变量的均值上下一个标准差对应的因变量差异是否显著。

第四，从检验的难易程度和方便性看，依次检验最简单方便，中介效应差异检验最麻烦。做依次检验，使用 SPSS（显变量情形）或者 LISREL、Mplus 等软件（潜变量情形）就能解决问题。系数检验与通常的回归系数检验相同。系数乘积的直接检验和中介效应差异检验，用 SPSS 或者 LISREL 比较麻烦，不过 Mplus 有现成的指令计算置信区间（见本章第四节）。

综上所述，三种检验方法不是竞争关系和互补关系，而是替补关系（温忠麟，叶宝娟，2014b）。研究者当然会希望用比较简便的方法，得到一个信息丰富、容易解释的比较强的检验结果。如果通过依次检验已经得出“中介效应受到调节”的结果，除非特别需要，可以不用后面的检验方法。例如，在需

要比较某两个 U 值对应的中介效应时，才检验中介效应之差是否显著。

第三节　有调节的中介效应检验流程

对于有调节的中介模型，温忠麟和叶宝娟（2014b）总结出一个层次检验流程。首先，研究者自然会感兴趣自变量 X 对因变量 Y 的影响是否显著，同时考虑直接效应是否受到调节，所以第一步是检验回归方程（5.1）的系数 c_1 和 c_3。检验 c_3 可以知道在未考虑中介效应的时候，直接效应是否受到调节。检验系数 c_1 的结果，对将来解释模型有用。但即使 c_1 不显著，也可以继续后面的分析，只是解释结果的时候略有不同。

第二步是检验（a_1+a_3U）（b_1+b_2U）是否与 U 有关。做依次检验，先检验方程（5.2）中的 a_1，a_3是否显著，再检验方程（5.3）中的 b_1，b_2是否显著。如果 $a_1\neq0$ 且 $b_2\neq0$（调节后半路径），或者 $a_3\neq0$ 且 $b_1\neq0$（调节前半路径），或者 $a_3\neq0$ 且 $b_2\neq0$（调节前后路径），至少有一组成立，则中介效应受到调节。将不显著的 a_3或 b_2固定为零，重新估计其他系数。报告结果时，写出中介效应（a_1+a_3U）（b_1+b_2U）（不显著的 a_3或 b_2变成零），并报告其在 U 的均值以及均值上下一个标准差处的中介效应值，这样就对中介效应受到调节的情况有比较清晰的了解。如果是纯粹验证模型，则不论系数是否显著，都保留在模型中，无须重新估计。

如果依次检验结果是显著的，已经可以知道中介效应受到调节。如果依次检验结果不显著（三对系数乘积无一显著），还不能下结论。下一步是使用 Bootstrap 法对系数乘积做区间检验。如果至少有一对乘积显著，则中介效应受到调节。如果 U^2 的系数 a_3b_2 显著，则前后路径都受到调节，否则将调节不显著的路径改成没有调节，重新估计和检验模型。如果是纯粹验证模型，则不论系数（乘积）是否显著，都保留在模型中，无须重新估计。报告结果时，写出中介效应的表达式 a_1b_1+（$a_1b_2+a_3b_1$）$U+a_3b_2U^2$ 来，并报告其在 U 的均值以及均值上下一个标准差处的中介效应值。

如果系数乘积的区间检验结果还不显著，最后一步是检验中介效应的最大值与最小值之差。中介效应（a_1+a_3U）（b_1+b_2U）是 U 的二次函数，在有了系数估计值后，可以在 U 值正常区间（例如均值上下两个标准差）内计算二次函数最大值和最小值，使用 Bootstrap 法检验它们的差异。如果（a_1+a_3U）（b_1+b_2U）的最大值和最小值之差显著，则中介效应受到调节，并做出报告。否则，连最大值与最小值之差都不显著，已经可以认定（a_1+a_3U）（b_1+b_2U）不随 U 变化，即中介效应不受 U 的调节。

综上所述，可以给出有调节的中介模型的层次检验流程（见图 5－3）。这个流程针对的是前半路径和后半路径都受到调节的中介模型，如果理论假设是只有前半或后半路径受到调节，相应的回归方程和检验略有调整。如果只有前半路径受到调节，则方程（5.3）中不包含调节变量和中介变量的交互乘积项 UW（即没有 b_2）；如果只有后半路径受到调节，则方程（5.2）中不包含自变量和调节变量的交互乘积项 UX（即没有 a_3）。

为了说明使用上面的层次检验流程与已有的检验方法的差别以及层次检验的优点，不妨设想有四个研究者用同一组数据检验同一个有调节的中介模型，甲使用传统的依次检验，乙使用系数乘积的区间检验，丙使用中介效应差异检验，而丁使用层次检验。根据上一节的讨论可知，就甲、乙、丙而言，甲的检验力最低，乙的次之，而丙的检验力最高。因此，如果甲的结果显著，则乙的结果也显著（不排除出现例外的可能）；如果乙的结果显著，则丙的结果也显著（从上一节可知，这里不会有例外）。因而，可以推知甲、乙、丙的检验结果只有表 5－1 所列的 4 种情形，使用层次检验的丁的检验结果可以根据甲、乙、丙的检验结果而确定。

情形 1：甲的结果显著，因而乙和丙的结果也显著；丁做了甲的检验就停止了，和甲的结果相同。

情形 2：甲的结果不显著，但乙的结果显著，因而丙的结果也显著；丁先做了甲的检验（不显著），然后做了乙的检验（显著）。

情形 3：甲、乙的结果都不显著，但丙的结果显著；丁先做了甲的检验（不显著），然后做了乙的检验（不显著），最后做了丙的检验（显著）。

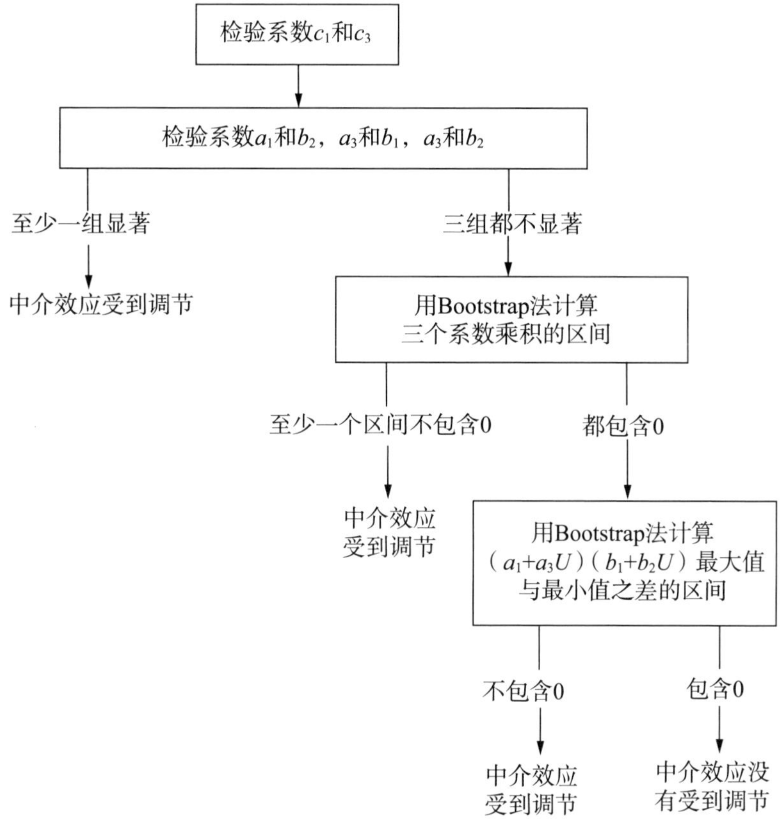

图 5—3　有调节的中介模型检验流程

情形 4：甲、乙、丙的结果都不显著；丁先做了甲的检验（不显著），然后做了乙的检验（不显著），最后做了丙的检验（不显著）。

丁的检验力和丙的一样，高于甲和乙（情形 3）；在各种情形下，丁获得的信息都是最多的，在情形 2 和情形 3 中都多于其他三人；在检验结果解释方面，丁是最强的一个，在情形 1 至情形 3 中，其解释都与甲、乙、丙中显著性解释最强的一个相同，详见表 5—1。

表 5—1 层次检验与依次检验、系数乘积的区间检验和中介效应差异检验比较

检验方法	情形 1	情形 2	情形 3	情形 4
甲：依次检验三对系数	检验结果显著 **信息**：知道乙、丙、丁的结果也显著 **解释**：明确知道中介路径上每个系数的显著性，以及前半、后半路径哪个受到调节	检验结果不显著 **信息**：不知乙、丙、丁的结果 **解释**：中介效应没有受到调节	检验结果不显著 **信息**：与情形 2 相同 **解释**：与情形 2 相同	检验结果不显著 **信息**：与情形 2 相同 **解释**：与情形 2 相同
乙：三个系数乘积的区间检验	检验结果显著 **信息**：知道丙、丁的结果也显著，但不知甲的结果 **解释**：明确知道前半、后半路径哪个受到调节	检验结果显著 **信息**：与情形 1 相同 **解释**：与情形 1 相同	检验结果不显著 **信息**：知道甲的结果不显著，但不知丙、丁的结果 **解释**：中介效应没有受到调节	检验结果不显著 **信息**：与情形 3 相同 **解释**：与情形 3 相同
丙：中介效应差异检验	检验结果显著 **信息**：知道丁的结果也显著，但不知甲、乙的结果 **解释**：只知道中介过程受到调节，但不知哪个路径受到调节	检验结果显著 **信息**：与情形 1 相同 **解释**：与情形 1 相同	检验结果显著 **信息**：与情形 1 相同 **解释**：与情形 1 相同	检验结果不显著 **信息**：知道其他三人的结果也不显著 **解释**：中介效应没有受到调节

续表

检验方法	情形 1	情形 2	情形 3	情形 4
丁：层次检验	检验结果显著 **信息**：知道甲、乙、丙的结果也显著 **解释**：与甲的情形 1 相同	检验结果显著 **信息**：知道甲的结果不显著、乙和丙的结果显著 **解释**：与乙的情形 1 相同	检验结果显著 **信息**：知道甲和乙的结果不显著、丙的结果显著 **解释**：与丙的情形 1 相同	检验结果不显著 **信息**：知道其他三人的结果也不显著 **解释**：中介效应没有受到调节
层次检验的优点	丁和甲的信息多于乙和丙，丁和甲的结果解释性也强于乙和丙	丁、乙、丙的检验力高于甲，丁的信息多于甲、乙、丙，丁和乙的结果解释性强于丙	丁和丙的检验力高于甲和乙；丁的信息多于甲、乙、丙	丁和丙的信息多于甲和乙

第四节　有调节的中介效应应用实例：感恩对学业成就的影响

本例感兴趣的是感恩（X）通过学业复原力（W）影响学业成就（Y）的中介过程，是否受到了压力性生活事件（U）的调节（温忠麟，叶宝娟，2014b）。共有 8 所初级中学的 1148 名青少年参与调查，其中女生 567 人，男生 581 人，平均年龄 15.13 岁（SD=1.65）。有关测量工具、模型假设成立条件的评估等具体细节参见叶宝娟等（2013）的研究。但本实例数据与叶宝娟等（2013）研究中使用的数据不同。这里只作建模示例，不涉及实证研究的问卷信度等其他议题。

将 Y，W，X 和 U 标准化，变成 Z 分数（变量名称不变），然后将相应的

Z 分数相乘产生交互作用项 UX 和 UW 的分数（但 UX 和 UW 不是标准化变量）。变量间的协方差矩阵见附录 5.1。用路径分析建模检验效应显著性。

第一步，建立学业成就（Y）与感恩（X）关系的简单调节模型，检验直接效应是否受到生活事件（U）的调节，结果见图 5－4。感恩（X）对学业成就（Y）的效应显著（$c_1 = 0.156$，$t = 5.334$，$p < 0.001$），感恩（X）与生活事件（U）的交互项（UX）对学业成就（Y）的效应不显著（$c_3 = -0.036$，$t = -1.298$，$p = 0.194$）。

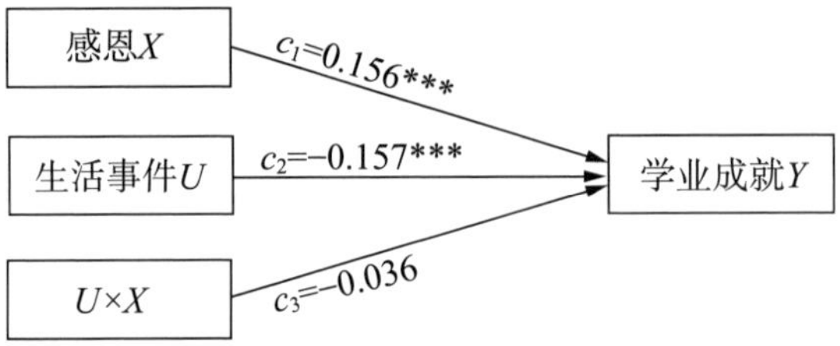

图 5－4　检验直接效应是否受到调节

第二步，建立有调节的中介模型［见图 5－1（b），但直接效应不受调节，即 c'_3 等于零］，检验感恩（X）经过复原力（W）对学业成就（Y）的中介效应是否受到生活事件（U）的调节。先做依次检验，可以通过两个回归分析（5.2）和（5.3）完成，但我们用路径分析进行，附录 5.1 给出了 Mplus 程序，结果见图 5－5。感恩（X）对复原力（W）的效应显著（$a_1 = 0.529$，$t = 20.937$，$p < 0.001$），感恩（X）与生活事件（U）的交互项（UX）对复原力（W）的效应不显著（$a_3 = -0.009$，$t = -0.386$，$p = 0.699$）；复原力（W）对学业成就（Y）的效应显著（$b_1 = 0.222$，$t = 6.646$，$p < 0.001$），生活事件（U）与复原力（W）的交互项（UW）对学业成就（Y）的效应不显著（$b_2 = -0.048$，$t = -1.807$，$p = 0.071$）。对照图 5－3 的流程，依次检验还不能确定感恩经过复原力对学业成就的中介效应是否受到生活事件的调节。

第三步，使用偏差校正的非参数百分位 Bootstrap 法计算 a_1b_2，a_3b_1 和 a_3b_2 的置信区间，附录 5.2 给出了 Mplus 程序。系数乘积 95％的置信区间：a_1b_2 为［－0.053，－0.001］，a_3b_1 为［－0.016，0.012］，a_3b_2 为［－0.002，

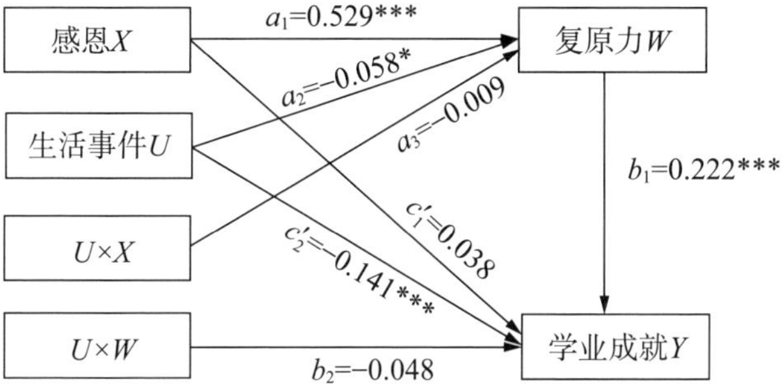

图 5—5　检验中介效应的前后路径是否受到调节

0.005]。因为 a_1b_2 的置信区间不包括 0，所以感恩经过复原力对学业成就的中介效应的后半路径受到生活事件的调节。因为 a_3b_1 和 a_3b_2 的置信区间包括 0，所以模型的前半路径没有受到调节。将前半路径设置成没有调节，重新估计和检验模型［如图 5—2（b），不难对附录 5.2 的 Mplus 程序做相应修改］。

因为 $a_3 = -0.009$ 几乎等于零，所以设置模型前半路径不受调节后，各参数的估计没有什么变化。感恩（X）经过复原力（W）对学业成就（Y）的中介效应为 $a_1b_1 + a_1b_2U = 0.117 - 0.025U$，有调节的中介指数为 -0.025。当 U 取值为 1、0 和 −1 时，中介效应分别为 0.092、0.117 和 0.142 。感恩（X）对学业成就（Y）的总效应是 0.181（见附录 5.1），当 U 取值为 1、0 和 −1 时，中介效应分别占了总效应的 50.8%、64.6%和 78.5%。对 U 取值为 1 和 0 检验中介效应之差，95%置信区间为［−0.053，−0.001］，不包含 0，故差异显著。显然，U 取值为 1 和 −1 对应的中介效应之差更大。

上述统计结果说明，感恩（X）经过复原力（W）对学业成就（Y）的中介效应受到生活事件（U）的调节。当个体经历的生活事件属于平均水平时（$U=0$），感恩（X）经过复原力（W）对学业成就（Y）的间接效应占了总效应的三分之二左右。当个体经历较多的生活事件时，这个间接效应变小，直接效应变大；当个体经历较少的生活事件时，这个间接效应变大，直接效应变小。从而，对于经历较多生活事件的个体，提高其感恩水平往往可以直接提高其学业成就；但对于经历较少生活事件的个体，应当重视提高其复原力，才能更有效地提高其学业成就。

有调节的中介模型，比较深入地揭示了感恩（X）对学业成就（Y）的作用机制，既阐明了感恩（X）通过复原力（W）影响学业成就（Y）（“怎样起作用”），还揭示了这一过程受到压力性生活事件的影响（“何时作用更大”）（叶宝娟 等，2013）。

第五节　有中介的调节模型及其检验流程

从有调节的中介模型角度，图 5－1（b）是与简单中介路径图［见图 5－1（a）］比较，无论是 X 与 Y 关系的直接路径还是间接路径，都受到 U 的调节。明确一点说就是，W 是 X 与 Y 关系的中介变量，中介过程的前后路径以及直接路径，都受到 U 的调节。

但如果方程（5.1）的 c_3 显著，则对应于一个简单调节模型［见图 5－6（a）］。将图 5－1（b）［为了方便比较，重新画图作为图 5－6（b）］与图 5－6（a）比较，可以有新的解释。图 5－6（b）与图 5－6（a）的关系，可以类比为图 3－1（b）与图 3－1（a）的关系，这样，图 5－6（b）可以解释为 U 的调节效应经过中介变量 W 而起作用。更具体来说就是，U 是 X 与 Y 关系的调节变量，调节效应有一部分是经过中介变量 W 而起作用的，间接的调节效应由 $(a_1+a_3U)(b_1+b_2U)$ 中与 U 有关的系数反映，直接的调节效应由 $c'_1+c'_3U$ 中 U 的系数反映。如果图 5－6（a）中的 c_3 显著而图 5－6（b）中的 c'_3 不再显著，则调节效应“完全”通过中介变量 W 而起作用；如果 c'_3 还显著，则调节效应“部分地”经过中介变量 W 起作用。从这个角度看，分析的是有中介的调节模型了（Baron & Kenny，1986；Edwards & Lambert，2007；叶宝娟，温忠麟，2013）。这样，同一个路径图可以反映两种模型：与图 5－1（a）比较，可以分析有调节的中介效应；与图 5－6（a）比较（前提是其中的 c_3 显著），可以分析有中介的调节效应。借用 Muller 等人（2005）的话来说就是“同一个硬币的两面”。

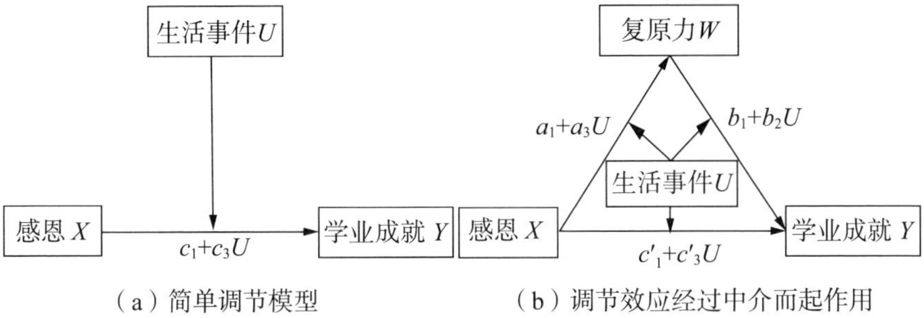

图 5—6　有中介的调节模型与简单调节模型比较

对于有中介的调节模型，叶宝娟和温忠麟（2013）总结出一个检验流程（见图 5—7）：

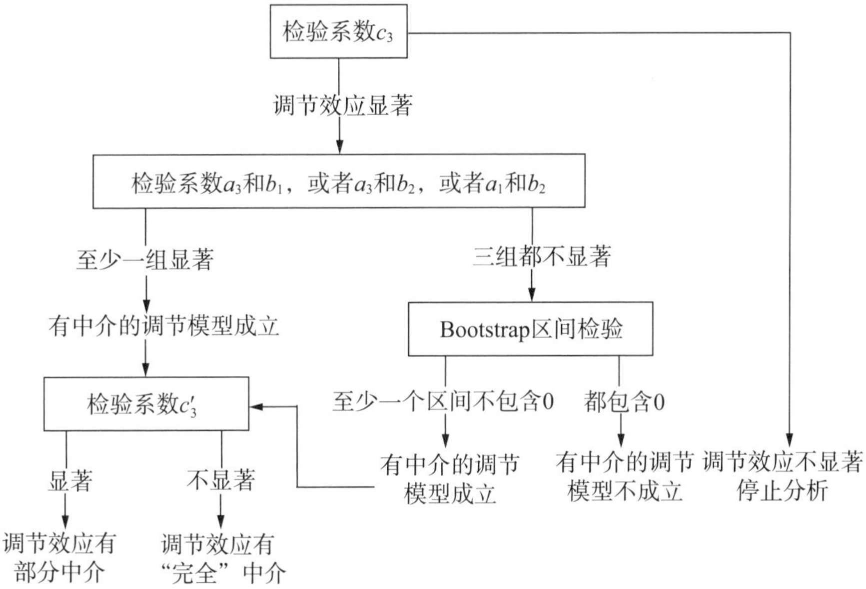

图 5—7　有中介的调节模型检验流程

第一步，检验方程（5.1）的回归系数 c_3，如果显著，继续下面的步骤。否则，停止分析（即不能检验有中介的调节效应）。

第二步，检验方程（5.2）的回归系数 a_1 和 a_3，以及方程（5.3）的回归系数 b_1 和 b_2，如果 a_3 和 b_1 显著，或者 a_3 和 b_2 显著，则 UX 对 Y 的影响至

少有一部分通过中介变量 W 实现。如果 a_1 和 b_2 显著，则 U 通过调节 W 对 Y 的效应，间接调节了 X 对 Y 的效应。如果三种情形无一成立，转到第四步。

第三步，检验系数 c'_3，如果不显著，说明考虑了中介变量后，直接的调节效应不再显著（传统的说法是调节效应“完全”经过中介变量而起作用）；如果显著，说明调节效应有部分通过中介变量而起作用。检验结束。

第四步，用 Bootstrap 法分别计算 a_3b_1，a_3b_2 和 a_1b_2 的置信区间，如果其中至少有一个置信区间不包含 0，意味着 W 的中介效应显著，转到第三步；否则中介效应不显著。检验结束。

说明一下，先做依次检验，是为了使用 SPSS 或者 LISREL 解决多数问题。使用 Mplus 时可以跳过依次检验，直接检验系数乘积。

当检验结果是有中介的调节模型成立，如何计算经过中介变量的间接调节效应量的大小呢？最简单的方法就是计算 $c-c'$ 。在应用中常用的模型是不出现 b_2 ［参见图 5－6（b）］，此时只检验系数 a_3 和 b_1，如果模型成立，则间接的调节效应等于 a_3b_1。

第六节　有中介的调节效应应用实例：感觉寻求对烟酒使用的影响

本例感兴趣的是生活事件（调节变量 U）是否调节了感觉寻求（自变量 X）与烟酒使用（因变量 Y）的关系，这种调节效应是否以结交不良同伴（W）为中介变量，及生活事件（U）是否调节了结交不良同伴（W）与烟酒使用（因变量 Y）的关系（叶宝娟，温忠麟，2013）。本次研究共有 4 所初级中学的 525 名青少年参与调查，其中女生 269 人，男生 256 人，平均年龄 14.25 岁（SD＝0.89）。有关测量工具、模型假设成立条件的评估等具体细节参见叶宝娟等（2011）的研究。但本实例数据与叶宝娟等（2011）研究中使用的数据不同，这里只作建模示例，不涉及实证研究的问卷信度等其他议题。

将 Y、W、X 和 U 标准化，变成 Z 分数，然后将相应的 Z 分数相乘产生

交互作用项 UX 和 UW 的分数（但 UX 和 UW 不是标准化变量）。变量间的协方差矩阵见附录 5.3。用路径分析建模检验。

根据图 5—7 的流程，先检验生活事件（U）的调节作用。建立感觉寻求（X）、生活事件（U）及其交互项（UX）与烟酒使用（Y）的关系模型（见图 5—8），Mplus 程序见附录 5.3。交互项（UX）对烟酒使用（Y）的调节效应显著（$c_3=0.170$，$t=4.722$，$p<0.001$），说明生活事件（U）在感觉寻求（X）对烟酒使用（Y）的影响中起到了调节作用。

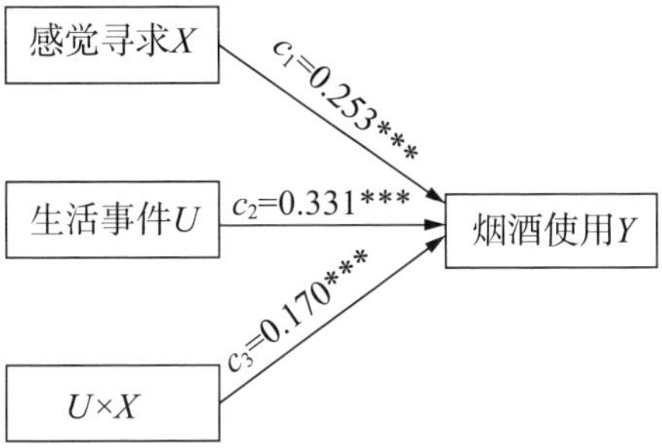

图 5—8　生活事件调节效应检验

再检验结交不良同伴（W）的中介作用。建立生活事件（U）、感觉寻求（X）和结交不良同伴（W）及其交互项 UX、UW 与烟酒使用（Y）的关系模型（见图 5—9），Mplus 程序见附录 5.4。感觉寻求（X）对结交不良同伴（W）的效应显著（$a_1=0.233$，$t=5.430$，$p<0.001$），感觉寻求（X）与生活事件（U）的交互项（UX）对结交不良同伴（W）的效应显著（$a_3=0.106$，$t=2.615$，$p<0.01$），但结交不良同伴（W）对烟酒使用（Y）的效应不显著（$b_1=0.020$，$t=0.523$，$p>0.05$），生活事件（U）与结交不良同伴（W）的交互项（UW）对烟酒使用（Y）的效应不显著（$b_2=0.079$，$t=1.921$，$p>0.05$）。对照图 5—7 的流程，不能确定青少年感觉寻求与烟酒使用的关系是有中介的调节模型。

接下来，使用偏差校正的非参数百分位 Bootstrap 法计算 a_3b_1，a_3b_2 和 a_1b_2 的置信区间，附录 5.5 给出了 Mplus 程序。a_3b_1 的 95%置信区间为［−0.003，0.012］，a_3b_2 的 95%置信区间为［0.001，0.019］，a_1b_2 的 95%置

信区间为［−0.002，0.050］。因为 a_3b_2 的置信区间不包括 0，所以，感觉寻求与烟酒使用的关系是有中介的调节模型。

在感觉寻求与烟酒使用的关系中，生活事件的调节效应 c_3 为 0.170，其中直接调节效应 c'_3 为 0.145，间接调节效应 $c_3-c'_3$ 为 0.025，间接调节效应占总调节效应的 14.71%。因为感觉寻求与生活事件的交互项（UX）对烟酒使用（Y）的调节效应仍然显著（$c'_3=0.145$，$t=3.800$，$p<0.001$），所以结交不良同伴（W）起到部分中介作用。

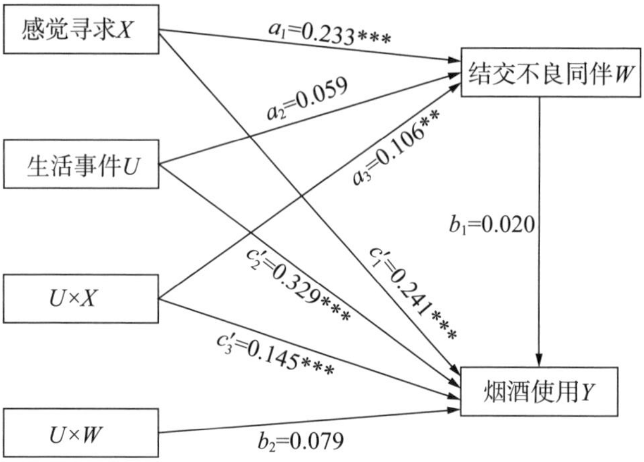

图 5−9 结交不良同伴的中介作用

有中介的调节模型，比较深入地揭示了青少年感觉寻求（X）对烟酒使用（Y）的作用机制，既阐明了感觉寻求（X）发挥作用的条件（“何时起作用”），还揭示了感觉寻求（X）在不同条件下风险效应存在差别的原因（“怎样起作用”）（叶宝娟 等，2011）。

第七节 小 结

如果方程（5.1）的 c_3 显著，则既可以考虑建立有调节的中介模型，也可以考虑建立有中介的调节模型，并且两者的路径图是一样的。采用哪种模型检验并进行解释，取决于所研究的问题背景、学科理论和经验常识。如果c_3不显著，则只能考虑建立有调节的中介模型（Muller et al.，2005）。从这个意义上说，有调节的中介模型的范围比较大（温忠麟，叶宝娟，2014b）。

但两种模型有不同的研究目的和研究重心，立论和解释也很不同，这一点要从文献综述开始就注意区分。对于有调节的中介模型［见图 5－1（b）］，重心在于考虑自变量对因变量的作用机制，即中介效应；其次考虑中介过程是否受到调节，即中介作用何时较强、何时较弱。显然，简单中介模型中的中介效应［见图 5－1（a）］相当于$U=0$时的中介效应，这个中介效应可以不要求显著。只要中介效应受到U的影响（从而至少在某个U处中介效应是显著的），就说明是有调节的中介了。对于有中介的调节模型［见图 5－6（b）］，重心在于考虑自变量与因变量之间关系的方向（正或负）和强弱受到的影响，即调节效应；其次考虑调节变量是如何起作用的，即是否通过中介变量而起作用。这时简单调节效应［见图 5－6（a）］不仅要求显著，而且应当报告增加调节项前后的R^2变化，通常认为R^2变化要超过 2%（甚至 3%）才有实质性意义，否则进一步考虑这个调节作用的机制意义不大。重要的是，两种模型分析方法和步骤不同，选择的模型要与研究目的和研究重心配合，对结果的解释则要与模型配合。

像图 5－9 那样的路径图（也见图 5－5），既可以解释为有调节的中介模型，也可以解释为有中介的调节模型，文献上也称为混合模型（mixed model）。前面的例子为了说明检验流程，都是在区间检验的时候才得到显著结果的。如果依次检验就得到显著结果，可以对模型有更深入的解释（温忠麟 等，2006）：如果混合模型中有中介的调节是线性调节，对中介的调节也是线性调节，那么调节变量对因果关系是二次调节，这不难将方程（5.2）中的W代入方程（5.3）后看出来。反过来，如果面对的是二次调节模型，可以考虑将它转化为一个混合模型，其中同时包含有中介的调节变量和有调节的中介变量。诚然，一个二次调节模型，也可以看作前后路径都受到调节的有调节的中介模型。

我们讨论的模型所涉及的变量都是显变量，但有关的概念、模型路径图、分析思路、检验方法和流程同样适用于潜变量（温忠麟，叶宝娟，2014b；叶宝娟，温忠麟，2013），有关的说明参见第三章第七节，而有关潜变量调节效应分析方法详见第六章。

模型的标准化估计对解释模型和比较效应大小有重要作用。涉及调节效应的模型不能使用通常的标准化解，因为软件给出的交互项标准化解是不正确的（Cohen et al.，2003；温忠麟 等，2008）。有关调节效应模型标准化解的讨论见第七章。

根据图 5—3 和图 5—7 的检验流程，可以总结出一个综合检验流程（见图 5—10），方便读者参考、比较和应用。无论 c_3 是否显著，都可以考虑建立有调节的中介模型，但只有当 c_3 显著的时候，才能建立有中介的调节模型。换句话说就是，如果 c_3 不显著，则只能考虑建立有调节的中介模型。

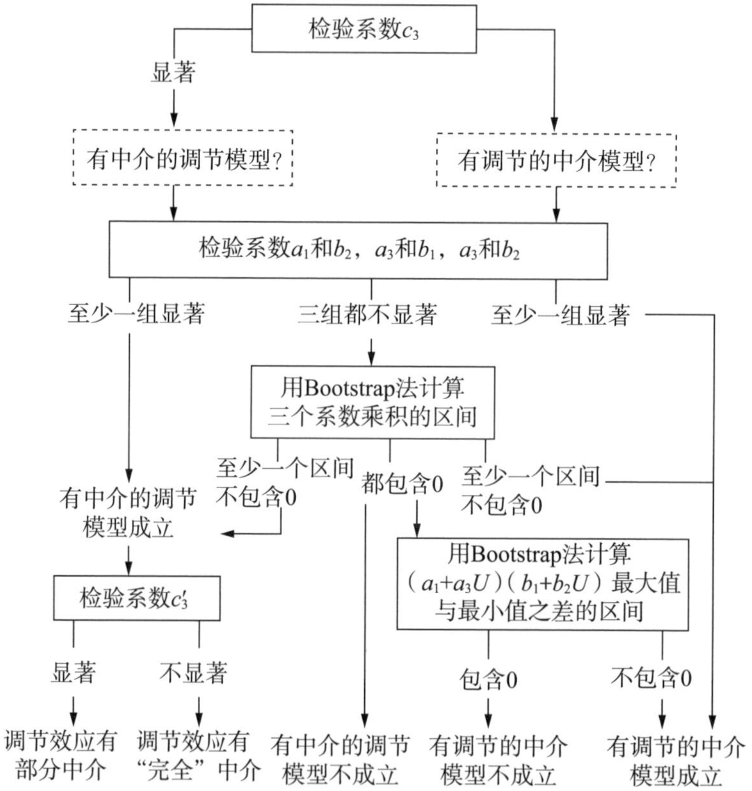

图 5—10　调节效应与中介效应并存的一个综合检验流程

最后，值得说明的是，与有调节的中介模型相比，有中介的调节模型比较难解释，因而也比较少应用。Edwards（2009）更认为有中介的调节模型不合理，把乘积项作为原因变量去讨论其影响结果变量的作用机制会产生误导。因此，除非确有理论支持且有必要性，否则只要研究有调节的中介模型就可以了。

附录 5.1　分析图 5—5 所示模型的 Mplus 程序

```
DATA：FILE IS cov5.1.dat；    ！cov5.1.dat 为协方差矩阵数据文件，
                                  附在本程序后面
      TYPE IS COVA；    ！数据类型是下三角协方差矩阵
      NOBSERVATIONS ARE 1148；    ！被试为 1148 人
VARIABLE：NAMES ARE Y W X U UX UW；    ！变量为 Y，W，X，
                                          U，UX，UW
MODEL：
W on X U UX；
！做 W 对 X，U，UX 的回归
Y on X U W UW；
！做 Y 对 X，U，W，UW 的回归

cov5.1.dat（变量间的协方差矩阵文件）
 1.000
 0.262    1.000
 0.181    0.539    1.000
-0.183   -0.153   -0.180    1.000
-0.019    0.036    0.082   -0.044    1.073
-0.048    0.044    0.036    0.034    0.608    1.142
```

说明：变量依次为学业成就（*Y*）、复原力（*W*）、感恩（*X*）、生活事件（*U*）、感恩与生活事件交互项（*UX*）及复原力与生活事件交互项（*UW*）。

附录 5.2 Bootstrap 法检验有调节的中介模型的 Mplus 程序

```
DATA：FILE IS p. dat；    ！Bootstrap 法需要原始数据
VARIABLE：NAMES ARE Y W X U UX UW；
ANALYSIS：Bootstrap＝2000；    ！Bootstrap 法抽样 2000 次
MODEL：
    W on X (a1)
        U
        UX (a3)；
    ！做W 对 X，U，UX 的回归，X 和 UX 的回归系数分别命名为 a1 和 a3
    Y on X
        U
        W (b1)
        UW (b2)；
    ！做 Y 对 X，U，W，UW 的回归，W 和 UW 的回归系数分别命名
      为 b1 和 b2
MODEL CONSTRAINT：
    new (H1-H7)；
    H1＝a1 * b2；   ！ a1b2 的估计
    H2＝a3 * b1；   ！ a3b1 的估计
    H3＝a3 * b2；   ！ a3b2 的估计
    H4＝a1 * b1；   ！ 当 U 等于 0 时的 (a1＋a3U) (b1＋b2U) 的中介
                       效应的值
```

```
H5＝H4＋H1＋H2＋H3　！当 U 等于 1 时的中介效应（a1＋a3U）
                        （b1＋b2U）的值
H6＝H4-H1-H2＋H3　！当 U 等于－1 时的中介效应（a1＋a3U）
                        （b1＋b2U）的值
H7＝H5-H4　！当 U 等于 1 和 0 时的（a1＋a3U）（b1＋b2U）之差
OUTPUT：cinterval（bcbootstrap）；
  ！输出系数乘积及中介效应之差的偏差校正的非参数百分位 Boot-
    strap 法计算的中介效应置信区间
```

附录 5.3　分析图 5—8 所示模型的 Mplus 程序

```
DATA：FILE IS cov5.2.dat；　！cov5.2.dat 为协方差矩阵数据文件，
                        附在本程序后面
      TYPE IS COVA；　！数据类型是下三角协方差矩阵
      NOBSERVATIONS ARE 525；　！被试为 525 人
VARIABLE：NAMES ARE Y W X U UX UW；　！变量为 Y，W，X，
                        U，UX，UW
          USEVARIABLES ARE Y X U UX；　！此次分析用到变
                        量 Y，X，U，UX
MODEL：Y on X U UX；　！做 Y 对 X，U，UX 的回归

cov5.2.dat（变量间的协方差矩阵文件）
1.00000
0.14709　1.00000
```

0.34690	0.25862	1.00000			
0.42411	0.13437	0.22391	1.00000		
0.28994	0.15773	0.11557	0.21554	1.11484	
0.18276	−0.03139	0.12684	0.09621	0.33797	0.90972

说明：变量依次为烟酒使用（*Y*）、不良同伴（*W*）、感觉寻求（*X*）、生活事件（*U*）、感觉寻求与生活事件交互项（*UX*）及结交不良同伴与生活事件交互项（*UW*）。

附录 5.4 分析图 5—9 所示模型的 Mplus 程序

```
DATA：FILE IS cov5.2.dat；      ！cov5.2.dat 是协方差矩阵数据文件，
                                  见附录 5.3
      TYPE IS COVA；      ！数据类型是下三角协方差矩阵
      NOBSERVATIONS ARE 525；      ！被试为 525 人
VARIABLE：NAMES ARE Y W X U UX UW；      ！变量为 Y，W，X，
                                           U，UX，UW
MODEL：Y on W X U UX UW；      ！做 Y 对 W，X，U，UX，UW 的回归
       W on X U UX；      ！做 W 对 X，U，UX 的回归
```

附录 5.5　Bootstrap 法检验有中介的调节模型的 Mplus 程序

```
DATA：FILE IS p2. dat；    ！Bootstrap 法需要原始数据
      VARIABLE：NAMES ARE Y W X U UX UW；
      ANALYSIS：Bootstrap＝1000；    ！Bootstrap 法抽样 1000 次
MODEL：
    Y on W (b1)
        X U UX
        UW (b2)；
    ！做 Y 对 W，X，U，UX，UW 的回归，将 Y 对 W 和 UW 的回归
      系数命名为 b1 和 b2
    W on X (a1)
        U
        UX (a3)；
    ！做 W 对 X，U，UX 的回归，将 W 对 X 和 UX 的回归系数命名为
      a1 和 a3
MODEL CONSTRAINT：
        new (H1-H3)；
        H1＝a3 * b1；    ！中介效应值 a3b1 的估计
        H2＝a3 * b2；    ！中介效应值 a3b2 的估计
        H3＝a1 * b2；    ！中介效应值 a1b2 的估计
OUTPUT：cinterval (bcbootstrap)；
    ！输出偏差校正的非参数百分位 Bootstrap 法计算的中介效应置信区间
```

第六章　潜变量交互效应和二次效应

如果涉及的变量是可观测变量，如性别、年龄、训练次数、反应时间等等，交互效应（或调节效应）的分析方法是比较成熟的（见第四章）。但在心理、行为、管理和社会等研究领域，所涉及的变量往往不能直接观测，即所谓潜变量，如智力、考试焦虑、自我概念、学业成就等等都是潜变量。如何分析潜变量的交互效应，是研究方法领域的一个重要课题。

与交互效应有关的一个问题是二次效应。如果一个变量有很强的二次效应，可能会表现为它与另一个变量有显著的交互效应。因此，如果不能适当地分析潜在的二次效应，就可能将其误解为交互效应，导致对交互效应的高估和对结果的错误解释（Lubinski & Humphreys，1990）。例如，操作成绩与焦虑的关系，是人们熟知的二次效应的例子：焦虑程度开始增加时，操作成绩会上升，但在到达一定的焦虑水平后，如果再增加，操作成绩反而会下降，整个过程呈现一个倒“U”形。又如，自我概念研究发现，学生的自我概念随年龄而下降，低点在14岁前后，随后会略有上升，即呈“U”形发展。

单独研究二次效应的文献不多，一般是将其和交互效应一起研究，或将其作为一般非线性效应的特例。从形式上看，二次效应模型也是交互效应模型的特例（即两个自变量相同），分析交互效应模型的任何一种方法，都可以用来分析二次效应。所以有关交互效应和二次效应的研究通常都将重点放在交互效应上。

本章讨论潜变量交互效应分析方法，重点是三种结构方程分析方法。本章也会介绍潜变量二次效应分析方法。

第一节　化潜为显

一、潜变量交互作用举例

如果两个自变量都是潜变量，每个潜变量相当于因子分析中的因子，需要设计若干题目作为指标去间接测量。下面考虑潜变量 ξ_1，ξ_2 对因变量 y（显变量）或 η（潜变量）的交互效应，其中潜变量有若干指标。先看一个实际例子。

例 6.1　Bagozzi 等（1992）研究了消费者对商场购物优惠券的看法（K）、评价（P）对使用优惠券的态度（T）的影响。问卷题目均为 7 点量表，根据被试对题目陈述的同意程度记分：1—完全不同意，……，7—完全同意。

（K）对购物优惠券的看法：

$K1$　寻找和收集优惠券需花许多时间和精力。

$K2$　计划和使用优惠券需花许多时间和精力。

（P）对购物优惠券的评价：

$P1$　寻找和收集优惠券所花的时间和精力很值得。

$P2$　计划和使用优惠券所花的时间和精力很值得。

（T）对购物优惠券的态度：

$T1$　你喜欢优惠券。

$T2$　你乐于使用优惠券。

$T3$　你认为优惠券很好。

例 6.1 的潜变量 K，P，T 均由多于一个题目测量，一个题目对应于一个指标。应当如何估计或检验看法（K）与评价（P）对态度（T）的交互效应呢？本节介绍若干化潜为显的方法。

二、用潜变量对应的量表分进行分析

人们经常将潜变量简单地当作显变量来处理。在涉及潜变量时，只要没有像结构方程模型那样使用多个测量指标一起进行分析，实际上都采用了化潜为显的策略。

最自然、最常用的方法是用量表分（scale score）进行分析：将测量一个潜变量的若干题目（指标）视为一个分量表，将各题目得分的平均分作为该分量表的得分，并作为对应的潜变量的观测值。也有人使用分量表各题目得分的总分作为该分量表的得分。当分量表的题目数量不同时，还是使用平均分比较好。对于例6.1，用测量潜变量 T 的 3 个题目 $T1$，$T2$，$T3$ 的平均分作为 T 的观测值；$K1$ 和 $K2$ 的平均分作为 K 的观测值；$P1$ 和 $P2$ 的平均分作为 P 的观测值。在有了观测值后，潜变量就相当于显变量了，可以应用显变量的交互效应分析方法。

使用量表分进行统计分析简单方便，是应用工作者惯用的一种方法。如果各分量表的题目信度都很高（即测量误差小），这样做是可以的。但如果题目信度不高（即测量误差大），由于忽略了测量误差，用量表分作为潜变量观测值进行分析往往是很不精确的，有较大的可能性得出错误的结果。

三、用潜变量的因子得分进行分析

这是熟悉因子分析的人容易想到的一种方法，因为潜变量是其多个指标的（公共）因子。使用因子得分，潜变量的多个指标值综合成了一个观测值。整个过程有两个步骤：第一步是因子分析，有三个因子（两个自变量和一个因变量），分别进行因子分析。对每个因子，每个被试（样品）可以得到一个因子得分。第二步是回归分析，将潜变量作为显变量，用因子得分作为观测值进行分析。

就例 6.1 而言，分别做“看法”（2 个指标 $K1$，$K2$，1 个因子 K）、“评价”（2 个指标 $P1$，$P2$，1 个因子 P）和“态度”（3 个指标 $T1$，$T2$，$T3$，1 个因子 T）的因子分析，计算每个样品的三个因子得分，通常使用

Anderson 和 Rubin（1956）推出的因子得分（SPSS 的因子分析中有此选项），这种因子得分都是标准分（均值为 0，标准差为 1）。而回归法（SPSS 中默认的求因子得分的方法）得到的因子得分的标准差不一定为 1。不过，当用主成分法（principal components）做因子分析时，两种方法得到的因子得分是一样的。将因子得分作为潜变量的观测值，视为连续变量，用显变量交互效应分析方法（见第四章）做如下回归分析：

$$T = b_0 + b_1 K + b_2 P + b_3 KP + e$$

因为因子得分是测量指标的线性组合，所以因子得分其实是测量指标的一种加权平均。与前面介绍的使用量表分（简单算术平均分）不同的是，因子得分在分数合成时考虑了各指标的测量误差。当各指标的信度差别较大时，使用因子得分往往优于使用量表分。虽然计算因子得分比计算平均分复杂得多，但常用的统计软件（如 SPSS、Mplus、LISREL 等）都已经可以直接得到因子得分。

该方法的优点是容易理解，只用因子分析和回归分析，用 SPSS 就可以完成分析。缺点是，在第二步使用因子得分进行回归分析时，忽略了指标的测量误差，因而 t 统计量［见第四章公式（4.5）］中的标准误 $se(\hat{\beta}_3)$ 可能很不精确，从而影响检验结果。

第二节　两步最小二乘回归

Bollen 和 Paxton（1998）用下面的简单模型来说明 Bollen（1995）提出的两步最小二乘法（2SLS）。设因变量 y 是可观测变量，自变量 ξ_1 有两个指标 x_1 和 x_2，ξ_2 有两个指标 x_3 和 x_4。从而模型的（固定负荷）测量方程为

$$x_1 = \xi_1 + \delta_1,\ x_2 = \lambda_2 \xi_1 + \delta_2;\ x_3 = \xi_2 + \delta_3,\ x_4 = \lambda_4 \xi_2 + \delta_4 \tag{6.1}$$

回归方程为

$$y = \alpha + \gamma_1 \xi_1 + \gamma_2 \xi_2 + \gamma_3 \xi_1 \xi_2 + \zeta \tag{6.2}$$

其中 $\xi_1\xi_2$ 表示 ξ_1 与 ξ_2 对 y 的交互效应项。方程（6.2）是（4.4）的自然推

广，接下来的做法是避免潜变量。由（6.1）可得 $\xi_1 = x_1 - \delta_1$，$\xi_2 = x_3 - \delta_3$，代入（6.2）得到

$$\begin{aligned} y &= \alpha + \gamma_1(x_1 - \delta_1) + \gamma_2(x_3 - \delta_3) + \gamma_3(x_1 - \delta_1)(x_3 - \delta_3) + \zeta \\ &= \alpha + \gamma_1 x_1 + \gamma_2 x_3 + \gamma_3 x_1 x_3 + e \end{aligned} \tag{6.3}$$

其中

$$e = -\gamma_1\delta_1 - \gamma_2\delta_3 - \gamma_3(x_1\delta_3 + x_3\delta_1 - \delta_1\delta_3) + \zeta$$

为综合误差项。

虽然（6.3）只涉及显变量，形式与（4.4）无异，但（6.3）中的误差项与自变量 x_1，x_3 相关，不符合通常最小二乘（ordinary least squares，OLS）回归模型的假设。解决的办法是用 x_2，x_4，x_2x_4 取代（6.3）中的 x_1，x_3，x_1x_3。为此，Bollen（1995）提出如下两步估计方法：第一步，做 x_1 对 x_2，x_4，x_2x_4 的最小二乘回归得到预测值 $\hat{x}_1$，做 x_3 对 x_2，x_4，x_2x_4 的最小二乘回归得到预测值 $\hat{x}_3$，做 x_1x_3 对 x_2，x_4，x_2x_4 的最小二乘回归得到预测值 $\hat{x}_{13}$。第二步，分别用 $\hat{x}_1$，$\hat{x}_3$，$\hat{x}_{13}$ 代替（6.3）中的 x_1，x_3，x_1x_3，但综合误差项 e 不变，做 y 对 $\hat{x}_1$，$\hat{x}_3$，$\hat{x}_{13}$ 的最小二乘回归。由于 $\hat{x}_1$，$\hat{x}_3$，$\hat{x}_{13}$ 都是 x_2，x_4，x_2x_4 的函数，与 e 无关，因而符合通常回归模型的假设，可以用最小二乘估计。称 x_2，x_4，x_2x_4 为工具变量。图 6—1 给出了 2SLS 的路径图，其中“锯齿”箭头表示 ξ_1 和 ξ_2 对交互效应项 $\xi_1\xi_2$ 直接的非线性关系。$\xi_1\xi_2$ 不带残差项（即未被解释的部分），因为它是 ξ_1 和 ξ_2 的严格意义上的函数（即乘积）。

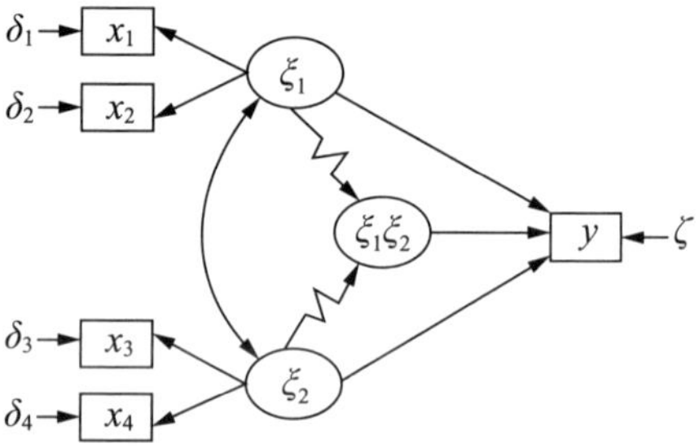

图 6—1　2SLS 路径图

2SLS 是有名的分析潜变量交互效应和二次效应的方法，由于只涉及通常的最小二乘回归，而不像通常分析潜变量那样要用到结构方程，理论上容易接受。SPSS 和 LISREL 都有专门的 2SLS 分析命令，一个命令就可以完成整个分析，从而使 2SLS 成了一个成熟的分析方法。更重要的是，2SLS 不需要许多其他方法都有的并会在应用中引起麻烦的正态性假设。

2SLS 虽然有上述许多优点，但经常受到负面评价（例如：Jöreskog，1998；Klein & Moosbrugger，2000；Schermelleh-Engel et al.，1998）。该方法只能利用部分信息，因为如果因变量也是潜变量，由（6.3）可知，只能选用因变量的一个指标，或者将因变量的指标综合为一个潜变量得分。而且，（6.3）中的自变量开始时只涉及潜变量的尺度指标，用预测值代替又带来误差，所以该方法的精确度（precision）[①] 较差。在 Moulder 和 Algina（2002）的研究中，所考虑的其他几种基于结构方程的方法都优于 2SLS 方法，表现在 2SLS 估计的交互效应有较大偏差（bias）[②]，检验力较低。特别是当指标的信度在中等以下（如小于 0.7）时，偏差往往会随样本容量 N 的增加而变大。基于上述讨论，不推荐使用 2SLS。特别是，当指标的信度较低，或者因变量不止一个测量指标的时候，不要使用 2SLS。

第三节　多组线性结构方程模型

这种方法是第四章介绍的分组回归的推广。Jöreskog（1971）、Bagozzi 和 Yi（1989）、MacKenzie 和 Spreng（1992）等都使用过此方法。做法是按其中一个变量（比如 ξ_2）将样本分成若干子样本。由于 ξ_2 未知，可以用其指标的值分组。图 6－2 是结构方程模型的路径图。如例 6.1，要按“看法”（K）分为两组，可以计算 $K1+K2$ 的样本均值 $\overline{k1+k2}$，将 $k1+k2$ 大于 $\overline{k1+k2}$ 的样品作为一组（高分组），其余的作为一组（低分组）。然后做多组结构方程分析（见第二章第七节），其中“态度”（T）只是“评价”（P）的直线回归：

$$T = \alpha + \gamma P + \zeta$$

① 对于无偏（或近似无偏）估计，通常用估计的标准误来衡量估计的精确度，标准误越小越精确。对于有偏估计，通常用均方误差（mean squares of error）来衡量估计的精确度。

② 设 θ 是待估计的参数，$\hat{\theta}$ 是一个估计，$E(\hat{\theta})$ 为 $\hat{\theta}$ 的数学期望，$E(\hat{\theta})-\hat{\theta}$ 称为 $\hat{\theta}$ 的偏差。偏差反映了就平均而言，估计的参数与待估计的参数相差有多大。如果 $E(\hat{\theta})=\theta$，称 $\hat{\theta}$ 为 θ 的无偏估计，否则是有偏估计。

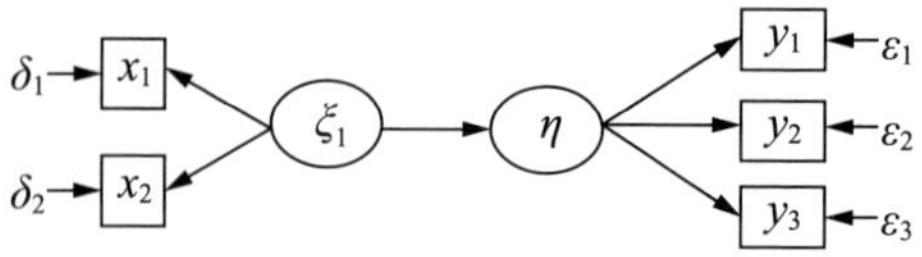

图 6－2　按 ξ_2 分组的结构方程模型路径图

常用的分析 SEM 软件（如 LISREL、EQS 等）都有现成的多组（subgroup 或 multigroup）分析命令。做法是，先让两组的结构方程回归系数自由估计（记为模型 M1），得到的卡方值和自由度分别记为 χ^2_{M1} 和 df_{M1}。然后将两组的结构方程回归系数限制为相等（记为模型 M2），得到的卡方值和自由度分别记为 χ^2_{M2} 和 df_{M2}。后面的卡方减去前面的卡方得到一个新的卡方 $\Delta\chi^2=\chi^2_{M2}-\chi^2_{M1}$，其自由度就是两个模型的自由度之差 $\Delta df=df_{M2}-df_{M1}$（两组的情形下，$\Delta df=1$）。对 $\Delta\chi^2$ 进行卡方检验，如果结果是统计显著，则交互效应显著。在 Mplus 中也不难实现多组分析。

该方法历史较长，又有 SEM 软件支持，在文献中多有讨论。尤其是当交互效应不是以乘积 $\xi_1\xi_2$ 出现，而是以其他形式（如 ξ_1/ξ_2 等）出现时（Hanushek & Jackson，1977），该方法的优点就很明显了。当有一个自变量是由多个指标测量的潜变量，而另一个自变量是类别变量（自然是显变量）时，样本可以根据该类别变量分成少数几个子样本，多组线性结构方程模型可以有效地用来分析交互效应（Bagozzi & Yi，1989；Rigdon et al.，1998）。但在一般情况下，问题也不少（Cohen & Cohen，1983；Ping，1998），主要有：一是分组有人为性；二是基于可观测的变量分组，忽略了测量误差；三是会提高假设检验中的第二类错误率；四是没有给出交互效应（系数）的估计；五是受样本容量的限制（分组后的子样本可能太小）。所以，除非有一个自变量是取值不多的类别变量，否则不建议使用多组分析。

第四节 加入乘积指标的结构方程

当所有的变量都是潜变量且由多个指标测量时，结构方程模型对分析变量之间的交互效应有非常重要的作用。有多种用结构方程分析潜变量交互效应的方法（温忠麟，吴艳，2010），主要有：加入乘积指标（product indicator）的方法（Marsh，Wen，& Hau，2004）、分布分析方法（distribution analytic approaches；Klein & Muthén，2007）、贝叶斯方法（Bayesian method；Lee，2007；Lee et al.，2007）、两步矩法（two-step method of moments，2SMM；Wall & Amemiya，2000）、精确极大似然方法（exact ML approach；Lee & Zhu，2000）以及基于测量指标分布的经验特征函数方法（Blom & Christoffersson，2001）等等。

这些方法中，加入乘积指标的方法是最易理解的，并且很早就可以在常用 SEM 软件上实现，因而得到较多的研究和应用。该方法源于 Kenny 和 Judd（1984）的开创性工作，经过许多人的努力，建模方法大为简化：从约束（constrained）模型（Algina & Moulder，2001；Jöreskog & Yang，1996）到部分约束（partially constrained）模型（Wall & Amemiya，2001），再到无约束（unconstrained）模型（Marsh，Wen，& Hau，2004；Marsh，Wen et al.，2013），详见附录 6.1；从需要均值结构的模型（Algina & Moulder，2001；Jöreskog & Yang，1996；Marsh，Wen，& Hau，2004；Marsh，Wen et al.，2013）到无需均值结构的模型（Lin et al.，2010；吴艳 等，2009），详见附录 6.2。下面介绍比较简单的无均值结构的无约束模型。

一、无均值结构的无约束模型

为了简单明确起见，设内生潜变量 η 有 3 个指标：y_1，y_2，y_3；外生潜变量 ξ_1 和 ξ_2 也是各有 3 个指标，分别是 x_1，x_2，x_3 和 x_4，x_5，x_6。假设所

有指标已经中心化（即均值为零），要分析 ξ_1 和 ξ_2 对 η 的交互效应，仿照连续的显变量交互效应模型（Aiken & West，1991；Cohen et al.，2003），可以使用如下结构方程（Algina & Moulder，2001；Jaccard & Wan，1995；Marsh，Wen，& Hau，2004）：

$$\eta = \gamma_1\xi_1 + \gamma_2\xi_2 + \gamma_3\xi_1\xi_2 + \zeta \tag{6.4}$$

其中系数 γ_1，γ_2 代表主效应，γ_3 代表交互效应，ξ_1 和 ξ_2 的均值为零，并把乘积项 $\xi_1\xi_2$ 看作 ξ_1 和 ξ_2 以外的第三个潜变量。

按 Marsh，Wen 和 Hau（2004）的建议（见附录 6.3），将 ξ_1 的 3 个指标与 ξ_2 的 3 个指标配对相乘，产生 3 对乘积指标（x_1x_4，x_2x_5，x_3x_6）作为 $\xi_1\xi_2$ 的指标，可以建立如图 6—3 所示的潜变量交互效应模型。用固定负荷的方法指定测量模型，y-指标测量方程的矩阵形式为

$$\begin{pmatrix} y_1 \\ y_2 \\ y_3 \end{pmatrix} = \begin{pmatrix} 1 \\ \lambda_{y2} \\ \lambda_{y3} \end{pmatrix} \eta + \begin{pmatrix} \varepsilon_1 \\ \varepsilon_2 \\ \varepsilon_3 \end{pmatrix} \tag{6.5}$$

x-指标测量方程的矩阵形式为

$$\begin{pmatrix} x_1 \\ x_2 \\ x_3 \\ x_4 \\ x_5 \\ x_6 \\ x_1x_4 \\ x_2x_5 \\ x_3x_6 \end{pmatrix} = \begin{pmatrix} 1 & 0 & 0 \\ \lambda_2 & 0 & 0 \\ \lambda_3 & 0 & 0 \\ 0 & 1 & 0 \\ 0 & \lambda_5 & 0 \\ 0 & \lambda_6 & 0 \\ 0 & 0 & 1 \\ 0 & 0 & \lambda_{25} \\ 0 & 0 & \lambda_{36} \end{pmatrix} \begin{pmatrix} \xi_1 \\ \xi_2 \\ \xi_1\xi_2 \end{pmatrix} + \begin{pmatrix} \delta_1 \\ \delta_2 \\ \delta_3 \\ \delta_4 \\ \delta_5 \\ \delta_6 \\ \delta_{14} \\ \delta_{25} \\ \delta_{36} \end{pmatrix} \tag{6.6}$$

模型假设是潜变量与误差项之间不相关，任两个误差项之间也不相关。通常还会假设 ξ_1 和 ξ_2 是正态分布的，其指标的误差项也是正态分布的。为了避免模型需要均值结构，用下面的结构方程代替（6.4）进行建模（吴艳 等，2009）：

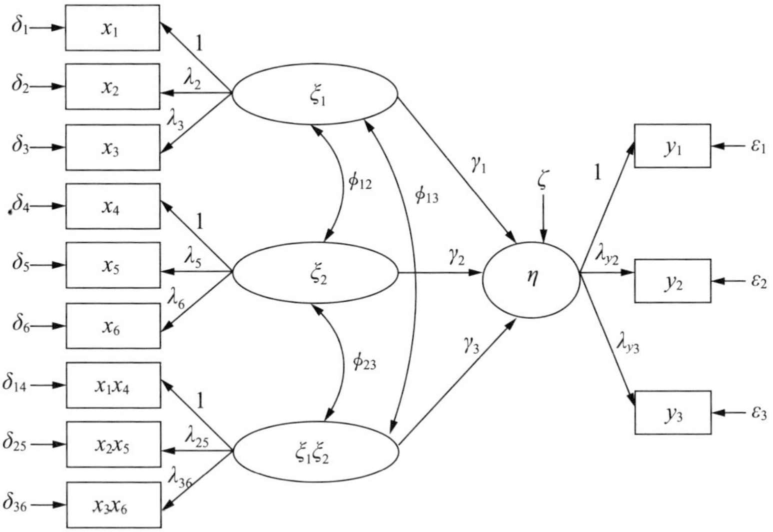

图 6—3　潜变量交互效应模型

$$\eta = \gamma_1\xi_1 + \gamma_2\xi_2 + \gamma_3[\xi_1\xi_2 - E(\xi_1\xi_2)] + \zeta \tag{6.7}$$

并且用重新中心化后的变量 $[x_1x_4 - E(x_1x_4),\ x_2x_5 - E(x_2x_5),\ x_3x_6 - E(x_3x_6)]$ 作为交互项 $\xi_1\xi_2 - E(\xi_1\xi_2)$ 的指标（Lin et al.，2010）。理论上说，使用结构方程（6.7）得到的主效应和交互效应与使用结构方程（6.4）得到的相同。除了出现在测量方程和结构方程中的参数外，其他需要估计的参数（矩阵）如下：

$$\boldsymbol{\Phi} = \begin{pmatrix} \phi_{11} & & \\ \phi_{21} & \phi_{22} & \\ \phi_{31} & \phi_{32} & \phi_{33} \end{pmatrix},\ \boldsymbol{\Psi} = [\psi] \tag{6.8}$$

$$\boldsymbol{\Theta}_{\varepsilon} = \mathrm{diag}(\theta_{\varepsilon 1},\ \theta_{\varepsilon 2},\ \theta_{\varepsilon 3}) \tag{6.9}$$

$$\boldsymbol{\Theta}_{\delta} = \mathrm{diag}(\theta_1,\ \theta_2,\ \theta_3,\ \theta_4,\ \theta_5,\ \theta_6,\ \theta_{14},\ \theta_{25},\ \theta_{36}) \tag{6.10}$$

其中，$\boldsymbol{\Phi}$ 是 ξ_1，ξ_2，$\xi_1\xi_2$ 的协方差矩阵，ψ 是 ζ 的方差；$\boldsymbol{\Theta}_{\varepsilon}$ 是 y-指标的误差方差矩阵，是一个对角矩阵，说明 y-指标的误差之间不相关；$\boldsymbol{\Theta}_{\delta}$ 是 x-指标的误差方差矩阵，也是一个对角矩阵，说明 x-指标的误差之间不相关。如果已知潜变量（ξ_1，ξ_2）是二维正态的，则所有三阶矩（moment）等于零，

即 $\phi_{31}=\mathrm{cov}(\xi_1\xi_2,\ \xi_1)=0$，$\phi_{32}=\mathrm{cov}(\xi_1\xi_2,\ \xi_2)=0$。

二、建模步骤和 Mplus 程序

从上面的模型介绍可知，潜变量交互效应建模几乎和通常的线性结构方程建模一样容易。

第一步：将所有指标中心化（SPSS 程序见第四章附录 4.1）。

第二步：产生配对乘积指标。

第三步：以 ξ_1，ξ_2 和 $\xi_1\xi_2-E(\xi_1\xi_2)$ 为潜变量，用无约束方法建立无均值结构的模型（Mplus 程序见下面的例 6.2）。

值得一提的是，无论将 $\xi_1\xi_2-E(\xi_1\xi_2)$ 作为交互项还是将 $\xi_1\xi_2$ 作为交互项，那是理论上的区别，SEM 建模过程都没有区别，所以应用中没有必要纠缠这个细节。而且，对乘积指标也没有必要真的进行重新中心化，因为模型不含均值结构时，其实已经默认所有潜变量及其指标是中心化的（吴艳 等，2009）。读者应用的时候可以仿照下面的例 6.2 写一个简短的 Mplus 程序，分析潜变量交互效应的问题就变得很容易了。

例 6.2 考虑学生的数学能力 ξ_1 和数学学习动机 ξ_2 对数学成绩 η 的影响。$\xi_1\xi_2$ 是能力和动机的交互效应项。潜变量 η 有 3 个指标 y_1，y_2，y_3；ξ_1 和 ξ_2 各有 3 个指标，分别是 x_1，x_2，x_3（ξ_1 的指标）和 x_4，x_5，x_6（ξ_2 的指标），所有指标都已经中心化。$\xi_1\xi_2$ 的 3 个配对乘积指标为 x_1x_4，x_2x_5，x_3x_6。模型共有 12 个指标。

下面是 Mplus 程序，其中用到的协方差矩阵包含在附录 6.1 的前三个 LISREL 程序中，将协方差矩阵另存为一个 dat 文档，命名为 cov6.2.dat，便可供这里的 Mplus 程序使用。

乘积指标方法分析潜变量交互效应的 Mplus 程序

```
TITLE: Latent Interaction Model for Example 6.2 _Unconstrained
       PI Approach
DATA: FILE is cov6.2.dat;
      TYPE IS COVA;      ! 数据类型是下三角协方差矩阵
      NOBSERVATIONS ARE 500;    ! 样本容量是 500
VARIABLE: NAMES ARE
          y1 y2 y3 x1 x2 x3 x4 x5 x6 x1x4 x2x5 x3x6;
ANALYSIS: MODEL=NOMEANSTRUCTURE;
MODEL:
! 指定测量模型
  eta by y1-y3;
  ksi1 by x1-x3;
  ksi2 by x4-x6;
! 潜变量乘积项的测量模型
  ksi1ksi2 by x1x4 x2x5 x3x6;
! 结构模型
  eta on ksi1 ksi2 ksi1ksi2;
OUTPUT: STANDARDIZED;    ! 乘积指标方法的标准化估计
                           不能直接使用，参见第七章
```

本书报告的结果是 Mplus 8.3 的运行结果，使用 Mplus 默认的极大似然方法。主要拟合指数：$\chi^2(48)=38.74$（$p=0.830$），RMSEA＝0.00，SRMR＝0.03，TLI＝1.01，CFI＝1.00。由于本例使用的是模拟数据，所以模型拟合非常好。主要结果：主效应 $\gamma_1=0.417$（SE＝0.063，$t=6.615$），$\gamma_2=0.431$（SE＝0.059，$t=7.302$）；交互效应 $\gamma_3=0.163$（SE＝0.055，$t=2.996$）。主要参数的估计值见图 6－4。

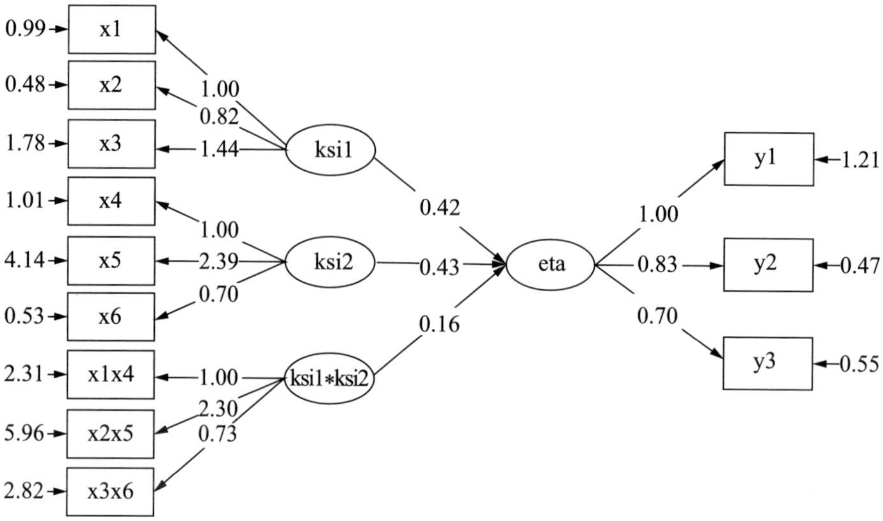

图 6－4　例 6.2 的路径图和无约束方法参数估计值

两个主效应和交互效应都显著，说明数学能力越高，数学成绩越好（$\gamma_1=0.417$）；数学学习动机越强，数学成绩越好（$\gamma_2=0.431$）；能力与动机的乘积 $\xi_1\xi_2$ 越高，数学成绩越好（$\gamma_3=0.163$）。数学能力对数学成绩的正面影响（0.417＋0.163×数学动机）随动机的增加而增加。例如，当数学学习动机取值为 0（－1 或者 1）的时候，数学能力对数学成绩的影响（路径系数）是 0.417（0.254 或者 0.580）。换一个角度也可以说，数学学习动机对数学成绩的正面影响（0.431＋0.163×数学能力）随数学能力的增加而增加。

如果没有交互作用项，结构方程对应的平方复相关系数 $R_1^2=0.555$。有交互作用项时，结构方程对应的平方复相关系数 $R_2^2=0.577$，从而 R^2 变化＝0.577－0.555＝0.022，衡量了交互项 $\xi_1\xi_2$ 对解释 η 的变异的额外贡献，即交互作用解释了 η 变异的 2.2%，可以作为交互作用的效应量。

说明一下，为了让读者能使用协方差矩阵运行程序，上面的示例中使用的是通常的 ML 估计。但对于交互效应模型，ML 估计使用校正后的稳健标准误比较好（参见本章第五节），即 MLR 估计。其做法是在 Mplus 程序中加上“ANALYSIS：ESTIMATOR＝MLR;”语句，但要留意此时只能使用原始数据，不能使用协方差矩阵数据。

第五节 乘积指标方法的稳健性

如果一种估计方法在正态分布下得到的结果在非正态分布下也成立或基本成立，就说估计方法对分布是稳健的（robust）[①]。例如，假设一种估计方法得到的参数估计在正态条件下是无偏估计，如果这种估计方法是稳健的，则在非正态条件下，参数估计仍然是无偏的或者是近似无偏的。对于无约束方法、部分约束方法和约束方法，如果采用 ML 估计，需要分清三个不同的稳健性问题。

第一，ML 估计是在正态假设下推导的，CFA 和 SEM 中所有 ML 估计都假设了潜变量的指标服从多元正态分布，所以这方面的稳健性问题不是潜变量交互效应模型才有。第二，即使 ξ_1 和 ξ_2 都是正态分布，$\xi_1\xi_2$ 也不是正态分布（Jöreskog & Yang，1996），因而这是潜变量交互效应模型的 ML 估计所特有的问题，无约束方法、部分约束方法和约束方法都有这方面的稳健性问题。第三，约束方法中的多数约束等式，都需要正态假设。例如，ξ_1，ξ_2 以及所有的误差项 δ 的正态性隐含着下面的等式（详见附录 6.1）：

$$\text{cov}(\xi_1\xi_2,\ \xi_1)=0,\ \text{cov}(\xi_1\xi_2,\ \xi_2)=0\ （即\ \phi_{31}=0,\ \phi_{32}=0） \tag{6.11}$$

$$\text{var}(\xi_1\xi_2)=\text{var}(\xi_1)\text{var}(\xi_2)+\text{cov}^2(\xi_1,\ \xi_2)\ （即\ \phi_{33}=\phi_{11}\phi_{22}+\phi_{21}^2） \tag{6.12}$$

（Aiken & West，1991，Appendix A；Kenny & Judd，1984）。只有当这些等式成立时，约束方法中所做的参数约束才是合适的。如果上述的正态性不成立，约束方法中有关 $\boldsymbol{\Phi}$ 的约束一般来说是不妥当的，因而会带来系统偏差。部分约束方法中的许多约束等式其实也需要正态性假设，只不过那些等式所

---

① 关于稳健性，可参考 Boomsma（1983）、Wilcox（1997）等等。对结构方程分析中的稳健性和非正态数据的估计有许多深入的研究，读者可参考 Curran 等（1996）、Henly（1993）、Yuan 和 Bentler（1998，1999，2000）。

起的作用小些，带来的影响也小些。而无约束方法由于没有约束等式，所以不存在这方面的稳健性问题。

还好，许多研究都表明，ML 估计对分布有良好的稳健性（例如，Boomsma，1983；Hau & Marsh，2004），即在非正态的情形下，ML 估计的各种性质与正态分布的相比变化不大。这样，即使加入了乘积指标使得正态性假设不能满足，仍然可以使用 ML 估计。然而，也有研究发现，在非正态情形下，ML 估计的标准误往往低估了参数估计的标准差，结果是对应的 t 值虚高（Hu et al.，1992；West et al.，1995）。为了解决这个问题，有两种策略：一种策略是不用 ML 估计，另一种策略是对 ML 估计的标准误进行校正。

先看第一种策略，即用无需分布假设的估计，通常用加权最小二乘法（WLS）。WLS 需要用到样本的渐近协方差矩阵（见第二章），指标多时计算量很大。而且，需要非常大的样本（如样本容量大于 2000，有人甚至认为要大于 5000），这种估计才会有明显的优点。样本不大时，即使是非正态分布，ML 估计也不比 WLS 差，甚至还比较好。检验方面，除非样本非常大，否则 WLS 有较高的第一类错误率，即往往过多地拒绝正确的模型（Chou et al.，1991；Curran et al.，1996；Henly，1993；Yuan & Bentler，1999）。Yang（1998）使用 ML、WLS 和 WLSA（WLS based on the augment moment matrix，基于增广矩矩阵的 WLS）分析实际数据，发现三种估计的结果相当接近。Jaccard 和 Wan（1995）用 OLS、ML 和 WLS 分析模拟数据，发现在多个准则下，ML 一致优于 WLS，并且交互效应 γ_3 的 ML 估计的标准误的偏差不大。Wall 和 Amemiya（2001）的结论也是 WLS 比 ML 的表现差，特别是当样本容量不够大的时候。WLS 除了需要大样本外，还要求接近正态的峰度，然而在小样本时，峰度往往较差（见 Bentler & Dudgeon，1996；Curran et al.，1996）。根据上述这些研究结果，通常还是使用 ML 估计较好。

再看第二种策略，即对 ML 估计的标准误进行校正（Satorra & Bentler，1988）。这是因为在非正态情形下，ML 估计的标准误和模型拟合的卡方值都可能是错误的，需要校正（Yang-Wallentin & Jöreskog，2001）。对于通常所用的样本大小（如 200—500），用 Satorra-Bentler 校正比用 ADF 估计合理（进一步的讨论参见 Bentler & Dudgeon，1996；Chou et al.，1991；Curran et al.，1996）。所以许多研究都使用校正标准误和 χ^2 统计量（如 Marsh，Wen，& Hau，2004；Yang-Wallentin & Jöreskog，2001）。使用 Mplus 程序时，校正标准误很容易做到，只要加上语句“ANALYSIS：ESTIMATOR＝MLR;”便可。但如果使用 LISREL，做法比较麻烦（Marsh，Wen，& Hau，2004）。

约束方法、部分约束方法和无约束方法都同样面临 ML 估计带来的稳健性问题，但不同方法面临约束等式带来的稳健性问题是不同的，约束方法中的两个等式（6.11）和（6.12）都是因为有了正态分布的对称性才成立。在非正态条件下，由于无约束方法面临的问题（因使用 ML 估计引起）比部分约束方法，尤其是约束方法面临的问题（因约束不妥引起和使用 ML 估计引起）要单纯一些，所以无约束方法的稳健性要好于约束方法，部分约束方法介于两者之间。模拟研究结果支持了这个推测。在正态条件下，样本容量大时，三种方法估计的结果很接近，偏差都很小。但在小样本时（如 $N=100$），约束方法的估计精确度较高。对于严重的偏态分布，约束方法得到的偏差比无约束方法和部分约束方法的要大，检验的第一类错误率也比预设的显著性水平（如 0.05）要大。就是说，从估计的偏差大小和第一类错误率大小看，无约束方法和部分约束方法的稳健性相对较高（Marsh，Wen，& Hau，2004）。

小结一下，对于无约束方法，通常是使用 ML 估计比其他估计好，但可以考虑对 ML 估计的标准误进行校正（Marsh，Wen，& Hau，2004；Satorra & Bentler，1988）。

第六节　潜变量二次效应

相对于潜变量交互效应，对二次效应的研究比较少。从 Kenny 和 Judd（1984）的工作开始，潜变量二次效应就经常和潜变量交互效应一起研究，因为它们都属于非线性效应，而且作为多项式效应的特例，可以统一在多项式效应中研究（Klein & Muthén，2007；Wall & Amemiya，2000）。但通常都是以交互效应研究为主线，将所得的方法类推到二次效应上去。本节介绍如何用（无均值结构的）无约束方法分析二次效应。

一、无均值结构的无约束模型

可以简单地将二次效应结构方程写成

$$\eta=\gamma_1\xi+\gamma_2\xi^2+\zeta \tag{6.13}$$

设潜变量 η，ξ 各有 3 个指标，分别是 y_1，y_2，y_3 和 x_1，x_2，x_3，所有指标已经中心化。用 x_1^2，x_2^2，x_3^2 作为二次项 ξ^2 的指标。

潜变量二次效应的无约束模型如下：

$$\begin{pmatrix} y_1 \\ y_2 \\ y_3 \end{pmatrix}=\begin{pmatrix} 1 \\ \lambda_{y2} \\ \lambda_{y3} \end{pmatrix}\eta+\begin{pmatrix} \varepsilon_1 \\ \varepsilon_2 \\ \varepsilon_3 \end{pmatrix}$$

$$\begin{pmatrix} x_1 \\ x_2 \\ x_3 \\ x_1^2 \\ x_2^2 \\ x_3^2 \end{pmatrix}=\begin{pmatrix} 1 & 0 \\ \lambda_2 & 0 \\ \lambda_3 & 0 \\ 0 & 1 \\ 0 & \lambda_5 \\ 0 & \lambda_6 \end{pmatrix}\begin{pmatrix} \xi \\ \xi^2 \end{pmatrix}+\begin{pmatrix} \delta_1 \\ \delta_2 \\ \delta_3 \\ \delta_4 \\ \delta_5 \\ \delta_6 \end{pmatrix}$$

$$\eta=\gamma_1\xi+\gamma_2\xi^2+\zeta$$

$$\boldsymbol{\Phi}=\begin{pmatrix} \phi_{11} & \\ \phi_{21} & \phi_{22} \end{pmatrix}$$

$$\boldsymbol{\Theta}_{\boldsymbol{\varepsilon}}=\mathrm{diag}(\theta_{\varepsilon1},\ \theta_{\varepsilon2},\ \theta_{\varepsilon3})$$

$$\boldsymbol{\Theta}_{\boldsymbol{\delta}}=\mathrm{diag}(\theta_1,\ \theta_2,\ \theta_3,\ \theta_4,\ \theta_5,\ \theta_6)$$

模型假设是潜变量与误差项之间不相关，任意两个误差项之间也不相关。通常还会假设 ξ 是正态分布的，其指标的误差项也是正态分布的。二次效应模型的路径图见图 6－5。

二、分析二次效应的 Mplus 程序

例 6.3　考虑学生感觉的一门课程学业负担（如课程作业量、课程难易程度）对学生评价教师教学效果的影响（参见 Marsh，2001）。设 y_1，y_2，y_3 是学生评价教师教学效果的 3 个指标，x_1，x_2，x_3 是学生感觉的课程负担的指标，都是 5 级计分。这些指标的均值和标准差如下：y_1（3.810，0.833），y_2（3.844，0.813），y_3（3.723，0.834）；x_1（3.554，1.038），x_2（3.462，0.962），x_3（3.666，0.991）。样本容量 N 为 852。在做结构方程分析前，所有指标先做了中心化处理。用 x_1，x_2，x_3 的平方 x_1^2，x_2^2，x_3^2 作为二次项 ξ^2 的指标，连同 y_1，y_2，y_3 和 x_1，x_2，x_3，一共有 9 个指标。

下面是 Mplus 程序，其中用到的协方差矩阵包含在附录 6.1 的最后一个 LISREL 程序中，将协方差矩阵另存为一个 dat 文档，命名为 cov6.3.dat，便可供这里的 Mplus 程序使用。

```
乘积指标方法分析潜变量二次效应的 Mplus 程序
    TITLE：Latent Quadratic Model for Example 6.3 _Unconstrained
           PI Approach
    DATA：FILE is cov6.3.dat;
          TYPE IS COVA;     ! 数据类型是下三角协方差矩阵
          NOBSERVATIONS ARE 852;    ! 样本容量是 852
    VARIABLE：NAMES ARE
          y1 y2 y3 x1 x2 x3 x1x1 x2x2 x3x3;
    ANALYSIS：MODEL=NOMEANSTRUCTURE;
    MODEL：
      ! 指定测量模型
           eta by y1-y3;
           ksi by x1-x3;
```

```
！潜变量平方的测量模型
    ksi _ sq by x1x1 x2x2 x3x3;
！结构模型
    eta on ksi ksi _ sq;
OUTPUT: STANDARDIZED;    ！乘积指标方法的标准化估计
                           不能直接使用，参见第七章
```

主要拟合指数：$\chi^2(24)=19.61$（$p=0.720$），RMSEA＝0.00，SRMR＝0.01，TLI＝1.00，CFI＝1.00，可见模型拟合得很好。主要结果：线性效应 $\gamma_1=0.391$（SE＝0.028，$t=14.209$）。二次效应 $\gamma_2=-0.164$（SE＝0.023，$t=-7.211$）。线性效应和二次效应都显著。其他主要参数估计值见图 6－5。

为了解释结果，转换为原始尺度。注意到我们用的是固定负荷法，即 η 与 y_1（均值为 3.810）有相同的测量单位（负荷等于 1）和测量原点（均值相同），ξ 与 x_1（均值为 3.554）有相同的测量单位和测量原点，可以将估计得到的二次方程写成［见方程（6.13），但潜变量仍用原来的符号，当然也可以用另一套符号以区别未中心化的潜变量］：

$$\eta-3.810=0.391(\xi-3.554)-0.164(\xi-3.554)^2$$

整理得到

$$\eta=-0.164\xi^2+1.557\xi+0.349 \tag{6.14}$$

线性效应是正的，而二次效应是负的。这是一个倒“U”形函数。在大部分范围内，都是教学效果随课业负担的增加而提升，但提升的速度逐渐降低。当 $\xi=-\dfrac{1.557}{2\times(-0.164)}=4.747$（离课业负担的最高值 5 不远）时，教学效果达到最高点（$\eta=4.045$），随后课业负担再增加，教学效果反而略有下降。

如果没有二次项，结构方程对应的平方复相关系数 $R_1^2=0.326$。有二次项时，结构方程对应的平方复相关系数 $R_2^2=0.399$，从而 R^2 变化＝0.399－0.326＝0.073，衡量了二次项对解释 η 的变异的额外贡献，即二次项解释了 η 变异的 7.3%，可以作为二次项的效应量。

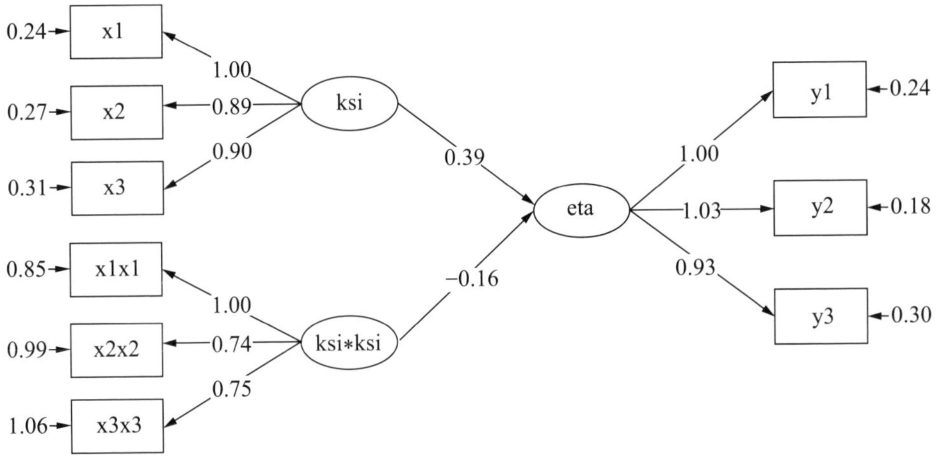

图 6－5 例 6.3 的路径图和无约束方法参数估计值

第七节 分布分析方法

过去很长一段时间，只有加入乘积指标的方法可以在常用的 SEM 软件上实现，因而在分析潜变量交互效应和二次效应时比较常用。但 2010 年之前潜调节结构方程（latent moderated structural equations，LMS）已经在 Mplus 上实现（Muthén & Muthén，2010），虽然原理比较复杂，但使用起来比较方便（温忠麟 等，2013）。LMS 是根据 Klein 的博士论文的部分内容发展而来的一种分析潜变量交互效应的方法（见 Schermelleh-Engel et al.，1998），是一种重要的分布分析方法。

一、分布分析方法的模型假设

为了简单明确起见，设内生潜变量（因变量）η 有 3 个指标 y_1，y_2，y_3，外生潜变量（自变量）ξ_1 有 3 个指标 x_1，x_2，x_3，而 ξ_2 有 3 个指标 x_4，

x_5，x_6。为了分析 ξ_1 和 ξ_2 对 η 的交互效应，仿照连续的显变量交互效应模型（Aiken & West，1991；Cohen et al.，2003），可以使用（6.4）的结构方程

$$\eta = \gamma_1\xi_1 + \gamma_2\xi_2 + \gamma_3\xi_1\xi_2 + \zeta$$

其中系数 γ_1，γ_2 代表主效应，γ_3 代表交互效应。

与乘积指标方法相同的是，分布分析方法也假设外生潜变量 ξ_1 和 ξ_2 及其指标的测量误差都是正态分布（因而 ξ_1 和 ξ_2 的指标都是正态分布），η 指标的测量误差以及残差 ζ 也是正态分布；与乘积指标方法不同的是，分布分析方法中潜变量乘积项 $\xi_1\xi_2$ 不需要有指标，并且一开始就注意到 $\xi_1\xi_2$ 的非正态性（两个正态变量乘积一般说来是非正态的）并设法处理，从这个角度看是一种较好的估计方法。

在通常的结构方程模型中，潜变量之间的关系是线性的。因为正态变量的线性函数还是正态变量，所以外生潜变量的正态假设就保证了内生潜变量是正态的。在交互效应模型（6.4）中，虽然假设了 ξ_1 和 ξ_2 以及 ζ 是正态的，ξ_1 和 ξ_2 的指标（x_1，x_2，x_3，x_4，x_5，x_6）也是正态分布，但内生潜变量与外生潜变量的关系是非线性的，导致 η 不是正态的，从而其指标（y_1，y_2，y_3）也不是正态分布，结果是全部指标的联合分布不是正态的。如何处理这种非正态性呢？从分布分析入手，目前有两种方法，包括潜调节结构方程方法（Klein & Moosbrugger，2000；Schermelleh-Engel et al.，1998）和准极大似然（quasi-maximum likelihood，QML）方法（Klein & Muthén，2007），这两种方法的共同点是都设法将非正态转化为正态，然后估计参数。下面分别进行介绍。

二、LMS 方法及 Mplus 程序

在分析全部指标的分布时，LMS 方法涉及两个统计概念，一个是条件分布（conditional distribution），另一个是混合分布（mixture distribution）。条件分布是指某些变量的值固定后其他变量的分布。例如，将全国大学生作

为总体，身高为170厘米的大学生体重分布，就是条件分布；全体男生的体重分布，也是条件分布。混合分布是指一个总体由若干子总体组成，各子总体的分布不同或者分布相同但参数不同。例如，全体男生体重和女生体重都是正态分布，但均值和标准差不同。如果全体大学生体重不是正态分布，则可以说是混合正态分布，即两个正态分布的混合分布。对于潜变量交互效应模型，全部指标（x_1，x_2，x_3，x_4，x_5，x_6，y_1，y_2，y_3）不是正态分布，LMS方法设法将其近似为一个有限的混合分布，每个分布都是条件正态分布，其分布函数的对数用EM算法（expectation maximization algorithm）进行估计，这是一种极大似然方法。不过，LMS用到原始数据的全部信息（full information），而不像通常的结构方程模型那样只需要均值和协方差矩阵。

LMS提供了比较有效的参数估计，估计的标准误相对无偏（relatively unbiased，Klein & Moosbrugger，2000；Schermelleh-Engel et al.，1998）。LMS方法的困难在于寻找合适的条件变量（类似于上面大学生体重那个例子中的性别），需要用到比较高深的数学知识（参见Klein & Moosbrugger，2000；也见Kelava et al.，2011）。好在LMS方法已经可以在Mplus上实现，具备结构方程基础的读者，不难参考下面的Mplus程序及其中的注释，写出自己需要的程序进行应用。和通常结构方程模型一样，用关键字"by"联系潜变量及其指标，以定义每个潜变量的测量方程；用关键字"on"联系内生潜变量（因变量）和外生潜变量（自变量），以定义结构方程。不同的是，LMS方法增加了关键字"XWITH"以定义潜变量乘积项。下面是分析例6.2的Mplus程序。

LMS方法分析潜变量交互效应的Mplus程序

```
    TITLE: LMS Model for the Example
    DATA: FILE is ex6.2.dat;     ! 读入文本格式数据
    VARIABLE: NAMES ARE
              x1 x2 x3 x4 x5 x6 y1 y2 y3;    ! 数据文件中的变量顺序
```

```
        USEVARIABLES ARE
            y1 y2 y3 x1 x2 x3 x4 x5 x6;    ! 实际使用的变量顺序
ANALYSIS: TYPE=RANDOM;
            ALGORITHM=INTEGRATION;
! 使用 LMS 方法时都保留上面两行分析类型和算法
MODEL:
! 指定测量模型
            eta by y1-y3;
            ksi1 by x1-x3;
            ksi2 by x4-x6;
            int | ksi1 XWITH ksi2;    ! 定义 ksi1 与 ksi2 的乘积
                                        项为 int
            eta on ksi ksi2 int;    ! 包含主效应项 ksi1, ksi2 和交
                                      互项 int 的结构模型
OUTPUT: STANDARDIZED;    ! Mplus 8.2 以上版本的 LMS
                           方法标准化估计可以直接使
                           用，参见第七章
```

即使潜变量的乘积项不止一个，甚至包括平方项（二次效应），理论上说 LMS 方法也可以进行估计，但计算量相当大（Klein & Muthén，2007）。

三、LMS 方法用于有调节的中介效应模型

Mplus 软件还能使用 LMS 法进行有调节的中介效应的 SEM 分析（方杰，温忠麟，2018）。面对一个有调节的 SEM 中介分析任务，研究者应当如何进行呢？根据方杰等人（2018）的建议，一般的分析步骤如下（见图 6－6）：

第一步：判断不含潜调节（交互）项的基准 SEM 是否可接受，如果不可接受，则分析结束，否则进入第二步。

第二步：判断有调节的中介效应 SEM 是否可接受，如果不可接受，则分析结束，否则进入第三步。

第三步：利用 Bootstrap 法进行有调节的中介效应分析，如果 Bootstrap 置信区间不包括 0，就表示有调节的中介效应显著。

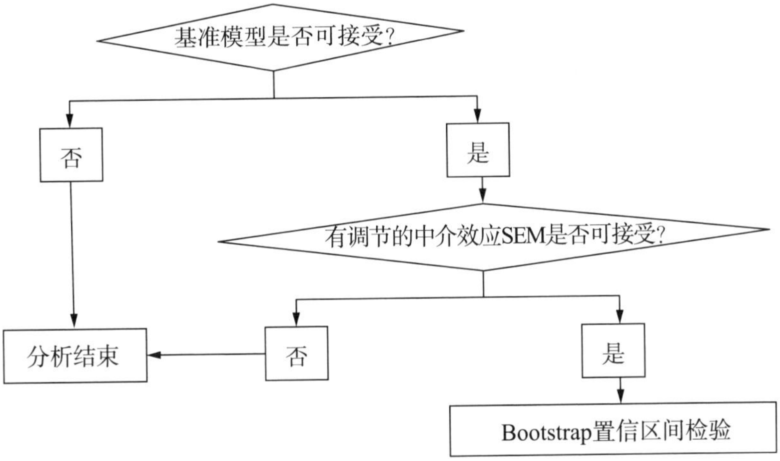

图 6—6　有调节的中介效应 SEM 分析流程

```
基于 LMS 的前半路径被调节的中介效应 SEM 分析的 Mplus 程序
    DATA：FILE =1.txt；    ！包含原始数据的文本文件 1.txt
    VARIABLE：NAMES =x1-x3 m1-m3 YZ；   ！原始数据的变量名
    ANALYSIS：  ！如果是基准模型，去掉 ANALYSIS 下的所有
                  语句
    TYPE=RANDOM；
    ALGORITHM=INTEGRATION；
    ESTIMATOR=ML；   ！使用极大似然估计
    BOOTSTRAP=500；   ！Bootstrap 法抽样 500 次
```

```
MODEL：
X BY x1 x2 x3；    ！潜变量X有三个指标
M BY m1 m2 m3；    ！潜变量M有三个指标
XZ | X XWITH Z；   ！定义X和Z的乘积项为XZ，如果是基准
                     模型，就去掉此行
Y on X (cprime)
M(b1)；  ！Y对M和X的回归
M on X (a1)
Z(a2)   ！如果是基准模型，此行改为"Z (a2)；"程序至此结束。
XZ(a3)；  ！M对X、Z和XZ的回归
MODEL CONSTRAINT：
NEW (indirect)；
indirect= a3 * b1；   ！利用系数乘积法检验有调节的中介效应
OUTPUT：CINTERVAL (BCBOOTSTRAP)；   ！输出偏差校正
                                      的非参数百分
                                      位 Bootstrap
                                      结果
```

为减少 LMS 法的时耗，可采用两步法适当简化有调节的中介模型。第一步，适当减少潜变量的数目，因为定义潜变量调节（交互）项的“XWITH”语句，不仅适用于潜变量之间的调节作用，也适用于潜变量和显变量之间的调节作用；第二步，利用打包（parcel）的方法减少每个潜变量的指标数。

四、QML 方法

QML 方法处理全部指标的联合分布的非正态性时也涉及条件分布的概

念，但思路与 LMS 方法不同。注意到联合分布的非正态性来自因变量指标（y_1，y_2，y_3）的非正态性，QML 方法首先对指标进行变换，使得变换后只有一个指标是非正态的。举一个很简单的例子，假设 η 的指标的负荷都相同并且都等于 1，此时有 $y_1=\eta+\varepsilon_1$，$y_2=\eta+\varepsilon_2$，$y_3=\eta+\varepsilon_3$，做变换 $y_2^*=y_2-y_1=\varepsilon_2-\varepsilon_1$，$y_3^*=y_3-y_1=\varepsilon_3-\varepsilon_1$，则 y_2^* 和 y_3^* 都是正态分布（因为测量误差假设为正态）。这样，（x_1，x_2，x_3，x_4，x_5，x_6，y_2^*，y_3^*）是正态的。根据概率理论，可以将密度函数 f（x_1，x_2，x_3，x_4，x_5，x_6，y_1，y_2，y_3），表示为密度函数 f（x_1，x_2，x_3，x_4，x_5，x_6，y_2^*，y_3^*）与 y_1 的条件密度函数 f（$y_1 \mid x_1$，x_2，x_3，x_4，x_5，x_6，y_2^*，y_3^*）的乘积。前者是正态的，而后者 y_1 的条件分布不是正态的，这个一维分布可以用一个条件正态分布去近似，使得两个条件分布的均值和方差都相等。这样，全部指标组成的非正态分布密度函数就近似等于一个正态密度函数和一个条件正态密度函数的乘积。对这个近似后的密度函数使用通常的极大似然方法，就是所谓的准极大似然方法，即 QML 方法。QML 方法的推导过程也需要高深的数学知识，准极大似然函数使用了 Newton-Raphson 算法（见 Klein & Muthén，2007；也见 Kelava et al.，2011）。Cudeck 等人（2009）给出了一个替代的计算程序——边际极大似然估计（marginal maximum likelihood estimation）。

和 LMS 针对的模型一样，QML 可以分析很一般的二次型（包括平方项和乘积项）结构方程。一般的二次型结构方程，可以写成下面的矩阵形式

$$\eta=\alpha+\boldsymbol{\Gamma}\boldsymbol{\xi}+\boldsymbol{\xi}'\boldsymbol{\Omega}\boldsymbol{\xi}+\zeta \tag{6.15}$$

其中 η 是内生潜变量，α 是截距项，$\boldsymbol{\xi}$ 是（$k\times1$）的外源潜变量组成的向量，$\boldsymbol{\Gamma}$ 是（$1\times k$）系数向量（其中的元素代表主效应），$\boldsymbol{\Omega}$ 是（$k\times k$）上三角系数矩阵（对角线上元素代表二次效应，非对角线元素代表交互效应），ζ 是残差项。通常的两个潜变量交互效应和二次效应结构方程都是（6.15）的特例。例如，设

$$\alpha=0,\ \boldsymbol{\Gamma}=(\gamma_1,\ \gamma_2),\ \boldsymbol{\xi}=(\xi_1,\ \xi_2)',\ \boldsymbol{\Omega}=\begin{pmatrix}0 & \gamma_3\\ 0 & 0\end{pmatrix}$$

则（6.15）变成了（6.4）。

模拟研究显示，QML 估计与 LMS 估计结果非常接近。在分布分析的假设成立时，LMS 估计比 QML 估计更加有效[①]；但在假设不成立时，QML 的稳健性要好一些（Klein & Muthén，2007；也见 Kelava et al.，2011）。

QML 目前还不能在常用结构方程软件中实现，而要使用 Andreas Klein 开发的专门软件 QML（Klein，2009）。QML 采用矩阵形式编程，对矩阵不熟悉的读者，只要认准几个位置，知道主效应和交互效应出现在哪个位置就可以了。该软件功能单纯，带有例子，所以很容易学习使用。附录 6.4 给出了用 QML 方法分析例 6.2 潜变量交互效应的程序（也见 Marsh et al.，2012；温忠麟 等，2013）。

第八节　贝叶斯方法

贝叶斯方法与前面介绍的方法都不同。该方法假设全部参数是随机的，并且有一个先验分布，连同样本数据一起建模分析（Gelman et al.，2004）。这种方法允许利用有关参数值的先验信息，提出参数的先验分布。根据潜变量指标的观察数据和参数先验分布可以得到一个关于参数的后验分布，通常用所谓的 MCMC 方法（Geman & Geman，1984；Hastings，1970），从后验分布中抽样，样本的均值就作为参数的贝叶斯估计，还可以用样本的 2.5 百分位点和 97.5 百分位点构造贝叶斯置信区间。

和分布分析方法一样的是，贝叶斯方法也不需要乘积指标。贝叶斯方法将潜变量当作缺失值，在 MCMC 的每一步，既估计参数值，也估计潜变量的值，直到参数估计值收敛为止。

从 Lee 等人（2007）的模拟研究来看，用贝叶斯方法分析非线性效应有良好表现，特别是样本容量小的时候。然而，贝叶斯方法需要较多的统计知

---

① 设 θ 是待估计的参数，$\hat{\theta}_1$ 和 $\hat{\theta}_2$ 是用不同方法得到的两个估计。如果 $\mathrm{var}(\hat{\theta}_1) < \mathrm{var}(\hat{\theta}_2)$，则称 $\hat{\theta}_1$ 比 $\hat{\theta}_2$ 有效。

识，如何根据先验信息设定参数的先验分布也是一个问题。尽管不同的先验分布不会对估计结果有太大的影响，但是样本容量小的时候，还是需要谨慎。过去很长一段时间，贝叶斯方法需要用专门软件，例如 WinBugs（Spiegelhalter et al.，2003）进行分析，影响了贝叶斯方法在实际应用中的推广。

尽管 Mplus 作者很早就关注贝叶斯方法（Arminger & Muthén，1998），并且在 Mplus 6 中，许多模型都有贝叶斯估计了，但直到 Mplus 8 出现之前，潜变量交互效应模型都不能实现贝叶斯估计。好消息是，使用 Mplus 8.2（或者更高版本），在 ANALYSIS 命令中加上“ESTIMATOR＝BAYES;”，结合关键字“XWITH”，就可以实现贝叶斯方法估计潜变量交互效应。所用的算法虽然不完全是上面介绍的贝叶斯方法，但原理相似。有兴趣的读者可参考 Mplus 网页上的技术文件“Web Note 23”。

下面是用贝叶斯方法分析例 6.2 潜变量交互效应的 Mplus 程序，与前面的 LMS 方法相比较，只是简单地在 ANALYSIS 命令中加上“ESTIMATOR＝BAYES;”，但运行时间较短。

贝叶斯方法分析潜变量交互效应的 Mplus 程序

```
TITLE: LMS Model for Example 6.2
DATA: FILE is ex6.2.dat;
VARIABLE: NAMES ARE
          x1 x2 x3 x4 x5 x6 y1 y2 y3;
          USEVARIABLES ARE
          y1 y2 y3 x1 x2 x3 x4 x5 x6;
ANALYSIS: TYPE=RANDOM;
          ALGORITHM=INTEGRATION;
          ESTIMATOR=BAYES;
```

```
MODEL：
            eta by y1-y3；
            ksi1 by x1-x3；
            ksi2 by x4-x6；
            int | ksi1 XWITH ksi2；
            eta on ksi ksi2 int；
OUTPUT：STANDARDIZED；    ! Mplus 8.2以上版本的贝叶斯
                            方法标准化估计可以直接使
                            用，参见第七章
```

第九节 小 结

前文对分析潜变量交互效应（以及二次效应）的各种方法做了介绍和评论，虽然有的方法明显比另外某一种方法好些，但似乎没有一种方法是最好的，这一点正是驱动该领域研究的动力。

Kenny和Judd（1984）的加入乘积指标方法，由于很早就有SEM软件支持，所以受到较多的重视，当初相当粗糙的Kenny-Judd模型得以不断地改进。在这个过程中，任何一种改进模型都需要与已有的较好的模型比较，并且有某种优点才能问世。其他新的分析方法的提出，则需要与已有的主要分析方法做比较。

一、精确化

温忠麟、侯杰泰和Marsh（2003）用例6.1数据，用四种方法估计交互效应。其中两种是回归方法：一种是用因子得分化潜为显的回归方法（见本章第一节），一种是2SLS（见本章第二节）。另两种是SEM方法：分组线性结构方程分析（见本章第三节）和部分约束方法（见附录6.1）。用两种回归方法分析的结果都显示交互效应不显著；而用两种SEM方法分析的结果都显示交互效应显著。两种回归方法都是两步估计，误差较大。两种SEM方法由于同时考虑了指标与潜变量间的关系（测量方程）以及潜变量与潜变量间的关系（结构方程），精确度较高。

其实，用潜变量方法比化潜为显的方法有较高的精确度是情理中的事，否则，各种麻烦的潜变量方法就没有存在的必要。追求更高的精确度，是研究统计方法的目标之一。

二、简单化

简单化则是另一种追求。如果能提出一种方法，比同类的方法简单得多而精确度没有明显地降低，就会有生命力。部分约束（GAPI）方法（Wall & Amemiya，2001，见附录6.1）只用到部分约束等式，比约束方法（Algina & Moulder，2001，见附录6.1）简化了一些，但稳健性反而更高。无约束方法（Marsh，Wen，& Hau，2004）彻底抛开了参数约束，从而大大简化了程序，容易为一般的应用工作者所掌握。SEM软件（尤其是Mplus）的发展使得原来难以接近的方法变得简单易用，如LMS方法和贝叶斯方法。

三、潜变量交互效应主要分析方法的比较

分布分析方法与贝叶斯方法都不需要乘积指标，也不用假设内生潜变量η及其指标是正态分布的。本章第五节讨论了乘积指标方法面临的稳健性问题，分布分析方法也有稳健性方面的问题，因为该方法仍要假设潜变量ξ_1，ξ_2及其指标的测量误差是正态分布的。不过，分布分析方法设计的时候就注意到$\xi_1\xi_2$的非正态性，所以不会像乘积指标方法那样面对$\xi_1\xi_2$非正态分布的窘境。换句话说，与乘积指标方法相比，分布分析方法的稳健性问题少了

一个。

在外源变量的测量指标是正态的条件下，Marsh、Wen 和 Hau（2004；也见 Klein & Muthén，2007）的研究结果是 QML 方法比乘积指标方法（约束、部分约束和无约束）的表现要好，有较高的精确度和较高的检验力。特别是当 ξ_1，ξ_2 的相关系数较高时（例如，对比 0.7 和 0.3），$\xi_1\xi_2$ 与正态分布差别更大，三种乘积指标方法因使用 ML 的缘故，结果不如 QML 方法好。这是情理之中的结果，因为 QML 方法正是注意到 $\xi_1\xi_2$ 的非正态分布而设计的。

然而，如果 ξ_1，ξ_2 本身就是非正态分布的，QML 估计的表现变坏，特别是在严重非正态分布情形下，交互效应的估计有实质性偏差，偏差情况（方向和大小）与约束方法的相当（Marsh，Wen，& Hau，2004）。总之，在有利于 QML 的条件下，无约束方法的结果不如 QML 方法的结果，但在严重非正态分布条件下，无约束方法的结果反而比 QML 方法的结果好，即无约束方法稳健性较高。

根据前面的讨论可知，为了对分析潜变量交互效应的方法进行比较，乘积指标方法可以只考虑无约束方法（比同类方法简单且比较稳健），分布分析方法可以只考虑 LMS 方法（可以用 Mplus 软件实现），将它们与贝叶斯方法比较。LMS 方法和无约束方法的比较可见 Jackman 等人（2011）的研究，贝叶斯方法与乘积指标方法的比较可见 Lee 等人（2007）的研究。综合这些有限的模拟研究比较结果，可以大致总结出无约束方法、LMS 方法和贝叶斯方法的特点（见表 6－1）。

表 6－1　无约束方法、LMS 方法和贝叶斯方法的比较

特点	无约束方法	LMS 方法	贝叶斯方法
理解原理	较易	很难	很难
常用软件	常用结构方程软件	Mplus	Mplus
编程难度	需要指标乘积，较麻烦	较易	较易
计算时间	较短	最长	较长
效应估计偏差			
正态	几乎无偏	无偏	无偏
非正态	样本大时偏差较小	偏差可能大	偏差较小

续表

特点	无约束方法	LMS 方法	贝叶斯方法
标准误偏差			
正态	偏差小	偏差小	偏差小
非正态	样本大时偏差较小	偏差可能大	偏差较小
Ⅰ类错误率	可接受范围	可接受范围	可接受范围
检验力	较低	较高	较高
Bootstrap 标准误	Mplus 可行	Mplus 不可行	Mplus 不可行
标准化估计	用原始估计和通常标准化估计简单手工计算	Mplus 自动计算（Mplus 8.2 以上版本）	Mplus 自动计算（Mplus 8.2 以上版本）

总结一下，当测量信度较高时，可以用量表分（均值）或因子得分。适当的时候可用多组 SEM。使用完全潜变量分析方法前，检验指标的正态性。正态情形下，样本不是很小时，使用无约束方法（任何 SEM 软件）或 LMS 方法（Mplus 软件）均可。非正态情形下，避免使用 LMS 方法。各种情形都可以使用贝叶斯方法，尤其是样本较小的时候（样本容量小于 200），首选贝叶斯方法。值得指出的是，目前的 Mplus 软件中，无论 LMS 方法还是贝叶斯方法都不能使用 Bootstrap 方法估计参数的标准误，而使用无约束方法则可以像通常 SEM 那样用 Bootstrap 方法估计参数的标准误。

第四章提到过调节效应标准化估计问题，潜变量交互效应标准化估计问题也要格外留意。首先，使用乘积指标方法时，由 SEM 软件输出的标准化估计是不对的，需要使用 Wen 等人（2010）推出的公式简单地手工计算得到；第二，虽然在 Mplus 8.2 之前，LMS 已经在 Mplus 上实现，但并没有提供标准化估计；第三，Mplus 8.2 不仅增加了贝叶斯方法，更重要的是提供了合适的标准化估计，包括 LMS 的标准化估计，使用的计算公式正是 Wen 等人（2010）推出的公式（详见第七章）。

附录 6.1　潜变量交互效应模型约束方法的演化

一、参数约束方法

Kenny 和 Judd（1984）最先使用加入乘积指标的结构方程分析潜变量交互效应，并用了一个简单的模型说明其方法。设因变量 y 是可观测变量，自变量 ξ_1 有两个指标 x_1 和 x_2，ξ_2 有两个指标 x_3 和 x_4。假设所有变量都已中心化，即均值为零。模型的（固定负荷）测量方程为

$$x_1=\xi_1+\delta_1,\ x_2=\lambda_2\xi_1+\delta_2;\ x_3=\xi_2+\delta_3,\ x_4=\lambda_4\xi_2+\delta_4 \quad (6.16)$$

结构方程为

$$y=\gamma_1\xi_1+\gamma_2\xi_2+\gamma_3\xi_1\xi_2+\zeta \quad (6.17)$$

其中 $\xi_1\xi_2$ 表示 ξ_1 与 ξ_2 对 y 的交互效应项。模型假设潜变量和误差项都是（多元）正态变量，潜变量与误差项之间不相关，任意两个误差项之间也不相关。不难看出，方程（6.17）对 ξ_1，ξ_2 而言不是线性的，与常见的线性结构方程不同。如果把 $\xi_1\xi_2$ 作为第三个潜自变量，则又面临一个新问题：它没有指标。为此 Kenny 和 Judd（1984）用指标的乘积 x_1x_3，x_1x_4，x_2x_3，x_2x_4 作为 $\xi_1\xi_2$ 的指标（即乘积指标），连同 y，x_1，x_2，x_3，x_4 一起估计模型，并产生了许多约束（constraint）等式。例如，由（6.16）可知

$$x_2x_4=\lambda_2\lambda_4\xi_1\xi_2+\lambda_2\xi_1\delta_4+\lambda_4\xi_2\delta_2+\delta_2\delta_4 \quad (6.18)$$

从而 x_2x_4 在 $\xi_1\xi_2$ 上的负荷要约束其等于 $\lambda_2\lambda_4$，而不是自由估计；x_2x_4 的误差方差要约束其等于 $\mathrm{var}(\lambda_2\xi_1\delta_4+\lambda_4\xi_2\delta_2+\delta_2\delta_4)$，等等。就在这个简单的例子中，这种 Kenny-Judd 模型一共使用了 15 个潜变量（如 $\xi_1\xi_2$，$\xi_1\delta_4$），并且要对负荷和误差方差等参数加上许多非线性约束。他们使用 COSAN（Fraser，1980）软件实现其方法，因为这个软件当时就有非线性约束命令，而目前比较流行的几种 SEM 软件当时要么没有非线性约束命令，要么根本就还没有问世。

Kenny 和 Judd（1984）的工作极大地推动了潜变量交互效应的研究，发

表了不少以他们的方法（即加入乘积指标）为基础的论文。Hayduk（1987）设法用 LISREL 实现了 Kenny 和 Judd 的方法。不过他得借助许多额外的潜变量来解释负荷和方差，因而产生一个庞大的结构方程模型。Jaccard 和 Wan（1995）使用具有非线性约束命令的 LISREL 8 来完成 Kenny 和 Judd 方法，并引进潜变量 η 代替可观测变量 y，使（6.17）变成

$$\eta=\gamma_1\xi_1+\gamma_2\xi_2+\gamma_3\xi_1\xi_2+\zeta \tag{6.19}$$

他们不再将（6.18）的等号右边第 2 至第 4 项看成 3 个潜变量，而是将这 3 项的和作为 1 个误差项，即将（6.18）写成

$$x_2x_4=\lambda_2\lambda_4\xi_1\xi_2+\delta_{24} \tag{6.20}$$

其中

$$\operatorname{var}(\delta_{24})=\lambda_2^2\operatorname{var}(\xi_1)\operatorname{var}(\delta_4)+\lambda_4^2\operatorname{var}(\xi_2)\operatorname{var}(\delta_2)+\operatorname{var}(\delta_2)\operatorname{var}(\delta_4) \tag{6.21}$$

作为对误差方差的约束，从而大大简化了问题。每加入 1 个乘积指标，需要 2 个约束，其中 1 个约束负荷，1 个约束方差。以下将 Jaccard 和 Wan（1995）重新演绎过的模型称为 Jaccard-Wan 模型。

图 6—7 是使用两对指标乘积作为潜变量的乘积项的指标（即加入了乘积指标）得到的结构方程模型路径图，其中 η 有 3 个指标，ξ_1 和 ξ_2 各有两个指标（相当于例 6.1 的情形），并且用两对指标的乘积（x_1x_3，x_2x_4）作为 $\xi_1\xi_2$ 的乘积指标。ξ_1 和 ξ_2 允许相关。

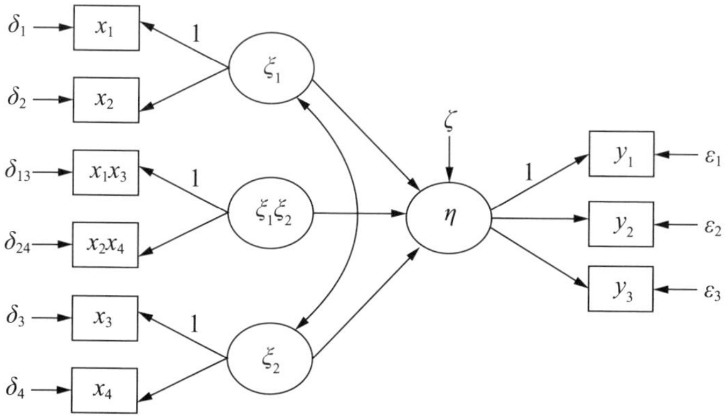

图 6—7　加入乘积指标的结构方程模型路径图

Jöreskog 和 Yang（1996）对 Kenny-Judd 模型进行了推广。当指标的均值不是零时，他们考虑了指标带有截距项的模型（以下称为 Jöreskog-Yang 模型）：

$$y = \alpha + \gamma_1\xi_1 + \gamma_2\xi_2 + \gamma_3\xi_1\xi_2 + \zeta$$

$$x_1 = \tau_1 + \xi_1 + \delta_1,\ x_2 = \tau_2 + \lambda_2\xi_1 + \delta_2$$

$$x_3 = \tau_3 + \xi_2 + \delta_3,\ x_4 = \tau_4 + \lambda_4\xi_2 + \delta_4 \tag{6.22}$$

模型假设：ξ_1，ξ_2，ζ 和所有的 δ 都是均值为零的多元正态变量，除了 ξ_1 和 ξ_2 允许相关外，其他变量之间不相关。ξ_1，ξ_2，$\xi_1\xi_2$ 的均值和协方差矩阵为

$$\boldsymbol{\kappa} = \begin{pmatrix} 0 \\ 0 \\ \phi_{21} \end{pmatrix},\quad \boldsymbol{\Phi} = \begin{pmatrix} \phi_{11} & & \\ \phi_{21} & \phi_{22} & \\ 0 & 0 & \phi_{11}\phi_{22} + \phi_{21}^2 \end{pmatrix} \tag{6.23}$$

上面第一个式子意味着：

$$\kappa_1 = E(\xi_1) = 0,\ \kappa_2 = E(\xi_2) = 0,\ \kappa_3 = E(\xi_1\xi_2) = \text{cov}(\xi_1,\ \xi_2) \tag{6.24}$$

第二个式子意味着：

$$\phi_{31} = \text{cov}(\xi_1\xi_2,\ \xi_1) = 0,\ \phi_{32} = \text{cov}(\xi_1\xi_2,\ \xi_2) = 0,$$

$$\phi_{33} = \text{var}(\xi_1\xi_2) = \text{var}(\xi_1)\text{var}(\xi_2) + \text{cov}^2(\xi_1,\ \xi_2) \tag{6.25}$$

他们还注意到，即使 ξ_1，ξ_2 和 ζ 都是均值为零的正态变量，$\kappa_3 = \text{cov}(\xi_1,\ \xi_2)$ 一般来说也不等于零。所以不论模型是否包含指标的截距项，均值结构（6.24）总是必要的（Jöreskog，1998；Yang，1998）。

而且，Jöreskog-Yang 模型在指标中带有截距项（即 τ 项），比 Jaccard-Wan 模型需要更多的非线性约束，使模型更加复杂。这种模型每加入 1 个乘积指标，一般地说需要增加 5 个约束。难怪连 Jöreskog 和 Yang（1996）都说，模型指令很难编写且容易出错。例如，

$$x_2x_4 = (\tau_2 + \lambda_2\xi_1 + \delta_2)(\tau_4 + \lambda_4\xi_2 + \delta_4)$$

$$= \tau_2\tau_4 + \tau_4\lambda_2\xi_1 + \tau_2\lambda_4\xi_2 + \lambda_2\lambda_4\xi_1\xi_2 + \delta_{24}$$

乘积展开式中一共有 9（=3×3）项，与误差项 δ_2，δ_4 有关的 5 项之和记为 δ_{24}，成为 x_2x_4 的误差项。如果使用约束方法，则 x_2x_4 的测量方程就需要 5 个约束等式了：x_2x_4 的截距项等于 $\tau_2\tau_4$；x_2x_4 在 ξ_1，ξ_2 和 $\xi_1\xi_2$ 上的负荷分别

等于 $\tau_4\lambda_2$，$\tau_2\lambda_4$ 和 $\lambda_2\lambda_4$；还要有一个等式约束误差方差。

在 Jaccard-Wan 模型中，所有指标（包括乘积指标）的测量误差都设定是不相关的[1]。但在 Jöreskog-Yang 模型中，由于指标有截距项，乘积指标的误差与构成乘积的任何一个指标的误差都相关，如 δ_{13} 与 δ_1 和 δ_3 都相关。因而路径图应当如图 6－8 所示。

Jöreskog 和 Yang（1996）还证明了，如果不加入乘积指标，从结构方程模型角度说，模型（包括 Kenny-Judd 模型、Jaccard-Wan 模型和 Jöreskog-Yang 模型）不能进行估计，因为参数无法指定，但只要加入 1 个乘积指标就足以指定模型。Jöreskog（1998）和 Yang（1998）后来在模型的估计方法上做了不少工作，包括全信息估计（full information estimation）。

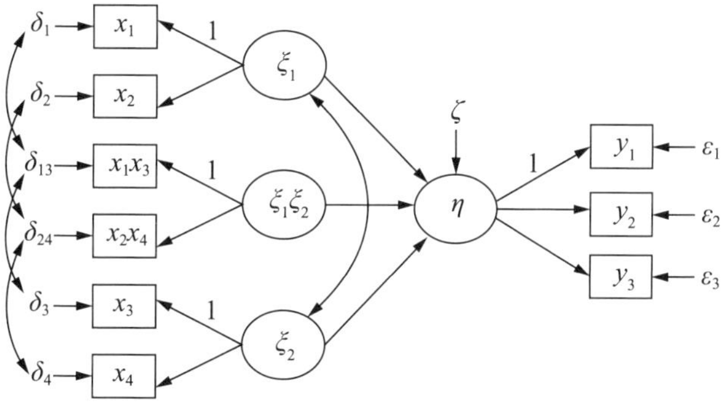

图 6－8 Jöreskog-Yang 模型路径图

Algina 和 Moulder（2001）对 Jöreskog-Yang 模型做了修订，使得修订后的模型（以下称为 Algina-Moulder 模型）中自变量的指标是中心化的（和 Jaccard-Wan 模型一样），结构方程带有均值结构［和 Jöreskog-Yang 模型一样，参见（6.24）］。虽然从代数上看 Algina-Moulder 模型和 Jöreskog-Yang 模型相同，但 Algina 和 Moulder（2001）发现他们的模型比较容易收敛。即使两者都收敛，他们的模拟研究结果仍然是 Algina-Moulder 模型较好。

---

① 对于两个乘积指标，如果它们含有相同的指标（如 x_1x_3 和 x_1x_4 都含有 x_1），容易证明它们的测量误差是相关的，因而 Jaccard-Wan 模型将所有这些误差固定为零是错误的。

后来，Moulder 和 Algina（2002）在很一般的条件下，系统地比较了下面 6 个分析交互效应的方法：（1）Jaccard-Wan 模型的 ML 估计；（2）Jöreskog-Yang 模型的 ML 估计；（3）Algina-Moulder 模型的 ML 估计；（4）Ping 的两步 ML 估计；（5）修订后的 Ping 的两步 ML 估计；（6）Bollen 的两步最小二乘估计（2SLS)。其中（4)—(6）都涉及两步估计。在 Ping（1996a）的两步估计法中，第一步是估计包含潜变量 ξ_1 和 ξ_2 的测量模型中的参数（如负荷），即第一步只做验证性因子分析。第二步是估计由方程（6.16）和（6.17）组成的结构方程模型，但第一步估计得到的参数值作为已知常数来用（例如，所有的负荷都是已知的常数），这样就不需要非线性约束。Ping 的两步 ML 估计是针对 Jaccard-Wan 模型的，而修订后的 Ping 的两步 ML 估计则针对的是 Jöreskog-Yang 模型，做法完全一样（见 Moulder & Algina，2002）。Moulder 和 Algina（2002）得到的结论是，按偏差较小、较好地控制了第一类错误率和较高检验力的标准来看，Algina-Moulder 模型的 ML 估计在所比较的 6 种方法中是最好的。因此，在各种基于 Kenny 和 Judd（1984）工作的约束模型中，Algina-Moulder 模型是最优秀的代表，其相应的分析方法简称为约束方法。

经过许多人的努力，当初相当粗糙的 Kenny-Judd 模型逐步演化为理论上比较完善的 Algina-Moulder 模型，由于有软件支持，成为分析潜变量交互效应的一种传统方法。其不足之处，一是模型需要有正态性假设；二是即使 ξ_1 和 ξ_2 都是正态分布，$\xi_1\xi_2$ 也不是正态分布，因而模型的稳健性是一个问题（见本章第五节）；三是使用者必须熟悉结构方程，能够正确给出约束等式，否则由于模型有误，结果难免出错。从实际情况看，应用工作者不易掌握约束方法，所以真正的应用不多。

二、约束模型、部分约束模型和无约束模型

将约束方法建立的模型称为约束模型，余类推。还是设潜变量 η 有 3 个指标，ξ_1 和 ξ_2 也各有 3 个指标，分别是 y_1，y_2，y_3；x_1，x_2，x_3；x_4，x_5，x_6。进一步假设所有指标都已经中心化（均值为零），使用配对乘积指标。

此时，测量方程为

$$y_1=\eta+\varepsilon_1\ ,\ y_2=\lambda_{y2}\eta+\varepsilon_2\ ,\ y_3=\lambda_{y3}\eta+\varepsilon_3 \tag{6.26}$$

$$\begin{aligned}&x_1=\xi_1+\delta_1\ ,\ x_2=\lambda_2\xi_1+\delta_2,\quad x_3=\lambda_3\xi_1+\delta_3\ ;\\&x_4=\xi_2+\delta_4\ ,\ x_5=\lambda_5\xi_2+\delta_5,\quad x_6=\lambda_6\xi_2+\delta_6\end{aligned} \tag{6.27}$$

结构方程为

$$\eta=\gamma_1\xi_1+\gamma_2\xi_2+\gamma_3\xi_1\xi_2+\zeta \tag{6.28}$$

其中 ξ_1，ξ_2，ζ 以及所有的 δ 和 ε 都是均值为零的多元正态变量，除了 ξ_1 和 ξ_2 允许相关外，其他变量之间不相关。注意，即使 ξ_1 和 ξ_2 正态，$\xi_1\xi_2$ 一般来说也不是正态的。因为每个 y 指标都有截距项，所以结构方程（6.28）不需要截距项 α ，否则模型不能识别（见第二章第六节；也见 Jöreskog & Yang，1996）。

将 x_1，x_2，x_3 与 x_4，x_5，x_6 依次配对相乘，得到 $\xi_1\xi_2$ 的 3 个配对乘积指标 x_1x_4，x_2x_5，x_3x_6。有关乘积指标的讨论见附录 6.3。

（一）约束模型

约束模型（LISREL 格式）如下：

$$\begin{pmatrix}y_1\\y_2\\y_3\end{pmatrix}=\begin{pmatrix}1\\\lambda_{y2}\\\lambda_{y3}\end{pmatrix}\eta+\begin{pmatrix}\varepsilon_1\\\varepsilon_2\\\varepsilon_3\end{pmatrix} \tag{6.29}$$

$$\begin{pmatrix}x_1\\x_2\\x_3\\x_4\\x_5\\x_6\\x_1x_4\\x_2x_5\\x_3x_6\end{pmatrix}=\begin{pmatrix}1&0&0\\\lambda_2&0&0\\\lambda_3&0&0\\0&1&0\\0&\lambda_5&0\\0&\lambda_6&0\\0&0&1\\0&0&\lambda_8\\0&0&\lambda_9\end{pmatrix}\begin{pmatrix}\xi_1\\\xi_2\\\xi_1\xi_2\end{pmatrix}+\begin{pmatrix}\delta_1\\\delta_2\\\delta_3\\\delta_4\\\delta_5\\\delta_6\\\delta_7\\\delta_8\\\delta_9\end{pmatrix} \tag{6.30}$$

$$\eta = \gamma_1\xi_1 + \gamma_2\xi_2 + \gamma_3\xi_1\xi_2 + \zeta \tag{6.31}$$

$$\boldsymbol{\Phi} = \begin{pmatrix} \phi_{11} & & \\ \phi_{21} & \phi_{22} & \\ 0 & 0 & \phi_{33} \end{pmatrix} \tag{6.32}$$

$$\boldsymbol{\Theta}_{\boldsymbol{\varepsilon}} = \mathrm{diag}(\theta_{\varepsilon 1},\ \theta_{\varepsilon 2},\ \theta_{\varepsilon 3}) \tag{6.33}$$

$$\boldsymbol{\Theta}_{\boldsymbol{\delta}} = \mathrm{diag}(\theta_1,\ \theta_2,\ \theta_3,\ \theta_4,\ \theta_5,\ \theta_6,\ \theta_7,\ \theta_8,\ \theta_9) \tag{6.34}$$

参数约束如下：

（ⅰ）$\lambda_8 = \lambda_2\lambda_5$；

（ⅱ）$\lambda_9 = \lambda_3\lambda_6$；

（ⅲ）$\phi_{33} = \phi_{11}\phi_{22} + \phi_{21}^2$；

（ⅳ）$\theta_7 = \phi_{11}\theta_4 + \phi_{22}\theta_1 + \theta_1\theta_4$；

（ⅴ）$\theta_8 = \lambda_2^2\phi_{11}\theta_5 + \lambda_5^2\phi_{22}\theta_2 + \theta_2\theta_5$；

（ⅵ）$\theta_9 = \lambda_3^2\phi_{11}\theta_6 + \lambda_6^2\phi_{22}\theta_3 + \theta_3\theta_6$。

说明一下，（6.29）是（6.26）的矩阵形式，是 y-指标的测量模型；（6.30）则是 x-指标的测量模型，包含 9 个方程，前 6 个与（6.27）中的相同，后 3 个是乘积指标的测量方程。（6.31）和（6.32）的含义前面已经介绍过。（6.33）是 y-指标的误差方差矩阵，是一个对角矩阵，说明 y-指标的误差之间不相关。（6.34）是 x-指标的误差方差矩阵，也是一个对角矩阵，说明 x-指标的误差之间不相关。

约束等式的证明如下：

约束（ⅰ）（ⅱ）：

由 $x_2 = \lambda_2\xi_1 + \delta_2$，$x_5 = \lambda_5\xi_2 + \delta_5$，可得

$$x_2x_5 = \lambda_2\lambda_5\xi_1\xi_2 + \delta_8$$

其中 $\delta_8 = \lambda_2\xi_1\delta_5 + \lambda_5\xi_2\delta_2 + \delta_2\delta_5$。所以，$x_2x_5$ 在 $\xi_1\xi_2$ 上的负荷是 $\lambda_2\lambda_5$，即 $\lambda_8 = \lambda_2\lambda_5$。由于 λ_1 和 λ_4 固定为 1，所以 $\lambda_7 = \lambda_1\lambda_4$ 必须固定为 1。同理，$\lambda_9 = \lambda_3\lambda_6$。

约束（ⅲ）：

$\phi_{33} = \mathrm{var}(\xi_1\xi_2) = \mathrm{var}(\xi_1)\mathrm{var}(\xi_2) + \mathrm{cov}^2(\xi_1,\ \xi_2) = \phi_{11}\phi_{22} + \phi_{21}^2$ 。这个等式的证明需要假设 ξ_1，ξ_2 是均值为零的二元正态变量。这个等式和约束

（ⅳ）（ⅴ）（ⅵ）都可以由公式

$$\mathrm{cov}(XY, ZW)=\mathrm{cov}(X, Z)\mathrm{cov}(Y, W)+\mathrm{cov}(X, W)\mathrm{cov}(Y, Z)$$

推出，该公式成立的条件是：X，Y，Z，W 是均值为零的多元正态变量（见 Bohrnstedt & Goldberger，1969；Kenny & Judd，1984）。

约束（ⅳ）（ⅴ）（ⅵ）：

$\theta_8=\mathrm{var}(\delta_8)=\mathrm{var}(\lambda_2\xi_1\delta_5+\lambda_5\xi_2\delta_2+\delta_2\delta_5)=\lambda_2^2\phi_{11}\theta_5+\lambda_5^2\phi_{22}\theta_2+\theta_2\theta_5$。这个式子在约束模型的假设条件下成立。假设是：$\xi_1$，$\xi_2$ 和所有的测量误差 δ 是均值为零的多元正态变量，彼此无关（除了 ξ_1 和 ξ_2 允许相关外）。同理可得关于 θ_7 和 θ_9 的两个约束等式。

例 6.2 的约束模型对应的 LISREL 程序及主要结果

```
Constrained Approach
All Indicators Were Centered
ML Estimation
DA NI=12 NO=500
CM
2.056
0.727 1.055
0.592 0.477 0.962
0.441 0.393 0.376 1.839
0.368 0.332 0.312 0.705 1.057
0.733 0.569 0.536 1.232 1.004 3.557
0.581 0.484 0.420 0.202 0.221 0.345  1.988
1.106 1.068 0.831 0.666 0.533 0.591  2.350  9.719
0.373 0.308 0.301 0.186 0.196 0.174  0.663  1.679  1.015
0.245 0.247 0.217 0.180 0.074 0.356  0.065  0.365 -0.011 3.359
0.711 0.643 0.511 0.229 0.331 0.730  0.405  1.238  0.111 2.376 11.487
0.188 0.117 0.021 0.133 0.183 0.250 -0.012 -0.061 -0.075 0.811 1.756 3.385
LA
y1 y2 y3 x1 x2 x3 x4 x5 x6 x1x4 x2x5 x3x6
MO NY=3 NE=1 NX=9 NK=3 LY=FU,FI LX=FU,FI PS=SY,FR PH=SY,FR TE=DI,FR TD=DI,FR
```

```
LE
eta
LK
ksi1 ksi2 ksi1 * ksi2
VA 1 LY 1 1
FR LY 2 1 LY 3 1
VA 1 LX 1 1 LX 4 2 LX 7 3
FR LX 2 1 LX 3 1 LX 5 2 LX 6 2 LX 8 3 LX 9 3
FR GA 1 1 GA 1 2 GA 1 3
CO LX 8 3=LX (2, 1) * LX (5, 2)
CO LX 9 3=LX (3, 1) * LX (6, 2)
! 见参数约束（i）和（ii）
FI PH 3 1 PH 3 2
! 固定 PH31 和 PH32 为 0，见方程（6.25）
CO PH 3 3=PH (1, 1) * PH (2, 2) + PH (2, 1) * * 2
! 见参数约束（iii）
CO TD 7 7=TD (4, 4) + TD (1, 1) +TD (1, 1) * TD (4, 4)
CO TD 8 8=TD (5, 5) *LX (2, 1) * *2+ TD (2, 2) *LX (5, 2) * *2+TD (2, 2) *TD (5, 5)
CO TD 9 9=TD (6, 6) *LX (3, 1) * *2+ TD (3, 3) *LX (6, 2) * *2+TD (3, 3) *TD (6, 6)
! 见参数约束（iv），（v）和（vi）
PD
OU ND=3 AD=off EP=0.0001 IT=500 XM
```

说明：CO 开始的指令，都是参数约束，是无约束方法所没有的。对于约束模型，也可以不用均值结构，而且，文献上（如 Marsh, Wen, & Hau, 2004）有关均值参数（如 KA）的约束都不见了，模型简化了不少。主要拟合指数（本书报告的是 LISREL 8.72 运行结果）：$\chi^2(56)=59.94$（$p=0.335$），RMSEA=0.01，SRMR=0.04，NNFI=1.00，CFI=1.00。主要结果：主效应 $\gamma_1=0.409$（SE=0.058，$t=7.055$），$\gamma_2=0.423$（SE=0.056，$t=7.620$）。交互效应 $\gamma_3=0.187$（SE=0.055，$t=3.412$）。

（二）部分约束模型

在约束模型中，有一个很重要同时也可能无法满足的假设就是：ξ_1，ξ_2 是正态分布。例如，约束（ⅲ）$\phi_{33}=\phi_{11}\phi_{22}+\phi_{21}^2$［即 $\text{var}(\xi_1\xi_2)=\text{var}(\xi_1)\text{var}(\xi_2)+\text{cov}^2(\xi_1,\xi_2)$］就是基于这个假设推出来的。如果正态性假设不成立，上述等式一般来说不成立。Wall 和 Amemiya（2001）强调了这一点，即（6.25）中的等式在正态假设下才成立。其研究中揭示，如果 ξ_1，ξ_2 不是正态，则用约束模型估计交互效应会带来系统偏差。由于传统约束模型的这个重大缺陷，他们提出了广义乘积指标（generalized appended product indicator，GAPI）方法，与约束方法不同之处在于，GAPI 方法不对 $\boldsymbol{\Phi}$ 的元素做任何约束，即

$$\boldsymbol{\Phi}=\begin{pmatrix}\phi_{11} & & \\ \phi_{21} & \phi_{22} & \\ \phi_{31} & \phi_{32} & \phi_{33}\end{pmatrix}$$

中的所有元素都自由估计。但其他参数还是和约束模型一样需要约束。所以 GAPI 方法实际上是一种部分约束方法（partially constrained approach），以下简称此方法为部分约束方法。

部分约束模型还可以用来处理一般的多项式效应（Wall & Amemiya，2001）。而以往的约束模型都只是对交互效应进行研究，然后推论到二次效应上去。部分约束模型虽然解决了当 ξ_1，ξ_2 不是正态分布时在 $\boldsymbol{\Phi}$ 上进行约束带来的问题，但它还是需要许多非线性约束，在复杂性方面及容易出错方面，比约束模型好不了多少，还是不容易为普通的应用工作者所接受。

例 6.2 的部分约束（GAPI）模型对应的 LISREL 程序及主要结果

```
Partially Constrained Approach
All Indicators Were Centered
ML Estimation
DA NI=12 NO=500
CM
```

```
2.056
0.727 1.055
0.592 0.477 0.962
0.441 0.393 0.376 1.839
0.368 0.332 0.312 0.705 1.057
0.733 0.569 0.536 1.232 1.004 3.557
0.581 0.484 0.420 0.202 0.221 0.345  1.988
1.106 1.068 0.831 0.666 0.533 0.591  2.350  9.719
0.373 0.308 0.301 0.186 0.196 0.174  0.663  1.679  1.015
0.245 0.247 0.217 0.180 0.074 0.356  0.065  0.365 -0.011  3.359
0.711 0.643 0.511 0.229 0.331 0.730  0.405  1.238  0.111  2.376 11.487
0.188 0.117 0.021 0.133 0.183 0.250 -0.012 -0.061 -0.075  0.811  1.756  3.385
LA
y1 y2 y3 x1 x2 x3 x4 x5 x6 x1x4 x2x5 x3x6
MO NY=3 NE=1 NX=9 NK=3 LY=FU,FI LX=FU,FI PS=SY,FR PH=SY,FR TE=DI,FR TD=DI,FR
LE
eta
LK
ksi1 ksi2 ksi1*ksi2
VA 1 LY 1 1
FR LY 2 1 LY 3 1
VA 1 LX 1 1 LX 4 2 LX 7 3
FR LX 2 1 LX 3 1 LX 5 2 LX 6 2 LX 8 3 LX 9 3
FR GA 1 1 GA 1 2 GA 1 3
CO LX 8 3=LX(2,1)*LX(5,2)
CO LX 9 3=LX(3,1)*LX(6,2)
CO TD 7 7=TD(4,4)+TD(1,1)+TD(1,1)*TD(4,4)
CO TD 8 8=TD(5,5)*LX(2,1)**2+TD(2,2)*LX(5,2)**2+TD(2,2)*TD(5,5)
CO TD 9 9=TD(6,6)*LX(3,1)**2+TD(3,3)*LX(6,2)**2+TD(3,3)*TD(6,6)
PD
OU ND=3 AD=off EP=0.0001 IT=500 XM
```

说明：部分约束（GAPI）方法相当于从约束方法的 LISREL 程序中，去掉了有关 PH（3，1）、PH（3，2）和 PH（3，3）的约束等式。主要拟合指数：$\chi^2(53)=50.81$（$p=0.560$），RMSEA＝0.01，SRMR＝0.03，NNFI＝1.00，CFI＝1.00。主要结果：主效应 $\gamma_1=0.400$（SE＝0.059，$t=6.736$），$\gamma_2=0.420$（SE＝0.056，$t=7.538$）。交互效应 $\gamma_3=0.165$（SE＝0.056，$t=2.945$）。

（三）无约束模型

Marsh、Wen 和 Hau（2004）通过四个精心设计的模拟研究，比较和评价了无约束模型的表现。无约束模型与约束模型的相同之处是都将自变量的指标进行中心化，最大的不同之处是不对负荷、潜变量的方差和协方差、指标（包括乘积指标）的测量误差方差进行约束。由于不需要这些约束，因而无须为推导这些约束等式而做正态性假设。他们证明了，为了指定模型，至少要加入 2 个乘积指标（而约束模型加入 1 个乘积指标就足以指定模型）。

无约束模型（LISREL 格式）与（6.29）至（6.34）完全一样，不同之处一是不需要约束等式，二是不需要有正态假设。为了指定模型，设定

$$\lambda_{y1}=1\ ,\lambda_1=1\ ,\lambda_4=1\ ,\lambda_7=1$$

所有其他参数都自由估计。当已知 ξ_1，ξ_2 是正态分布时，可简单地令 ϕ_{31}，ϕ_{32} 为零。如果正态性没有保证，则 ϕ_{31} 和 ϕ_{32} 自由估计。

无约束的做法可以从下面看出。例如，在无约束模型中，x_2x_5 被写成 $x_2x_5=\lambda_8\xi_1\xi_2+\delta_8$，其中 λ_8 和 $\theta_8=\text{var}(\delta_8)$ 都自由估计。对比一下，在约束模型中，λ_8 和 θ_8 不是自由估计，而是约束为 $\lambda_8=\lambda_2\lambda_5$，$\theta_8=\lambda_2^2\phi_{11}\theta_5+\lambda_5^2\phi_{22}\theta_2+\theta_2\theta_5$。

Marsh、Wen 和 Hau（2004）的模拟研究发现，无约束模型在许多方面与部分约束和约束模型有可比性，包括模型拟合指数、适当解的比例①、主效应和交互效应的估计偏差和精确度，在大多数情况下三种方法的结果基本相当。然而，在满足正态条件而样本容量小（如 $N=100$）的情况下，无约

① 在收敛的解中，有些是不适当的（improper）。例如，相关系数估计值的绝对值大于 1，方差（或标准误）的估计值是负值，这些都是不适当的。模拟研究中只能使用那些收敛到适当解的结果。在模拟研究中，适当解的百分比的高低是衡量一种方法好坏的一个指标。

束模型的精确度比约束模型略低。而在严重非正态情形下，无约束模型的稳健性比约束模型反而更好（见第五节的稳健性讨论）。

综上所述，推荐使用无约束模型。

例 6.2 的无约束模型对应的 LISREL 程序及主要结果（相应的 Mplus 程序见本章第四节）

```
Unconstrained Approach
All Indicators Were Centered
Product indicators x1x4 x2x5 x3x6 were multiplied after each indicator
was centered
ML Estimation
DA NI=12 NO=500
CM
2.056
0.727 1.055
0.592 0.477 0.962
0.441 0.393 0.376 1.839
0.368 0.332 0.312 0.705 1.057
0.733 0.569 0.536 1.232 1.004 3.557
0.581 0.484 0.420 0.202 0.221 0.345  1.988
1.106 1.068 0.831 0.666 0.533 0.591  2.350  9.719
0.373 0.308 0.301 0.186 0.196 0.174  0.663  1.679  1.015
0.245 0.247 0.217 0.180 0.074 0.356  0.065  0.365 -0.011  3.359
0.711 0.643 0.511 0.229 0.331 0.730  0.405  1.238  0.111  2.376 11.487
0.188 0.117 0.021 0.133 0.183 0.250 -0.012 -0.061 -0.075  0.811  1.756  3.385
LA
y1 y2 y3 x1 x2 x3 x4 x5 x6 x1x4 x2x5 x3x6
MO NY=3 NE=1 NX=9 NK=3 PS=SY,FR PH=SY,FR TE=DI,FR TD=DI,FR
LE
eta
```

```
LK
ksi1 ksi2 ksi1 * ksi2
VA 1 LY 1 1
FR LY 2 1 LY 3 1
VA 1 LX 1 1 LX 4 2 LX 7 3
FR LX 2 1 LX 3 1 LX 5 2 LX 6 2 LX 8 3 LX 9 3
FR GA 1 1 GA 1 2 GA 1 3
! FI PH 3 1 PH 3 2  ! 已知自变量正态分布时使用，否则删去此行
PD
OU SC ND=3 AD=off EP=0.0001 IT=500 XM
```

说明：无约束方法相当于在约束方法中去掉了全部约束等式。主要拟合指数：$\chi^2(48)=38.67$（$p=0.830$），RMSEA=0.00，SRMR=0.03，NNFI=1.01，CFI=1.00。主要结果：主效应 $\gamma_1=0.418$（SE=0.063，$t=6.608$），$\gamma_2=0.431$（SE=0.059，$t=7.294$）。交互效应 $\gamma_3=0.163$（SE=0.055，$t=2.994$）。

（四）分析潜变量二次效应的无约束模型

也可以将无约束方法推广到潜变量二次效应分析。

例 6.3 的无约束模型对应的 LISREL 程序及主要结果（相应的 Mplus 程序见本章第六节）

```
Unconstrained Approach (for latent quadratic effect)
All Indicators Were Centered
ML Estimation
DA NI=9 NO=852
CM
  0.693
  0.472   0.661
  0.418   0.430   0.695
  0.335   0.352   0.339   1.075
  0.299   0.328   0.318   0.740   0.925
```

```
  0.301    0.313    0.311    0.749    0.662    0.980
-0.269   -0.265   -0.275   -0.117   -0.125   -0.131   2.187
-0.181   -0.191   -0.186   -0.109   -0.100   -0.066   1.002   1.729
-0.224   -0.240   -0.196   -0.122   -0.069   -0.123   0.993   0.740   1.805
LA
y1 y2 y3 x1 x2 x3 x1x1 x2x2 x3x3
MO NY=3 NE=1 NX=6 NK=2 LY=FU,FI LX=FU,FI PS=SY,FR PH=SY,FR TE=DI,FR TD=DI,FR
LE
eta
LK
ksi ksi * ksi
VA 1 LY 1 1 LX 1 1 LX 4 2
FR LY 2 1 LY 3 1 LX 2 1 LX 3 1 LX 5 2 LX 6 2
FR GA 1 1 GA 1 2
PD
OU ND=3 AD=off EP=0.0001 IT=500 XM
```

说明：拟合指数：$\chi^2(24)=19.58$（$p=0.720$），RMSEA＝0.01，SRMR＝0.01，NNFI＝1.00，CFI＝1.00，可见模型拟合得很好。主要结果：线性效应 $\gamma_1=0.391$（SE＝0.028，$t=14.201$）；二次效应 $\gamma_2=-0.164$（SE＝0.023，$t=-7.207$）。

附录 6.2　指标中心化与均值结构

指标中心化会对建模产生影响，尤其是对模型的均值结构产生影响。设潜变量 η 有 3 个指标 y_1，y_2，y_3，ξ_1 和 ξ_2 各有 2 个指标，分别是 x_1，x_2 和 x_3，x_4。下面以使用配对乘积指标 x_1x_3，x_2x_4 的无约束方法为例。

一、原始指标

如果使用原始指标，测量方程需要有截距项［见（6.22）］。此时，乘积指标的测量方程相当复杂，除了有截距项、乘积项和误差项外，还有2个一次项（即 x_2x_4 在 ξ_1 和 ξ_2 上的负荷都不是零）。前面已经知道，如果使用约束方法，则 x_2x_4 的测量方程需要5个约束等式。就算使用无约束方法，这种1个乘积指标在3个潜变量（ξ_1，ξ_2 和 $\xi_1\xi_2$）上有负荷的模型，还是让人畏惧。所以，除了 Jöreskog 和 Yang（1996）外，几乎没有人使用原始指标，而是先将指标中心化，然后才建模。

二、中心化指标

上面已经看到，如果 x-指标使用原始指标，会带来复杂的建模问题，所以将 x-指标中心化就成了交互效应建模的一个标准步骤（Aiken & West，1991；Algina & Moulder，2001；Marsh，Wen，& Hau，2004）。对于显变量情形［见第四章（4.4）］，X-变量中心化后的方程为

$$Y=\beta'_0+\beta'_1(X_1-\overline{X}_1)+\beta'_2(X_2-\overline{X}_2)+\beta'_3(X_1-\overline{X}_1)(X_2-\overline{X}_2)+e'$$

X-变量中心化似乎没有简化模型，但降低了乘积项 X_1X_2 与 X_1，X_2 多重共线性的可能，特别在 X_1 和 X_2 服从二元正态分布的情形下，$(X_1-\overline{X}_1)(X_2-\overline{X}_2)$ 与 $X_1-\overline{X}_1$ 和 $X_2-\overline{X}_2$ 都是零相关（正态分布的三阶矩等于零）。

对于潜变量情形，将所有指标先中心化再建模，既减少了多重共线性问题，又简化了模型。设 x 中心化后为 x^C，即 $x^C=x-\bar{x}$。（6.22）中的测量方程变成

$$x_1^C=\xi_1+\delta_1\ ,\ x_2^C=\lambda_2\xi_1+\delta_2$$

$$x_3^C=\xi_2+\delta_3\ ,\ x_4^C=\lambda_4\xi_2+\delta_4$$

配对乘积指标是 $x_1^Cx_3^C$，$x_2^Cx_4^C$。无论是显变量情形还是潜变量情形，将指标中

心化都不会改变交互效应的大小，但一般都会改变主效应的大小（Aiken & West，1991；Cohen et al.，2003；Marsh，Wen，& Hau，2004）。

x-指标中心化后，x-指标及其乘积指标都不需要有截距项（即 LISREL 中不需要 TX）。但即使 y-指标已经中心化，也还要有截距项 τ_{y1}，τ_{y2}，τ_{y3}（即 LISREL 中有 TY；见 Algina & Moulder，2001；Marsh，Wen，& Hau，2004）。由方程 $\eta=\gamma_1\xi_1+\gamma_2\xi_2+\gamma_3\xi_1\xi_2+\zeta$ 可知，即使 ξ_1 和 ξ_2 的均值为零，η 的均值 $E(\eta)=\gamma_3E(\xi_1\xi_2)=\gamma_3\mathrm{cov}(\xi_1,\xi_2)$，一般来说也不等于零，所以潜变量需要有均值项（即 LISREL 中有 KA；见 Algina & Moulder，2001；Marsh，Wen，& Hau，2004）。因此，使用中心化指标，虽然比使用原始指标大大简化了模型，但仍然需要使用带有均值项的结构方程和带有截距项的 y-指标测量方程，一般的应用工作者还是不易掌握。

三、正交化乘积指标

Little 等人（2006）提出了一种将乘积指标正交化的策略。对显变量交互效应模型，做乘积项 X_1X_2 对 X_1 和 X_2 的回归，残差项

$$O\_X_1X_2=X_1X_2-(b_0+b_1X_1+b_2X_2)$$

与 X_1 和 X_2 都是零相关（即正交）。利用上述残差建立下面的方程

$$Y=\beta_0''+\beta_1''X_1+\beta_2''X_2+\beta_3''(X_1X_2-b_0-b_1X_1-b_2X_2)+e''$$

完全消除了 X_1X_2 与 X_1，X_2 多重共线性的可能。

在潜变量情形下，分别做 x_1x_3，x_2x_4 对 x_1，x_2，x_3，x_4 的回归，将 2 个残差项（分别记为 $O\_x_1x_3$，$O\_x_2x_4$）作为潜变量交互结构

$$O\_\xi_1\xi_2=\xi_1\xi_2-(\beta_0+\beta_1\xi_1+\beta_2\xi_2)$$

的指标，即产生 2 个正交化乘积指标。Marsh 等人（2007）证明了，在使用正交化乘积指标的策略后，潜变量交互效应模型不需要有均值结构，这就简化了结构方程建模。

和使用中心化乘积指标的情形一样，使用正交化乘积指标，不会改变交互效应的大小，但会改变主效应的大小（Marsh et al.，2007）。问题是，这

种先做回归求残差的策略，需要两步完成，相当麻烦。更主要的问题是，当 $\mathrm{cov}(\xi_1, \xi_1\xi_2) \neq 0$ 或者 $\mathrm{cov}(\xi_2, \xi_1\xi_2) \neq 0$ 时，这种策略存在所谓的结构不一致问题（Lin et al.，2010）。

四、双重中心化指标

Lin 等人（2010）在所有指标中心化的基础上产生乘积指标，并将乘积指标再次中心化，即所谓的双重中心化（double-mean-centering），作为潜变量交互结构 $\xi_1\xi_2 - E(\xi_1\xi_2)$ 的指标。使用配对乘积指标，ξ_1，ξ_2 和 $\xi_1\xi_2 - E(\xi_1\xi_2)$ 的指标分别是：x_1^C，x_2^C；x_3^C，x_4^C；$(x_1^C x_3^C)^C$，$(x_2^C x_4^C)^C$，结构方程为

$$\eta = \gamma_1\xi_1 + \gamma_2\xi_2 + \gamma_3[\xi_1\xi_2 - E(\xi_1\xi_2)] + \zeta$$

这样建模的好处是不需要均值结构（即 LISREL 中不需要 KA，TY 和 TX），从而简化了建模，但理论上不会改变主效应和交互效应。

吴艳等人（2009）分析了潜变量交互效应模型中均值结构产生的根源——交互项 $\xi_1\xi_2$ 的均值不等于零。如果使用 $\xi_1\xi_2 - E(\xi_1\xi_2)$ 作为交互项，其均值等于零，模型就无需均值结构了。在使用 LISREL 软件时，将所有指标中心化就可以建模了，并不需要真的将中心化后的乘积指标再次中心化，即无须双重中心化。因为当模型没有均值结构时，模型估计时将不会利用指标的均值信息，而只利用指标之间的协方差矩阵信息。就是说，当模型没有均值结构时，模型会自动将所有的指标和潜变量都当作中心化变量处理。所以，不管乘积指标是否再次中心化，估计结果都是相同的。但第一次的指标中心化是需要的，因为乘积指标是中心化之后才相乘得到的。

模拟研究发现，无论模型是否有均值结构，主效应、交互效应和指标的负荷等研究者感兴趣的主要参数的估计值非常一致，虽然模型的自由度不同，但主要拟合指数很接近（吴艳 等，2009）。

综上所述，推荐在指标中心化的基础上建立无均值结构的模型，见本章第四节例 6.2。

附录 6.3 产生乘积指标的策略

本章第四节介绍的潜变量交互效应分析方法中，潜变量的交互项需要有乘积指标，每个乘积指标都是 ξ_1 的一个指标与 ξ_2 的一个指标相乘。问题是，加入多少乘积指标比较合适？加入哪些乘积指标比较好？

一、乘积指标类型

在 Kenny 和 Judd（1984）的研究中，用所有可能的（交叉）乘积 x_1x_3，x_1x_4，x_2x_3，x_2x_4 作为交互效应项 $\xi_1\xi_2$ 的乘积指标。Jaccard 和 Wan（1995）的研究中，每个潜变量有 3 个指标，一共可以产生 9 个可能的乘积，但他们只是用了每个潜变量中的 2 个指标，组成 4 个可能的乘积指标。Jöreskog 和 Yang（1996）在他们的例子中只包含 1 个乘积指标（x_1x_3）。Yang（1998）报告了她早前的一个模拟研究结果，发现用所有 4 个乘积指标比用 1 个乘积指标的偏差小，与指标多比少好的说法一致（见 Marsh et al., 1998）。但标准误被低估的情况比用 1 个乘积指标严重，结果她折中地用了两对乘积指标 x_1x_3，x_2x_4。

Ping（1998）在研究约束方法时注意到，如果加入的乘积指标多，会产生阶数很大的协方差矩阵，加上为数众多的等式约束，会使模型不收敛，或者带来其他问题。他没有像 Kenny 和 Judd（1984）那样直接加入乘积指标，而是采用指标均值的乘积作为单一乘积指标的策略（Ping，1995），即将第一个潜变量的指标均值乘以第二个潜变量的指标均值作为乘积指标。例如，设 ξ_1 有 2 个指标 x_1，x_2，ξ_2 有 3 个指标 z_1，z_2，z_3，则用

$$\bar{x}\bar{z}=[(x_1+x_2)/2][(z_1+z_2+z_3)/3]$$

作为 $\xi_1\xi_2$ 的指标。Ping 后来的一些工作（1996a，1996b）也与此想法有关。其优点是只加入 1 个乘积指标，就使用了原来指标的全部信息，缺点是需要

对 SEM 非常熟悉才能给出正确的参数约束关系。更重要的是 Ping（1995）的这种产生乘积指标的策略需要两步估计，而 Moulder 和 Algina（2002）的模拟研究显示 Ping（1995）的两步估计精确度较低，因此这种均值乘积不是很好。

Marsh、Wen 和 Hau（2004）系统比较了产生乘积指标的三种策略：所有可能的乘积指标、配对乘积指标和单一乘积指标。以 ξ_1 和 ξ_2 各有 3 个指标为例，ξ_1 的指标是 x_1，x_2，x_3，ξ_2 的指标是 x_4，x_5，x_6，则所有可能的乘积指标为 x_1x_4，x_1x_5，x_1x_6，x_2x_4，x_2x_5，x_2x_6，x_3x_4，x_3x_5 x_3x_6，配对乘积指标如 x_1x_4，x_2x_5，x_3x_6，单一乘积指标如 x_1x_4。他们还比较了不同组合的配对乘积指标，及不同组合的单一乘积指标。在综合考虑了模型简洁性、模型拟合指数、估计偏差、精确度之后，他们发现配对乘积指标较好。根据这一结果，他们对产生乘积指标给出如下建议：（1）使用所有指标（即每个指标都在乘积指标中出现）；（2）不要重复使用指标（即一个指标不要在乘积指标中出现多于一次），以免两个乘积指标因含有相同的一个指标（如 x_1x_4 和 x_1x_5 都含 x_1）而高度相关，产生多重共线性现象。配对乘积指标显然满足这两条建议。单一乘积指标不满足第一条建议，所有可能乘积指标不满足第二条建议。重要的是，当每个指标都没有重复使用时，误差的方差-协方差矩阵 $\boldsymbol{\Theta_\delta}$ 是对角矩阵，模型大为简化。Batista-Foguet 等人（2004）的研究也得到了相同的结果，推荐使用配对乘积指标。

二、指标配对策略

配对乘积指标可以通过不同的组合方式产生，例如，x_1x_4，x_2x_5，x_3x_6 是一组配对乘积指标，x_1x_5，x_2x_4，x_3x_6 也是一组配对乘积指标。Marsh、Wen 和 Hau（2004）的研究结果是，有高负荷的指标应当配对相乘，即“大配大，小配小”。以 ξ_1 和 ξ_2 各有 3 个指标为例，分别以 ξ_1 和 ξ_2 为因子，以各自的 3 个指标做单因子的验证性因子分析，然后将完全标准化解的负荷由高到低排序，并按“大配大，小配小”配对相乘。不过，他们也指出，除非指标之间的负荷相差悬殊或样本容量 N 较小，否则指标的配对方式对结果的影响不大。Saris 等人（2007）给出了一些新证据支持了 Marsh、Wen 和 Hau（2004）的结果，建议选择信度最高的指标优先匹配，这样产生的交互乘积项的指标（即乘积指标）的信度最高。同一组作者最近的研究中应用了这种指标配对策略（Coenders et al.，2008）。

有的时候，配对可以很自然地形成，例如，研究音乐自我概念和音乐重要性对整体自我概念的影响（Vispoel，1994），其中每一种音乐技能的自我概念（作为音乐自我概念的指标）很自然地与该音乐技能的重要性（作为音乐重要性的指标）相配。具体地说就是读谱自我概念与读谱重要性匹配，节拍自我概念与节拍重要性匹配，等等。

问题是，如果 ξ_1 和 ξ_2 的指标不一样多，应当如何相配呢？例如，ξ_1 有 5 个指标，ξ_2 有 10 个指标，这时可以考虑下面两种配对方式之一。第一种方式是"留高去低"后配对相乘，即从 ξ_2 的 10 个指标中选出较高负荷的 5 个指标与 ξ_1 的 5 个指标配对相乘。第二种方式是打包后配对相乘，将 ξ_2 的 10 个指标形成 5 个题目小组，每 2 个指标一组打包成 1 个新指标，并将打包后的 5 个新指标与 ξ_1 的 5 个指标配对。Wu 等人（2013）的研究结果是，在正态情形下，两种方式的结果大致相当，但"留高去低"后配对简单得多，而且不受指标多少的影响。在非正态情形下，只能使用第一种方式，即"留高去低"后配对。这是因为，打包后配对，只能用固定方差的方法指定模型，而且需要约束 $\xi_1\xi_2$ 的方差，需要正态假设（Jackman et al.，2011）。这样，如果 ξ_1 和 ξ_2 的指标不一样多，建议采用"留高去低"后配对，产生乘积指标。但这里说的是如何产生交互项的乘积指标，ξ_1 和 ξ_2（主效应项）的指标则还是使用原有的指标，不论它们是否一样多。

附录 6.4　分析潜变量交互效应的 QML 程序

```
%QML Model for Example 6.2
% Raw Data
$RD
ex6-2.dat

% Parameter Output
$PO
QML.par

% Standard Errors Output
$SO
QML.std

% Sample Size
$SA
500

% Number of Data Sets
$DS
1

% Number of x-variables
$q
6
```

```
% Number of y-variables
$P
3

%Number of Ksis
$N
2

%Phi
$PH
* *
* *

% Gamma
$GA
* *

%Omega
$Om
0 *
0 0

%Theta Delta
$TD
* 0 0 0 0 0
0 * 0 0 0 0
0 0 * 0 0 0
```

```
0 0 0 * 0 0
0 0 0 0 * 0
0 0 0 0 0 *

%Psi
$PS
*

%Theta Epsilon
$TE
* 0 0
0 * 0
0 0 *

%Lambda x
$LX
1 0
* 0
* 0
0 1
0 *
0 *

%Lambda y
$LY
1
*
*
```

```
%Restriction Omega (for Model Difference Test)
$RO
0 0
0 0
%Restriction Gamma (for Model Difference Test)
$RG
* *
END
```

第七章　潜变量交互效应的标准化估计及其性质

在回归分析中，经常用标准化解来比较和解释每个自变量引起的因变量变化的情况。回归分析的标准化解，是当自变量和因变量都标准化以后得到的回归方程的参数估计，其中的回归系数称为标准化回归系数。用标准化回归系数可以比较哪个自变量的效应比较大。可见标准化解在回归分析中有重要作用。

在结构方程分析中，标准化解同样有重要作用，常用的 SEM 软件都有标准化解和完全标准化解。如果模型中的潜变量标准化但指标不标准化，得到的参数估计是标准化解。如果模型中的潜变量和指标都标准化，得到的参数估计是完全标准化解。当要比较测量方程中的负荷大小或者结构方程中的效应大小时，应当看完全标准化估计。

如所知，通常的标准化回归系数是尺度不变的（scale invariant），即不论变量使用什么尺度单位（如米或厘米），标准化解总是相同的，包括标准化回归系数的估计、估计的标准误和 t 值，这些都是通常回归分析中感兴趣的统计量。本章先介绍显变量交互效应的标准化估计，然后讨论潜变量交互效应的标准化估计及其尺度不变性，以及与检验有关的问题。

第一节 显变量交互效应模型的标准化估计

对于有交互效应项的回归方程

$$Y=\beta_0+\beta_1X_1+\beta_2X_2+\beta_3X_1X_2+e \tag{7.1}$$

如果还是按通常的做法，将 Y，X_1，X_2 和 X_1X_2 分别标准化，变成 Z_Y，Z_{X_1}，Z_{X_2} 和 $Z_{X_1X_2}$，使用下面的方程

$$Z_Y=b_1Z_{X_1}+b_2Z_{X_2}+b_3Z_{X_1X_2}+\varepsilon \tag{7.2}$$

求出标准化估计，是不适当的。在这样的标准化估计中，b_1，b_2 和 b_3 分别是 Z_{X_1}，Z_{X_2} 和 $Z_{X_1X_2}$ 的回归系数，但 $Z_{X_1X_2}$ 不是 Z_{X_1} 和 Z_{X_2} 的乘积项（交互作用项）。合适的做法是（Friedrich，1982）：首先将 Y，X_1，X_2 标准化，变成 Z_Y，Z_{X_1}，Z_{X_2}，然后构造乘积项 $Z_{X_1}Z_{X_2}$，下面的方程

$$Z_Y=c_0+c_1Z_{X_1}+c_2Z_{X_2}+c_3Z_{X_1}Z_{X_2}+\varepsilon \tag{7.3}$$

的原始估计（不要再求标准化估计）就作为交互效应方程（7.1）的标准化估计。由于方程（7.3）中的 $Z_{X_1}Z_{X_2}$ 是 Z_{X_1} 和 Z_{X_2} 的乘积项，因而是 X_1，X_2 标准化后的交互作用项，这样定义的标准化估计是合适的。为了区别，下面将由方程（7.2）得到的估计称为通常标准化估计，由方程（7.3）得到的原始估计称为合适的标准化估计（或者“标准化”估计）。就是说，对于交互效应模型，通常标准化估计是不妥的，应当将方程（7.3）的原始估计作为标准化估计。熟悉统计软件 SPSS 的读者不难用方程（7.3）求出“标准化”估计，主要步骤见附录 7.1。

第二节 潜变量交互效应模型的标准化估计

对于潜变量交互效应模型，也应当存在与显变量情形类似的“标准化”估计，但求解的过程不像上述显变量情形那样直接，因为我们无法直接计算

潜变量的 Z 分数来形成两个潜变量 Z 分数的乘积项。温忠麟、侯杰泰和 Marsh（2008）提出一个计算潜变量交互效应模型标准化解的方法，其中主效应 γ_1，γ_2 和交互效应 γ_3 的估计可以用非标准化解和通常的标准化解的参数估计计算得到，因而可以利用常用的 SEM 软件（如 Mplus、LISREL）的结果计算得到所要的标准化估计（也见 Wen et al.，2010）。

温忠麟等人（2008）推导的潜变量交互效应模型“标准化”估计是在需要均值结构的模型中得到的，相应的结构方程为

$$\eta = \gamma_1\xi_1 + \gamma_2\xi_2 + \gamma_3\xi_1\xi_2 + \zeta \tag{7.4}$$

“标准化”形式为

$$\eta^* = \gamma''_1\xi'_1 + \gamma''_2\xi'_2 + \gamma''_3\xi'_1\xi'_2 + \zeta^* \tag{7.5}$$

其中 ξ'_1 和 ξ'_2 分别是 ξ_1 和 ξ_2 的标准化变量；$\xi'_1\xi'_2$ 是它们的乘积，表示 ξ'_1 和 ξ'_2 的交互作用项；系数 γ''_1，γ''_2 和 γ''_3 的估计就作为方程（7.5）的“标准化”估计。这样的“标准化”估计与方程（7.4）的原始估计和通常标准化估计的关系如下：

$$\gamma''_1 = \gamma'_1, \qquad \gamma''_2 = \gamma'_2, \qquad \gamma''_3 = \gamma'_3\frac{\sqrt{\phi_{11}\phi_{22}}}{\sqrt{\phi_{33}}} \tag{7.6}$$

其中，γ'_1，γ'_2 和 γ'_3 是方程（7.4）中主效应和交互效应的通常标准化估计，可由 SEM 软件直接得到；ϕ_{11}，ϕ_{22} 和 ϕ_{33} 分别是 ξ_1，ξ_2 和 $\xi_1\xi_2$ 的方差的原始估计，也可由 SEM 软件直接得到。

使用无均值结构的建模方法（Lin et al.，2010；吴艳 等，2009），则改用 $\xi_1\xi_2 - E(\xi_1\xi_2)$ 作为交互结构项，相应的结构方程是

$$\eta = \gamma_1\xi_1 + \gamma_2\xi_2 + \gamma_3[\xi_1\xi_2 - E(\xi_1\xi_2)] + \zeta \tag{7.7}$$

下面介绍吴艳、温忠麟、侯杰泰和 Marsh（2011）推导出的无均值结构的“标准化”形式。

为了指定潜变量的测量原点（original），通常都（默认）设定 ξ_1 和 ξ_2 的均值为零（例如，Algina & Moulder，2001；Jaccard & Wan，1995；Jöreskog & Yang，1996；Kenny & Judd，1984；Marsh，Wen，& Hau，2004；Moulder & Algina，2002；Wall & Amemiya，2001），即 $E(\xi_1)=0$，$E(\xi_2)=0$。注意到残差

项 ζ 的均值为零，所以由方程（7.7）可得 $E(\eta)=0$。设 η' 表示 η 的标准化变量，将方程（7.7）变形如下

$$\eta'=\frac{\eta-E(\eta)}{sd(\eta)}=\frac{\gamma_1\xi_1+\gamma_2\xi_2+\gamma_3[\xi_1\xi_2-E(\xi_1\xi_2)]+\zeta}{sd(\eta)}$$
$$=\frac{\gamma_1\xi_1}{sd(\eta)}+\frac{\gamma_2\xi_2}{sd(\eta)}+\frac{\gamma_3[\xi_1\xi_2-E(\xi_1\xi_2)]}{sd(\eta)}+\frac{\zeta}{sd(\eta)}$$
$$=\gamma_1\frac{sd(\xi_1)}{sd(\eta)}\frac{\xi_1}{sd(\xi_1)}+\gamma_2\frac{sd(\xi_2)}{sd(\eta)}\frac{\xi_2}{sd(\xi_2)}+$$
$$\gamma_3\frac{sd(\xi_1\xi_2)}{sd(\eta)}\frac{\xi_1\xi_2-E(\xi_1\xi_2)}{sd(\xi_1\xi_2)}+\frac{\zeta}{sd(\eta)} \tag{7.8}$$

其中 $sd(x)$ 表示 x 的标准差，如 $sd(\eta)$ 表示 η 的标准差。（7.8）中最后一个等号不过是将一些项的分子、分母同乘相同的值。注意到 ξ_1，ξ_2 的均值为零，（7.8）可写成下面的通常标准化形式：

$$\eta'=\gamma'_1\xi'_1+\gamma'_2\xi'_2+\gamma'_3(\xi_1\xi_2)'+\zeta^* \tag{7.9}$$

其中 ξ'_1 和 ξ'_2 分别是 ξ_1 和 ξ_2 的标准化变量，$(\xi_1\xi_2)'$ 是 $\xi_1\xi_2$ 的标准化变量，γ'_1，γ'_2 和 γ'_3 是通常的标准化系数，它们可以从 SEM 软件的标准化解得到。比较方程（7.8）和（7.9）可知

$$\gamma'_1=\gamma_1\frac{sd(\xi_1)}{sd(\eta)}, \gamma'_2=\gamma_2\frac{sd(\xi_2)}{sd(\eta)}, \gamma'_3=\gamma_3\frac{sd(\xi_1\xi_2)}{sd(\eta)} \tag{7.10}$$

但这样得到的 γ'_1，γ'_2 和 γ'_3 估计不是交互效应模型合适的标准化估计，因为 $(\xi_1\xi_2)'$ 不是 ξ'_1 和 ξ'_2 的交互作用项（温忠麟 等，2008）。

为了推出与方程（7.5）类似但又无需均值结构的“标准化”方程，将方程（7.7）重新变形如下（吴艳 等，2011）：

$$\eta'=\frac{\eta-E(\eta)}{sd(\eta)}=\frac{\gamma_1\xi_1+\gamma_2\xi_2+\gamma_3[\xi_1\xi_2-E(\xi_1\xi_2)]+\zeta}{sd(\eta)}$$
$$=\gamma_1\frac{sd(\xi_1)}{sd(\eta)}\frac{\xi_1}{sd(\xi_1)}+\gamma_2\frac{sd(\xi_2)}{sd(\eta)}\frac{\xi_2}{sd(\xi_2)}+$$
$$\gamma_3\frac{sd(\xi_1)sd(\xi_2)}{sd(\eta)}\left\{\frac{\xi_1}{sd(\xi_1)}\frac{\xi_2}{sd(\xi_2)}-E\left[\frac{\xi_1}{sd(\xi_1)}\frac{\xi_2}{sd(\xi_2)}\right]\right\}+\frac{\zeta}{sd(\eta)}$$

(7.11)

上式可以写成下面的形式：

$$\eta' = \gamma''_1\xi'_1 + \gamma''_2\xi'_2 + \gamma''_3[\xi'_1\xi'_2 - E(\xi'_1\xi'_2)] + \zeta^* \quad (7.12)$$

其中 ξ'_1 和 ξ'_2 分别是 ξ_1 和 ξ_2 的标准化变量，$\xi'_1\xi'_2$ 是 ξ'_1 和 ξ'_2 的乘积项，$\xi'_1\xi'_2 - E(\xi'_1\xi'_2)$ 代表的是“标准化”的交互结构。比较方程（7.11）和（7.12）可知

$$\gamma''_1 = \gamma_1 \frac{sd(\xi_1)}{sd(\eta)},\ \gamma''_2 = \gamma_2 \frac{sd(\xi_2)}{sd(\eta)},\ \gamma''_3 = \gamma_3 \frac{sd(\xi_1)sd(\xi_2)}{sd(\eta)} \quad (7.13)$$

方程（7.12）正是我们需要的与方程（7.7）相应的“标准化”形式，γ''_1，γ''_2 和 γ''_3 是方程（7.7）的合适的标准化系数。比较公式（7.10）和（7.13）可以得到 γ''_1，γ''_2，γ''_3 和 γ'_1，γ'_2，γ'_3 的关系：

$$\gamma''_1 = \gamma'_1,\ \gamma''_2 = \gamma'_2,\ \gamma''_3 = \gamma'_3 \frac{sd(\xi_1)sd(\xi_2)}{sd(\xi_1\xi_2)} \quad (7.14)$$

注意到 ϕ_{11}，ϕ_{22} 和 ϕ_{33} 分别是 ξ_1，ξ_2 和 $\xi_1\xi_2$ 的方差的原始估计，（7.14）与（7.6）完全一致。

这样，如果求出了方程（7.7）或（7.4）的原始解（因而有 ϕ_{11}，ϕ_{22} 和 ϕ_{33} 的估计值），还求出了通常的标准化解（因而有 γ'_1，γ'_2 和 γ'_3 的估计值），就可以按（7.6）计算“标准化”估计 γ''_1，γ''_2 和 γ''_3。

说明一下，对于方程（7.4），显然有 $E(\eta) = \gamma_3 E(\xi_1\xi_2)$，不难验证从该方程出发，照样可以推出方程（7.12）。就是说，无论从有均值结构的方程（7.4）出发，还是从无均值结构的方程（7.7）出发，都可以推出相同的“标准化”形式（7.12）。从这个角度说，方程（7.12）是真正意义上的“标准化”形式。而且，方程（7.5）的等号左边 η^* 的均值不是零，因而不是 η 的标准化变量，但方程（7.12）的内生变量 η' 以及外生变量 ξ'_1 和 ξ'_2 都是标准化变量，从这个角度说，方程（7.12）也是真正意义上的“标准化”形式（吴艳 等，2011）。

第三节　潜变量交互效应模型标准化估计的尺度不变性

尺度不变性是参数估计的一种重要性质。如果一个参数的估计与变量的测量单位无关，即无论变量使用什么尺度单位，该参数的估计是唯一确定的，则称该参数估计是尺度不变的。以简单的回归模型为例，回归系数的原始估计与自变量的尺度单位有关，因而不是尺度不变的。但回归系数的标准化估计与尺度单位无关，因而是尺度不变的。类似地，我们自然希望潜变量交互效应模型的“标准化”估计是尺度不变的。下面给出潜变量交互效应模型“标准化”估计的两个尺度不变性性质，其证明涉及比较多的矩阵知识（Wen et al.，2010），见附录 7.2 和附录 7.3。

（1）主效应和交互效应的“标准化”估计是尺度不变的，估计的标准误和 t 值也是尺度不变的。

（2）所有测量方程中的负荷的“标准化”估计是尺度不变的，估计的标准误和 t 值也是尺度不变的。

由于上述的尺度不变性，无论用中心化数据（变量观测值减去变量均值）还是用标准化数据（变量观测值使用 Z 分数）进行分析，得到的“标准化”估计是唯一确定的，而且参数的显著性检验结果也相同。这种唯一性，是对“标准化”估计的要求，也是讨论尺度不变性的原因。值得一提的是，上述尺度不变性不仅对于无约束方法设定的模型成立，对于约束方法和部分约束方法设定的模型也同样成立（Wen et al.，2010）。

需要特别指出的是，无论是中心化数据，还是标准化数据，都必须用协方差矩阵进行分析，得到原始估计和通常标准化估计后，使用公式（7.6）计算“标准化”估计。潜变量交互效应模型使用相关矩阵进行分析是错误的，因为使用相关矩阵得到的是通常标准化估计，只有使用协方差矩阵才能得到参数的原始估计。

如果使用无约束方法分析潜变量交互效应（详见第六章），不管使用什么SEM软件，都要使用公式（7.6）手工计算“标准化”估计。虽然在Mplus 8.2之前，LMS已经在Mplus上实现，但并没有提供标准化解。Mplus 8.2不仅增加了贝叶斯方法，更重要的是提供了合适的标准化解，包括LMS的标准化解，使用的计算公式正是公式（7.6）。就是说，在Mplus 8.2或更高版本上使用LMS或者贝叶斯方法分析潜变量交互效应，通过“OUTPUT：STANDARDIZED；”命令就可以直接输出合适的标准化解了（详见第六章，参见Mplus网站的技术文件“Web Note 23”）。

第四节　用Bootstrap方法计算潜变量交互效应模型标准化估计的标准误

如所知，一个参数估计对应的t值是将参数估计值除以标准误计算出来的。Cudeck（1989）注意到，在许多情况下，当变量单位转换时，参数估计值和相应的标准误都同时放大或缩小相同的倍数，因而t值不会变化。这时，通常标准化估计和原始估计的t值是一样的，即标准化估计就用原始估计的t值来检验。这就容易理解，许多常用的统计软件（包括SPSS和LISREL）只提供原始估计的标准误和t值。对于潜变量“标准化”估计，没有数学公式计算其标准误，因而不能用公式计算相应的t值。问题是，是否也可以使用原始估计的t值来检验呢？

虽然，主效应和交互效应的“标准化”估计、相应的标准误和t值都是尺度不变的，但原始估计及相应的标准误都不是尺度不变的。幸好，原始估计的t值是近似尺度不变的（Wen et al.，2010）。问题是，“标准化”估计的t值，与原始估计的t值相差有多大？Wen等人（2010）使用Bootstrap方法进行模拟研究，发现用Bootstrap方法计算的“标准化”估计的t值与原始估计的t值相差不大，在多数情况下差异可以忽略不计。这就意味着，除非原始估计的t值在临界值附近，否则直接使用原始估计的t值进行检验就可以了。如果原始估计的 t 值在临界值附近，应当使用 Bootstrap 方法计算“标准化”估计的 t 值（吴艳 等，2014）。

一个参数估计的标准误，是该参数估计（作为随机变量）的标准差的估计。可以这样理解，对于某个参数，一个样本可以得到一个估计值，不断重复取样，得到很多的样本，就会得到很多的估计值。计算所有估计值的样本标准差，就可以作为参数估计的标准差的估计，即参数估计的标准误。Bootstrap 方法可以用来计算参数估计的标准误。

对于一个给定的样本（例如，容量是 500），在 Bootstrap 方法中，将其视为一个（Bootstrap）总体，从中有放回地重复取样，可以得到一个 Bootstrap 样本，通常可以设定其样本容量和总体的一样（还是 500）。类似地可以得到很多 Bootstrap 样本（例如，800 个），对这 800 个 Bootstrap 样本用统计软件进行分析，就可以得到 800 个参数估计值及其标准误（SE）。以 γ_3'' 为例，一方面，可以计算出 γ_3'' 的 800 个估计值的标准差（SD），就是 Bootstrap 方法得到的标准误，反映了参数估计值的真实变异程度。另一方面，可以计算 800 个标准误的平均值（$\overline{\text{SE}}$），可以作为统计软件提供的标准误。两者比较，可以评价统计软件提供的标准误对真实标准误的估计是否有偏。

第五节　潜变量交互效应模型标准化估计示例

由于在目前的 Mplus 软件中，无论 LMS 方法还是贝叶斯方法都还不能使用 Bootstrap 方法得到标准误，使用无约束方法虽然可以使用 Bootstrap 方法得到原始估计的标准误，但不能得到“标准化”估计的标准误，所以这里还是使用无约束方法，用 LISREL 进行示例（参数估计结果可能会与第六章的 Mplus 结果有微小差别），不熟悉 LISREL 的读者看看结果便可。

对于例 6.2 的样本数据，可以先将全部指标中心化，然后产生乘积指标，得到中心化数据（但乘积指标不再中心化）。也可以先将全部指标标准化，然后产生乘积指标，得到标准化数据（但乘积指标不再标准化）。不论是中心化数据，还是标准化数据，都可以用第六章第四节介绍的无均值结构的无约束方法进行建模和估计（见例 6.2），得到参数的估计和通常标准化估计，然后用公式（7.6）计算“标准化”估计。

中心化数据和标准化数据的估计结果见表 7－1。先看中心化数据的估计结果。原始估计：$\gamma_1=0.418$，$\gamma_2=0.431$，$\gamma_3=0.163$；$\phi_{11}=0.854$，$\phi_{22}=0.980$，$\phi_{33}=1.045$。还有下面的通常标准化估计：$\gamma'_1=0.420$，$\gamma'_2=0.464$，$\gamma'_3=0.182$。由公式（7.6）可知，主效应的“标准化”估计与通常标准化估计一样，即 $\gamma''_1=0.420$，$\gamma''_2=0.464$。交互效应的“标准化”估计为

$$\gamma''_3=\gamma'_3\frac{\sqrt{\phi_{11}\phi_{22}}}{\sqrt{\phi_{33}}}=0.182\times\frac{\sqrt{0.854\times0.980}}{\sqrt{1.045}}=0.163$$

再看标准化数据的估计结果。原始估计：$\gamma_1=0.395$，$\gamma_2=0.424$，$\gamma_3=0.217$；$\phi_{11}=0.464$，$\phi_{22}=0.493$，$\phi_{33}=0.286$。还有下面的通常标准化估计：$\gamma'_1=0.420$，$\gamma'_2=0.464$，$\gamma'_3=0.182$。中心化数据和标准化数据得到的主效应和交互效应的通常标准化估计完全相同，这是预料中的事，因为通常标准化估计是尺度不变的。不过，即使是标准化数据，交互效应的“标准化”估计也要通过公式（7.6）来计算

$$\gamma''_3=\gamma'_3\frac{\sqrt{\phi_{11}\phi_{22}}}{\sqrt{\phi_{33}}}=0.182\times\frac{\sqrt{0.464\times0.493}}{\sqrt{0.286}}=0.163$$

表 7－1　中心化数据和标准化数据估计结果比较

数据类型	原始估计						标准化估计			
	γ_1	γ_2	γ_3	ϕ_{11}	ϕ_{22}	ϕ_{33}	γ'_1	γ'_2	γ'_3	γ''_3
中心化	0.418	0.431	0.163	0.854	0.980	1.045	0.420	0.464	0.182	0.163
标准化	0.395	0.424	0.217	0.464	0.493	0.286	0.420	0.464	0.182	0.163

注：γ_1，γ_2 和 γ_3 分别是主效应和交互效应的原始估计。γ'_1，γ'_2 和 γ'_3 分别是主效应和交互效应的通常标准化估计（即完全标准化解中的输出结果）。γ'_1，γ'_2 也就是主效应的“标准化”估计，γ''_3 是交互效应的“标准化”估计。

从表 7—1 可以看出，使用两种类型数据得到的“标准化”估计相同。中心化数据和标准化数据，它们的尺度单位是不一样的。中心化数据使用的是原始测量单位；不管原始测量单位是什么，标准化数据都是一样的，因而标准化数据在使用不同测量单位的数据之间起到了链接的作用。如果使用中心化数据和标准化数据得到的“标准化”估计相同，就已经说明了使用任何测量单位得到的“标准化”估计相同，即“标准化”估计有尺度不变性（Wen et al.，2010）。

下面使用 Bootstrap 方法计算“标准化”估计的标准误和 t 值，并与原始估计的标准误和 t 值比较。例 6.2 的样本容量是 500，从原始数据中有放回重复取样，取出 800 个 Bootstrap 样本，每个样本的容量还是 500。用于 Bootstrap 取样的 PRELIS 程序见附录 7.4（本书使用 PRELIS 2.72 运行结果）。对每个 Bootstrap 样本，可以得到中心化数据（所有指标中心化以后产生乘积指标），拟合模型后得到一套“标准化”估计，800 个 Bootstrap 样本可以得到 800 套“标准化”估计。同理，对每个 Bootstrap 样本，可以得到标准化数据（所有指标标准化以后产生乘积指标），拟合模型后得到一套“标准化”估计，800 个 Bootstrap 样本也可以得到 800 套“标准化”估计。根据不变性可知，用两种数据得到的 800 套“标准化”估计是一样的。尽管乘积指标不服从正态分布，但无论是主效应还是交互效应，800 个“标准化”估计是近似正态分布的（参见 Wen et al.，2010）。800 个“标准化”估计值的标准差就是 Bootstrap 方法得到的标准误（记为 SE_bs），然后就可以计算相应的 t 值（记为 t_bs），结果见表 7—2。

从表 7—2 可以看出，原始估计及相应的标准误都不是尺度不变的，特别是 γ_3，两种数据得到的原始估计及相应的标准误相差很大，但原始估计的 t 值是近似尺度不变的，即两种数据得到的原始估计的 t 值很接近。对于“标准化”估计值，由 Bootstrap 方法得到的 SE_bs 和 t_bs 都是尺度不变的。显然，两种 t 值（即 Bootstrap 方法得到的“标准化”估计的 t 值，和原始估计的 t 值）有出入，但除非原始估计的 t 值在临界值附近，否则直接使用原始估计的 t 值进行检验就可以了。如果原始估计的 t 值在临界值附近（具体说是在 1.5—2.5 之间），则应当使用 Bootstrap 方法计算 t 值比较妥当（吴艳 等，2014）。

表 7—2　中心化数据和标准化数据的“标准化”估计值和 Bootstrap 方法得到的 t 值

	数据类型	γ_1	SE	t	γ_1'	SE_bs	t_bs
ξ_1	中心化	0.418	0.063	6.608	0.420	0.054	7.778
	标准化	0.395	0.060	6.609	0.420	0.054	7.778
	数据类型	γ_2	SE	t	γ_2'	SE_bs	t_bs
ξ_2	中心化	0.431	0.059	7.294	0.464	0.052	8.923
	标准化	0.424	0.058	7.296	0.464	0.052	8.923
	数据类型	γ_3	SE	t	γ_3''	SE_bs	t_bs
$\xi_1\xi_2$	中心化	0.163	0.054	2.994	0.163	0.061	2.672
	标准化	0.217	0.073	2.989	0.163	0.061	2.672

附录 7.1　使用 SPSS 计算显变量交互效应模型标准化估计的主要步骤

（1）用“**Analyze**”菜单“**Descriptive Statistics**”下的“**Descriptives**”命令，计算 Y，X_1，X_2 的 Z 分数 Z_Y，Z_{X_1}，Z_{X_2}（要击选“**Save standardized values as variables**”）。

（2）用“**Transform**”菜单的“**Compute Variable**”命令，计算乘积项 $Z_{X_1}Z_{X_2}$。

（3）用“**Analyze**”菜单“**Regression**”下的“**Linear**”命令，以 Z_Y 为因变量，以 Z_{X_1}，Z_{X_2} 为自变量，做回归分析，看看是否有（主）效应不显著的变量（即相应的回归系数不显著）。检视平方复相关系数 R^2。

（4）重复第（3）步，但增加一个自变量 $Z_{X_1}Z_{X_2}$，做回归分析。只看原始估计的结果，$Z_{X_1}Z_{X_2}$ 的系数就是交互效应的“标准化”估计，如果显著，则交互效应显著。检视平方复相关系数 R^2 和交互项带来的 R^2 变化。

附录 7.2 证明潜变量交互效应模型是拟尺度不变的模型

一、模型设定

为了简单明确起见，设 η 有三个指标 y_1，y_2，y_3，ξ_1 和 ξ_2 各有两个指标，分别是 x_1，x_2 和 x_3，x_4。假设所有的指标都已经中心化，并将 x_1x_3 和 x_2x_4 重新中心化，用 $x_1x_3-E(x_1x_3)$ 和 $x_2x_4-E(x_2x_4)$ 作为潜变量交互项 $\xi_1\xi_2-E(\xi_1\xi_2)$ 的指标（Lin et al.，2010）。

模型的 LISREL 格式的矩阵形式如下：

$$\boldsymbol{y}=\boldsymbol{\Lambda}_y\boldsymbol{\eta}+\boldsymbol{\varepsilon} \tag{7.15}$$

$$\begin{pmatrix} y_1 \\ y_2 \\ y_3 \end{pmatrix}=\begin{pmatrix} 1 \\ \lambda_{y2} \\ \lambda_{y3} \end{pmatrix}\eta+\begin{pmatrix} \varepsilon_1 \\ \varepsilon_2 \\ \varepsilon_3 \end{pmatrix}$$

$$\boldsymbol{x}=\boldsymbol{\Lambda}_x\boldsymbol{\xi}+\boldsymbol{\delta} \tag{7.16}$$

$$\begin{pmatrix} x_1 \\ x_2 \\ x_3 \\ x_4 \\ x_1x_3-E(x_1x_3) \\ x_2x_4-E(x_2x_4) \end{pmatrix}=\begin{pmatrix} \lambda_1 & 0 & 0 \\ \lambda_2 & 0 & 0 \\ 0 & \lambda_3 & 0 \\ 0 & \lambda_4 & 0 \\ 0 & 0 & \lambda_5 \\ 0 & 0 & \lambda_6 \end{pmatrix}\begin{pmatrix} \xi_1 \\ \xi_2 \\ \xi_1\xi_2-E(\xi_1\xi_2) \end{pmatrix}+\begin{pmatrix} \delta_1 \\ \delta_2 \\ \delta_3 \\ \delta_4 \\ \delta_5 \\ \delta_6 \end{pmatrix}$$

$$\eta=\gamma_1\xi_1+\gamma_2\xi_2+\gamma_3[\xi_1\xi_2-E(\xi_1\xi_2)]+\zeta \tag{7.17}$$

其他需要估计的参数（矩阵）如下：

$$\boldsymbol{\Phi}=\begin{pmatrix} \phi_{11} & & \\ \phi_{21} & \phi_{22} & \\ \phi_{31} & \phi_{32} & \phi_{33} \end{pmatrix} \tag{7.18}$$

$$\boldsymbol{\Psi}=[\psi] \tag{7.19}$$

$$\boldsymbol{\Theta}_{\boldsymbol{\varepsilon}}=\mathrm{diag}(\theta_{\varepsilon 1},\ \theta_{\varepsilon 2},\ \theta_{\varepsilon 3}) \tag{7.20}$$

$$\boldsymbol{\Theta}_{\boldsymbol{\delta}}=\mathrm{diag}(\theta_1,\ \theta_2,\ \theta_3,\ \theta_4,\ \theta_5,\ \theta_6) \tag{7.21}$$

这里只考虑无约束方法。为了指定模型，简单地设定

$$\lambda_{y1}=1,\ \lambda_1=1,\ \lambda_3=1,\ \lambda_5=1$$

二、模型的拟尺度不变性

一般地，设 $\boldsymbol{u}=(\boldsymbol{y}',\ \boldsymbol{x}')'$ 是模型的全部指标所形成的向量，$\boldsymbol{\Sigma}(\boldsymbol{\theta})$ 是模型隐含的 $\boldsymbol{u}$ 的协方差矩阵(即理论模型的协方差矩阵)，$\boldsymbol{\mu}(\boldsymbol{\theta})$ 是模型隐含的 $\boldsymbol{u}$ 的均值向量。如果对于任意的对角矩阵 $\boldsymbol{D}$(对角元素为不等于零的任意数)，和任意的参数向量 $\boldsymbol{\theta}$，存在另一个参数向量$\boldsymbol{\theta}^*$(与 $\boldsymbol{D}$ 和 $\boldsymbol{\theta}$ 有关)，使得

$$\boldsymbol{\Sigma}(\boldsymbol{\theta}^*)=\boldsymbol{D}^{-1}\boldsymbol{\Sigma}(\boldsymbol{\theta})\boldsymbol{D}^{-1}\quad 且\ \boldsymbol{\mu}(\boldsymbol{\theta}^*)=\boldsymbol{D}^{-1}\boldsymbol{\mu}(\boldsymbol{\theta})$$

则称模型是尺度不变的（参见 Browne，1982，section 1.2；Cudeck，1989）。如果一个模型是尺度不变的，那么用协方差矩阵进行分析和用相关矩阵进行分析得到的标准化解是相同的。

潜变量交互效应模型不是尺度不变的，因为在模型中使用相关矩阵得到的（通常的）标准化估计，与用协方差矩阵得到的（通常的）标准化估计一般来说是不同的。因此，对于潜变量交互效应模型，一定要使用协方差矩阵，而不能使用相关矩阵。

对（7.15）—（7.21）定义的交互效应模型，设

$$\boldsymbol{u}=(\boldsymbol{y}',\boldsymbol{x}')'=[y_1,y_2,y_3,x_1,x_2,x_3,x_4,x_1x_3-E(x_1x_3),x_2x_4-E(x_2x_4)]' \tag{7.22}$$

$\boldsymbol{\Sigma}(\boldsymbol{\theta})$ 是模型隐含的 $\boldsymbol{u}$ 的协方差矩阵，$\boldsymbol{\mu}(\boldsymbol{\theta})$ 是模型隐含的 $\boldsymbol{u}$ 的均值向量。如果对于任意的对角矩阵

$$\boldsymbol{D}=\mathrm{diag}(c_1,\ c_2,\ c_3,\ d_1,\ d_2,\ d_3,\ d_4,\ d_1d_3,\ d_2d_4)$$

（其中 c_1，c_2，c_3，d_1，d_2，d_3，d_4 为不等于零的任意数）和任意的参数向量 $\boldsymbol{\theta}$，存在另一个参数向量$\boldsymbol{\theta}^*$（与 $\boldsymbol{D}$ 和 $\boldsymbol{\theta}$ 有关)，使得

$$\boldsymbol{\Sigma}(\boldsymbol{\theta}^*) = \boldsymbol{D}^{-1}\boldsymbol{\Sigma}(\boldsymbol{\theta})\boldsymbol{D}^{-1} \quad 且\ \boldsymbol{\mu}(\boldsymbol{\theta}^*) = \boldsymbol{D}^{-1}\boldsymbol{\mu}(\boldsymbol{\theta}) \tag{7.23}$$

则称模型是拟尺度不变的（quasi-scale invariant；Wen et al.，2010）。模型是拟尺度不变的弱于模型是尺度不变的，后者的对角矩阵 $\boldsymbol{D}$ 的对角元素可以是不等于零的任意数，而前者的对角矩阵 $\boldsymbol{D}$ 的最后两个对角元素由前面的对角元素决定。换句话说，如果一个模型是尺度不变的，一定是拟尺度不变的。不过，对于潜变量交互效应模型，满足拟尺度不变性已经足够，因为交互项 $\xi_1\xi_2 - E(\xi_1\xi_2)$ 的指标是乘积指标（重新中心化）。就是说，潜变量交互效应模型的拟尺度不变性质，与一般结构方程模型的尺度不变性质类似。下面要证明，潜变量交互效应模型确实是拟尺度不变的。

因为我们使用的是无均值结构的模型，由（7.22）可知，均值向量 $\boldsymbol{\mu}(\boldsymbol{\theta})$ 等于 $\boldsymbol{0}$，所以下面不用再考虑均值向量。协方差矩阵 $\boldsymbol{\Sigma}(\boldsymbol{\theta})$ 等于

$$\begin{pmatrix}
\phi_{00}+\theta_{\varepsilon 1} \\
\lambda_{y2}\phi_{00} & \lambda_{y2}^2\phi_{00}+\theta_{\varepsilon 2} \\
\lambda_{y3}\phi_{00} & \lambda_{y3}\lambda_{y2}\phi_{00} & \lambda_{y3}^2\phi_{00}+\theta_{\varepsilon 3} \\
\phi_{10} & \lambda_{y2}\phi_{10} & \lambda_{y3}\phi_{10} & \phi_{11}+\theta_1 \\
\lambda_2\phi_{10} & \lambda_2\lambda_{y2}\phi_{10} & \lambda_2\lambda_{y3}\phi_{10} & \lambda_2\phi_{11} & \lambda_2^2\phi_{11}+\theta_2 \\
\phi_{20} & \lambda_{y2}\phi_{20} & \lambda_{y3}\phi_{20} & \phi_{21} & \lambda_2\phi_{21} & \phi_{22}+\theta_3 \\
\lambda_4\phi_{20} & \lambda_4\lambda_{y2}\phi_{20} & \lambda_4\lambda_{y3}\phi_{20} & \lambda_4\phi_{21} & \lambda_4\lambda_2\phi_{21} & \lambda_4\phi_{22} & \lambda_4^2\phi_{22}+\theta_4 \\
\phi_{30} & \lambda_{y2}\phi_{30} & \lambda_{y3}\phi_{30} & \phi_{31} & \lambda_2\phi_{31} & \phi_{32} & \lambda_4\phi_{32} & \phi_{33}+\theta_5 \\
\lambda_6\phi_{30} & \lambda_6\lambda_{y2}\phi_{30} & \lambda_6\lambda_{y3}\phi_{30} & \lambda_6\phi_{31} & \lambda_6\lambda_2\phi_{31} & \lambda_6\phi_{32} & \lambda_6\lambda_4\phi_{32} & \lambda_6\phi_{33} & \lambda_6^2\phi_{33}+\theta_6
\end{pmatrix}$$

其中

$$\phi_{00} = \mathrm{var}(\eta) = \gamma_1^2\phi_{11} + \gamma_2^2\phi_{22} + \gamma_3^2\phi_{33} + 2\gamma_1\gamma_2\phi_{21} + 2\gamma_1\gamma_3\phi_{31} + 2\gamma_2\gamma_3\phi_{32} + \psi \tag{7.24}$$

$$\begin{aligned}
\phi_{10} &= \gamma_1\phi_{11} + \gamma_2\phi_{21} + \gamma_3\phi_{31}, \\
\phi_{20} &= \gamma_1\phi_{21} + \gamma_2\phi_{22} + \gamma_3\phi_{32}, \\
\phi_{30} &= \gamma_1\phi_{31} + \gamma_2\phi_{32} + \gamma_3\phi_{33}
\end{aligned} \tag{7.25}$$

对于任意的对角矩阵 $\boldsymbol{D} = \mathrm{diag}(c_1, c_2, c_3, d_1, d_2, d_3, d_4, d_1d_3, d_2d_4)$（其中 c_1，c_2，c_3，d_1，d_2，d_3，d_4 为不等于零的任意数），设定 $\lambda_{y1}^* =$

$1, \lambda_1^* = 1, \lambda_3^* = 1, \lambda_5^* = 1$ 并令

$$\lambda_{y2}^* = \frac{c_1}{c_2}\lambda_{y2}, \lambda_{y3}^* = \frac{c_1}{c_3}\lambda_{y3}; \lambda_2^* = \frac{d_1}{d_2}\lambda_2, \lambda_4^* = \frac{d_3}{d_4}\lambda_4, \lambda_6^* = \frac{d_1 d_3}{d_2 d_4}\lambda_6 \quad (7.26)$$

$$\gamma_1^* = \frac{d_1}{c_1}\gamma_1, \gamma_2^* = \frac{d_3}{c_1}\gamma_2, \gamma_3^* = \frac{d_1 d_3}{c_1}\gamma_3 \quad (7.27)$$

$$\phi_{11}^* = \frac{\phi_{11}}{d_1^2}, \phi_{22}^* = \frac{\phi_{22}}{d_3^2}, \phi_{33}^* = \frac{\phi_{33}}{d_1^2 d_3^2}, \phi_{21}^* = \frac{\phi_{21}}{d_1 d_3}, \phi_{31}^* = \frac{\phi_{31}}{d_1^2 d_3}, \phi_{32}^* = \frac{\phi_{32}}{d_1 d_3^2} \quad (7.28)$$

$$\mathrm{diag}(\theta_{\varepsilon 1}^*, \theta_{\varepsilon 2}^*, \theta_{\varepsilon 3}^*, \theta_1^*, \cdots, \theta_6^*) = \boldsymbol{D}^{-2}\mathrm{diag}(\theta_{\varepsilon 1}, \theta_{\varepsilon 2}, \theta_{\varepsilon 3}, \theta_1, \cdots, \theta_6) \quad (7.29)$$

$$\psi^* = \frac{\psi}{c_1^2} \quad (7.30)$$

不难（但比较繁）验证 $\boldsymbol{\Sigma}(\boldsymbol{\theta}^*) = \boldsymbol{D}^{-1}\boldsymbol{\Sigma}(\boldsymbol{\theta})\boldsymbol{D}^{-1}$ 。这说明，由方程（7.15）—（7.21）定义的潜变量交互效应模型是拟尺度不变的。

上面的结果告诉我们，为了产生样本的标准化数据，不能按通常的做法进行标准化，而应当用下面的方法。

设 $\boldsymbol{S}$ 是 $\boldsymbol{u} = (\boldsymbol{y}', \boldsymbol{x}')' = (y_1, y_2, y_3, x_1, x_2, x_3, x_4, x_1x_3 - \overline{x_1x_3}, x_2x_4 - \overline{x_2x_4})'$ 的样本协方差矩阵。记

$$\boldsymbol{D}_S = \mathrm{diag}[sd(y_1), sd(y_2), sd(y_3), sd(x_1), \cdots, sd(x_4), sd(x_1)sd(x_3), sd(x_2)sd(x_4)]$$

称 $\boldsymbol{u}^* = \boldsymbol{D}_S^{-1}\boldsymbol{u}$ 为“标准化”变换，$\boldsymbol{u}^*$ 的元素除了两个乘积指标外，都是真正的 Z 分数（因为 y_1，y_2，y_3，x_1，x_2 和 x_3，x_4 都已经中心化）。$\boldsymbol{u}^*$ 的样本协方差矩阵是 $\boldsymbol{S}^* = \boldsymbol{D}_S^{-1}\boldsymbol{S}\boldsymbol{D}_S^{-1}$ ，最后两个对角线元素不等于 1①，而是 $sd^2(x_1x_3)/[sd(x_1)sd(x_3)]^2$ 和 $sd^2(x_2x_4)/[sd(x_2)sd(x_4)]^2$。

① 通常的标准化变换后，样本协方差矩阵正好就是样本相关矩阵，因而对角元素都是 1。

附录 7.3 证明潜变量交互效应模型“标准化”估计的尺度不变性

一、主效应和交互效应的“标准化”估计的尺度不变性

对于做了“标准化”变换 $\boldsymbol{u}^* = \boldsymbol{D}_S^{-1}\boldsymbol{u}$ 的数据（见附录 7.2），令 $c_i = sd(y_i)(i=1, 2, 3)$，$d_i = sd(x_i)(i=1, 2, 3, 4)$，则 $\boldsymbol{D}_S$ 变成

$$\boldsymbol{D}_S = \mathrm{diag}(c_1, c_2, c_3, d_1, d_2, d_3, d_4, d_1d_3, d_2d_4)$$

由公式（7.27）可知，变换前后主效应和交互效应的估计是不同的。但可以证明，变换前后主效应和交互效应的“标准化”估计是相同的。

由（7.24）和（7.27）、（7.28）以及（7.30）可得 $\phi_{00}^* = \phi_{00}/c_1^2$。注意到 $\phi_{00}^* = \mathrm{var}(\eta^*)$，由（7.13）并再次使用（7.27）、（7.28）以及（7.30），得到

$$(\gamma_1^*)'' = \gamma_1^* \frac{\sqrt{\phi_{11}^*}}{\sqrt{\phi_{00}^*}} = \gamma_1 \frac{d_1}{c_1} \frac{\sqrt{\phi_{11}/d_1^2}}{\sqrt{\phi_{00}/c_1^2}} = \gamma_1 \frac{\sqrt{\phi_{11}}}{\sqrt{\phi_{00}}} = \gamma_1''$$

$$(\gamma_2^*)'' = \gamma_2^* \frac{\sqrt{\phi_{22}^*}}{\sqrt{\phi_{00}^*}} = \gamma_2 \frac{d_3}{c_1} \frac{\sqrt{\phi_{22}/d_3^2}}{\sqrt{\phi_{00}/c_1^2}} = \gamma_2 \frac{\sqrt{\phi_{22}}}{\sqrt{\phi_{00}}} = \gamma_2''$$

$$(\gamma_3^*)'' = \gamma_3^* \frac{\sqrt{\phi_{11}^*\phi_{22}^*}}{\sqrt{\phi_{00}^*}} = \gamma_3 \frac{d_1d_3}{c_1} \frac{\sqrt{\phi_{11}\phi_{22}/(d_1d_3)^2}}{\sqrt{\phi_{00}/c_1^2}} = \gamma_3 \frac{\sqrt{\phi_{11}\phi_{22}}}{\sqrt{\phi_{00}}} = \gamma_3''$$

因此，由（7.13）计算的主效应和交互效应的“标准化”估计是尺度不变的。

二、负荷的“标准化”估计的尺度不变性

除了主效应和交互效应外，人们对负荷的估计也很感兴趣。记 λ_{y2}'，λ_{y3}'，λ_2'，λ_4'，λ_6' 为负荷的通常标准化估计，容易推出它们与非标准化的负荷

λ_{y2}，λ_{y3}，λ_2，λ_4，λ_6 有下列关系

$$\lambda'_{y2}=\lambda_{y2}\frac{\sqrt{\phi_{00}}}{c_2},\ \lambda'_{y3}=\lambda_{y3}\frac{\sqrt{\phi_{00}}}{c_3},\ \lambda'_2=\lambda_2\frac{\sqrt{\phi_{11}}}{d_2},$$

$$\lambda'_4=\lambda_4\frac{\sqrt{\phi_{22}}}{d_4},\ \lambda'_6=\lambda_6\frac{\sqrt{\phi_{33}}}{sd(x_2x_4)}$$

记 λ''_{y2}，λ''_{y3}，λ''_2，λ''_4，λ''_6 是负荷的“标准化”估计，则有

$$\lambda''_6=\lambda_6\frac{\sqrt{\phi_{11}\phi_{22}}}{d_2d_4}=\lambda'_6\frac{\sqrt{\phi_{11}\phi_{22}}}{\sqrt{\phi_{33}}}\frac{sd(x_2x_4)}{d_2d_4} \tag{7.31}$$

而 λ''_{y2}，λ''_{y3}，λ''_2，λ''_4 与对应的 λ'_{y2}，λ'_{y3}，λ'_2，λ'_4 相等。

可以验证，λ''_{y2}，λ''_{y3}，λ''_2，λ''_4，λ''_6 都是尺度不变的，例如，注意到 $d_2^*=d_4^*=1$，由（7.31）以及（7.26）、（7.28）可得

$$(\lambda_6^*)''=\lambda_6^*\frac{\sqrt{\phi_{11}^*\phi_{22}^*}}{d_2^*d_4^*}=\lambda_6\frac{d_1d_3}{d_2d_4}\sqrt{\frac{\phi_{11}\phi_{22}}{d_1^2d_3^2}}=\lambda_6\frac{\sqrt{\phi_{11}\phi_{22}}}{d_2d_4}=\lambda''_6$$

附录 7.4 用于产生 Bootstrap 样本的 PRELIS 程序

```
SY='sample.PSF'
OU MA=CM RA=bs1.dat XM WI=11 ND=6 IX=123 BS=800 SF=100
```

！在运行这个 PRELIS 程序之前，要先将原始样本数据转换成 PRELIS 的系统文件，后缀为“.PSF”。这一步可以在 LISREL 窗口操作，定义所有的变量都是连续变量。本例的系统文件名为“sample.PSF”。

！这个 PRELIS 程序将用种子数 123（IX=123）产生 800 个 Bootstrap 样本（BS=800），每个样本的容量是原始样本容量的 100%（SF=100），每个数据占 11 位（WI=11），其中 6 位小数（ND=6），数据存于文本文件“bs1.dat”。

第八章　潜增长模型及其中的交互效应

有时候我们需要对同一组被试在若干时间点进行重复测量，获得纵向数据（longitudinal data），以了解研究对象的某些特质的变化。这种纵向研究通常关注被试内（intra-individual）的变化和被试间（inter-individual）的差异。例如，在一项研究中，对同一组学生，由小学二年级到六年级，每年用同一份问卷进行调查，研究学生“自信”的变化情况，并比较不同性别、不同学业成绩组的“自信”变化的异同。

至少有三种常用的统计方法可以分析纵向数据（刘红云，张雷，2005）。一种是重复测量方差分析（repeated measures analysis of variance；参见Meredith & Tisak，1990），将变量在不同时间点的观测值作为因变量，而时间点作为被试内因素，常用的 SPSS 可以做重复测量方差分析。一种是多层线性模型（hierarchical linear model；Raudenbush & Bryk，2002），将测量点作为第一水平的个体，它嵌套于被试（第二水平的个体）之中。多层线性模型（见第九章），也称为多水平分析（multilevel analysis；Goldstein，1995），可以用软件 MLwiN（Rasbash et al.，2009）、HLM（Raudenbush et al.，2004）或者 Mplus（Muthén & Muthén，2010）分析。还有一种是潜增长模型（latent growth model，LGM；Duncan et al.，1999；Wen et al.，2002）。这些方法中，只有潜增长模型可以同时研究某些变量对变化的影响（即把变化作为因变量）和变化如何影响其他变量（即把变化作为自变量）。潜增长模型通常使用 SEM 软件进行分析。

本章要讨论的是潜增长模型中的交互效应问题（Wen et al.，2014），下面先简单介绍潜增长模型。

第一节　潜增长模型介绍

潜增长模型其实是一种有均值结构的验证性因子分析模型，也称为潜曲线分析模型（latent curve analysis model）。在这种模型中，潜变量（因子）反映了观测变量的初始水平和随时间的增长变化情况。

一、单因子增长模型

假设每半年用同一份表调查学生一次，其中一个问题是调查学生的交友自信——“你是否容易和同学交朋友?”答案从“很难”到“很容易”用9点量表记分。设 x_1，x_2，x_3，x_4，x_5 是学生在时间点 t_1，t_2，t_3，t_4，t_5 的得分。一般地，这些得分既可以是单个题目得分，也可以是多个题目的总分或平均分，总之是显变量。我们可以建立如下有均值结构的单因子CFA模型（见图8－1）：

$$x_1 = \xi_1 + \delta_1 \tag{8.1}$$

$$x_2 = \lambda_2 \xi_1 + \delta_2 \tag{8.2}$$

$$x_3 = \lambda_3 \xi_1 + \delta_3 \tag{8.3}$$

$$x_4 = \lambda_4 \xi_1 + \delta_4 \tag{8.4}$$

$$x_5 = \lambda_5 \xi_1 + \delta_5 \tag{8.5}$$

这个模型要估计的自由参数有11个，包括4个负荷（λ_2—λ_5）、1个因子的均值（κ_1）和1个因子的方差（ϕ_{11}）及5个误差方差（θ_{11}—θ_{55}）。输入的协方差矩阵有5×（5＋1）/2＝15个元素，5个变量的均值，共20个。因而自由度是9（＝20－11）。

第1时间点得分 x_1（初始得分）是 ξ_1 的尺度指标，即 $E(x_1)=E(\xi_1)$，而 $E(x_2)=\lambda_2 E(\xi_1)$，所以

$$\lambda_2=\frac{E(x_2)}{E(x_1)}$$

即 λ_2 是 x_2 的均值与 x_1 的均值之比。同理可以推出其他几个负荷。一般地，除了第 1 个时间点的得分外，其他时间点的得分在 ξ_1 上的负荷等于该得分的均值与初始得分的均值之比。但不同的估计方法得到的实际估计值不一定恰好就是这个比值。由（8.1）可知，$\kappa_1=E(\xi_1)=E(x_1)$，在单因子增长模型中，因子的均值 κ_1 反映了变量的初始水平，方差 $\phi_{11}=\mathrm{var}(\xi_1)$ 反映了个体之间在初始水平上的变异大小，变量的增长情况则由负荷反映出来。

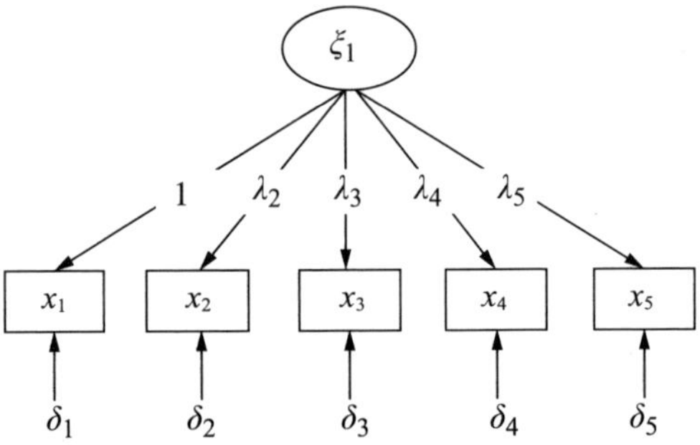

图 8－1　单因子增长模型

例 8.1　下面是一个单因子增长模型的 Mplus 程序。相应的 LISREL 程序见附录 8.1。

```
TITLE：Single-factor LGM
DATA：FILE is d:\ex8. 1. dat;
VARIABLE：NAMES are T1SC T2SC T3SC T4SC T5SC;
ANALYSIS：ESTIMATOR=MLR;
MODEL：TIME by T1SC @1 T2SC * 2 T3SC * 3 T4SC * 4 T5SC * 5;
OUTPUT：TECH1 TECH9;
SAVEDATA：RESULTS=result8. 1. dat;
```

主要的拟合指数：$\chi^2=6.71$，$df=9$，RMSEA＝0.00，TLI＝1.01，CFI＝1.00。说明单因子增长模型非常好地拟合了数据。

主要的参数估计结果：$\lambda_2=1.04$（SE＝0.07，$t=15.16$），$\lambda_3=1.24$（SE＝0.07，$t=16.92$），$\lambda_4=1.66$（SE＝0.09，$t=18.37$），$\lambda_5=1.67$（SE＝0.09，$t=18.26$）；$\kappa_1=1.23$（SE＝0.04，$t=17.93$），$\phi_{11}=0.26$（SE＝0.07，$t=6.31$）。

因子的均值是 1.23（$t=17.93$，$p<0.01$），方差是 0.26（$t=6.31$，$p<0.01$），说明个体之间变异显著。从第 2 时间点到第 5 时间点的负荷依次是 1.04，1.24、1.66、1.67，反映了“慢（负荷从 1 增加到 1.04）——快（负荷从 1.04 增加到 1.24）——快（负荷从 1.24 增加到 1.66）——慢（负荷从 1.66 增加到 1.67）”的增长过程。为了检视时间点之间的变化的显著性，可以求出上述时间点负荷的 95％置信区间，即估计的负荷加减 2 个（严格说来正态分布条件下应当是 1.96 个）标准误。它们是（0.9，1.18）、（1.10，1.38）、（1.48，1.84）、（1.49，1.85）。因为第 2 时间点负荷的置信区间（0.9，1.18）包含第 1 时间点的负荷（固定为 1），所以这两个时间点的得分没有显著变化。后面 3 个时间点负荷的置信区间都不包含 1，所以从第 3 时间点开始，得分都比第 1 时间点有显著的提高。通过比较不同负荷置信区间是否重叠，可以粗略地得出对应的时间段得分的变化是否显著。如，第 3 到第 4 时间点有显著提高，而第 4 到第 5 时间点没有显著变化。

上述多重一对一比较，就像多组比较时两两一组做 t 检验一样，除非对显著性水平进行调整，否则是不适当的，所以说上面的方法只是粗略的。正规的做法是，通过限制部分负荷相等，得到一个子模型，与原来的模型进行比较。例如，限制 $\lambda_2=1$，$\lambda_5=\lambda_4$，这个子模型的 $\chi^2=7.12$，$df=11$。与原来的模型比较，得到卡方的差异检验是 $\chi^2(2)=0.41$，$p>0.5$。所以 $\lambda_2=1$，$\lambda_5=\lambda_4$ 的假设没有被拒绝，这与前面用两两比较得到的结果刚好是一致的。

二、两因子增长模型

对于一些比较特殊的问题，如变化率与初始水平有线性关系，上述单因子的增长模型可以描述变量随时间的变化。但这种模型没有一个明确的量来表示变化的大小，不能区分变化率与初始值。下面例 8.2 的情景和例 8.1 的一样，仅有数据上的不同。拟合单因子增长模型得到的主要拟合指数如下：$\chi^2=36.74$，$df=9$，RMSEA＝0.13，TLI＝0.91，CFI＝0.92，说明模型有改进的余地。下面考虑两因子增长模型。

仍然设 x_1，x_2，x_3，x_4，x_5 是在时间点 t_1，t_2，t_3，t_4，t_5 的得分。有均值结构的两因子增长模型（见图 8－2）为

$$x_1=\xi_1+\delta_1 \tag{8.6}$$

$$x_2=\xi_1+\xi_2+\delta_2 \tag{8.7}$$

$$x_3=\xi_1+\lambda_{32}\xi_2+\delta_3 \tag{8.8}$$

$$x_4=\xi_1+\lambda_{42}\xi_2+\delta_4 \tag{8.9}$$

$$x_5=\xi_1+\lambda_{52}\xi_2+\delta_5 \tag{8.10}$$

这个模型要估计的自由参数有 13 个，包括 3 个负荷（λ_{32}，λ_{42} 和 λ_{52}）、2 个因子的均值（κ_1 和 κ_2）和方差－协方差（ϕ_{11}，ϕ_{21} 和 ϕ_{22}）3 个，以及 5 个误差方差（θ_{11}－θ_{55}）。自由度是 7（＝20－13）。

由（8.6）知 $\kappa_1=E(\xi_1)=E(x_1)$，所以因子 ξ_1 反映了变量的初始水平，也称该因子为初始水平（level），而方差 $\phi_{11}=\mathrm{var}(\xi_1)$ 反映了个体在初始水平上的变异。将各时间点的得分在 ξ_1 上的负荷都固定为 1，表示它们有相同的初始水平，而由第 2 个因子及其系数（负荷）来反映变化。由（8.6）和（8.7）知 $\kappa_2=E(\xi_2)=E(x_2)-E(x_1)$，所以因子 ξ_2 反映了变量在第 1 个时间段的变化情况，也称该因子为增长形态（shape）或变化率，而方差 $\phi_{22}=\mathrm{var}(\xi_2)$ 反映了个体在增长形态上的变异。不难看出，模型中自由估计的负荷（λ_{32}，λ_{42}，λ_{52}）反映了第 2 个时间点后增长形态的改变。

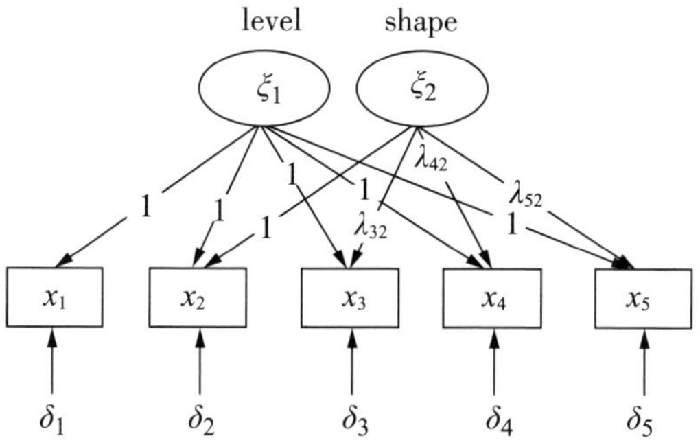

图 8－2　两因子增长模型

例 8.2　下面是一个两因子增长模型的 Mplus 程序。相应的 LISREL 程序见附录 8.2。

允许两个因子相关，如果是正相关，表示初始水平越大，第 1 时间段的增长也越大。其他时间段的增长情况则由自由估计的负荷（即形态的系数）决定。

```
TITLE: Two-factor LGM
DATA: FILE is d:\ex8.2.dat;
VARIABLE: NAMES are T1SC T2SC T3SC T4SC T5SC;
ANALYSIS: TYPE=RANDOM;
          ALGORITHM=INTEGRATION;
MODEL:
     Level Shape | T1SC@0 T2SC@1 T3SC * 2 T4SC * 3 T5SC * 4;
OUTPUT: TECH1 TECH9;
SAVEDATA: RESULTS=result8.2.dat;
```

主要的拟合指数：$\chi^2 = 4.16$，$df = 7$，RMSEA＝0.00，TLI＝1.01，CFI＝1.00。说明两因子增长模型非常好地拟合了数据，与前面单因子增长模型相比有非常明显的改进。

主要的参数估计结果：$\lambda_{32}=2.82$（SE＝1.00，$t=2.81$），$\lambda_{42}=5.91$（SE＝2.19，$t=2.70$），$\lambda_{52}=6.13$（SE＝2.26，$t=2.71$）；$\kappa_1=1.20$（SE＝0.08，$t=15.07$），$\kappa_2=0.21$（SE＝0.08，$t=2.56$）；$\phi_{11}=0.71$（SE＝0.11，$t=6.46$），$\phi_{21}=0.01$（SE＝0.01，$t=0.87$），$\phi_{22}=0.00$（SE＝0.00，$t=0.60$）。

因子 1（初始水平）的均值是 1.20（$t=15.07$，$p<0.01$），方差是 0.71（$t=6.46$，$p<0.01$），说明个体之间的初始水平有显著变异。因子 2（增长形态）的均值是 0.21（$t=2.56$，$p<0.05$），方差是 0.00（$t=0.60$，$p>0.1$），说明增长形态显著，但个体之间的增长形态没有显著变异。初始水平和增长形态之间的协方差是 0.01（$t=0.87$，$p>0.1$），与零没有显著差异，所以两个因子相关不显著。三个自由负荷的估计依次是 2.82、5.91、6.13；95％置信区间依次是（0.82，4.82）、(1.53，10.29)、(1.62，10.65)。因为负荷的估计一个比一个大，所以说明变量在持续增长。又第 1 个置信区间包含 1（第 2 时间点固定的增长形态负荷），所以至第 3 时间点的增长虽然比至第 2 时间点的增长大，但没到显著水平。第 2 个置信区间不含 1，所以至第 4 时间点的增长显著高于至第 2 时间点的增长。显然，至第 5 时间点的增长与至第 4 时间点的增长没有显著差异。要检验哪些时间点之间的增长显著，可以限制负荷，建立子模型与原模型做比较。

例如，限制 $\lambda_{52}=\lambda_{42}$（至第 5 时间点的增长与至第 4 时间点的增长相等），并设 $\phi_{21}=0$（两个因子不相关）。这个子模型的 $\chi^2=5.20$，$df=9$，RMSEA＝0.00，TLI＝1.01，CFI＝1.00。与原来的模型比较，得到卡方的差异检验是 $\chi^2(2)=1.04$，$p>0.5$。所以可以认为 $\lambda_{52}=\lambda_{42}$ 和 $\phi_{21}=0$。这与前面粗略分析的结果一致。但如果进一步假设 $\lambda_{32}=1$［因为 λ_{32} 的置信区间（0.82，4.82）包含 1，这个假设是合理的］，模型拟合结果是 $\chi^2=23.98$，$df=10$。与前一个模型比较，得到卡方的差异检验是 $\chi^2(1)=18.78$，$p<0.01$。所以 $\lambda_{32}=1$ 的假设被拒绝，即 $\lambda_{32}\neq 1$，说明至第 3 时间点的增长显著高于至第 2 时间点的增长，这与前面用置信区间粗略分析的结果不同。

三、线性增长与二次增长

线性潜增长模型是两因子增长模型的一个特例，其中的负荷都是固定的，研究者关注的是通过拟合指数看看模型是否拟合得好。如果拟合得好，则变量呈线性增长。这时感兴趣的是初始水平（常数）和增长形态（斜率）。仍然设 x_1，x_2，x_3，x_4，x_5 是在时间点 t_1，t_2，t_3，t_4，t_5 的得分。线性潜增长模型（见图 8—3）为

$$x_1 = \xi_1 + \delta_1$$

$$x_2 = \xi_1 + \xi_2 + \delta_2$$

$$x_3 = \xi_1 + 2\xi_2 + \delta_3$$

$$x_4 = \xi_1 + 3\xi_2 + \delta_4$$

$$x_5 = \xi_1 + 4\xi_2 + \delta_5$$

这个模型要估计的参数有 10 个，自由度也是 10。和一般的两因子模型类似，ξ_1 反映了变量的初始水平，是线性潜增长模型的常数项（constant）；因子 ξ_2 反映了变量在第 1 个时间段的变化情况，是线性潜增长模型的斜率（slope）。

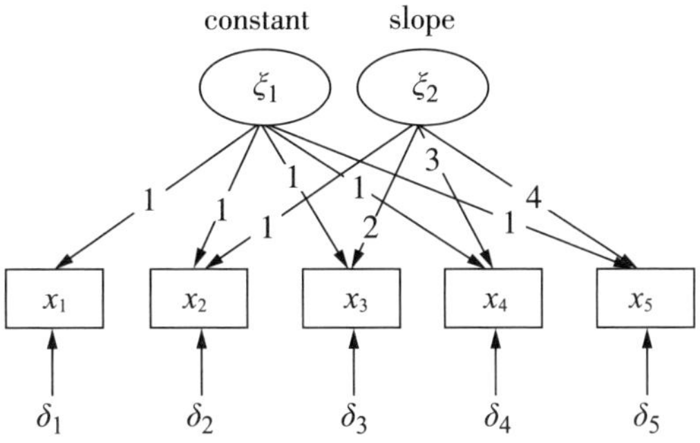

图 8—3　线性潜增长模型

例 8.3　下面是一个线性潜增长模型的 Mplus 程序，所有数据与例 8.2 的相同。相应的 LISREL 程序见附录 8.3。

```
TITLE: Linear LGM
DATA: FILE is d:\ex8.2.dat;
VARIABLE: NAMES are T1SC T2SC T3SC T4SC T5SC;
ANALYSIS: TYPE=RANDOM;
          ALGORITHM=INTEGRATION;
MODEL:
   Constant Slope | T1SC@0 T2SC@1 T3SC@2 T4SC@3 T5SC@4;
OUTPUT: TECH1 TECH9;
SAVEDATA: RESULTS=result3.dat;
```

主要的拟合指数如下：$\chi^2=20.55$，$df=10$，RMSEA=0.069，TLI=0.97，CFI=0.97，说明线性增长模型对数据拟合得不错。因子 1（常数项）的均值是 1.15（$t=15.68$，$p<0.01$），方差是 0.69（$t=5.95$，$p<0.01$），说明个体之间的初始水平有显著变异。因子 2（斜率）的均值是 0.35（$t=18.36$，$p<0.01$），方差是 0.00（$t=0.32$，$p>0.1$），说明个体之间的斜率没有显著变异。常数项和斜率之间的协方差是 0.03（$t=0.95$，$p>0.1$），即与零没有显著差异，所以斜率与常数项相关不显著。

对于有 3 个时间点以上的模型，也可以考虑二次曲线潜增长模型（见图 8—4）：

$$x_1=\xi_1+\delta_1$$

$$x_2=\xi_1+\xi_2+\xi_3+\delta_2$$

$$x_3=\xi_1+2\xi_2+4\xi_3+\delta_3$$

$$x_4=\xi_1+3\xi_2+9\xi_3+\delta_4$$

$$x_5=\xi_1+4\xi_2+16\xi_3+\delta_5$$

这个模型要估计的参数有 14 个（5 个误差方差、3 个因子的方差、3 个因子的协方差以及 3 个因子的均值），只有 6 个自由度。因子 ξ_1 是常数项，ξ_2 是线性项（linear），ξ_3 是二次项（quadratic）。

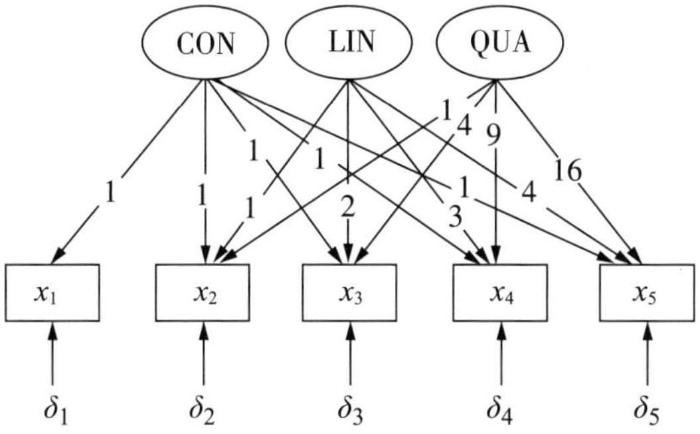

图 8－4　二次曲线潜增长模型

例 8.4　下面是一个二次曲线潜增长模型的 Mplus 程序，所有数据与例 8.2 的相同。相应的 LISREL 程序见附录 8.4。

```
TITLE：Quadratic LGM
DATA：FILE is d:\ex8.2.dat；
VARIABLE：NAMES are T1SC T2SC T3SC T4SC T5SC；
ANALYSIS：TYPE=RANDOM；
          ALGORITHM=INTEGRATION；
！指定测量模型，二次项的负荷将自动设置
MODEL：
   Constant Linear Quadratic | T1SC@0 T2SC@1 T3SC@2 T4SC@3
      T5SC@4；
OUTPUT：TECH1 TECH9；
SAVEDATA：RESULTS=result8.4.dat；
```

主要的拟合指数如下：$\chi^2=19.90$，$df=6$，RMSEA＝0.10，TLI＝0.93，CFI＝0.96。说明二次潜增长模型还不如简单得多的线性潜增长模型拟合得好。常数项的均值是 1.16（$t=15.00$，$p<0.01$），线性项的均值是 0.34（$t=5.13$，$p<0.01$），二次项的均值是 0.00（$t=0.24$，$p>0.2$，说明二

次项的均值与零没有显著差异)。二次项是多余的，应当考虑线性潜增长模型或两因子增长模型。

一般地，当有 5 次重复测量时，可以考虑三次甚至四次潜增长模型，但阶数越多，模型越复杂，解释也越困难。

第二节　潜增长模型中的交互效应

在上一节介绍的潜增长模型中，考虑的变量只有一个。如果有多个变量，则每个变量都可以建立一个潜增长模型，因而都能分析变化情况。对于一个变量的变化而言，可以研究某些变量对变化的影响（即把变化作为因变量），也可以研究变化如何影响其他变量（即把变化作为自变量）。例如，分析学生的个性对“自信”的变化的影响，结果发现个性开朗的学生“自信”增加的速率较大。

考虑两个变量的变化如何影响第三个变量的变化情况，如小学生的家长监管（X）、家庭规则（Z）和小学生的反社会行为（Y）都可能随时间发展变化，这时除了考虑 X 的变化、Z 的变化如何影响 Y 的变化外，还可以考虑 X 的变化和 Z 的变化对 Y 的变化的交互作用。下面先介绍该领域的研究情况。

一、早期的潜增长交互作用模型

从本章第一节可知，潜增长模型中，观测变量不能中心化，因为中心化后变量的均值都是零，不能反映变化的情况。所以研究交互作用时，自然想到的是带有截距项的 Jöreskog-Yang 模型（见第六章）。该模型被推广到潜增长交互作用模型（Duncan et al.，1999；Li et al.，2000）。他们关注的问题有两个：(1) 两个变量（不随时间变化）对第三个变量的变化率（斜率）的交互作用；(2) 两个变量的变化率（两个斜率）对第三个变量的变化率（斜率）的交互作用（以后简称为变化率交互作用模型）。然而，他们的推广由于是直接模仿套用 Jöreskog-Yang 模型，导致测量方程和约束等式错误。这里只需要看看他们的变化率交互作用模型就可以了。

沿用 Duncan 等人（1999）使用的记号。设 X，Z 是随时间变化的自变量（作为原因，如 X 为“家长监管”，Z 为“家庭规则”），Y 是因变量（作为结果，如“学生反社会行为”）。所有 3 个变量（X，Z，Y）在 4 个时间点（t_1，t_2，t_3，t_4）进行观测，得到 12 个观测变量，X 的观测值是 x_1，x_2，x_3，x_4，Z 的观测值是 x_5，x_6，x_7，x_8，Y 的观测值是 y_1，y_2，y_3，y_4。考虑两因子潜增长模型，X 的初始水平和变化率分别为 ξ_1，ξ_2，Z 的初始水平和变化率分别为 ξ_3，ξ_4，Y 的初始水平和变化率分别为 η_1，η_2，这些潜变量（常数项 ξ_1，ξ_3 和 η_1，变化率 ξ_2，ξ_4 和 η_2）都各有 4 个指标（即 4 个时间点的观测值）。为了考察 X 和 Z 的变化率对 Y 的变化率的交互作用，Li 等人（2000；也见 Duncan et al.，1999）使用了下面的结构方程：

$$\eta_2 = \alpha_2 + \gamma_{22}\xi_2 + \gamma_{24}\xi_4 + \gamma_{25}\xi_2\xi_4 + \zeta_2 \tag{8.11}$$

由于第 1 个时间点的观测变量在斜率上的负荷固定为零，所以他们只用 X 和 Z 在时间点 t_2，t_3，t_4 的观测变量配对相乘产生乘积变量（即 x_2x_6，x_3x_7，x_4x_8）作为潜变量乘积 $\xi_2\xi_4$ 的指标。和 Jöreskog-Yang 模型（1996）一样，Duncan 等人（1999）和 Li 等人（2000）的潜增长交互作用模型需要许多约束等式。不妨看看他们的 X-测量方程的矩阵形式［见 Li et al.（2000）方程（9）；或 Duncan et al.（1999）方程（7.23）］：

$$\boldsymbol{x} = \boldsymbol{\tau}_x + \boldsymbol{\Lambda}_x\boldsymbol{\xi} + \boldsymbol{\delta}$$

$$\begin{pmatrix} x_1 \\ x_2 \\ x_3 \\ x_4 \\ x_5 \\ x_6 \\ x_7 \\ x_8 \\ x_2x_6 \\ x_3x_7 \\ x_4x_8 \end{pmatrix} = \begin{pmatrix} \tau_1 \\ \tau_2 \\ \tau_3 \\ \tau_4 \\ \tau_5 \\ \tau_6 \\ \tau_7 \\ \tau_8 \\ \tau_2\tau_6 \\ \tau_3\tau_7 \\ \tau_4\tau_8 \end{pmatrix} + \begin{pmatrix} 1 & 0 & 0 & 0 & 0 \\ 1 & 1 & 0 & 0 & 0 \\ 1 & \lambda_{32} & 0 & 0 & 0 \\ 1 & \lambda_{42} & 0 & 0 & 0 \\ 0 & 0 & 1 & 0 & 0 \\ 0 & 0 & 1 & 1 & 0 \\ 0 & 0 & 1 & \lambda_{74} & 0 \\ 0 & 0 & 1 & \lambda_{84} & 0 \\ 0 & \tau_6 & 0 & \tau_2 & 1 \\ 0 & \tau_7\lambda_{32} & 0 & \tau_3\lambda_{74} & \lambda_{32}\lambda_{74} \\ 0 & \tau_8\lambda_{42} & 0 & \tau_4\lambda_{84} & \lambda_{42}\lambda_{84} \end{pmatrix} \begin{pmatrix} \xi_1 \\ \xi_2 \\ \xi_3 \\ \xi_4 \\ \xi_2\xi_4 \end{pmatrix} + \begin{pmatrix} \delta_1 \\ \delta_2 \\ \delta_3 \\ \delta_4 \\ \delta_5 \\ \delta_6 \\ \delta_7 \\ \delta_8 \\ \delta_9 \\ \delta_{10} \\ \delta_{11} \end{pmatrix} \tag{8.12}$$

Wen 等人（2002）指出，他们关于外源潜变量的均值向量（$\boldsymbol{\kappa}$）和（ξ_1，ξ_2，ξ_3，ξ_4，$\xi_2\xi_4$）$'$ 的协方差矩阵的约束等式是错误的，关于 $\boldsymbol{\Phi}$ 和 $\boldsymbol{\Theta}_{\boldsymbol{\delta}}$ 的约束等式也有同样错误。而且，Duncan 等人（1999）的模型和 Li 等人（2000）的模型都还有一个更为致命的错误，就在（8.12）的最后三行表示的等式中。例如，由（8.12）的第 2 个和第 6 个等式可以得到

$$\begin{aligned} x_2x_6 &= (\tau_2+\xi_1+\xi_2+\delta_2)(\tau_6+\xi_3+\xi_4+\delta_6) \\ &= \tau_2\tau_6+\tau_6\xi_1+\tau_6\xi_2+\tau_2\xi_3+\tau_2\xi_4+\xi_1\xi_3+\xi_1\xi_4+\xi_2\xi_3+\xi_2\xi_4+\delta_9 \end{aligned} \tag{8.13}$$

其中

$$\delta_9=\tau_6\delta_2+\xi_3\delta_2+\xi_4\delta_2+\tau_2\delta_6+\xi_1\delta_6+\xi_2\delta_6+\delta_2\delta_6$$

由（8.13）可知，$\xi_1\xi_4$，$\xi_2\xi_3$ 应当包含在内，才能正确描述 x_2x_6。但（8.12）的第 9 个等式中，x_2x_6 被描述为

$$x_2x_6=\tau_2\tau_6+\tau_6\xi_2+\tau_2\xi_4+\xi_2\xi_4+\delta_9 \tag{8.14}$$

其中的 δ_9 与（8.13）的也不同。比较（8.13）和（8.14）易知，由于（8.12）中的最后三个等式不含 $\xi_1\xi_4$，$\xi_2\xi_3$ 两项，是不对的。因此 Duncan 等人（1999）和 Li 等人（2000）的模型都是不妥的。

二、一个潜增长交互作用全模型

Wen 等人（2002）建立了一个潜增长全模型（用约束方法），同时考虑了：（1）两个变量的初始水平（两个常数项）对第三个变量的初始水平（常数项）的交互作用；（2）两个变量的变化率（两个斜率）对第三个变量的变化率（斜率）的交互作用。由于同时考虑两种交互作用，他们的模型称为潜增长交互作用全模型，简称全模型（full model）。他们通过数学推导，正确地给出了模型的结构方程和有关约束等式。

沿用前面的记号。在全模型中，因变量测量模型（即因变量增长模型）的矩阵形式为

$$\boldsymbol{y}=\boldsymbol{\tau}_y+\boldsymbol{\Lambda}_y\boldsymbol{\eta}+\boldsymbol{\varepsilon}$$

$$\begin{pmatrix} y_1 \\ y_2 \\ y_3 \\ y_4 \end{pmatrix} = \begin{pmatrix} \tau_{y1} \\ \tau_{y2} \\ \tau_{y3} \\ \tau_{y4} \end{pmatrix} + \begin{pmatrix} 1 & 0 \\ 1 & 1 \\ 1 & \lambda_{t3} \\ 1 & \lambda_{t4} \end{pmatrix} \begin{pmatrix} \eta_1 \\ \eta_2 \end{pmatrix} + \begin{pmatrix} \varepsilon_1 \\ \varepsilon_2 \\ \varepsilon_3 \\ \varepsilon_4 \end{pmatrix} \tag{8.15}$$

其中 λ_{t3} 和 λ_{t4} 可以分别固定为 2 和 3 来表示直线增长，也可以自由估计来表示曲线增长。

变量 X 和 Z 从第 2 时间点开始的测量配对相乘组成 3 个乘积指标：x_2x_6，x_3x_7，x_4x_8。在将这些乘积表示成（8.13）那样的形式后，潜增长交互作用全模型的自变量测量模型的矩阵形式为

$$\boldsymbol{x} = \boldsymbol{\tau}_x + \boldsymbol{\Lambda}_x\boldsymbol{\xi} + \boldsymbol{\delta}$$

$$\begin{pmatrix} x_1 \\ x_2 \\ x_3 \\ x_4 \\ x_5 \\ x_6 \\ x_7 \\ x_8 \\ x_2x_6 \\ x_3x_7 \\ x_4x_8 \end{pmatrix} = \begin{pmatrix} \tau_1 \\ \tau_2 \\ \tau_3 \\ \tau_4 \\ \tau_5 \\ \tau_6 \\ \tau_7 \\ \tau_8 \\ \tau_2\tau_6 \\ \tau_3\tau_7 \\ \tau_4\tau_8 \end{pmatrix} + \begin{pmatrix} 1 & 0 & 0 & 0 & 0 & 0 & 0 & 0 \\ 1 & 1 & 0 & 0 & 0 & 0 & 0 & 0 \\ 1 & \lambda_{32} & 0 & 0 & 0 & 0 & 0 & 0 \\ 1 & \lambda_{42} & 0 & 0 & 0 & 0 & 0 & 0 \\ 0 & 0 & 1 & 0 & 0 & 0 & 0 & 0 \\ 0 & 0 & 1 & 1 & 0 & 0 & 0 & 0 \\ 0 & 0 & 1 & \lambda_{74} & 0 & 0 & 0 & 0 \\ 0 & 0 & 1 & \lambda_{84} & 0 & 0 & 0 & 0 \\ \tau_6 & \tau_6 & \tau_2 & \tau_2 & 1 & 1 & 1 & 1 \\ \tau_7 & \tau_7\lambda_{32} & \tau_3 & \tau_3\lambda_{74} & 1 & \lambda_{74} & \lambda_{32} & \lambda_{32}\lambda_{74} \\ \tau_8 & \tau_8\lambda_{42} & \tau_4 & \tau_4\lambda_{84} & 1 & \lambda_{84} & \lambda_{42} & \lambda_{42}\lambda_{84} \end{pmatrix} \begin{pmatrix} \xi_1 \\ \xi_2 \\ \xi_3 \\ \xi_4 \\ \xi_1\xi_3 \\ \xi_1\xi_4 \\ \xi_2\xi_3 \\ \xi_2\xi_4 \end{pmatrix} + \begin{pmatrix} \delta_1 \\ \delta_2 \\ \delta_3 \\ \delta_4 \\ \delta_5 \\ \delta_6 \\ \delta_7 \\ \delta_8 \\ \delta_9 \\ \delta_{10} \\ \delta_{11} \end{pmatrix} \tag{8.16}$$

例如，

$$\begin{aligned} x_3x_7 &= (\tau_3 + \xi_1 + \lambda_{32}\xi_2 + \delta_3)(\tau_7 + \xi_3 + \lambda_{74}\xi_4 + \delta_7) \\ &= \tau_3\tau_7 + \tau_7\xi_1 + \tau_7\lambda_{32}\xi_2 + \tau_3\xi_3 + \tau_3\lambda_{74}\xi_4 + \xi_1\xi_3 + \lambda_{74}\xi_1\xi_4 + \lambda_{32}\xi_2\xi_3 + \\ &\quad \lambda_{32}\lambda_{74}\xi_2\xi_4 + \delta_{10} \end{aligned}$$

其中

$$\delta_{10} = \tau_7\delta_3 + \xi_3\delta_3 + \lambda_{74}\xi_4\delta_3 + \tau_3\delta_7 + \xi_1\delta_7 + \lambda_{32}\xi_2\delta_7 + \delta_3\delta_7$$

由于（8.16）中的观测变量截距向量 τ_x 允许自由估计，潜变量 ξ_1，ξ_2，ξ_3，ξ_4 的均值可以设定为零（即 $\kappa_1 = \kappa_2 = \kappa_3 = \kappa_4 = 0$），相当于指定潜变量的测量原点。同时考虑两种交互效应的结构方程如下：

$$\eta_1 = \gamma_{11}\xi_1 + \gamma_{13}\xi_3 + \gamma_{15}\xi_1\xi_3 + \zeta_1 \tag{8.17}$$

$$\eta_2 = \gamma_{22}\xi_2 + \gamma_{24}\xi_4 + \gamma_{28}\xi_2\xi_4 + \zeta_2 \tag{8.18}$$

上述结构方程不需要截距项（$\boldsymbol{\alpha}$），因为（8.15）中变量 Y 的截距向量 $\boldsymbol{\tau}_y$ 允许自由估计，在 $\boldsymbol{y}$ 中由 $\boldsymbol{\alpha}$ 引起的常数可以整合到 $\boldsymbol{\tau}_y$ 中（见 Jöreskog & Yang，1996）。

为了约束由乘积项引起的参数，需要有多元正态假设（见 Jöreskog & Yang，1996；Li et al.，2000），假设 ξ_1，ξ_2，ξ_3，ξ_4，ζ_1，ζ_2 和所有的 δ 是均值为零的多元正态变量，除了 ξ_1，ξ_2，ξ_3 和 ξ_4 之间允许相关外，其他变量之间不相关。在此假设条件下，$(\xi_1, \xi_2, \xi_3, \xi_4, \xi_1\xi_3, \xi_1\xi_4, \xi_2\xi_3, \xi_2\xi_4)'$ 的均值向量和协方差矩阵约束如下：

$$\boldsymbol{\kappa} = \begin{pmatrix} 0 \\ 0 \\ 0 \\ 0 \\ \phi_{31} \\ \phi_{41} \\ \phi_{32} \\ \phi_{42} \end{pmatrix}, \qquad \boldsymbol{\Phi} = \begin{pmatrix} \phi_{11} &&&&&&& \\ \phi_{21} & \phi_{22} &&&&&& \\ \phi_{31} & \phi_{32} & \phi_{33} &&&&& \\ \phi_{41} & \phi_{42} & \phi_{43} & \phi_{44} &&&& \\ 0 & 0 & 0 & 0 & \phi_{55} &&& \\ 0 & 0 & 0 & 0 & \phi_{65} & \phi_{66} && \\ 0 & 0 & 0 & 0 & \phi_{75} & \phi_{76} & \phi_{77} & \\ 0 & 0 & 0 & 0 & \phi_{85} & \phi_{86} & \phi_{87} & \phi_{88} \end{pmatrix}$$

其中

$$\phi_{55} = \phi_{11}\phi_{33} + \phi_{31}^2, \phi_{66} = \phi_{11}\phi_{44} + \phi_{41}^2, \phi_{77} = \phi_{22}\phi_{33} + \phi_{32}^2, \phi_{88} = \phi_{22}\phi_{44} + \phi_{42}^2,$$

$$\phi_{65} = \phi_{11}\phi_{43} + \phi_{31}\phi_{41}, \phi_{75} = \phi_{21}\phi_{33} + \phi_{31}\phi_{32}, \phi_{85} = \phi_{21}\phi_{43} + \phi_{32}\phi_{41},$$

$$\phi_{76} = \phi_{21}\phi_{43} + \phi_{31}\phi_{42}, \phi_{86} = \phi_{21}\phi_{44} + \phi_{41}\phi_{42}, \phi_{87} = \phi_{22}\phi_{43} + \phi_{32}\phi_{42}$$

误差向量 $\boldsymbol{\delta}$ 的协方差矩阵 $\boldsymbol{\Theta}_{\boldsymbol{\delta}}$ 约束如下：

$$\boldsymbol{\Theta}_{\delta}=\begin{pmatrix}\theta_1 \\ 0 & \theta_2 \\ 0 & 0 & \theta_3 \\ 0 & 0 & 0 & \theta_4 \\ 0 & 0 & 0 & 0 & \theta_5 \\ 0 & 0 & 0 & 0 & 0 & \theta_6 \\ 0 & 0 & 0 & 0 & 0 & 0 & \theta_7 \\ 0 & 0 & 0 & 0 & 0 & 0 & 0 & \theta_8 \\ 0 & \theta_{92} & 0 & 0 & 0 & \theta_{96} & 0 & 0 & \theta_9 \\ 0 & 0 & \theta_{10,3} & 0 & 0 & 0 & \theta_{10,7} & 0 & 0 & \theta_{10} \\ 0 & 0 & 0 & \theta_{11,4} & 0 & 0 & 0 & \theta_{11,8} & 0 & 0 & \theta_{11}\end{pmatrix}$$

其中

$$\theta_9=\tau_6^2\theta_2+\phi_{33}\theta_2+\phi_{44}\theta_2+\tau_2^2\theta_6+\phi_{11}\theta_6+\phi_{22}\theta_6+\theta_2\theta_6,$$

$$\theta_{10}=\tau_7^2\theta_3+\phi_{33}\theta_3+\lambda_{74}^2\phi_{44}\theta_3+\tau_3^2\theta_7+\phi_{11}\theta_7+\lambda_{32}^2\phi_{22}\theta_7+\theta_3\theta_7,$$

$$\theta_{11}=\tau_8^2\theta_4+\phi_{33}\theta_4+\lambda_{84}^2\phi_{44}\theta_4+\tau_4^2\theta_8+\phi_{11}\theta_8+\lambda_{42}^2\phi_{22}\theta_8+\theta_4\theta_8;$$

$$\theta_{92}=\tau_6\theta_2,\qquad \theta_{96}=\tau_2\theta_6,$$

$$\theta_{10,3}=\tau_7\theta_3,\qquad \theta_{10,7}=\tau_3\theta_7,$$

$$\theta_{11,4}=\tau_8\theta_4,\qquad \theta_{11,8}=\tau_4\theta_8$$

本节介绍的三个 LGM 交互作用模型中，Li 等人（2000）的模型嵌套于 Duncan 等人（1999）的模型，但 Wen 等人（2002）的全模型与它们没有嵌套关系。前面两个模型是错误的，不能使用。Wen 等人的全模型虽然在理论上说是合适的，但由于模型太复杂，约束众多，经常会碰到不收敛等问题，而且编程非常容易出错，所以不容易推广应用。

第三节　一个简化的潜增长交互作用全模型

上面介绍的 Wen 等人（2002）全模型中涉及的潜变量乘积项有 4 个：$\xi_1\xi_3$，$\xi_1\xi_4$，$\xi_2\xi_3$，$\xi_2\xi_4$，这是模型变得复杂的一个重要原因。相比之下，Li 等人（2000）的模型和 Duncan 等人（1999）的模型没有涉及 $\xi_1\xi_4$ 和 $\xi_2\xi_3$，模型比较简单，不过，其中乘积指标所在的测量方程是错误的。如何建立既简单又正确的模型呢？Wen 等人（2014）使用指标之差（反映了变化），建立了一个简化的全模型，也只涉及 $\xi_1\xi_3$ 和 $\xi_2\xi_4$，其中 $\xi_1\xi_3$ 还是使用乘积指标，但 $\xi_2\xi_4$ 不是使用乘积指标，而是使用差积（difference-product）指标。这样构造的指标合理地避免了 $\xi_1\xi_4$ 和 $\xi_2\xi_3$ [见(8.28)—(8.30)]。此外，他们使用无约束方法代替传统的约束方法，进一步简化了模型。

一个变量的增长模型可以有三种形式。一种是没有截距项（即没有 τ 项），但潜变量的均值应当自由估计（即应当有 κ 项），在第一节中我们介绍的就是这种模型。一种是有截距项（即有 τ 项），但将潜变量的均值固定为零，Li 等人（2002）的模型和 Wen 等人（2002）的全模型都是这样设定的。还有一种是既有截距项，又允许潜变量的均值自由估计（除了用于指定测量原点的潜变量均值固定为零），Duncan 等人（1999）的模型就属于这种情况，是最麻烦的做法（要正确地设定 Duncan 等人的模型非常麻烦）。这里我们使用第一种形式。

沿用上一节的记号。设因变量测量模型（即 Y-变量增长模型）的矩阵形式为

$$\boldsymbol{y}=\boldsymbol{\Lambda}_y\boldsymbol{\eta}+\boldsymbol{\varepsilon}$$

$$\begin{pmatrix} y_1 \\ y_2 \\ y_3 \\ y_4 \end{pmatrix}=\begin{pmatrix} 1 & 0 \\ 1 & 1 \\ 1 & \lambda_{t3} \\ 1 & \lambda_{t4} \end{pmatrix}\begin{pmatrix} \eta_1 \\ \eta_2 \end{pmatrix}+\begin{pmatrix} \varepsilon_1 \\ \varepsilon_2 \\ \varepsilon_3 \\ \varepsilon_4 \end{pmatrix} \tag{8.19}$$

其中 λ_{t3} 和 λ_{t4} 可以分别固定为 2 和 3（或其他合适的常数）来表示线性增长，也可以自由估计来表示曲线增长。

设 X-变量增长模型为

$$x_1 = \xi_1 + \delta_1 \tag{8.20}$$

$$x_2 = \xi_1 + \xi_2 + \delta_2 \tag{8.21}$$

$$x_3 = \xi_1 + \lambda_{32}\xi_2 + \delta_3 \tag{8.22}$$

$$x_4 = \xi_1 + \lambda_{42}\xi_2 + \delta_4 \tag{8.23}$$

其中 $\kappa_1 = E(\xi_1)$ 和 $\kappa_2 = E(\xi_2)$ 自由估计。Z-变量增长模型为

$$x_5 = \xi_3 + \delta_5 \tag{8.24}$$

$$x_6 = \xi_3 + \xi_4 + \delta_6 \tag{8.25}$$

$$x_7 = \xi_3 + \lambda_{74}\xi_4 + \delta_7 \tag{8.26}$$

$$x_8 = \xi_3 + \lambda_{84}\xi_4 + \delta_8 \tag{8.27}$$

其中 $\kappa_3 = E(\xi_3)$ 和 $\kappa_4 = E(\xi_4)$ 自由估计。显然，

$$x_1 x_5 = \xi_1\xi_3 + \delta_9 \tag{8.28}$$

是 $\xi_1\xi_3$ 的一个指标，其中误差项为

$$\delta_9 = \xi_3\delta_1 + \xi_1\delta_5 + \delta_1\delta_5$$

由（8.20）、（8.21）和（8.24）、（8.25）可得

$$(x_2 - x_1) = \xi_2 + (\delta_2 - \delta_1)\text{，}(x_6 - x_5) = \xi_4 + (\delta_6 - \delta_5)$$

$$(x_2 - x_1)(x_6 - x_5) = \xi_2\xi_4 + \delta_{10} \tag{8.29}$$

其中

$$\delta_{10} = \xi_4(\delta_2 - \delta_1) + \xi_2(\delta_6 - \delta_5) + (\delta_2 - \delta_1)(\delta_6 - \delta_5)$$

同理，由（8.22）、（8.23）和（8.26）、（8.27）可得

$$(x_4 - x_3)(x_8 - x_7) = (\lambda_{42} - \lambda_{32})(\lambda_{84} - \lambda_{74})\xi_2\xi_4 + \delta_{11} \tag{8.30}$$

其中

$$\delta_{11} = (\lambda_{84} - \lambda_{74})\xi_4(\delta_4 - \delta_3) + (\lambda_{42} - \lambda_{32})\xi_2(\delta_8 - \delta_7) + (\delta_4 - \delta_3)(\delta_8 - \delta_7)$$

这样，我们就可以使用 x_1x_5 作为 $\xi_1\xi_3$ 的指标（单一乘积指标），$(x_2 - x_1)(x_6 - x_5)$ 和 $(x_4 - x_3)(x_8 - x_7)$ 作为 $\xi_2\xi_4$ 的指标（两个差积指标）。这样构造 $\xi_1\xi_3$ 和 $\xi_2\xi_4$ 指标的最大优点是不涉及其他潜变量的乘积（误差项除

外)。相比之下，本章第二节介绍的三种模型的乘积指标都涉及多个潜变量乘积。

使用 x_1x_5 作为 $\xi_1\xi_3$ 的指标、$(x_2-x_1)(x_6-x_5)$ 和 $(x_4-x_3)(x_8-x_7)$ 作为 $\xi_2\xi_4$ 的指标后，自变量测量模型的矩阵形式如下：

$$\boldsymbol{x}=\boldsymbol{\Lambda}_x\boldsymbol{\xi}+\boldsymbol{\delta}$$

$$\begin{pmatrix} x_1 \\ x_2 \\ x_3 \\ x_4 \\ x_5 \\ x_6 \\ x_7 \\ x_8 \\ x_1x_5 \\ (x_2-x_1)(x_6-x_5) \\ (x_4-x_3)(x_8-x_7) \end{pmatrix}=\begin{pmatrix} 1 & 0 & 0 & 0 & 0 & 0 \\ 1 & 1 & 0 & 0 & 0 & 0 \\ 1 & \lambda_{32} & 0 & 0 & 0 & 0 \\ 1 & \lambda_{42} & 0 & 0 & 0 & 0 \\ 0 & 0 & 1 & 0 & 0 & 0 \\ 0 & 0 & 1 & 1 & 0 & 0 \\ 0 & 0 & 1 & \lambda_{74} & 0 & 0 \\ 0 & 0 & 1 & \lambda_{84} & 0 & 0 \\ 0 & 0 & 0 & 0 & 1 & 0 \\ 0 & 0 & 0 & 0 & 0 & 1 \\ 0 & 0 & 0 & 0 & 0 & \lambda_{11,6} \end{pmatrix}\begin{pmatrix} \xi_1 \\ \xi_2 \\ \xi_3 \\ \xi_4 \\ \xi_1\xi_3 \\ \xi_2\xi_4 \end{pmatrix}+\begin{pmatrix} \delta_1 \\ \delta_2 \\ \delta_3 \\ \delta_4 \\ \delta_5 \\ \delta_6 \\ \delta_7 \\ \delta_8 \\ \delta_9 \\ \delta_{10} \\ \delta_{11} \end{pmatrix} \quad (8.31)$$

和上一节的潜增长全模型一样，同时考虑两种交互效应，结构方程为

$$\eta_1=\gamma_{11}\xi_1+\gamma_{13}\xi_3+\gamma_{15}\xi_1\xi_3+\zeta_1 \quad (8.32)$$

$$\eta_2=\gamma_{22}\xi_2+\gamma_{24}\xi_4+\gamma_{26}\xi_2\xi_4+\zeta_2 \quad (8.33)$$

结构方程系数矩阵为

$$\boldsymbol{\Gamma}=\begin{pmatrix} \gamma_{11} & 0 & \gamma_{13} & 0 & \gamma_{15} & 0 \\ 0 & \gamma_{22} & 0 & \gamma_{24} & 0 & \gamma_{26} \end{pmatrix}$$

模型要估计的其他参数包括 $\boldsymbol{\xi}=(\xi_1, \xi_2, \xi_3, \xi_4, \xi_1\xi_3, \xi_2\xi_4)'$ 的均值向量 $\boldsymbol{\kappa}=(\kappa_1, \cdots, \kappa_6)'$ 和协方差矩阵 $\boldsymbol{\Phi}=(\phi_{ij})_{6\times6}$，误差向量 $\boldsymbol{\delta}$ 的协方差矩阵

$$
\boldsymbol{\Theta}_{\delta}=\begin{pmatrix}
\theta_{11} \\
0 & \theta_{22} \\
0 & 0 & \theta_{33} \\
0 & 0 & 0 & \theta_{44} \\
0 & 0 & 0 & 0 & \theta_{55} \\
0 & 0 & 0 & 0 & 0 & \theta_{66} \\
0 & 0 & 0 & 0 & 0 & 0 & \theta_{77} \\
0 & 0 & 0 & 0 & 0 & 0 & 0 & \theta_{88} \\
\theta_{91} & 0 & 0 & 0 & \theta_{95} & 0 & 0 & 0 & \theta_{99} \\
\theta_{10,1} & \theta_{10,2} & 0 & 0 & \theta_{10,5} & \theta_{10,6} & 0 & 0 & \theta_{10,9} & \theta_{10,10} \\
0 & 0 & \theta_{11,3} & \theta_{11,4} & 0 & 0 & \theta_{11,7} & \theta_{11,8} & 0 & 0 & \theta_{11,11}
\end{pmatrix}
$$

以及 $\boldsymbol{\zeta}=(\zeta_1,\ \zeta_2)'$ 的协方差矩阵 $\boldsymbol{\Psi}=(\psi_{ij})_{2\times2}$ 。其中，观测指标的误差之间不相关，但乘积指标和差积指标与跟其有共同部分的指标之间的误差协方差允许自由估计。

按第六章中无约束方法的做法，不对参数进行约束，简化的潜增长交互作用全模型路径图见图 8—5。

例 8.5　设有 3 个随时间变化的变量：X 为“家长监管”，Z 为“家庭规则”，Y 为“学生反社会行为”。所有 3 个变量 X，Z，Y 在 4 个时间点 t_1，t_2，t_3，t_4 进行观测，得到 12 个观测变量，X 的观测值是 x_1，x_2，x_3，x_4，Z 的观测值是 x_5，x_6，x_7，x_8，Y 的观测值是 y_1，y_2，y_3，y_4。考虑两因子潜增长模型，X 的初始水平和变化率分别为 ξ_1 和 ξ_2，Z 的初始水平和变化率分别为 ξ_3 和 ξ_4，Y 的初始水平和变化率分别为 η_1 和 η_2，这些潜变量（常数项 ξ_1，ξ_3 和 η_1，变化率 ξ_2，ξ_4 和 η_2）都各有 4 个指标（即 4 个时间点的观测值）。使用 x_1x_5 作为 $\xi_1\xi_3$ 的指标（记为 $pi1$），$(x_2-x_1)(x_6-x_5)$ 和 $(x_4-x_3)(x_8-x_7)$ 作为 $\xi_2\xi_4$ 的指标（分别记为 $dp1$ 和 $dp2$）。全部 3 个变量 X，Z，Y 都设定为曲线增长（最后两次观测点的负荷自由估计）。

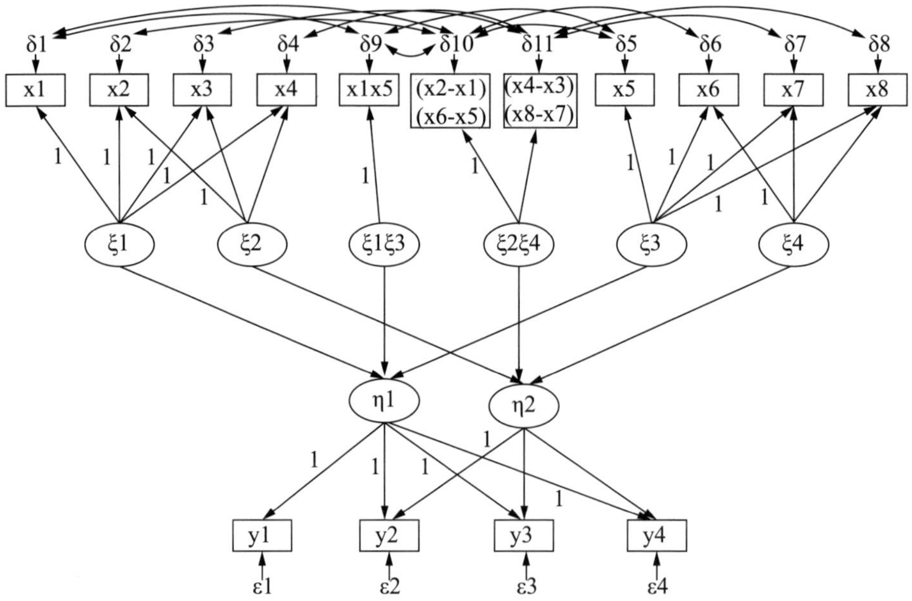

图 8－5　一个简化的潜增长交互作用全模型

例 8.5 的 Mplus 程序如下，相应的 LISREL 程序见附录 8.5。

```
TITLE: LGM of simplified full interaction
DATA: FILE is d:\ex8.5.dat;
VARIABLE: NAMES are
          y1 y2 y3 y4 x1 x2 x3 x4 x5 x6 x7 x8;
          USEVARIABLES are
          y1 y2 y3 y4 x1 x2 x3 x4 x5 x6 x7 x8 pi1 dp1 dp2;
DEFINE : pi1=x1 * x5;    ! 定义乘积指标
dp1= (x2-x1) * (x6-x5);    ! 定义第一个差积指标
dp2= (x4-x3) * (x8-x7);    ! 定义第二个差积指标
ANALYSIS: TYPE=RANDOM;
          ALGORITHM=INTEGRATION;
MODEL:
```

```
! 指定潜增长模型（即整个模型的测量模型）
    eta1 eta2 | y1@0 y2@1 y3 * 2 y4 * 3;
    ksi1 ksi2 | x1@0 x2@1 x3 * 2 x4 * 3;
    ksi3 ksi4 | x5@0 x6@1 x7 * 2 x8 * 3;
    ksi13 by pi1;
    ksi24 by dp1 dp2;
! 指定结构模型
    eta1 on ksi1 ksi3 ksi13;
    eta2 on ksi2 ksi4 ksi24;
OUTPUT: TECH1 TECH9;
SAVEDATA: RESULTS=result8.5.dat;
```

主要拟合指数：$\chi^2=71.57$，$df=66$，RMSEA$=0.02$，TLI$=1.00$，CFI$=1.00$，说明模型拟合很好。

家长监管（X）的初始水平的均值κ_1为5.01（$t=83.14$，$p<0.01$），方差ϕ_{11}为1.04（$t=10.70$，$p<0.01$）；变化率的均值κ_2为0.07（$t=1.128$，$p>0.20$），方差ϕ_{22}为1.02（$t=10.20$，$p<0.01$）。

家庭规则（Z）的初始水平的均值κ_3为3.03（$t=47.96$，$p<0.01$），方差ϕ_{33}为1.13（$t=11.41$，$p<0.01$）；变化率的均值κ_4为-0.04（$t=-0.610$，$p>0.20$），方差ϕ_{44}为1.00（$t=11.08$，$p<0.01$）。

学生反社会行为（Y）的初始水平的均值$E(\eta_1)$为1.01（$t=36.33$，$p<0.01$），方差$\text{var}(\eta_1)$为0.21（$t=10.90$，$p<0.01$）；变化率的均值$E(\eta_2)$为0.31（$t=4.433$，$p<0.01$），方差$\text{var}(\eta_2)$为1.49（$t=11.56$，$p<0.01$）。学生反社会行为（Y）的这些估计值不能从模型估计的输出结果中直接找到，可以用两种方法得到：一种方法是单独估计变量Y的潜增长模型，另一种方法是通过（8.32）和（8.33）进行计算。后一种方法计算量大，建议使用第一种方法。可以想到，两种方法估计得到的结果不会完全一致。

主效应和交互效应估计结果见表 8－1。对 Y 的初始水平（η_1）的影响，X 的初始水平的主效应（$\gamma_{11}=-0.036$）显著，Z 的初始水平的主效应（$\gamma_{13}=0.354$）也显著，但它们的交互效应（$\gamma_{15}=0.007$）不显著。对 Y 的变化率（η_2）的影响，X 的变化率的主效应（$\gamma_{22}=-0.188$）显著，Z 的变化率的主效应（$\gamma_{24}=0.002$）不显著，它们的交互效应（$\gamma_{26}=1.028$）显著。

表 8－1　潜增长模型的主效应和交互效应估计

		主效应				交互效应	
		ξ_1	ξ_2	ξ_3	ξ_4	$\xi_1\xi_3$	$\xi_2\xi_4$
截距（η_1）	估计值	−0.036		0.354		0.007	
$R^2=0.833$	标准误	0.010		0.026		0.005	
	t 值	−3.547		13.85		1.403	
斜率（η_2）	估计值		−0.188		0.002		1.028
$R^2=0.888$	标准误		0.034		0.032		0.053
	t 值		−5.502		0.060		19.54

应当如何为 $\xi_2\xi_4$ 构造差积指标呢？当观测时间点是偶数个时，可以用自变量在第 $2k$ 个时间点的观测值减去第 $2k-1$ 个时间点的观测值构造指标之差，然后将两个自变量在同样时间点之差配对相乘得到差积。这样构造的差积指标，充分利用了每个时间点的信息，但没有重复使用这些信息，符合第六章有关乘积指标的建议，所以是较好的方法。而且，这样构造的差积指标的误差项之间不相关。如果观测时间点是奇数个，构造差积指标的问题就复杂一些。当时间点至少有 5 个时，在构造差积指标时可以不用最后一个时间点的观测值，即用前面偶数个时间点的观测值构造差积指标。如果时间点只有 3 个，分别用“第 2 个时间点与第 1 个时间点之差”和“第 3 个时间点与第 1 个时间点之差”构造两个差积指标。但要注意的是，因为重复使用了第 1 个时间点的观测值，两个差积指标的误差项是相关的，应当让这两个差积指标的误差协方差自由估计。

Wen 等人（2014）的研究还发现，增加追踪研究的测量时间点，对变化率交互作用的估计偏差未必有好处，但可以提高估计精度（估计的标准误变小）。不过，在提高估计精度方面，增加样本容量比增加测量时间点更加简单有效。例如，与其用 200 个被试在 8 个时间点进行测量，还不如用 400 个被试在 4 个时间点进行测量。

第四节　潜增长变化率交互作用模型

如果只考虑两个变量的变化率（两个斜率）对第三个变量的变化率（斜率）的交互作用，而不考虑初始水平的交互作用，就是变化率交互作用模型，比全模型简单。

和前面简化的交互作用全模型一样，用差积指标作为潜变量乘积项 $\xi_2\xi_4$ 的指标。因变量测量模型（Y-变量增长模型）见（8.19），X-变量和 Z-变量增长模型见（8.20）—(8.27)。用 $(x_2-x_1)(x_6-x_5)$ 和 $(x_4-x_3)(x_8-x_7)$ 作为 $\xi_2\xi_4$ 的指标（两个差积指标）。自变量测量模型的矩阵形式如下：

$$\boldsymbol{x}=\boldsymbol{\Lambda}_x\boldsymbol{\xi}+\boldsymbol{\delta}$$

$$\begin{pmatrix} x_1 \\ x_2 \\ x_3 \\ x_4 \\ x_5 \\ x_6 \\ x_7 \\ x_8 \\ (x_2-x_1)(x_6-x_5) \\ (x_4-x_3)(x_8-x_7) \end{pmatrix}=\begin{pmatrix} 1 & 0 & 0 & 0 & 0 \\ 1 & 1 & 0 & 0 & 0 \\ 1 & \lambda_{32} & 0 & 0 & 0 \\ 1 & \lambda_{42} & 0 & 0 & 0 \\ 0 & 0 & 1 & 0 & 0 \\ 0 & 0 & 1 & 1 & 0 \\ 0 & 0 & 1 & \lambda_{74} & 0 \\ 0 & 0 & 1 & \lambda_{84} & 0 \\ 0 & 0 & 0 & 0 & 1 \\ 0 & 0 & 0 & 0 & \lambda_{10,5} \end{pmatrix}\begin{pmatrix} \xi_1 \\ \xi_2 \\ \xi_3 \\ \xi_4 \\ \xi_2\xi_4 \end{pmatrix}+\begin{pmatrix} \delta_1 \\ \delta_2 \\ \delta_3 \\ \delta_4 \\ \delta_5 \\ \delta_6 \\ \delta_7 \\ \delta_8 \\ \delta_9 \\ \delta_{10} \end{pmatrix}$$

结构方程为

$$\eta_1 = \gamma_{11}\xi_1 + \gamma_{13}\xi_3 + \zeta_1$$
$$\eta_2 = \gamma_{22}\xi_2 + \gamma_{24}\xi_4 + \gamma_{25}\xi_2\xi_4 + \zeta_2$$

结构方程系数矩阵为

$$\boldsymbol{\Gamma} = \begin{pmatrix} \gamma_{11} & 0 & \gamma_{13} & 0 & 0 \\ 0 & \gamma_{22} & 0 & \gamma_{24} & \gamma_{25} \end{pmatrix}$$

模型要估计的其他参数包括：$\boldsymbol{\xi} = (\xi_1, \xi_2, \xi_3, \xi_4, \xi_2\xi_4)'$ 的均值向量 $\boldsymbol{\kappa} = (\kappa_1, \cdots, \kappa_5)'$ 和协方差矩阵 $\boldsymbol{\Phi} = (\phi_{ij})_{5\times5}$ ，误差向量 $\boldsymbol{\delta}$ 的协方差矩阵

$$\boldsymbol{\Theta}_{\boldsymbol{\delta}} = \begin{pmatrix} \theta_{11} \\ 0 & \theta_{22} \\ 0 & 0 & \theta_{33} \\ 0 & 0 & 0 & \theta_{44} \\ 0 & 0 & 0 & 0 & \theta_{55} \\ 0 & 0 & 0 & 0 & 0 & \theta_{66} \\ 0 & 0 & 0 & 0 & 0 & 0 & \theta_{77} \\ 0 & 0 & 0 & 0 & 0 & 0 & 0 & \theta_{88} \\ \theta_{91} & \theta_{92} & 0 & 0 & \theta_{95} & \theta_{96} & 0 & 0 & \theta_{99} \\ 0 & 0 & \theta_{10,3} & \theta_{10,4} & 0 & 0 & \theta_{10,7} & \theta_{10,8} & 0 & \theta_{10,10} \end{pmatrix}$$

以及 $\boldsymbol{\zeta} = (\zeta_1, \zeta_2)'$ 的协方差矩阵 $\boldsymbol{\Psi} = (\psi_{ij})_{2\times2}$ 。原始指标的误差之间不相关，但差积指标与跟其有共同部分的指标允许误差协方差自由估计。

例 8.6 下面是一个潜增长变化率交互作用模型的 Mplus 程序，问题背景和数据与例 8.5 的相同，不同的是这里没有考虑初始水平的交互作用。不过这里并没有使用差积指标（使用了差积指标的 LISREL 程序见附录 8.6），而是使用不需要乘积指标的 LMS 方法，结合了 LMS 和 LGM 的设置方法。理论上说，例 8.5 也可以使用 LMS 与 LGM 结合的方法，但实际上可能难以收敛。应用的时候，可以尝试不同的方法。

```
TITLE: LGM of change rates interaction (LMS approach)
DATA: FILE is d:\ex8.5.dat;
VARIABLE: NAMES are
```

```
            y1 y2 y3 y4 x1 x2 x3 x4 x5 x6 x7 x8;
            USEVARIABLES are
            y1 y2 y3 y4 x1 x2 x3 x4 x5 x6 x7 x8;
ANALYSIS: TYPE=RANDOM;
            ALGORITHM=INTEGRATION;
MODEL:
! 指定潜增长模型（即整个模型的测量模型）
            eta1 eta2 | y1@0 y2@1 y3*2 y4*3;
            ksi1 ksi2 | x1@0 x2@1 x3*2 x4*3;
            ksi3 ksi4 | x5@0 x6@1 x7*2 x8*3;
! 定义潜变量交互作用
            int | ksi2 XWITH ksi4;
! 指定结构模型
            eta1 on ksi1 ksi3;
            eta2 on ksi2 ksi4 int;
OUTPUT: TECH1 TECH9;
SAVEDATA: RESULTS=result8.6.dat;
```

说明：首先，使用“｜”符号来指定三个潜增长模型［分别对应 Y，X，Z，即公式（8.19）—（8.23）］。每个潜增长模型中的截距和斜率的名称放在“｜”符号前面，然后使用“｜”符号和XWITH来指定潜变量交互作用。为了获得包含稳健标准误的全息极大似然法估计，需要使用数值积分算法（a numerical integration algorithm），这将通过以下语句来实现：“ALGORITHM＝INTEGRATION”。

主效应和交互效应估计结果见表8－2。对 Y 的初始水平（η_1）的影响，X 的初始水平的主效应（$\gamma_{11}=-0.030$）显著，Z 的初始水平的主效应（$\gamma_{13}=0.384$）也显著。对 Y 的变化率（η_2）的影响，X 的变化率的主效应（$\gamma_{22}=-0.187$）显著，Z 的变化率的主效应（$\gamma_{24}=0.003$）不显著，它们的交互效应（$\gamma_{26}=1.028$）显著。和表 8－1 比较可知，两个模型的结果很接近，特别是变化率的交互效应完全一致。主要原因是全模型中结构方程分析得到初始水平的交互效应不显著，使得第一个结构方程是否包含交互效应项的估计结果相差不大，R^2 只比表 8－1 中的减少了 0.011。

表 8－2　潜增长模型的主效应和交互效应估计

		主效应				交互效应
		ξ_1	ξ_2	ξ_3	ξ_4	$\xi_2\xi_4$
初始水平（η_1）	估计值	−0.030		0.384		
$R^2=0.822$	标准误	0.009		0.015		
	t 值	−3.274		25.84		
变化率（η_2）	估计值		−0.187		0.003	1.028
$R^2=0.888$	标准误		0.034		0.032	0.053
	t 值		−5.473		0.078	19.54

当不需要考虑初始水平的交互作用时，用变化率交互作用模型较好，不仅比全模型简单，而且对初始水平 η_1 的主效应估计的偏差较小，精确度大大提高。

附录 8.1　单因子增长模型的 LISREL 程序（例 8.1）

```
Single-factor LGM
DA NI=5 NO=200 MA=CM
LA
T1SC T2SC T3SC T4SC T5SC
KM SY
1.00
0.32  1.00
```

```
0.33   0.33   1.00
0.41   0.43   0.41   1.00
0.42   0.40   0.42   0.45   1.00
SD
1.04   1.06   1.01   1.15   1.18
ME
1.20   1.25   1.53   2.05   2.07
MO NX=5 NK=1 LX=FI TD=DI,FR KA=FR
LK; TIME
VA 1 LX 1 1
FR LX 2 1 LX 3 1 LX 4 1 LX 5 1
PD
OU
```

附录 8.2　两因子增长模型的 LISREL 程序（例 8.2）

```
Two-factor LGM
DA NI=5 NO=200 MA=CM
LA
T1SC T2SC T3SC T4SC T5SC
KM SY
1.00
0.52   1.00
0.54   0.53   1.00
0.48   0.50   0.52    1.00
```

```
0.53    0.54    0.50     0.53    1.00
SD
1.1      1.3      1.2       1.4      1.3
ME
1.20    1.40    1.80     2.45    2.50
MO NX=5 NK=2 LX=FI TD=DI,FR KA=FR PH=SY,FR
LK; LEVEL SHAPE
VA 1 LX 1 1 LX 2 1 LX 3 1 LX 4 1 LX 5 1
VA 0 LX 1 2
VA 1 LX 2 2
FR LX 3 2 LX 4 2 LX 5 2
OU AD=OFF
```

附录 8.3　线性潜增长模型的 LISREL 程序（例 8.3）

```
Linear LGM
DA NI=5 NO=200 MA=CM
LA
T1SC T2SC T3SC T4SC T5SC
KM SY
1.00
0.52    1.00
0.54    0.53    1.00
0.48    0.50    0.52     1.00
0.53    0.54    0.50     0.53    1.00
```

```
SD
1.1    1.3    1.2    1.4    1.3
ME
1.20   1.40   1.80   2.45   2.50
MO NX=5 NK=2 LX=FI TD=DI,FR KA=FR PH=SY,FR
LK; CONSTANT SLOPE
VA 1 LX 1 1 LX 2 1 LX 3 1 LX 4 1 LX 5 1
VA 0 LX 1 2
VA 1 LX 2 2
VA 2 LX 3 2
VA 3 LX 4 2
VA 4 LX 5 2
OU AD=OFF
```

附录 8.4 二次曲线潜增长模型的 LISREL 程序(例 8.4)

```
Quadratic LGM
DA NI=5 NO=200 MA=CM
LA
T1SC T2SC T3SC T4SC T5SC
KM SY
1.00
0.52   1.00
0.54   0.53   1.00
```

```
0.48   0.50   0.52    1.00
0.53   0.54   0.50    0.53   1.00
SD
1.1     1.3    1.2     1.4    1.3
ME
1.20   1.40   1.80    2.45   2.50
MO NX=5 NK=3 LX=FI TD=DI,FR KA=FR PH=SY,FR
LK; CONSTANT LINEAR QUADRATIC
VA 1 LX 1 1 LX 2 1 LX 3 1 LX 4 1 LX 5 1
VA 0 LX 1 2
VA 1 LX 2 2
VA 2 LX 3 2
VA 3 LX 4 2
VA 4 LX 5 2
VA 0 LX 1 3
VA 1 LX 2 3
VA 4 LX 3 3
VA 9 LX 4 3
VA 16 LX 5 3
OU  AD=OFF
```

附录 8.5 简化的潜增长交互作用全模型的 LISREL 程序（例 8.5）

```
LGM of simplified full interaction (Unconstrained Approach)
DA NI=15 NO=300
LA
y1 y2 y3 y4 x1 x2 x3 x4 x5 x6 x7 x8 pi1 dp1 dp2
CM
0.246
0.234 1.800
0.256 4.707 13.495
0.329 9.197 26.655 52.995
0.073 0.133 0.205 0.360 1.093
0.070 0.110 0.100 0.130 1.346 2.712
0.068 0.098 0.068 0.062 1.403 2.837 3.055
0.070 0.114 0.104 0.136 1.446 3.076 3.273 3.595
0.438 0.474 0.454 0.531 0.218 0.290 0.308 0.324 1.195
0.567 0.793 1.061 1.611 0.388 0.723 0.731 0.803 1.489 2.884
0.585 0.821 1.087 1.640 0.415 0.809 0.824 0.911 1.560 3.126 3.482
0.608 0.907 1.267 1.976 0.439 0.885 0.893 0.986 1.619 3.386 3.746 4.130
2.460 2.815 3.026 3.974 4.510 5.641 5.887 6.111 6.686 8.629 9.068 9.396 48.892
0.001 1.313 3.868 7.709 0.130 0.260 0.289 0.329 -0.005 0.195 0.213 0.273 0.379 1.355
-0.004 0.050 0.149 0.301 0.011 0.013 0.015 0.015 -0.005 -0.001 0.003 0.002 0.010 0.054 0.012
ME
1.011 1.319 1.936 2.871 5.013 5.068 5.095 5.107 3.034 2.990 2.993 2.969 15.424 0.260 0.006
MO NY=4 NX=11 NE=2 NK=6 LX=FU,FI PH=SY,FR TD=SY TE=DI,FR PS=SY,FR GA=FU,FI KA=FR
LK
KSI1 KSI2 KSI3 KSI4 KSI13 KSI24
```

```
LE
INT SLP
FI LY 1 1 LY 2 1 LY 3 1 LY 4 1
VA 1 LY 1 1 LY 2 1 LY 3 1 LY 4 1
FI LY 1 2 LY 2 2
VA 0 LY 1 2
VA 1 LY 2 2
FR LY 3 2 LY 4 2
VA 1 LX 1 1 LX 2 1 LX 3 1 LX 4 1
VA 1 LX 2 2
FR LX 3 2
FR LX 4 2
ST 1 LX 3 2 LX 4 2
VA 1 LX 5 3 LX 6 3 LX 7 3 LX 8 3
VA 1 LX 6 4
FR LX 7 4
FR LX 8 4
ST 1 LX 7 4 LX 8 4
VA 1 LX 9 5 LX 10 6
FR LX 11 6
FR GA 1 1 GA 1 3 GA 1 5
FR GA 2 2 GA 2 4 GA 2 6
FR TD 9 1 TD 9 5 TD 10 1 TD 10 2 TD 10 5 TD 10 6 TD 10 9 TD 11 3 TD 11 4 TD 11 7 TD 11 8
PD
OU IT=500 AD=OFF ND=3 EP=.001
```

附录 8.6　潜增长变化率交互作用模型的 LISREL 程序（例 8.6）

```
LGM of change rates interaction (Unconstrained)
DA NI=14 NO=300
LA
y1 y2 y3 y4 x1 x2 x3 x4 x5 x6 x7 x8 dp1 dp2
CM
0.246
0.234  1.800
0.256  4.707 13.495
0.329  9.197 26.655 52.995
0.073  0.133  0.205  0.360  1.093
0.070  0.110  0.100  0.130  1.346  2.712
0.068  0.098  0.068  0.062  1.403  2.837  3.055
0.070  0.114  0.104  0.136  1.446  3.076  3.273  3.595
0.438  0.474  0.454  0.531  0.218  0.290  0.308  0.324  1.195
0.567  0.793  1.061  1.611  0.388  0.723  0.731  0.803  1.489  2.884
0.585  0.821  1.087  1.640  0.415  0.809  0.824  0.911  1.560  3.126  3.482
0.608  0.907  1.267  1.976  0.439  0.885  0.893  0.986  1.619  3.386  3.746 4.130
0.001  1.313  3.868  7.709  0.130  0.260  0.289  0.329 -0.005  0.195  0.213 0.273  1.355
-0.004 0.050  0.149  0.301  0.011  0.013  0.015  0.015 -0.005 -0.001  0.003 0.002  0.054  0.012
ME
1.011  1.319  1.936  2.871  5.013  5.068  5.095  5.107  3.034  2.990  2.993 2.969  0.260  0.006
MO NY=4 NX=10 NE=2 NK=5 LX=FU,FI PH=SY,FR TD=SY TE=DI,FR PS=SY,FR GA=FU,FI KA=FR
LK
KSI1 KSI2 KSI3 KSI4 KSI24
```

```
LE
INT SLP
FI LY 1 1 LY 2 1 LY 3 1 LY 4 1
VA 1 LY 1 1 LY 2 1 LY 3 1 LY 4 1
FI LY 1 2 LY 2 2
VA 0 LY 1 2
VA 1 LY 2 2
FR LY 3 2 LY 4 2
VA 1 LX 1 1 LX 2 1 LX 3 1 LX 4 1
VA 1 LX 2 2
FR LX 3 2 LX 4 2
ST 1 LX 3 2 LX 4 2
VA 1 LX 5 3 LX 6 3 LX 7 3 LX 8 3
VA 1 LX 6 4
FR LX 7 4 LX 8 4
ST 1 LX 7 4 LX 8 4
VA 1 LX 9 5
FR LX 10 5
FR GA 1 1 GA 1 3
FR GA 2 2 GA 2 4 GA 2 5
FR TD 9 1 TD 9 2 TD 9 5 TD 9 6 TD 10 3 TD 10 4 TD 10 7 TD 10 8
PD
OU IT=500 AD=OFF ND=3 EP=.001
```

第九章　多水平结构方程模型

根据前面的章节可知，如果调节变量是一个类别变量，可以通过分组回归（显变量情形）或多组 SEM（潜变量情形）来分析调节效应。不过，组数通常不应太多，常见的是 2—4 组，且这时组效应假设是固定的。如果组数很多（比如超过 30 个），数据会呈多层次结构，个体嵌套在组里面，此时用多水平模型（hierarchical linear model，HLM）分析调节效应更加合适，且这时的组效应往往假设是随机的。

如果数据之间具有嵌套的层次结构，称为多水平数据。大规模测试中，常用的多阶段分层抽样得到的数据，就是多水平数据。如 PISA（国际学生评价项目）、TIMSS（国际数学与科学学习趋势研究）等测试常采用两阶段抽样，第一阶段随机抽取学校，第二阶段在抽中的学校中随机抽取学生。来自同一所学校的学生由于享有共同的学校资源和环境等，往往有更大的相似性，此时观测数据之间不满足通常的独立性假设，不能简单地使用传统的回归分析、方差分析等方法，应当使用多水平（模型）分析（温福星，2009；张雷等，2003）。

本章从简单的两水平线性模型入手，介绍多水平数据下变量之间关系的分析方法，包括多水平因子分析模型、多水平背景交互效应模型、多水平中介效应模型和多水平调节效应模型。

第一节　两水平线性模型简介

一、多水平数据

在教育学、心理学、管理学等研究领域，有时候会碰到具有嵌套结构的数据。如员工嵌套于机构、居民嵌套于社区等，都是两层的嵌套结构。有时还会碰到多于两层的嵌套结构，如学生嵌套于班级、班级嵌套于学校等。具有嵌套结构的数据，称为多水平数据，其中较小单位的测量水平较低，如学生嵌套于学校，学生为第一水平，学校为第二水平。重复测量的数据也可以看成是具有嵌套结构的数据，第一水平为不同次的测量，第二水平为个体。重复测量数据的这一多水平特点扩充了多水平模型的应用范围，即可以用多水平模型分析追踪数据。

在分析具有嵌套结构的数据时，多水平模型将残差来源分解为不同层面的几个部分，不仅在模型的假设上与实际情况更加吻合，更重要的是由这种方法得到的结果能更合理、更精确地揭示变量之间的关系。

下面从一个简单的例子入手，来看一下传统回归分析方法在分析具有多水平结构的数据时存在的问题。

例 9.1　香港地区参加 2003 年 PISA 测试的数据，其中包括 145 所学校 4478 名学生的测试结果，每所学校参加测试的学生最少有 20 人，最多 35 人，平均 30.88 人。目的是考察学生家庭社会经济地位（SES）对数学（学业）成绩（Math）的影响。

对于这一问题可以从以下几方面考虑：（1）如果用传统的线性回归分析，直接在学生水平上进行分析，得出学生社会经济地位与数学成绩之间的一条回归直线，如图 9－1 所示。从图 9－1 的结果可以看出，传统回归分析没有区分不同学校之间的差异。（2）如果将数据进行简单合并，用每个学校学生的平均社会经济地位作为这个学校的社会经济地位，用每个学校学生的平均数学成绩作为这个学校的数学成绩，直接在学校水平上分析学校社会经济地位对学校数学成绩的影响，得到一条回归直线，如图 9－2 所示，这种方法忽略了同一学校内不同学生之间的差异。（3）对 145 所学校分别做回归分析，得到如图 9－3 所示的结果，从中可以看出，不同学校回归直线的截距和斜率均不同，即不同学校学生平均数学成绩之间存在差异，社会经济地位对数学成绩的影响强度不同。

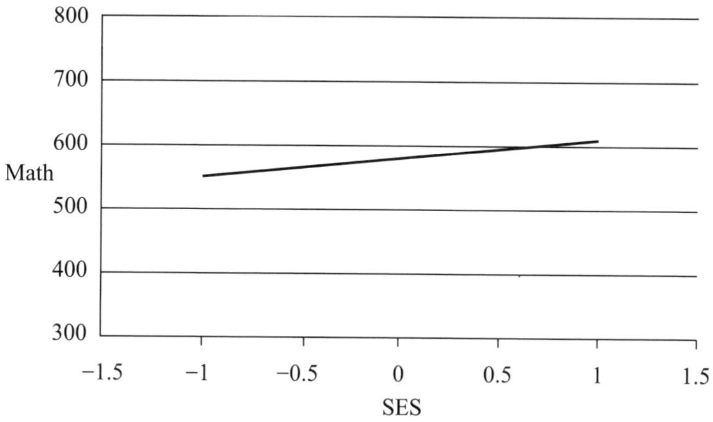

图 9－1　不考虑学校间差异的回归直线

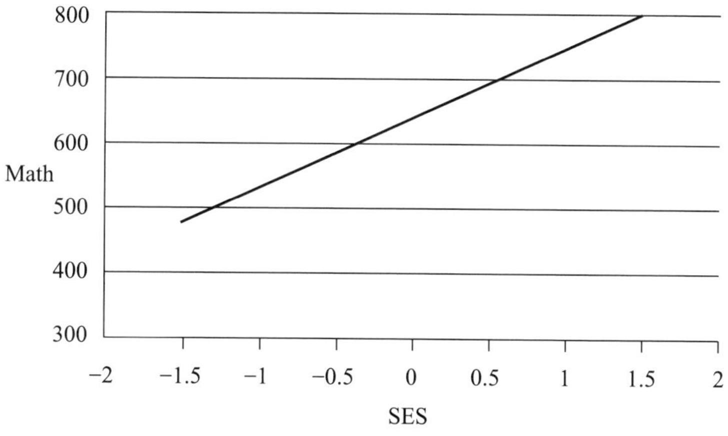

图 9－2　只考虑学校差异的回归直线

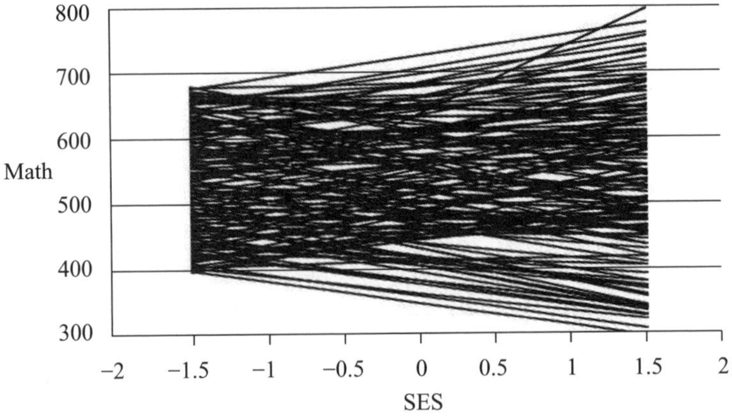

图 9—3　同时考虑学生和学校差异的回归直线

由此可见，对于同一套数据，不同的分析方法和模型可能得到不同的结论。传统的回归分析方法无法描述学校之间的差异；而将数据合并到学校层面，直接在第二个水平上对变量之间的关系进行分析，又忽略了同一学校内学生之间的差异。这两种方法在数据具有嵌套结构时都无法合理描述数据本身的特点，两种方法得到的结果可能不一致，有时甚至是相互矛盾的。从图 9—3 可以看出，虽然整体来说社会经济地位对数学成绩的影响不是很大，但是不同学校影响强度存在差异，甚至在有些学校里社会经济地位对学生数学成绩的影响为负，而有些学校里的影响为正。图 9—3 的多水平模型可以较好地描述数据的特点。两水平模型是多水平模型最简单的情形，所以我们主要讨论两水平模型和应用。

二、两水平模型

我们首先从学生社会经济地位对数学成绩影响的传统回归模型入手，以逐步理解多水平模型的实质。要考察两个变量之间的关系，用传统回归分析的方法，可建立如下的回归方程：

$$Y_i = a + bX_i + e_i \tag{9.1}$$

在传统的回归分析中，假设残差项 e_i 之间相互独立，服从正态分布，并且具有相同的方差，即 $\text{var}(e_i)=\sigma^2$。如果采用完全随机抽样的方法，得到的每个学生的数据都是相互独立的，传统的回归方法可以较好地解释数据之间的关系。但是如果采用复杂抽样设计（如一般大规模测试中采用的多阶段随机抽样），所得到的学生个体之间往往无法满足相互独立的假设。所考察的学生有些来自同一所学校，有些来自不同学校，如果仍然用回归模型（9.1），不能分析出学校之间的差异。在这种情况下，同一所学校的学生之间往往具有比不同学校学生更大的相似性，对所有的学生假设他们的误差项相互独立通常并不合理，方差齐性的假设通常也不一定成立。多水平分析在有多所学校的情况下，同时考虑学生和学校这两个水平，不要求误差相互独立和方差齐性的假设。

对上面的例子用两水平模型来分析，第一水平为学生，第二水平为学校，第一水平的模型与传统的回归模型类似，所不同的是，回归方程的截距和斜率不再假设为一个常数，而是不同学校回归方程的截距和斜率都允许不同，是一个随机变量。每所学校回归方程的截距和斜率都线性依赖于第二水平变量（如学校的类型、管理方法等），这样就构成了一个两水平模型。两水平分层模型可表示如下（Raudenbush & Bryk，2002）：

第一水平（如：学生）：$Y_{ij}=\beta_{0j}+\beta_{1j}X_{ij}+e_{ij}$　(9.2)

第二水平（如：学校）：$\beta_{0j}=\gamma_{00}+\gamma_{01}W_j+u_{0j}$

$\beta_{1j}=\gamma_{10}+\gamma_{11}W_j+u_{1j}$　(9.3)

合并的模型表示为：

$$Y_{ij}=\gamma_{00}+\gamma_{10}X_{ij}+\gamma_{01}W_j+\gamma_{11}X_{ij}W_j+u_{0j}+u_{1j}X_{ij}+e_{ij} \quad (9.4)$$

其中，Y_{ij} 表示第 j 所学校第 i 个学生因变量的观测值（如学生的数学成绩），X_{ij} 表示第 j 所学校第 i 个学生自变量的观测值（如学生的社会经济地位），W_j 表示第 j 所学校的学校特征变量（如学校的管理风格）。对于第一水平模型，β_{0j} 和 β_{1j} 分别表示第 j 所学校学生数学成绩对社会经济地位的回归直线的截距和斜率，e_{ij} 表示第 j 所学校第 i 个学生的回归残差。对于第二水平模型，γ_{00} 和 γ_{01} 分别表示截距 β_{0j} 对学校变量 W_j 的回归直线的截距和斜率，u_{0j} 表示

第 j 所学校的截距上的残差；γ_{10} 和 γ_{11} 分别表示斜率 β_{1j} 对学校变量 W_j 的回归直线的截距和斜率，u_{1j} 表示第 j 所学校的斜率上的残差。值得注意的是，γ_{11} 表示了第一水平预测变量和第二水平预测变量的交互作用，这一点从（9.4）容易看出来，它是乘积项 $X_{ij}W_j$ 的回归系数。

模型的假设条件为：

(1) $e_{ij} \sim N(0, \sigma^2)$，诸 e_{ij} 之间相互独立；

(2) $\begin{pmatrix} u_{0j} \\ u_{1j} \end{pmatrix} \sim N(\boldsymbol{0}, \boldsymbol{\Sigma})$，$\boldsymbol{\Sigma} = \mathrm{var}\begin{pmatrix} u_{0j} \\ u_{1j} \end{pmatrix} = \begin{pmatrix} \tau_{00} & \tau_{01} \\ \tau_{10} & \tau_{11} \end{pmatrix}$；

(3) $\mathrm{cov}(u_{0j}, e_{ij}) = \mathrm{cov}(u_{1j}, e_{ij}) = 0$，$\mathrm{cov}(u_{ij_1}, u_{ij_2}) = 0$，$j_1 \neq j_2$。

在上述模型中，γ_{00}，…，γ_{11} 不随学校的不同而变化，称为固定系数；X_{ij} 称为第一水平的预测变量，W_j 称为第二水平的预测变量；e_{ij} 称为第一水平的随机效应，u_{0j} 和 u_{1j} 称为第二水平的随机效应；σ^2 为第一水平随机效应的方差，$\boldsymbol{\Sigma}$ 为第二水平随机效应的协方差矩阵。

从上面定义的两水平线性模型中第二水平随机效应的协方差矩阵 $\boldsymbol{\Sigma}$ 中，可以得到截距与斜率之间的相关系数：

$$r(\beta_{0j}, \beta_{1j}) = \frac{\tau_{01}}{(\tau_{00}\tau_{11})^{1/2}} \tag{9.5}$$

截距与斜率之间的相关系数大小表示了不同学校平均数学成绩与社会经济地位对数学成绩影响强度之间的关系。如果该相关系数大于零，表示数学平均成绩越高，社会经济地位对数学成绩的影响越大。

在上述的两水平模型中，只考虑了在每个水平上只有一个预测变量的情况，很容易将上述模型推广到每个水平具有多个预测变量的情况。假设在第一水平上有 p 个自变量 X_1，X_2，…，X_p，第二水平上有 q 个自变量 W_1，W_2，…，W_q，扩展的两水平模型表示为：

第一水平：

$$Y_{ij} = \beta_{0j} + \beta_{1j}X_{1ij} + \beta_{2j}X_{2ij} + \cdots + \beta_{pj}X_{pij} + e_{ij} \tag{9.6}$$

第二水平：

$$\begin{cases}\beta_{0j}=\gamma_{00}+\gamma_{01}W_{1j}+\gamma_{02}W_{2j}+\cdots+\gamma_{0q}W_{qj}+u_{0j}\\ \beta_{1j}=\gamma_{10}+\gamma_{11}W_{1j}+\gamma_{12}W_{2j}+\cdots+\gamma_{1q}W_{qj}+u_{1j}\\ \cdots\cdots\cdots\cdots\\ \beta_{pj}=\gamma_{p0}+\gamma_{p1}W_{1j}+\gamma_{p2}W_{2j}+\cdots+\gamma_{pq}W_{qj}+u_{pj}\end{cases} \tag{9.7}$$

模型的假设条件为：

(1) $e_{ij}\sim N(0,\sigma^2)$，诸 e_{ij} 之间相互独立；

(2) $\begin{pmatrix}u_{0j}\\u_{1j}\\\vdots\\u_{pj}\end{pmatrix}\sim N(\boldsymbol{0},\boldsymbol{\Sigma})$，$\boldsymbol{\Sigma}=\text{var}\begin{pmatrix}u_{0j}\\u_{1j}\\\vdots\\u_{pj}\end{pmatrix}=\begin{pmatrix}\tau_{00}&\tau_{01}&\cdots&\tau_{0p}\\\tau_{10}&\tau_{11}&\cdots&\tau_{1p}\\\vdots&\vdots&\ddots&\vdots\\\tau_{p0}&\tau_{p1}&\cdots&\tau_{pp}\end{pmatrix}$；

(3) $\text{cov}(u_{0j},e_{ij})=\cdots=\text{cov}(u_{pj},e_{ij})=0$，$\text{cov}(u_{ij_1},u_{ij_2})=0$，$j_1\neq j_2$。

三、多水平分析常用的简化模型

多水平分析作为处理变量之间关系的一种统计分析方法，与回归分析类似，可以处理类似于方差分析和协方差分析的问题，同时回归模型也可以作为多水平模型的特例。下面主要在（9.2）和（9.3）所定义的只含一个第一水平变量和一个第二水平变量的简单层次分析模型的基础上，介绍几种常用的简化模型。

（一）随机效应单因素方差分析（one-way ANOVA with random effect）

随机效应单因素方差分析模型是最简单的多水平模型，在这一模型中，第一水平和第二水平均不含有预测变量，方程（9.2）简化为

$$Y_{ij}=\beta_{0j}+e_{ij} \tag{9.8}$$

假设残差 e_{ij} 服从平均值为 0、标准差为 σ^2 的正态分布。

第二水平不包含第二水平的预测变量，即 $\gamma_{01}=0$，因此第二水平的方程简化为

$$\beta_{0j}=\gamma_{00}+u_{0j} \tag{9.9}$$

综合（9.8）和（9.9），得到随机效应单因素方差分析的合并模型为

$$Y_{ij}=\gamma_{00}+u_{0j}+e_{ij} \tag{9.10}$$

实际上，随机效应单因素方差分析模型中，因变量的总的平均值为 γ_{00}，组间（不同学校）效应为 u_{0j}，组内效应为 e_{ij}。因为在多层分析模型中的组（如学校）被假设是从组总体（如全体学校）中随机抽取的样本，所以（9.10）所定义的模型为随机效应的单因素方差分析模型。在这个模型中，因变量的方差被分解为组间和组内两部分，即

$$\mathrm{var}(Y_{ij})=\mathrm{var}(u_{0j}+e_{ij})=\tau_{00}+\sigma^2 \tag{9.11}$$

随机效应单因素方差分析模型在多层线性分析模型中，有其重要的意义，常被用于多层分析的一个最基础的模型，它除了能够提供总体均值 γ_{00} 的估计外，更重要的是提供不同水平变异的情况，σ^2 代表组内（第一水平）的随机变异，τ_{00} 代表组间（第二水平）的随机变异。（9.10）定义的随机效应单因素方差分析模型没有考虑任何预测变量对因变量的影响，因此在多层分析模型中，又称此模型为完全无条件（fully unconditional）的多层分析模型或方差分量模型。

结合例 9.1 来看看在简单的两水平方差分量模型中学生之间的关系。同一所学校中两个学生之间的协方差

$$\mathrm{cov}(u_{0j}+e_{i_1j},\ u_{0j}+e_{i_2j})=\mathrm{cov}(u_{0j},\ u_{0j})=\tau_{00}$$

不同学校两个学生之间的协方差

$$\mathrm{cov}(u_{0j_1}+e_{i_1j_1},\ u_{0j_2}+e_{i_2j_2})=\mathrm{cov}(u_{0j_1},\ u_{0j_2})=0$$

所以不同学校两个学生之间的相关为 0，同一学校两个学生之间的相关为

$$\rho=\frac{\tau_{00}}{\tau_{00}+\sigma^2} \tag{9.12}$$

这个相关系数描述了第二水平单位内个体之间的相关，称为组内相关（intra-class correlation，ICC），在例 9.1 中即学校内相关，它测量了学校层面的方差占总方差的比例，或者说在总的变异中由第二水平解释的方差比例。这说明，学校之间的差异越大，同一所学校内学生的相关也越大。

（二）随机效应单因素协方差分析（one-way ANCOVA with random effect）

对（9.2）和（9.3）施加一定的限制，在（9.3）中限制 γ_{01} 和 γ_{11} 等于零，即在第二水平不含有预测变量，且预测变量 X_{ij} 对因变量 Y_{ij} 的回归系数 γ_{10} 限定为一常数，即不包含残差 u_{1j} 。可以得到随机效应单因素协方差分析模型：

$$\text{第一水平：} Y_{ij}=\beta_{0j}+\beta_{1j}X_{ij}+e_{ij}$$

$$\text{第二水平：} \beta_{0j}=\gamma_{00}+u_{0j}$$

$$\beta_{1j}=\gamma_{10}$$

在上面定义的模型中，预测变量 X_{ij} 即为传统协方差分析中的协变量。将上面两水平模型合并，得到合并后的模型：

$$Y_{ij}=\gamma_{00}+\gamma_{10}X_{ij}+u_{0j}+e_{ij}$$

与传统协方差分析模型唯一的区别在于，上面模型中组间效应 u_{0j} 被认为是随机效应而不是固定效应。

如果在（9.3）中不限制 γ_{01} 等于零，则可将上述的模型推广到含有第二水平协变量 W_j 的随机效应协方差分析模型，合并后的模型为

$$Y_{ij}=\gamma_{00}+\gamma_{01}W_j+\gamma_{10}X_{ij}+u_{0j}+e_{ij}$$

（三）一般的线性回归模型

在（9.2）和（9.3）所定义的多水平模型中，对（9.3）限定第二水平不含有预测变量 W_j（即 γ_{01} 和 γ_{11} 等于零），并且第一水平的回归截距和斜率不存在第二水平的差异，即 β_{0j} 和 β_{1j} 不含第二水平的随机误差项，u_{0j} 和 u_{1j} 等于零，这些限定相当于限定第一水平回归模型的截距和斜率为一个常数（不同学校回归直线相同）。得到传统的一元线性回归模型：

$$\text{第一水平：} Y_{ij}=\beta_{0j}+\beta_{1j}X_{ij}+e_{ij}$$

$$\text{第二水平：} \beta_{0j}=\gamma_{00}$$

$$\beta_{1j}=\gamma_{10}$$

$$\text{合并模型：} Y_{ij}=\gamma_{00}+\gamma_{10}X_{ij}+e_{ij}$$

用类似的方法很容易将上述模型推广到多元线性回归模型的情形。

（四）随机系数回归模型（random-coefficients regression model）

在（9.2）和（9.3）所定义的多水平模型中，假设第二水平不含有预测变量 W_j，即 γ_{01} 和 γ_{11} 等于零，第一水平随机系数 β_{0j} 和 β_{1j} 含有第二水平的随机误差项，即 u_{0j} 和 u_{1j} 不等于零，模型表示为

$$\text{第一水平：} Y_{ij} = \beta_{0j} + \beta_{1j} X_{ij} + e_{ij}$$

$$\text{第二水平：} \beta_{0j} = \gamma_{00} + u_{0j}$$

$$\beta_{1j} = \gamma_{10} + u_{1j}$$

$$\text{合并模型：} Y_{ij} = \gamma_{00} + \gamma_{10} X_{ij} + u_{0j} + u_{1j} X_{ij} + e_{ij}$$

此模型称为随机系数回归模型。

对多层线性分析模型，可以通过对参数进行不同的限定得到不同的模型形式，这里不再一一列出。但是应该注意，在进行多水平分析时，常常是从最简单的方差分析模型入手，逐渐加一些参数，考虑比较复杂的模型，最终得到与数据拟合较优的模型。

第二节　多水平因子分析模型

因子分析可以用来分析观测变量和潜变量（因子）之间的关系，但是有些群组水平的潜在的概念（如学校环境、组织气氛、集体效能感等）都是从个体水平概念发展起来的，其测量也是通过对个体水平的测量得到的。对于这一类由个体水平发展起来的具有组织层面特征的变量，如何探讨观测变量和潜变量之间的关系？群体水平的因子结构与个体水平的因子结构是否一致？这些问题是在数据具有多水平的情境下，因子分析经常会遇到的问题。本节主要讨论多水平因子分析的基本原理及应用。

一、模型定义

在多水平因子分析中，因子负荷、因子均值和特殊因子可以存在组水平的变异，组内的因子结构和组间的因子结构也可以不同。为了叙述简单，下面首先从一个简化的模型入手来介绍多水平因子分析模型。假设模型中只包含一个因子，并且只有因子均值这一个参数存在组间变异。类似于传统因子分析模型的定义，模型可以定义为

$$\boldsymbol{Y}_{ig}=\boldsymbol{v}+\boldsymbol{\lambda}\eta_{ig}+\boldsymbol{\varepsilon}_{ig} \tag{9.13}$$

其中 $\boldsymbol{v}$ 表示测量模型对应的截距向量，$\boldsymbol{\lambda}$ 表示因子负荷向量，η_{ig} 表示因子，$\boldsymbol{\varepsilon}_{ig}$ 表示误差向量。与传统因子分析模型不同的是，因子和误差多了一个下标 g，表示可以允许在组间存在差异。Muthén 和 Satorra（1989）指出，随组（如学校）变化的参数类似于回归模型中的随机系数，在随机系数的两水平模型中，个体水平的模型用来描述个体水平的变异，第二水平的模型用来描述个体水平参数的组间变异性。

传统的多组比较的结构方程模型，可以通过定义 G 个组的模型得到 $G-1$ 个（其中一个组定义为参照组）因子均值的参数估计。然而在多水平分析中，组（如学校）的因子均值被看成是随机参数而不是一个固定的参数，因子均值被定义为随机效应的均值。可以用下面的公式描述学校间因子均值的差异：

$$\eta_{ig}=\alpha+\eta_{Bg}+\eta_{Wig} \tag{9.14}$$

其中 α 为 η_{ig} 的总体均值的估计，η_{Bg} 是描述组间差异的随机因子，均值为零；η_{Wig} 是描述同一个组内个体之间变异的随机因子，均值为零。注意到，对给定的第 g 个组的学生 i，η_{ig} 的均值为 $\alpha+\eta_{Bg}$ ，η_{Bg} 是组层面的随机变量。为了描述组与组之间的差异，模型中有两个与组间差异有关的参数需要估计，即 α 和 η_{Bg} 的方差（用 ψ_B 表示）。这一随机效应的定义显然比传统的多组比较模型简化得多，这里只需要估计 2 个参数，而在多组模型定义中，需要估计 $G-1$ 个参数。在多水平框架下定义的随机效应模型，因子的变异可以分解为

组间的变异和组内的变异两部分，即

$$\mathrm{var}(\eta_{ig})=\psi_T=\mathrm{var}(\eta_{Bg})+\mathrm{var}(\eta_{Wig})=\psi_B+\psi_W \tag{9.15}$$

对于同一个组内的两个个体 i 和 i'，因子之间的协方差为

$$\mathrm{cov}(\eta_{ig},\ \eta_{i'g})=\mathrm{cov}(\eta_{Bg},\ \eta_{Bg})+\mathrm{cov}(\eta_{Wig},\ \eta_{Wi'g})=\psi_B+0=\psi_B \tag{9.16}$$

上面（9.13）中的误差方差也可以类似地分解为组内和组间两部分，即

$$\mathrm{var}(\boldsymbol{\varepsilon}_{ig})=\boldsymbol{\Theta}_B+\boldsymbol{\Theta}_W \tag{9.17}$$

因此（9.13）定义的随机效应因子分析模型对应的协方差结构可以写成

$$\mathrm{var}(\boldsymbol{Y}_{ig})=\boldsymbol{\Sigma}_B+\boldsymbol{\Sigma}_W \tag{9.18}$$

其中 $\boldsymbol{\Sigma}_B$ 为组间协方差矩阵，描述了组间的变异：

$$\boldsymbol{\Sigma}_B=\boldsymbol{\lambda}\boldsymbol{\psi}_B\boldsymbol{\lambda}'+\boldsymbol{\Theta}_B \tag{9.19}$$

而 $\boldsymbol{\Sigma}_W$ 为组内协方差矩阵，描述了同一组内个体之间的变异：

$$\boldsymbol{\Sigma}_W=\boldsymbol{\lambda}\boldsymbol{\psi}_W\boldsymbol{\lambda}'+\boldsymbol{\Theta}_W \tag{9.20}$$

对于观测变量 $\boldsymbol{Y}_{ig}$，可以和（9.12）一样，用组间变异在总变异中所占的比例来描述同一组内不同个体之间的关联程度：

$$\mathrm{ICC}=\frac{\boldsymbol{\Sigma}_B}{\boldsymbol{\Sigma}_B+\boldsymbol{\Sigma}_W} \tag{9.21}$$

从上面的叙述可以看出，两水平的因子分析模型通过变异的分解可以采用结构方程模型中多组分析的方法，同时进行组间（9.19）和组内（9.20）的因子分析。

可以将上面简单的因子分析模型推广到一般的含有多个因子的情形，也可以推广到测量结构在组内和组间不同的情形。一般的模型可以表示为

$$\boldsymbol{Y}_{ig}=\boldsymbol{v}+\boldsymbol{\Lambda}_B\boldsymbol{\eta}_{Bg}+\boldsymbol{\varepsilon}_{Bg}+\boldsymbol{\Lambda}_W\boldsymbol{\eta}_{Wig}+\boldsymbol{\varepsilon}_{Wig} \tag{9.22}$$

对应的协方差结构模型为

$$\mathrm{var}(\boldsymbol{Y}_{ig})=\boldsymbol{\Sigma}_B+\boldsymbol{\Sigma}_W$$

其中

$$\boldsymbol{\Sigma}_B=\boldsymbol{\Lambda}_B\boldsymbol{\Phi}_B\boldsymbol{\Lambda}'_B+\boldsymbol{\Theta}_B,\ \boldsymbol{\Sigma}_W=\boldsymbol{\Lambda}_W\boldsymbol{\Phi}_W\boldsymbol{\Lambda}'_W+\boldsymbol{\Theta}_W$$

从上面的叙述可以看出，多水平因子分析模型可以通过定义两个协方差结

构模型来实现，其中一个是描述组间变异的协方差结构模型，另一个是描述同一组内个体间变异的协方差结构模型。从这个角度来讲，多水平因子分析模型本质上相当于两个同时分析的因子分析模型，其中关键是估计组内和组间的协方差矩阵以及找出组内和组间样本协方差矩阵与总体协方差矩阵之间的关系。

二、参数估计

设$\boldsymbol{Y}_{ig}$表示第g组（如第g所学校）中第i个个体（如第i个学生）的观测值（向量），则

$$\boldsymbol{Y}_{ig}=(\boldsymbol{Y}_{ig}-\overline{\boldsymbol{Y}}_{\cdot g})+\overline{\boldsymbol{Y}}_{\cdot g} \tag{9.23}$$

其中$\overline{\boldsymbol{Y}}_{\cdot g}$表示第$g$组的平均值（向量），$\boldsymbol{Y}_{ig}-\overline{\boldsymbol{Y}}_{\cdot g}$表示第$g$组内个体与组平均值$\overline{\boldsymbol{Y}}_{\cdot g}$的离差（向量）。一般地，用$\boldsymbol{Y}_T$表示观测值（向量），$\boldsymbol{Y}_W$表示组内离差（向量），$\boldsymbol{Y}_B$表示组平均值（向量），(9.23) 可以表示为

$$\boldsymbol{Y}_T=\boldsymbol{Y}_W+\boldsymbol{Y}_B \tag{9.24}$$

利用上式可以计算观测值的样本协方差矩阵，得到

$$\boldsymbol{S}_T=\boldsymbol{S}_B+\boldsymbol{S}_W \tag{9.25}$$

其中$\boldsymbol{S}_B$表示组平均值$\boldsymbol{Y}_B$的样本协方差矩阵，$\boldsymbol{S}_W$表示组内离差的样本协方差矩阵。

上面 (9.23)—(9.25) 的分解是基于样本观测数据的分解。而协方差结构模型分析的主要原理是比较样本协方差矩阵与总体协方差矩阵之间的差异大小。对于多水平的结构模型，假设观测个体（如学生）被分成不同的组（分属不同的学校），对总体数据进行分解可以得到

$$\boldsymbol{\Sigma}_T=\boldsymbol{\Sigma}_B+\boldsymbol{\Sigma}_W \tag{9.26}$$

假设总体协方差矩阵$\boldsymbol{\Sigma}_B$和$\boldsymbol{\Sigma}_W$可以分别用模型的组间和组内结构描述。与以往的统计方法类似，下面问题的关键是如何得到$\boldsymbol{\Sigma}_B$和$\boldsymbol{\Sigma}_W$的有效估计量。Muthén (1989) 证明，不能简单地用$\boldsymbol{S}_B$和$\boldsymbol{S}_W$作为$\boldsymbol{\Sigma}_B$和$\boldsymbol{\Sigma}_W$的估计。组内样本协方差矩阵

$$\boldsymbol{S}_{PW}=\frac{\sum_{g=1}^{G}\sum_{i=1}^{n_g}(\boldsymbol{Y}_{ig}-\overline{\boldsymbol{Y}}_{\cdot g})(\boldsymbol{Y}_{ig}-\overline{\boldsymbol{Y}}_{\cdot g})'}{N-G} \tag{9.27}$$

是组内协方差矩阵 $\boldsymbol{\Sigma}_W$ 的无偏估计，其中 n_g 为第 g 组样本容量，N 为总样本容量，G 为组数。但是组间样本协方差矩阵

$$\boldsymbol{S}_B=\frac{\sum_{g=1}^{G}n_g(\overline{\boldsymbol{Y}}_{\cdot g}-\overline{\boldsymbol{Y}}_{\cdot\cdot})(\overline{\boldsymbol{Y}}_{\cdot g}-\overline{\boldsymbol{Y}}_{\cdot\cdot})'}{G} \tag{9.28}$$

并不是组间总体协方差矩阵 $\boldsymbol{\Sigma}_B$ 的无偏估计，而是组间和组内总体协方差矩阵加权和

$$\boldsymbol{S}_B=\boldsymbol{\Sigma}_W+c\,\boldsymbol{\Sigma}_B \tag{9.29}$$

的无偏估计，其中 c 是一个比例因子（scaling factor），反映组内样本容量的大小。对于平衡样本，即所有组内有相同的观测个体（如每所学校学生人数相等），比例因子 c 等于组内样本容量 n。而对于非平衡样本，每组的样本容量可能不等，Muthén（1989，1990）提出用下面的公式：

$$c=\frac{N^2-\sum_{g=1}^{G}n_g^2}{N(G-1)} \tag{9.30}$$

来近似计算比例因子 c。

Muthén（1990）证明，$\boldsymbol{S}_{PW}$ 是 $\boldsymbol{\Sigma}_W$ 的极大似然估计，而 $\boldsymbol{\Sigma}_B$ 的极大似然估计为 $c^{-1}(\boldsymbol{S}_B-\boldsymbol{S}_{PW})$。可以通过求下列拟合函数

$$\begin{aligned}F_{\mathrm{MUML}}=&G\{\ln|\boldsymbol{\Sigma}_W+c\,\boldsymbol{\Sigma}_B|+\mathrm{tr}[(\boldsymbol{\Sigma}_W+c\,\boldsymbol{\Sigma}_B)^{-1}\boldsymbol{S}_B]-\ln|\boldsymbol{S}_B|-p\}+\\&(N-G)\{\ln|\boldsymbol{\Sigma}_W|+\mathrm{tr}[\boldsymbol{\Sigma}_W^{-1}\boldsymbol{S}_{PW}]-\ln|\boldsymbol{S}_{PW}|-p\}\end{aligned} \tag{9.31}$$

的最小值得到参数估计（Muthén，1989，1990），称为 MUML 估计（Muthén's ML-based maximum likelihood estimation）。其中 G 表示学校的个数，c 由（9.30）定义，p 为模型中变量的个数，N 为总样本容量，$\boldsymbol{S}_{PW}$ 和 $\boldsymbol{S}_B$ 分别是由（9.27）和（9.28）定义的组内样本协方差矩阵和组间样本协方差矩阵。上述的拟合函数类似于传统两组协方差分析模型中极大似然估计的拟合函数。这就表

明多水平因子分析的 MUML 估计可以通过传统结构方程模型软件中两组分析的 ML 估计得到。

Muthén（1989）提出可以通过定义多样本模型，用常用的 SEM 软件（如 Mplus、LISREL、EQS、AMOS 等）对这些模型同时进行分析，可以得到组内和组间的参数估计值。具体过程是，定义两个组分别具有协方差矩阵 $\boldsymbol{S}_{PW}$ 和 $\boldsymbol{S}_B$ ，对应的样本容量分别为 $N-J$ 和 J。然而在实际应用中，多水平因子分析模型的参数估计远没有想象中的那么容易，其主要原因是随着各组样本量的差异，全息极大似然估计的计算量增大，可能会导致一系列模型不收敛的问题，因此在多水平因子分析中如何选取合适的初始值变得比较重要，下面将介绍多水平因子分析采用的一般分析步骤和策略，以帮助实际应用者选取合适的初始值。

三、多水平因子分析模型图示

Muthén（1990）指出，可以用传统的结构方程模型的软件来分析多水平因子分析的模型，也可以用类似于传统因子分析的图示来描述所定义的模型。下面以含有 6 个变量（指标）的因子分析模型（见图 9－4）为例，在学生水平含有 2 个因子，在学校水平有 1 个因子。

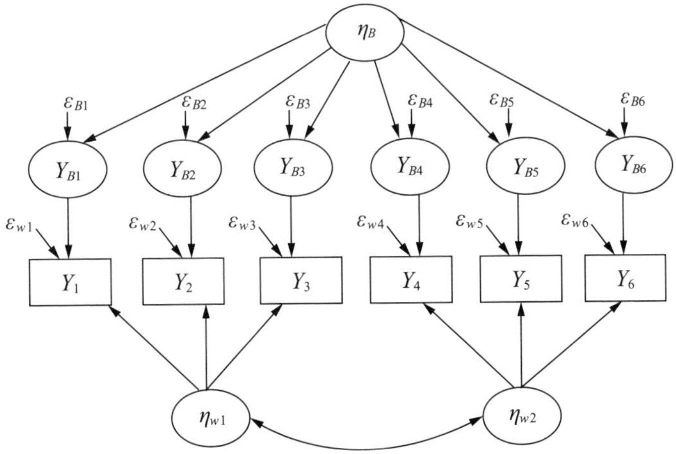

图 9－4　多水平因子分析模型

图 9－4 中采用的变量名称与前面叙述的一致，也与传统结构方程模型中采用的记号一致，方框表示观测变量，椭圆表示潜变量。

通过定义两组模型实现两水平因子分析。第一组为组间模型，根据前面拟合函数的定义，第一组所包含的协方差结构为 $\boldsymbol{\Sigma}_W + c\boldsymbol{\Sigma}_B$ ，可以通过对组间部分的协方差矩阵乘以比例因子 c 得到，在模型中可以通过固定组间变量 Y_{Bj} 到观测变量 Y_j 的因子负荷（或路径）为 $\sqrt{c}$ 实现这一限定。第二组模型对应于组内变异。$\boldsymbol{\Sigma}_W$ 为这一组分析所包含的协方差结构，需要定义与第一组相同的模型结构，因此在第二组模型中需要将组间的系数和方差－协方差参数固定为零。由于 $\boldsymbol{\Sigma}_W$ 协方差结构同时出现在第一组模型中，因此需要限定第一组模型和第二组模型的组内参数对应相等。

四、多水平因子分析的一般步骤

多水平因子分析模型比较复杂，Muthén（1994）注意到有时候完整的多水平因子分析模型可能无法收敛，因此推荐采用五步法逐渐进行分析，前四步的结果可以为不同水平的因子结构提供参考的信息，也可以给完整模型提供较好的初始值。最后一步才是真正的完整的多水平因子分析模型。下面是 Muthén（1994）建议的五个步骤。

第一步：基于样本协方差矩阵 $\boldsymbol{S}_T$ 的传统因子分析。这一分析虽然在数据是多层结构时是不正确的，但是在实际应用中可以用来对模型进行初步检验。

第二步：组间变异的估计。在进行多水平分析前，应该先检验组间协方差矩阵 $\boldsymbol{\Sigma}_B$ 是否等于零。检验这一假设的简便方法是计算每一个指标的组内相关（ICC），对于每一个指标，$\text{ICC}=\sigma_B^2/(\sigma_B^2+\sigma_W^2)$ ，其中 σ_W^2 由组内样本方差 S_{PW} 估计得到，而组间方差 σ_B^2 由 $c^{-1}(S_B-S_{PW})$ 估计得到。ICC 可以通过任何多水平分析软件（HLM、MLwiN 等）得到，也可以通过随机效应的方差分析模型估计得到。如果所有指标对应的 ICC 都接近于零，就说明没有必要用多水平因子分析，否则，需要对数据进行多水平因子分析。

第三步：基于组内样本协方差矩阵 $\boldsymbol{S}_{PW}$ 的因子分析。由于 $\boldsymbol{S}_{PW}$ 是组内总体协方差矩阵的一致无偏估计，因此 $\boldsymbol{S}_{PW}$ 通过减去所在组的均值排除了组间的差异。因子分析的结果仅反映了个体水平的因子结构，如果总的变异主要是由于组间变异造成的，那么基于 $\boldsymbol{S}_{PW}$ 的因子分析的拟合可能比不上基于 $\boldsymbol{S}_T$ 的因子分析的拟合；相反，如果总的变异主要是由于组内变异引起的，那么基于 $\boldsymbol{S}_{PW}$ 的因子分析的拟合可能会比基于 $\boldsymbol{S}_T$ 的因子分析的拟合有所改善。

第四步：基于组间样本协方差矩阵 $\boldsymbol{S}_B$ 的因子分析。从组内协方差矩阵得到的因子结构在组水平不一定成立（Cronbach，1976；Harnqvist，1978；Muthén，1994），这一步主要是为了分析组水平的因子结构。

第五步：多水平因子分析。基于以上各个步骤得到的信息，这一步主要执行完整的多水平因子模型的分析。

五、多水平因子模型分析程序

大多数可以用来分析结构方程模型的软件（如 Mplus、LISREL 和 EQS）都可用来分析多水平因子模型，但是只有可以处理多水平数据的结构方程模型软件可以直接定义模型（如 Mplus），其他的软件则需要定义多组模型，并通过在模型中加限定条件才能完成（Muthén，1994）。为简单起见，本章主要采用 Mplus 进行分析。Mplus 中的多水平分析默认的估计方法是 MUML，对于平衡设计（每组样本容量相同），该方法相当于稳健的标准误、均值校正后的卡方拟合统计量的极大似然参数估计；而对于非平衡设计，该方法相当于稳健的限制性信息估计（robust limited-information estimator，Muthén & Muthén，2007）。

下面结合图 9－4 定义的模型，分五步给出 Mplus 程序及说明。

第一步：基于 $\boldsymbol{S}_T$ 的传统因子分析 Mplus 程序及说明

```
TITLE：Confirmatory factor analysis sample
DATA：File is example. dat；    ！定义数据文件，可以用协方差矩阵或
                                  者原始数据
      Format is f 2.0，6f1.0；   ！定义数据格式
VARIABLE：Names are school y1 y2 y3 y4 y5 y6；   ！定义变量名
          Usev y1 y2 y3 y4 y5 y6；   ！提供分析中所用到的变量名
          Missing is blank；   ！定义缺失值
MODEL：F by y1 y2 y3 y4 y5 y6；   ！定义因子结构，用6个指标测量
                                   1个潜变量
OUTPUT：Mod Stand Sampstat Res；   ！输出修正指数、标准化系数
                                     和残差等
```

第二步：计算组内和组间协方差矩阵以及组内相关的 Mplus 程序及说明

```
TITLE：Create within and between matrices and obtain ICC values
DATA：File is example. dat；
      Format is f 2.0，6f 1.0；
VARIABLE：Names are school y1 y2 y3 y4 y5 y6；
          Missing is blank；
          Cluster is school；   ！定义分组变量
ANALYSIS：TYPE=TWOLEVEL BASIC；   ！定义分析模型
OUTPUT：sampstat；
SAVEDATA：
          Sigbetween is BetCov. dat；   ！保存组间协方差矩阵
          Swmatrix is WinCov. dat；   ！保存组内协方差矩阵
          Format is free；   ！保存文件的数据格式
```

第三步：基于组内协方差矩阵的因子分析 Mplus 程序及说明

```
TITLE: Procedural factor estimated with within-cluster matrix
DATA: File is WinCov. dat;      ! 定义分析的矩阵，用组内协方差矩阵
      Type is cova;      ! 定义分析的矩阵类型
      Format is free;      ! 分析矩阵中数据的格式
      Nobservations is N-G;      ! 样本量，组内矩阵样本量为 N－G，
                                   实际应用中替换成总样本量减去组
                                   数的结果数值
VARIABLE: Names are school y1 y2 y3 y4 y5 y6;
          Usev y1 y2 y3 y4 y5 y6;
MODEL: F1W by y1 y2 y3;
       F2W by y4 y5 y6;      ! 定义组内因子分析模型，组内有两个因子
OUTPUT: Stand Mod Res;
```

第四步：基于组间协方差矩阵的因子分析 Mplus 程序及说明

```
TITLE: Procedural factor estimated with between-cluster matrix
DATA: File is BetCov. dat;      ! 定义分析的矩阵，用组间协方差矩阵
      Type is cova;      ! 定义分析的矩阵类型
      Format is free;      ! 分析矩阵中数据的格式
      Nobservations is G;      ! 样本量，组间样本量为 G，实际应用中用
                                 组数
VARIABLE: Names are school y1 y2 y3 y4 y5 y6;
          Usev y1 y2 y3 y4 y5 y6;
MODEL: F1B by y1 y2 y3 y4 y5 y6;      ! 定义组间因子分析模型
OUTPUT: Stand Mod Res;
```

第五步：多水平因子分析的 Mplus 程序及说明

```
TITLE：Multilevel confirmatory factor analysis
DATA ：File is example. dat；    ！读取数据文件，这一步可采用原始数据
       Format is f 2. 0，6f 1. 0；
VARIABLE：Names are school y1 y2 y3 y4 y5 y6；
          Missing is blank；
          Cluster is school；
ANALYSIS：TYPE＝TWOLEVEL；
          Iterations is 5000；   ！定义迭代次数
MODEL：
          %between%
      f1_B by y1 y2 y3 y4 y5 y6；   ！定义组间因子结构
          %within%
      f1_W by y1 y2 y3；
      f2_W by y4 y5 y6；   ！定义组内因子结构
OUTPUT：Stand Res；
```

六、多水平因子分析应用举例

下面结合实际数据介绍多水平因子分析的具体分析方法和结果解释。

（一）数据和研究问题

例 9.2 使用香港地区 PISA 2003 学业评价数据。参加测试的 4478 名学生来自 145 所学校，每所学校参加测试的学生最少有 20 人，最多有 35 人，平均 30.88 人。

测验工具：PISA 2003 测试学生问卷中的学生数学学业效能测试问卷，问卷中含有 8 个题目，采用 4 点量表进行评定，1 表示非常有信心，4 表示完全没有信心。

题目如下：

$T1$ 根据列车时刻表，计算从 A 地到 B 地所用的时间。

$T2$ 计算电视降价 30%后的价格。

$T3$ 计算铺地板所需瓷砖的面积。

$T4$ 看懂报纸上统计图表示的意义。

$T5$ 解像 $3x+5=17$ 这样的方程。

$T6$ 在 1∶10000 的比例尺上，找出两地之间的实际距离。

$T7$ 解像 $2(x+3)=(x+3)(x+3)$ 这样的方程。

$T8$ 计算汽车的耗油量。

对于上面的测验工具，从测试的内容来看，我们关心的问题有：(1) 以上 8 个题目究竟测量了一个共同的潜变量（数学学业效能），还是测量了两个潜变量，其中一个是生活中的数学计算效能（$T1$，$T2$，$T3$，$T4$，$T6$，$T8$，共 6 个题），另一个是解抽象方程的效能（$T5$ 和 $T7$）；(2) 在学校层面，这 8 个题目是否测量了一个共同的特质，即学校学生一般数学学业效能。这是关于测验结构的问题，对于这一问题，由于数据是根据两阶段抽样设计获得的，学生嵌套于学校，因此采用多水平因子分析。

（二）数据分析

第一步：总体协方差矩阵基础上的因子分析。

先忽略数据的嵌套结构，对总体协方差矩阵进行分析。我们分析两个模型：模型 1 假设 8 个题目测量一个潜变量；模型 2 假设 8 个题目测量两个潜变量，其中 $T1$，$T2$，$T3$，$T4$，$T6$，$T8$ 这 6 个题目测量生活中的计算效能，$T5$ 和 $T7$ 测量解方程的效能。表 9－1 给出了总体协方差矩阵和相关矩阵。

表 9—1 总体协方差矩阵和相关矩阵

	T1	T2	T3	T4	T5	T6	T7	T8
T1	0.567	0.522	0.543	0.463	0.375	0.518	0.386	0.495
T2	0.270	0.470	0.642	0.428	0.505	0.481	0.430	0.405
T3	0.338	0.364	0.683	0.496	0.452	0.559	0.453	0.493
T4	0.273	0.229	0.321	0.612	0.339	0.451	0.335	0.422
T5	0.194	0.237	0.256	0.182	0.471	0.436	0.619	0.302
T6	0.356	0.301	0.421	0.322	0.273	0.830	0.482	0.515
T7	0.263	0.267	0.339	0.237	0.385	0.398	0.820	0.431
T8	0.313	0.233	0.342	0.277	0.174	0.395	0.327	0.706
均值	2.006	1.559	1.839	2.027	1.444	2.091	1.865	2.525

注：对角线以上为相关矩阵，对角线以下为协方差矩阵，对角线上为方差。

表 9—2 给出了模型拟合结果，可以看到，相对于单因子模型，两因子模型对数据的拟合更好。虽然这一步的结果在理论上来说由于忽略了数据之间的嵌套结构，得到的标准误的估计并不正确，但是关于测验结构的探讨可以为后面的分析提供一些信息。尤其是在观测变量之间的组内相关并不是很大的情况下，这一步的分析结果往往和最后的分析结果相差不大。表 9—3 给出了因子负荷的估计结果，从因子负荷估计结果来看，因子负荷均较高。

第二步：组间变异的估计。

考虑数据的两水平结构，将每个测试题目的变异分解为学校内和学校间两部分，计算学校内的相关

$$\text{ICC}=\frac{\text{学校间变异}}{\text{学校间变异}+\text{学校内变异}}$$

表 9—3 最后一列给出了每个题目上的学校内相关。从结果可以看出，同一所学校学生存在一定程度的相关，其值介于 0.047 和 0.139 之间。表 9—4 进一步给出了学校内协方差矩阵和相关矩阵以及学校间协方差矩阵和相关矩阵，从结果可以看出，学校层面题目之间的相关很高，而学校内题目之间的相关

相对较低。

第三步：基于校内协方差矩阵的分析。

基于校内协方差矩阵，分析测验的结构。模型 1 假设 8 个题目测量一个潜变量，模型 2 假设 8 个题目测量两个潜变量，其中 $T1$，$T2$，$T3$，$T4$，$T6$，$T8$ 这 6 个题目测量生活中的计算效能，$T5$ 和 $T7$ 测量解方程的效能。

表 9－2 给出了模型的拟合结果，可以看出两因子模型拟合比单因子模型拟合更好，说明 8 个题目测试了两个方面的数学学业效能。表 9－3 给出了因子负荷的估计结果，这一结果与第一步得到的结果非常接近，也与第五步的结果（见表 9－5）比较接近。

第四步：基于学校间协方差矩阵的分析。

基于学校间协方差矩阵，分析测验的结构。模型 1 假设 8 个题目测量一个潜变量，模型 2 假设 8 个题目测量两个潜变量，其中 $T1$，$T2$，$T3$，$T4$，$T6$，$T8$ 这 6 个题目测量生活中的计算效能，$T5$ 和 $T7$ 测量解方程的效能。

表 9－2 给出了模型的拟合结果，可以看出两个模型都拟合不好，这可能与学校数只有 145 所有关，得到的结果不可靠。表 9－3 给出了因子负荷的估计结果，单因子模型的因子负荷都很高，两因子模型的因子负荷也很高，并且两因子之间的相关很高（0.927）。这从一定程度上说明，可能在学校层面只有一个一般的数学学业效能。与个体水平相比，组水平的因子往往呈现出聚合的现象，多个因子往往合并成一个更加综合的因子（Chen et al.，2005；Hox，2002）。

第五步：完整的多水平因子分析。

这一步考虑数据的嵌套结构，采用两水平的因子分析模型分析测验的结构。考察的模型有 3 个。模型 1：组内单因子组间单因子模型，即组内和组间模型都是只有一个单一的一般的数学学业效能因子。模型 2：组内两因子组间单因子模型，即学校内有生活中的计算效能和解方程的效能两个因子，学校间只有一个一般的数学学业效能的因子。模型 3：组内两因子组间两因子模型，即学校内有生活中的计算效能和解方程的效能两个因子，学校间也有生活中的计算效能和解方程的效能两个因子。表 9－2 给出了模型的拟合结果，从结果可以看出，模型 2 和模型 3 对数据拟合都很好，但是从结果上来看，模型 2 更简单，因此应该选取模型 2，即学校间是单因子模型，学校内是两因子模型。因子负荷的估计结果见表 9—5。从表 9—5 的结果可以看出，学校内题目因子负荷都在 0.5 以上，学校间题目因子负荷均在 0.9 以上，学校间题目因子负荷比学校内的更高。

表 9—2 模型拟合指数

阶段	模型	卡方	自由度	CFI	TLI	AIC	BIC	Adj-BIC	RMSEA
第一步	模型 1	1405.0	20	0.907	0.869	71763.2	71917.0	71840.7	0.124
	模型 2	637.1	19	0.958	0.939	70997.4	71157.6	71078.1	0.085
第三步	模型 1	1345.5	20	0.890	0.847	68150.5	68252.5	68201.7	0.124
	模型 2	618.4	19	0.950	0.927	67425.4	67533.8	67479.8	0.085
第四步	模型 1	911.1	20	0.745	0.643	−2598.9	−2551.3	−2601.9	0.554
	模型 2	796.3	19	0.778	0.672	−2711.6	−2661.0	−2714.9	0.531
第五步	模型 1	1343.0	40	0.893	0.850	71108.6	71364.8	71237.7	0.085
	模型 2	652.2	39	0.950	0.928	70354.6	70617.2	70487.0	0.059
	模型 3	633.0	38	0.951	0.928	70344.6	70613.7	70480.2	0.059

表 9—3 模型因子负荷估计结果

	第一步			第三步			第四步			
	模型 1	模型 2		模型 1	模型 2		模型 1	模型 2		ICC
	因子	因子 1	因子 2	因子	因子 1	因子 2	因子	因子 1	因子 2	
*T*1	0.697	0.707		0.664	0.675		0.992	0.993		0.088
*T*2	0.733	0.734		0.694	0.695		0.978	0.977		0.114
*T*3	0.787	0.797		0.749	0.760		0.998	0.997		0.137
*T*4	0.611	0.619		0.581	0.590		0.939	0.940		0.071
*T*5	0.621		0.775	0.589		0.762	0.895		0.963	0.079
*T*6	0.723	0.723		0.679	0.679		0.966	0.965		0.139
*T*7	0.637		0.798	0.595		0.772	0.919		0.989	0.101
*T*8	0.637	0.643		0.622	0.629		0.972	0.973		0.047
因子 1 与因子 2 的相关		0.744			0.707			0.927		

表 9－4　组内和组间协方差矩阵和相关矩阵

组内协方差矩阵和相关矩阵								
	T1	**T2**	**T3**	**T4**	**T5**	**T6**	**T7**	**T8**
T1	0.517	0.474	0.490	0.422	0.331	0.467	0.335	0.463
T2	0.220	0.417	0.596	0.383	0.464	0.414	0.372	0.367
T3	0.271	0.296	0.591	0.452	0.403	0.496	0.393	0.458
T4	0.229	0.187	0.262	0.569	0.300	0.409	0.285	0.389
T5	0.157	0.197	0.204	0.149	0.434	0.386	0.588	0.268
T6	0.284	0.226	0.322	0.261	0.215	0.717	0.427	0.485
T7	0.207	0.206	0.259	0.185	0.333	0.311	0.738	0.399
T8	0.273	0.195	0.289	0.241	0.145	0.337	0.281	0.673
均值								

组间协方差矩阵和相关矩阵								
	T1	**T2**	**T3**	**T4**	**T5**	**T6**	**T7**	**T8**
T1	0.050	0.967	0.990	0.948	0.867	0.954	0.884	0.976
T2	0.050	0.054	0.977	0.896	0.909	0.958	0.929	0.923
T3	0.068	0.069	0.093	0.932	0.894	0.964	0.918	0.968
T4	0.044	0.043	0.060	0.044	0.827	0.861	0.886	0.967
T5	0.037	0.041	0.053	0.033	0.037	0.889	0.952	0.832
T6	0.072	0.075	0.100	0.061	0.058	0.115	0.902	0.940
T7	0.057	0.062	0.081	0.053	0.053	0.088	0.083	0.890
T8	0.040	0.039	0.054	0.037	0.029	0.058	0.047	0.034
均值	2.103	1.566	1.848	2.033	1.449	2.101	1.874	2.531

注：对角线以上为相关矩阵，对角线以下为协方差矩阵，对角线上为方差。

表 9-5 多水平因子分析因子负荷估计结果

	模型 1		模型 2			模型 3			
	组内	组间	组内		组间	组内		组间	
	因子 1	因子 1	因子 1	因子 2	因子 1	因子 1	因子 2	因子 1	因子 2
$T1$	0.663	0.999	0.675		0.999	0.675		0.995	
$T2$	0.693	0.985	0.693		0.985	0.693		0.984	
$T3$	0.749	0.998	0.761		0.996	0.760		0.997	
$T4$	0.581	0.935	0.591		0.934	0.590		0.935	
$T5$	0.588	0.909		0.762	0.946		0.760		0.965
$T6$	0.680	0.965	0.680		0.965	0.680		0.965	
$T7$	0.596	0.929		0.774	0.959		0.773		0.988
$T8$	0.623	0.988	0.630		0.989	0.629		0.983	
因子间相关			0.703			0.708		0.936	

第三节 多水平背景交互效应模型

在两水平模型中，如果第二水平包含的自变量是由个体水平汇总而来的变量，比如学校社会经济地位（SES）可以由学校内学生的社会经济地位求平均得到，在考察学生社会经济地位对学生学业成绩的影响时，可以将其影响分解为：学校内部学生 SES 对学生学业成绩的影响、学校层面学校 SES 对学生学业成绩平均水平的影响，以及学校内部学生 SES 与学校层面学校 SES 的交互作用。在多水平分析中，这一模型被称作背景（contextual）交互效应模型。背景交互效应模型是多水平分析的一种模型，根据第二水平背景变量（如学校 SES）的描述方式，可以分为基于观测变量（如将全校学生 SES 的平均值作为学校 SES 高低的衡量指标）的分析方法和基于潜变量（学校 SES 是一个潜变量）的分析方法。

这一节主要介绍数据为嵌套结构时的背景交互效应模型，包括第二水平的背景变量为观测变量的多水平背景交互效应模型和第二水平的背景变量为潜变量的多水平背景交互效应模型，并结合实例介绍这一方法的应用。

一、基于观测变量的多水平背景交互效应模型

根据第一节的叙述，对于两水平的数据，如第一水平为学生，第二水平为学校，第一水平的模型与传统的回归模型类似。所不同的是，回归方程的截距和斜率不再假设为一个常数，而是不同学校回归方程的截距和斜率都允许存在差异，是一个随机变量。每个学校回归方程的截距和斜率都依赖于第二水平变量。在背景模型中，第二水平的预测变量是由第一水平的预测变量汇总得到的。如对于 SES 这一变量，研究者往往采用学校学生平均的 SES 作为学校 SES 的测量。背景模型可以表示如下：

$$\text{第一水平（学生）：} Y_{ij}=\beta_{0j}+\beta_{1j}X_{ij}+e_{ij} \tag{9.32}$$

$$\text{第二水平（学校）：} \beta_{0j}=\gamma_{00}+\gamma_{01}\overline{X}_{\cdot j}+u_{0j}$$

$$\beta_{1j}=\gamma_{10}+\gamma_{11}\overline{X}_{\cdot j}+u_{1j} \tag{9.33}$$

合并的模型为：

$$Y_{ij}=\gamma_{00}+\gamma_{10}X_{ij}+\gamma_{01}\overline{X}_{\cdot j}+\gamma_{11}X_{ij}\overline{X}_{\cdot j}+u_{0j}+u_{1j}X_{ij}+e_{ij} \tag{9.34}$$

其中 Y_{ij} 表示第 j 所学校第 i 个学生因变量的观测值（学生的数学成绩），X_{ij} 表示第 j 所学校第 i 个学生的 SES，$\overline{X}_{\cdot j}$ 表示第 j 所学校的学校 SES。对于第二水平模型，γ_{00} 表示回归方程的截距，γ_{10} 表示学生 SES（X_{ij}）对数学成绩的影响，γ_{01} 表示学校 SES（$\overline{X}_{\cdot j}$）对数学成绩的影响，γ_{11} 表示了学生 SES(X_{ij}) 和学校 SES（$\overline{X}_{\cdot j}$）之间的交互作用。$u_{0j}+u_{1j}X_{ij}+e_{ij}$ 表示随机残差，包含学校水平和学生水平两部分。

上述模型中，如果第二水平（学校）的自变量是由第一水平汇总（求平均、标准差、比例等）得到的，而且关注的重点是不同层次变量之间的

影响关系，那么在实际分析时，往往要对第一水平的自变量进行组水平的中心化。

$$\text{第一水平（学生）：} Y_{ij}=\beta_{0j}+\beta_{1j}(X_{ij}-\overline{X}_{\cdot j})+e_{ij} \tag{9.35}$$

$$\text{第二水平（学校）：} \beta_{0j}=\gamma_{00}+\gamma_{01}\overline{X}_{\cdot j}+u_{0j}$$

$$\beta_{1j}=\gamma_{10}+\gamma_{11}\overline{X}_{\cdot j}+u_{1j} \tag{9.36}$$

二、多水平潜变量背景交互效应模型

在上述的多水平模型中，预测变量均为观测变量。多水平模型和一般的单一水平模型类似，预测变量也可以是潜变量。一种常见的情况就是学校水平的变量是由学生水平的变量汇总得到的，如用学生 SES 的平均值作为学校 SES 的描述。这种情况下可以用常用的多水平回归模型，但是由于学校水平汇总得到的观测变量没有考虑到测量的误差和信度，可能会导致参数估计结果的偏差。另一种分析方法是第二水平的变量采用潜在的协变量（Lüdtke et al.，2008）。模型定义如下：

$$X_{ij}=\mu_x+U_{xj}+R_{xij} \tag{9.37}$$

$$Y_{ij}=\mu_y+U_{yj}+R_{yij} \tag{9.38}$$

其中 Y_{ij} 为因变量，X_{ij} 为自变量，μ_x 为自变量 X_{ij} 的总体均值，U_{xj} 为组水平的变量，R_{xij} 为个体水平的变量；类似地，μ_y 为因变量 Y_{ij} 的总体均值，U_{yj} 为组水平的变量，R_{yij} 为个体水平的变量。可以看出，(9.37) 和 (9.38) 将多水平的变量分解为组内和组间两个变量来描述。X_{ij} 和 Y_{ij} 为观测变量，而 R_{xij}，R_{yij}，U_{xj} 和 U_{yj} 为潜变量。

我们关心的问题是在个体水平和组水平中分析潜变量之间的关系。

学生水平：
$$R_{yij}=\beta_{\text{within}}R_{xij}+\varepsilon_{ij} \tag{9.39}$$

学校水平：
$$U_{yj}=\beta_{\text{between}}U_{xj}+\delta_j \tag{9.40}$$

合并模型：

$$Y_{ij}=\mu_y+U_{yj}+R_{yij}=\mu_y+\beta_{\text{between}}U_{xj}+\beta_{\text{within}}R_{xij}+\delta_j+\varepsilon_{ij} \tag{9.41}$$

模型也可以被推广到随机斜率和含有跨水平交互作用的情形，只需在第一水平允许斜率在组间存在差异，在第二水平增加协变量对随机斜率的解释就可以了。模型定义如下：

$$X_{ij} = \mu_x + U_{xj} + R_{xij}$$

$$Y_{ij} = \mu_y + U_{yj} + R_{yij}$$

个体水平和组水平变量之间的关系定义为：

学生水平：
$$R_{yij} = \beta_{\text{within},\ j} R_{xij} + \varepsilon_{ij} \tag{9.42}$$

学校水平：
$$\begin{aligned} U_{yj} &= \beta_{\text{between}} U_{xj} + \delta_{0j} \\ \beta_{\text{within},\ j} &= \beta_{\text{within},\ 0} + \beta_{\text{within},\ \text{between}} U_{xj} + \delta_{1j} \end{aligned} \tag{9.43}$$

合并模型：
$$Y_{ij} = \mu_y + \beta_{\text{between}} U_{xj} + \beta_{\text{within},\ 0} R_{xij} + \beta_{\text{within},\ \text{between}} U_{xj} R_{xij} + \delta_{1j} R_{xij} + \delta_{0j} + \varepsilon_{ij} \tag{9.44}$$

关于这一方法更详细的介绍请进一步参考 Lüdtke 等人（2008）的研究。

在多水平模型中还可以包含潜变量的测量模型，后文将通过例 9.4 来介绍这种模型。

三、多水平回归分析模型的 Mplus 程序与应用举例

常用的统计软件 SAS、SPSS、Stata 等都可以用来分析多水平数据，专用的分析多水平数据的软件 HLM、MLwiN、Mplus 等也可以用来分析多水平回归模型。结构方程模型的软件 LISREL 已具有了分析多水平数据的功能。实际上，对于多水平数据之间关系的分析，也可以用本章第二节讲述的方法，通过定义组内和组间两个模型，用两组模型同时分析的方法进行估计，不过这时要注意模型中参数之间关系的限定，这里不再详述。

目前最简单的方法是采用 Mplus 软件直接分析数据。对于含有一个第一水平自变量 X、第一水平因变量 Y 的多水平回归，在背景模型中，往往将个体水平的变量汇总到组水平作为组水平的预测变量。前面介绍了两种处理方法，一种是基于汇总后（如求平均）的观测变量的分析，另一种是基于潜变量的分析。基于潜变量的分析，可以分为包含测量模型和不包含测量模型两

种情形。

下面结合实例介绍模型的应用和 Mplus 程序。

例 9.3 下面以香港地区 PISA 2003 测试数据为例，数据来自 145 所学校 4478 名学生的测试结果。考察学生 SES 对学生数学成绩的影响。

有两种分析方法，一种是基于观测变量的多水平回归分析，第一水平的预测变量学生 SES 做学校水平的中心化，将学生 SES 平均值作为学校 SES，如图 9—5 所示。

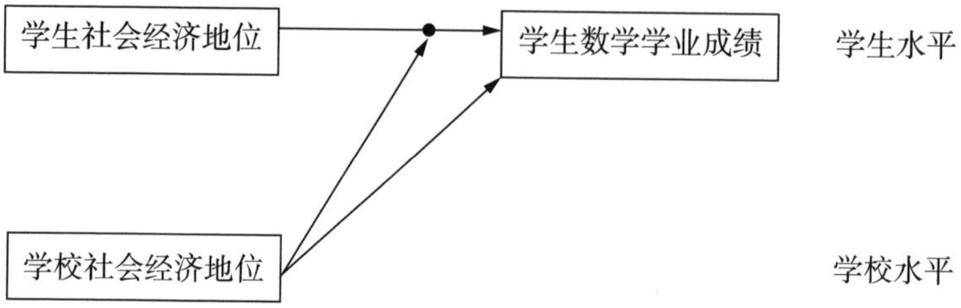

图 9—5 学生数学学业成绩多水平回归

基于观测变量分析的多水平回归模型的 Mplus 程序如下：

```
TITLE: Multilevel Manifest Covariate
DATA: FILE is Manifest. dat;
VARIABLES: names are schoolid math ses mses;
           cluster is schoolid;
           within=ses;
           between=mses;
           centering=groupmean (ses);
ANALYSIS: type is twolevel random;
```

```
MODEL:
        %within%
        S | math on ses;
        %between%
        math on mses;
        S on mses;
```

另一种是基于潜变量的分析，即考察学生 SES 对学校 SES 测量的误差的潜变量模型，如图 9—6 所示。

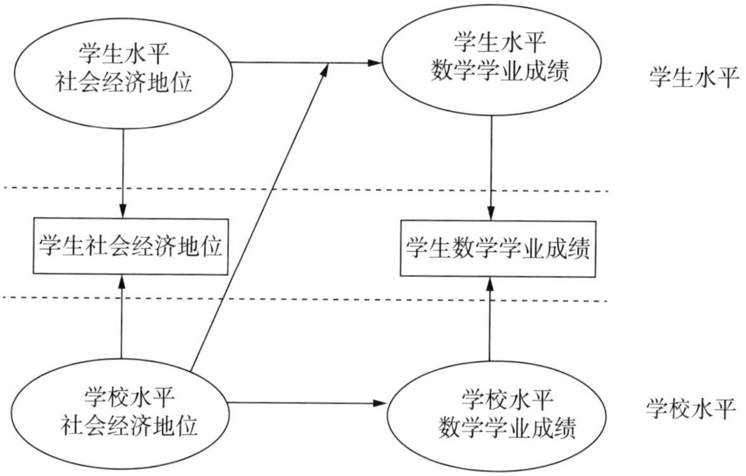

图 9—6 学生数学学业成绩潜变量多水平回归

不含测量模型的基于潜变量背景交互效应分析的多水平回归模型 Mplus 程序如下：

```
TITLE: Multilevel Latent Covariate
DATA: FILE is Latent. dat;
VARIABLES: names are schoolid math ses;
           cluster is schoolid;
```

```
ANALYSIS：type is twolevel random；
MODEL：
        %within%
        S | math on ses；
        %between%
        math on ses；
        S on ses；
```

上述两个模型的估计结果显示，学生 SES 对学生数学学业成绩的影响均不存在学校水平的变异，因此，为了简化模型，最后只考虑固定斜率的模型。得到的参数估计结果如表 9－6 所示。

表 9－6　多水平回归分析结果

	观测变量两水平回归			潜变量两水平回归		
固定部分	估计值	标准误	Z 值	估计值	标准误	Z 值
截距						
截距（γ_{00}）	9.335	0.402	23.209	9.476	0.404	23.485
学校 SES（γ_{01}）	0.654	0.064	10.243	0.684	0.065	10.454
斜率						
学生 SES（γ_{10}）	0.054	0.017	3.261	0.055	0.017	3.258
随机部分	估计值	标准误	Z 值	估计值	标准误	Z 值
学生水平	0.997	0.002	555.164	0.997	0.002	537.388
学校水平	0.572	0.084	6.834	0.533	0.089	5.961

从模型的参数估计结果可以看到，两个模型得到的结果非常接近。关于两个模型区别的研究可进一步参考 Lüdtke 等人（2008）的研究。从固定部分参数估计的结果可以看出，学生 SES 对其数学学业成绩有显著的正向预测作用，学生 SES 越高，数学成绩也往往越高；SES 平均水平较高的学校，其学

生学业成绩的平均水平也较高。随机部分参数估计结果表明，学生学业成绩之间存在显著差异，考虑了学校 SES 的影响，这一差异仍然显著。

在研究中，第一水平的预测变量也可以是由几个测验题目测量得到的具有个体水平特征的潜变量，第二水平汇总的预测变量也是由这几个指标变量测量得到的具有组水平特征的潜变量。如第二节中所讲到的多水平因子分析得到的个体层面的潜变量和组水平的潜变量。下面，我们仍以香港 PISA 2003 测试数据为例，介绍预测变量含有测量模型的情形，为了简化所用的模型，第一水平和第二水平的预测变量假设都只有一个。

例 9.4　测验工具为 PISA 2003 测试学生问卷中学生数学学业效能问卷。问卷中含有 6 个测量学生解决日常生活中的计算效能的题目（具体内容参见例 9.2），问卷采用 4 点量表进行评定，1 表示非常有信心，4 表示完全没有信心。现在我们来分析学生数学计算效能、学校数学计算效能对学生数学学业成绩的影响，以及学生数学计算效能与学校数学计算效能之间的交互作用。

由于数学计算效能的评定方式中，1 表示非常有信心，4 表示完全没有信心，所以因子得分越高，表示数学计算效能越低。分析模型可以用图 9—7 表示，模型的参数估计结果见表 9—7。

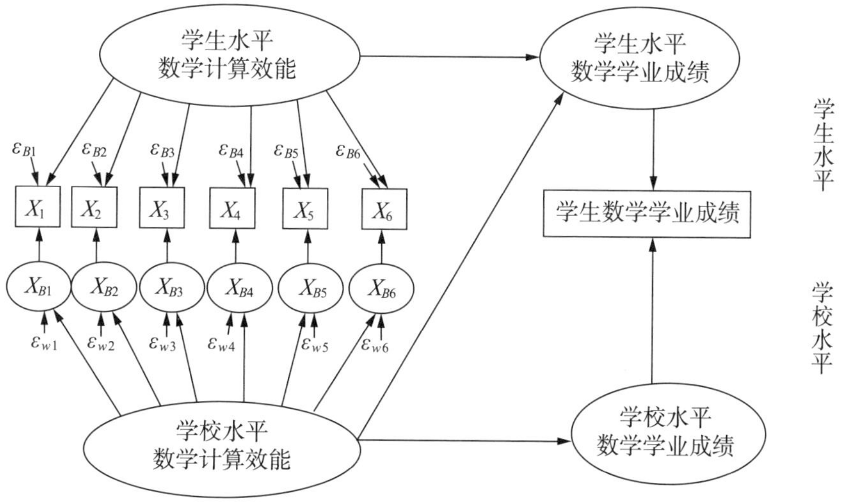

图 9—7　含有测量模型的学生数学学业成绩潜变量多水平回归

含有测量模型的多水平潜变量背景交互效应分析的 Mplus 程序如下：

```
TITLE: Multilevel Latent Covariate (MCFA) sample
DATA: File is Path _ Mcfa. dat;
      format is f5. 0, 6f1. 0 f12. 5;
VARIABLE: Names are schoolid x1-x6 y;
          Usev schoolid x1-x6 y;
          missing is . ;
          cluster is schoolid;
ANALYSIS: Type is twolevel random;
          ALGORITHM=INTEGRATION;
          integration=5;
MODEL:
      %within%
      fw by x1-x6;
      s | y on fw;
      %between%
      fb by x1-x6;
      y on fb;
      s on fb;
```

表 9—7　数学计算效能对数学学业成绩影响的参数估计结果

		估计值	标准误	Z 值	估计值	标准误	Z 值
测量部分		学生水平			学校水平		
	X_1	1.000			1.000		
	X_2	0.798	0.243	3.287	0.888	0.475	1.870
	X_3	1.060	0.342	3.097	1.175	0.578	2.034
	X_4	0.820	0.080	10.266	0.777	0.149	5.205

续表

	估计值	标准误	Z 值	估计值	标准误	Z 值
测量部分	学生水平			学校水平		
X_5	1.038	0.192	5.417	1.240	0.345	3.599
X_6	0.950	0.026	36.799	0.737	0.383	1.923

固定部分	估计值	标准误	Z 值
截距			
截距（γ_{00}）	555.132		
学校数学计算效能（γ_{01}）	−217.115	267.309	−0.812
斜率			
学生数学计算效能（γ_{10}）	−49.032	0.588	−83.369
交互作用（学校×学生）（γ_{11}）	−10.697	19.349	−0.553

从参数估计结果可以看出，学生水平数学计算效能对学生数学学业成绩有显著的预测作用，而学校水平数学计算效能对学生数学学业成绩的影响不显著，另外学校水平数学计算效能与学生水平数学计算效能之间的交互作用也不显著。

第四节 多水平中介效应模型

类似于结构方程模型，在数据具有嵌套结构时，研究者往往对变量之间复杂的影响关系感兴趣，可以考虑多水平中介效应分析。中介模型中，变量之间既有直接影响的关系，也有间接影响的关系。本节主要讨论多水平中介效应模型，关于单一水平的中介效应模型的分析参见第三章。

一、多水平中介效应模型分类及特点

当数据具有层级结构时，同一个班级、同一所学校、同一个机构，或者同一个个体的多次测量之间存在某种关联。此时，观测值之间相互独立的假设不成立，如果还使用传统的路径分析方法，将会导致有偏的结果（Raudenbush & Bryk，2002）。当独立性假设不成立时，普通最小二乘估计的标准误偏小，从而假设检验的第一类错误率偏大（Scariano & Davenport，1987）。

处理独立性假设不成立导致的估计标准误偏小的问题，主要有三种传统方法（Krull & MacKinnon，1999）。(1) 为了平衡估计标准误偏小导致的第一类错误率偏大，选用更为严格的显著性水平（即更小的 α）。这种方法仍然是有偏的，没有能够校正观测独立性不成立带来的问题。(2) 使用跨级相关系数 ICC 校正被低估的标准误。这种方法并不是最优的，并且它没有考虑到数据的层级结构关系。(3) 将较低一层水平的分数合成在较高一层的水平上进行数据分析。由此导致的问题是：统计检验力下降；同样两个变量在较高水平和较低水平上的关系可能不同；数据间的变异不一定存在于较高水平；研究感兴趣的问题可能发生在较低水平而非较高水平。这三种方法处理具有层级结构的数据都带有很多局限性，为此，需要引入多水平模型，在多水平模型的框架下进行变量之间复杂因果关系的分析。

当进行具有层级结构数据的路径分析时，需要在多水平模型的框架下做间接效应的估计和检验，此时模型将变得比较复杂。Kenny 等人（1998）第一次引入多水平中介的主题。考虑最简单的情形，模型中含有一个预测变量 X、一个中介变量 M 和一个结果变量 Y，以两水平中介模型为例，根据 X、Y 和 M 所在的层级不同，理论上说可能的中介模型有八种类型（见表 9—8）。

表 9—8　多水平中介模型的八种类型

模型记号	*X* 变量	*M* 变量	*Y* 变量
2-2-2	位于第二水平	位于第二水平	位于第二水平
2-2-1	位于第二水平	位于第二水平	位于第一水平
2-1-2	位于第二水平	位于第一水平	位于第二水平
2-1-1	位于第二水平	位于第一水平	位于第一水平
1-2-2	位于第一水平	位于第二水平	位于第二水平
1-2-1	位于第一水平	位于第二水平	位于第一水平
1-1-2	位于第一水平	位于第一水平	位于第二水平
1-1-1	位于第一水平	位于第一水平	位于第一水平

不过，较低水平变量影响较高水平变量的情形罕见，实际应用中常见的有四种类型，即中介效应产生于同一水平变量之间，或由较高水平作用在较低水平上，包括 2-2-2 模型、2-2-1 模型、2-1-1 模型和 1-1-1 模型。对于 2-2-2 模型，可以完全抛开多水平模型的分析框架，而将第一水平的数据合成到第二水平上，进行传统的单一水平中介变量分析。因此研究中常遇到的真正涉及多水平中介效应模型的类型，只包括 2-2-1 模型、2-1-1 模型和 1-1-1 模型三种（Zhang et al.，2009），见图 9—8。

Kenny 等人（1998）根据预测变量 *X* 是在第一水平测量还是在第二水平测量，区分低水平中介模型（lower-level mediation）和高水平中介模型（upper-level mediation）。Bauer 等人（2006）根据中介变量 *M* 是在第一水平测量还是在第二水平测量，区分低水平中介模型和高水平中介模型。这里按照 Bauer 等人的划分，2-2-1 模型是高水平中介模型，2-1-1 模型和 1-1-1模型是低水平中介模型。高水平中介模型不含有随机路径系数，而低水平中介模型含有随机路径系数（图 9—8 中带圈的路径系数即为随机路径系数），所以这种划分更能体现出高水平中介模型与低水平中介模型之间的差别。对于高水平中介模型，模型中的路径系数都是固定的，此时中介效应的估计和检验较为简单；但是对于低水平中介模型，模型中的路径系数可能是随机的，此时中介效应的估计及检验可能遇到麻烦（Kenny et al.，2003）。

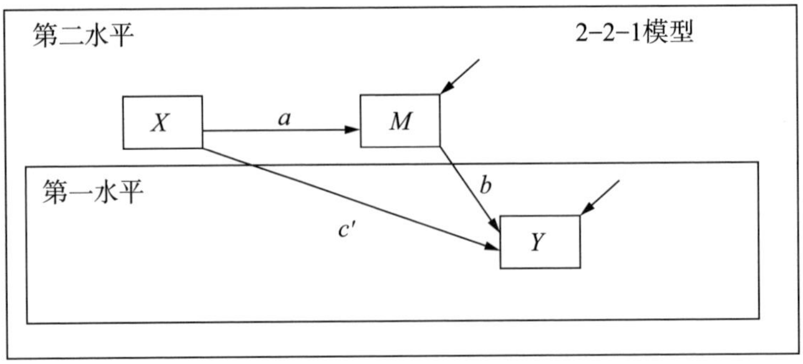

（a）多水平中介2-2-1模型

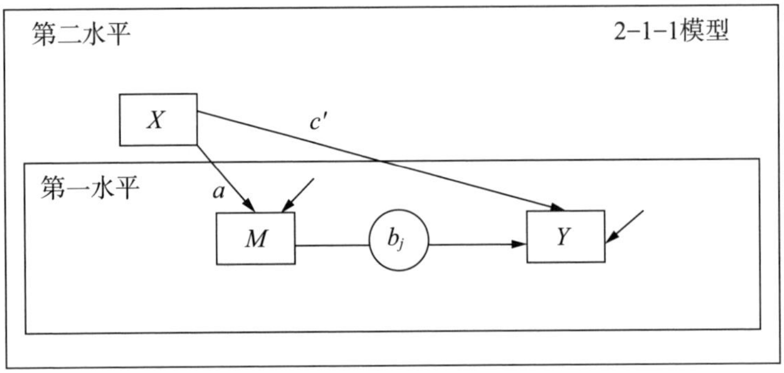

（b）多水平中介2-1-1模型

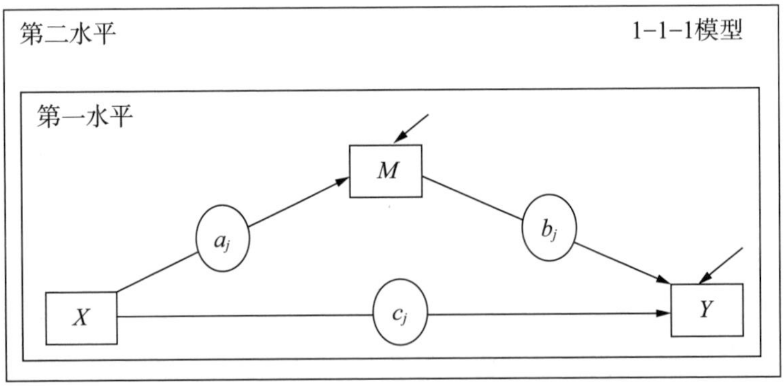

（c）多水平中介1-1-1模型

图 9—8　研究中常见的多水平中介效应模型

二、多水平固定中介效应模型

自 Kenny 等人（1998）引入多水平中介模型概念以来，陆续有研究者对多水平中介模型进行探讨。Krull 和 MacKinnon（1999）评述了多水平 2-1-1 模型（所有路径系数视为固定）的检验方法。Raudenbush 和 Sampson（1999）使用 HLM 软件对 2-2-1 模型进行估计和检验。Krull 和 MacKinnon（2001）比较了在数据具有层级结构时，使用单一水平中介模型和多水平中介模型的适切性，其中包含了对 2-2-1 模型、2-1-1 模型、1-1-1 模型的比较，但每个模型中的路径系数都限定为固定的。

在 Krull 和 MacKinnon（2001）所考虑的模型中，只考虑随机截距，所有的斜率都看作是固定的，即将图 9—8 中的随机路径系数都固定。与单一水平的中介模型方程对应［参见第三章（3.1）、（3.2）和（3.3）］，可以写出固定中介效应的多水平路径模型。

2-2-1 模型对应的固定中介效应模型方程为

$$\text{第一水平：} Y_{ij} = \beta_{0j}^{(1)} + \varepsilon_{ij}^{(1)} \quad (9.45-1a)$$

$$\text{第二水平：} \beta_{0j}^{(1)} = \gamma_{00}^{(1)} + cX_j + u_{0j}^{(1)} \quad (9.45-1b)$$

$$\text{第二水平：} M_j = \beta_0^{(2)} + aX_j + \varepsilon_j^{(2)} \quad (9.45-2)$$

$$\text{第一水平：} Y_{ij} = \beta_{0j}^{(3)} + \varepsilon_{ij}^{(3)} \quad (9.45-3a)$$

$$\text{第二水平：} \beta_{0j}^{(3)} = \gamma_{00}^{(3)} + c'X_j + bM_j + u_{0j}^{(3)} \quad (9.45-3b)$$

2-1-1 模型对应的固定中介效应模型方程为

$$\text{第一水平：} Y_{ij} = \beta_{0j}^{(1)} + \varepsilon_{ij}^{(1)} \quad (9.46-1a)$$

$$\text{第二水平：} \beta_{0j}^{(1)} = \gamma_{00}^{(1)} + cX_j + u_{0j}^{(1)} \quad (9.46-1b)$$

$$\text{第一水平：} M_{ij} = \beta_{0j}^{(2)} + \varepsilon_{ij}^{(2)} \quad (9.46-2a)$$

$$\text{第二水平：} \beta_{0j}^{(2)} = \gamma_{00}^{(2)} + aX_j + u_{0j}^{(2)} \quad (9.46-2b)$$

$$\text{第一水平：} Y_{ij} = \beta_{0j}^{(3)} + b_jM_{ij} + \varepsilon_{ij}^{(3)} \quad (9.46-3a)$$

$$\text{第二水平：} \beta_{0j}^{(3)} = \gamma_{00}^{(3)} + c'X_j + u_{0j}^{(3)} \quad (9.46-3b)$$

$$b_j = b \quad (9.46-3c)$$

1-1-1模型对应的固定中介效应模型方程为

第一水平：$Y_{ij}=\beta_{0j}{}^{(1)}+c_jX_{ij}+\varepsilon_{ij}{}^{(1)}$ (9.47—1a)

第二水平：$\beta_{0j}{}^{(1)}=\gamma_{00}{}^{(1)}+u_{0j}{}^{(1)}$ (9.47—1b)

$c_j=c$ (9.47—1c)

第一水平：$M_{ij}=\beta_{0j}{}^{(2)}+a_jX_{ij}+\varepsilon_{ij}{}^{(2)}$ (9.47—2a)

第二水平：$\beta_{0j}{}^{(2)}=\gamma_{00}{}^{(2)}+u_{0j}{}^{(2)}$ (9.47—2b)

$a_j=a$ (9.47—2c)

第一水平：$Y_{ij}=\beta_{0j}{}^{(3)}+c'_jX_{ij}+b_jM_{ij}+\varepsilon_{ij}{}^{(3)}$ (9.47—3a)

第二水平：$\beta_{0j}{}^{(3)}=\gamma_{00}{}^{(3)}+u_{0j}{}^{(3)}$ (9.47—3b)

$c'_j=c'$ (9.47—3c)

$b_j=b$ (9.47—3d)

上述方程中，截距为随机系数，即允许截距在不同组间存在差异，这一随机系数的定义从模型上可以考虑多水平数据组内观测之间存在相关的特点。对于上述模型，Krull 和 MacKinnon（2001）指出，当多水平模型中只含有随机截距，而所有的斜率都是固定参数时，多水平中介作用是固定的，这一固定的中介作用的估计可以借鉴单一水平中介作用的模型。单一水平中介效应有两种表示方法：$c-c'$ 和 ab，但是在多水平模型中，$c-c'$ 和 ab 并不相等（Krull & MacKinnon，1999）。这是因为在多水平情形下，估计三个方程中的固定参数所用的加权矩阵不一定相同。那么，究竟是选择 $c-c'$ 还是 ab 作为中介效应大小的估计呢？这要看具体关心的问题来定。如果模型中含有多个中介变量，ab 提供了每一个中介路径的作用，而 $c-c'$ 提供了中介变量的总体中介效应的大小。在样本量较大时，$c-c'$ 和 ab 的差异很小，但是从假设检验和结果解释的角度来看，ab 更容易得到中介效应是否显著和为什么中介效应不显著的解释（是 a 不显著还是 b 不显著）。

类似于单一水平的中介效应模型，在多水平固定中介效应模型中，ab 的标准误 $s_{ab}=\sqrt{s_a^2b^2+s_b^2a^2}$，可以用类似 Sobel 检验的方法对固定中介效应进行检验（见第三章）。

对于固定中介效应的多水平模型，传统的用于分析多水平数据的软件都可以分析，不同的是需要对上述定义的三个方程组分别进行分析，然后计算中介效应的大小，该分析方法类似于用传统回归分析完成结构方程模型中的路径分析。

三、多水平随机中介效应模型

（一）随机中介效应模型

由于 2-2-1 模型的预测变量和中介变量都是第二水平的变量，因此该类型的中介效应模型一定是固定效应的。可用两步方法估计中介效应，第一步用最小二乘回归估计 X 对 M 的效应（用 SPSS 的回归分析即可完成），第二步用多水平模型估计 M 和 X 对 Y 的同时效应（Mplus、HLM、MLwiN 随机截距模型），中介效应及其标准误都可以按照传统的单一水平中介模型计算。

但是对于 2-1-1 模型和 1-1-1 模型，随机中介效应模型定义与固定中介效应模型定义的主要差异是路径系数可以是随机的。Kenny 等人（2003）最先探讨了 1-1-1 模型，其中 X 对 M 的效应、M 对 Y 的效应都是随机的。在此模型中，不仅截距是随机的，预测变量 X、中介变量 M 和结果变量 Y 之间的路径系数也可以是随机的，中介效应是两个随机系数的乘积，是随机变量，因此称为随机中介效应模型。

2-1-1 模型对应的随机中介效应模型方程为

第一水平：$Y_{ij}=\beta_{0j}{}^{(1)}+\varepsilon_{ij}{}^{(1)}$　(9.48－1a)

第二水平：$\beta_{0j}{}^{(1)}=\gamma_{00}{}^{(1)}+cX_j+u_{0j}{}^{(1)}$　(9.48－1b)

第一水平：$M_{ij}=\beta_{0j}{}^{(2)}+\varepsilon_{ij}{}^{(2)}$　(9.48－2a)

第二水平：$\beta_{0j}{}^{(2)}=\gamma_{00}{}^{(2)}+aX_j+u_{0j}{}^{(2)}$　(9.48－2b)

第一水平：$Y_{ij}=\beta_{0j}{}^{(3)}+b_jM_{ij}+\varepsilon_{ij}{}^{(3)}$　(9.48－3a)

第二水平：$\beta_{0j}{}^{(3)}=\gamma_{00}{}^{(3)}+c'X_j+u_{0j}{}^{(3)}$　(9.48－3b)

$b_j=b+u_b$　(9.48－3c)

2-1-1 模型中，M 预测 Y 的路径系数允许在第二水平组间变化，σ_{bj}^2 可反映M预测Y的效应在第二水平中的变异程度。此类模型可用两步多水平模型估计，第一步估计X对M的效应（随机截距模型），第二步估计M和X对Y的同时效应（随机斜率模型），平均中介效应可由$E(ab_j)=aE(b_j)$计算，平均中介效应的标准误可以按照传统的单一水平中介模型计算得到。

1-1-1模型对应的随机中介效应模型方程为

$$\text{第一水平：} Y_{ij}=\beta_{0j}^{(1)}+c_jX_{ij}+\varepsilon_{ij}^{(1)} \quad (9.49-1\text{a})$$

$$\text{第二水平：} \beta_{0j}^{(1)}=\gamma_{00}^{(1)}+u_{0j}^{(1)} \quad (9.49-1\text{b})$$

$$c_j=c+u_c \quad (9.49-1\text{c})$$

$$\text{第一水平：} M_{ij}=\beta_{0j}^{(2)}+a_jX_{ij}+\varepsilon_{ij}^{(2)} \quad (9.49-2\text{a})$$

$$\text{第二水平：} \beta_{0j}^{(2)}=\gamma_{00}^{(2)}+u_{0j}^{(2)} \quad (9.49-2\text{b})$$

$$a_j=a+u_a \quad (9.49-2\text{c})$$

$$\text{第一水平：} Y_{ij}=\beta_{0j}^{(3)}+c'_jX_{ij}+b_jM_{ij}+\varepsilon_{ij}^{(3)} \quad (9.49-3\text{a})$$

$$\text{第二水平：} \beta_{0j}^{(3)}=\gamma_{00}^{(3)}+u_{0j}^{(3)} \quad (9.49-3\text{b})$$

$$c'_j=c'+u_{c'} \quad (9.49-3\text{c})$$

$$b_j=b+u_b \quad (9.49-3\text{d})$$

该模型需要满足一般的多水平模型假设：（1）第一水平的残差项符合正态分布；（2）第二水平的残差项符合多元正态分布；（3）第一水平和第二水平的残差项独立。此外，为了保证模型可估计和效应估计的无偏性，该模型还需要满足作为多变量多水平模型的特殊假设（Bauer et al.，2006）：（1）预测变量与任何一个方程中的随机效应和残差都不相关。（2）各个方程的残差项正态分布，期望值为0，彼此不相关，每一个第二水平组内的残差项独立且同方差。（3）随机效应正态分布，以总体平均效应为均值。各随机效应间存在相关。（4）第一水平的残差与任何一个方程中的随机效应都不相关。（5）由假设（2）和（3）可知，M在X条件下正态分布（给定X的条件下，M是正态分布），Y在X和M条件下正态分布。

单一水平中介模型中，中介效应的估计值为$\hat{a}\hat{b}$。多水平随机效应中介模型中，第j个组的中介效应为a_jb_j，但中介效应期望值不再是ab（a和b分别表示a_j和b_j的平均值），而是多了一项（Goodman，1960）：

$$E(a_jb_j)=ab+\operatorname{cov}(a_j, b_j) \tag{9.50}$$

上式不受 a_j 和 b_j 分布的影响。为了简便，假定模型中所有的效应都为正。如果 a_j 和 b_j 正相关，表示 X 对 M 的效应越强，M 对 Y 的效应也越强，$\operatorname{cov}(a_j, b_j)$ 为正，中介效应期望值大于 ab 。反之，如果 a_j 和 b_j 负相关，$\operatorname{cov}(a_j, b_j)$ 为负，中介效应期望值小于 ab 。

（二）随机中介效应的分解与检验

在 1－1－1 模型中，所有的路径系数都允许在第二水平组间变化，$\sigma_{a_j}^2$ ，$\sigma_{b_j}^2$ 和 $\sigma_{c_j'}^2$ 分别反映了 X 预测 M 的效应 a_j ，M 和 X 同时预测 Y 的效应 b_j ，以及 c_j' 在不同第二水平组间的变异程度。假设 a_j 和 b_j 服从联合正态分布，则中介效应在不同第二水平组间的变异程度可按下面的（9.51）计算（Kenny et al.，2003）：

$$\operatorname{var}(a_jb_j)=\sigma_{a_j}^2\sigma_{b_j}^2+\sigma_{a_j,b_j}^2+a^2\sigma_{b_j}^2+b^2\sigma_{a_j}^2+2ab\sigma_{a_j,b_j} \tag{9.51}$$

其中 $\sigma_{a_j}^2=\operatorname{var}(a_j)$ 表示随机系数 a_j 的方差，$\sigma_{a_j,b_j}=\operatorname{cov}(a_j, b_j)$ 表示随机系数 a_j 和 b_j 的协方差。从（9.50）和（9.51）可以看出，即使 a 或者 b 为零，中介效应也可能不是零，这一点与固定中介效应模型有着本质的区别。中介效应在第二水平上的差异依赖于随机部分的方差大小。

在上述的随机中介效应模型中，平均的 X 对 Y 预测的总效应（Kenny et al.，2003）：

$$E(a_jb_j+c_j')=ab+\sigma_{a_j,b_j}+c' \tag{9.52}$$

假设随机部分服从正态分布，可以得到总效应对应的变异：

$$\begin{aligned}\operatorname{var}(a_jb_j+c_j')=&\sigma_{a_j}^2\sigma_{b_j}^2+\sigma_{a_j,b_j}^2+a^2\sigma_{b_j}^2+b^2\sigma_{a_j}^2+2ab\sigma_{a_j,b_j}+\\&\sigma_{c_j'}^2+2b\sigma_{a_j,c_j'}+2a\sigma_{b_j,c_j'}\end{aligned} \tag{9.53}$$

（9.50）—（9.53）分别给出了中介效应和总效应估计的均值和方差（第二水平的变异）。要想对中介效应和总效应进行检验，需要计算平均中介效应和总效应估计的精度。

平均中介效应和总效应估计的抽样方差（Bauer et al.，2006）：

$$\operatorname{var}(\hat{a}\hat{b}+\hat{\sigma}_{a_jb_j})=\operatorname{var}(\hat{a})\operatorname{var}(\hat{b})+\operatorname{cov}^2(\hat{a}, \hat{b})+a^2\operatorname{var}(\hat{b})+$$

$$b^2\text{var}(\hat{a})+2ab\text{cov}(\hat{a},\ \hat{b})+\text{var}(\hat{\sigma}_{a_j,\ b_j}) \tag{9.54}$$

$$\text{var}(\hat{a}\hat{b}+\hat{\sigma}_{a_jb_j}+\hat{c}')=\text{var}(\hat{a})\text{var}(\hat{b})+\text{cov}^2(\hat{a},\ \hat{b})+a^2\text{var}(\hat{b})+b^2\text{var}(\hat{a})+ 2ab\text{cov}(\hat{a},\ \hat{b})+\text{var}(\hat{\sigma}_{a_j,\ b_j})+\text{var}(\hat{c}')+2b\text{cov}(\hat{a},\ \hat{c}')+2a\text{cov}(\hat{b},\ \hat{c}') \tag{9.55}$$

其中的方差和协方差表示固定效应估计 $\hat{a}$ ，$\hat{b}$ ，$\hat{c}'$ 对应的方差和协方差以及随机部分的协方差估计 $\hat{\sigma}^2_{a_j,\ b_j}$ 。

方程（9.50）—（9.55）都涉及 $\sigma_{a_j,\ b_j}$ ，这是多水平随机中介效应模型（1－1－1模型）的独特之处，也是困难之处。a_j 和 b_j 分别来自 X 预测 M、M 和 X 同时预测 Y 的方程，现有的多水平模型软件不允许同时估计两个具有不同结果变量的方程，这造成估计 $\sigma_{a_j,\ b_j}$ 的困难。

有了中介效应和总效应估计的抽样方差，求开方后得到中介效应和总效应估计的标准误，进而可以得到中介效应和总效应对应的 95％的置信区间，分别为

$$(\hat{a}\hat{b}+\hat{\sigma}_{a_j,\ b_j})\pm 1.96\left[\text{var}(\hat{a}\hat{b}+\hat{\sigma}_{a_j,\ b_j})\right]^{1/2} \tag{9.56}$$

和

$$(\hat{a}\hat{b}+\hat{\sigma}_{a_jb_j}+\hat{c}')\pm 1.96\left[\text{var}(\hat{a}\hat{b}+\hat{\sigma}_{a_jb_j}+\hat{c}')\right]^{1/2} \tag{9.57}$$

和第三章介绍的简单中介效应一样，上面的多水平中介效应置信区间（9.56）可能是不精确的，因为中介效应不是正态分布。也可以像简单中介效应那样，用乘积分布法、Bootstrap 方法和 MCMC 方法构造多水平中介效应的置信区间（参见方杰 等，2011；Preacher et al.，2011；方杰 等，2014），但 Bootstrap 方法在多水平情形下是对残差进行 Bootstrap 抽样：先用原始样本进行多水平中介模型分析，得到一套参数估计值和拟合方程，然后假设模型中的残差服从正态分布，对残差进行抽样，并将抽样结果代入拟合方程得到各变量的值，作为 Bootstrap 抽样结果（Pituch et al.，2006；Pituch & Stapleton，2008；王济川 等，2008），这里不拟细述。

（三）随机中介效应分析方法

上面定义的随机中介效应模型需要估计 $\sigma_{a_j,\ b_j}$ 的大小，当求协方差的两

个变量来自同一方程时，常用的多水平模型分析软件 HLM 和 MLwiN 可以估计 σ_{a_j,b_j}。但方程（9.51）中求协方差的两个变量 a_j 与 b_j 来自不同的方程，这会使估计变得困难（Kenny et al.，2003）。目前常用的有三种方法。

第一种是 Kenny 等人（2003）提出的两步估计方法。Bauer 等人（2006）指出，该方法有两个局限：（1）存在于不同的第一水平方程的随机效应协方差不能被直接估计，这难以体现中介效应和总效应的离散程度。（2）渐近协方差矩阵的模型估计不完全，这个矩阵体现了估计的抽样变异性，一些缺失的元素还被用于体现平均中介效应和总效应的标准误。因此，采用这种两步估计的方法牺牲了很多重要信息。

第二种方法是 Bauer 等人（2006）提出的，考虑到通常的统计分析软件不能给出来自不同方程的两个随机变量 a_j 和 b_j 构成的随机效应协方差 σ_{a_j,b_j}，在模型中加入一个选择变量 Z，来代表 M 变量或 Y 变量。为了区分 Z 表示 M 或者 Y，再引入两个选择变量 S_M 和 S_Y，当 Z 代表 M 时 S_M 取值为 1，S_Y 取值为 0；当 Z 代表 Y 时 S_M 取值为 0，S_Y 取值为 1。于是，方程（9.49－2a）和（9.49－3a）可以改写为

$$Z_{ij}=S_{M_{ij}}(d_{M_j}+a_jX_{ij})+S_{Y_{ij}}(d_{Y_j}+c'_jX_{ij}+b_jM_{ij})+e_{Z_{ij}} \quad (9.58)$$

经过改写，a_j 和 b_j 出现在同一个方程中，SAS 可以估计出 σ_{a_j,b_j}。该方法通过“欺骗”SAS 软件，用单变量多水平模型实现一步估计 σ_{a_j,b_j}。关于这一方法的详细介绍参见刘红云等人（2011）的研究。

第三种方法是 L. Muthén 和 B. Muthén（2007）给出的基于多水平结构方程的方法。该方法可以直接在 Mplus 中估计随机效应协方差，MacKinnon（2008）认为这是一种比较容易接受的方法，因为 Mplus 方法被整合到了一般的统计分析中。使用 Kenny 等人（2003）的模拟数据进行 Mplus 中的 1－1－1中介模型估计，结果也显示 Mplus 方法优于 HLM 两步估计方法。Preacher 等人（2011）分析了这一方法的优势，方杰、温忠麟、张敏强、任皓（2014）对多水平中介效应模型进行了回顾，并总结了模型分析的一般步骤。

四、多水平中介模型分析中的变量中心化问题

许多研究者指出，多水平模型是否对预测变量做中心化，以及用哪种方式做中心化，会影响参数估计和对结果的解释（Raudenbush & Bryk，2002；Hofmann & Gavin，1998；Paccagnella，2006）。为了解释模型参数的方便，多水平模型通常对第一水平的预测变量做某种中心化：组均值中心化（group mean centering）或总均值中心化（grand mean centering）。Kreft 等人（1995）证明了做总均值中心化的模型与不做中心化的模型等价（具有相同的模型拟合、相同的预测值、相同的残差，参数估计值可以通过某种变换相互转换），而做组均值中心化的模型与不做中心化的模型和做总均值中心化的模型不等价。Hofmann 和 Gavin（1998）因此指出，并没有统一的中心化原则，对变量做何种中心化依赖于研究问题和范式。在多水平中介分析方面，Krull 和 MacKinnon（2001）认为对于不含有随机斜率的多水平中介模型（2－2－1 模型，或仅允许随机截距的 2－1－1 模型和 1－1－1 模型），是否对第一水平预测变量做中心化对结果影响不大，但对于含有随机斜率的多水平中介模型（允许随机斜率的 2－1－1 模型和 1－1－1 模型），中心化是值得考虑的问题。Zhang 等人（2009）进一步指出，如果不对多水平中介模型中的第一水平预测变量做恰当的中心化，可能会混淆组水平（第二水平）的中介效应与个体水平（第一水平）的中介效应。其研究中比较了多水平中介模型做组均值中心化和做总均值中心化的异同：对于 2－2－1 模型，做组均值中心化和做总均值中心化等价，二者都不会对组水平中介效应造成混淆；对于 2－1－1 模型，做组均值中心化和做总均值中心化不等价，应当做组均值中心化来计算组水平中介效应；对于 1－1－1 模型，做组均值中心化和做总均值中心化不等价，应当做组均值中心化来区分组水平的中介效应和个体水平的中介效应。

第五节　多水平中介效应模型的应用

本节通过一个例子介绍多水平中介效应模型的应用。

一、多水平中介效应模型应用：固定效应与随机效应

例 9.5　再次使用香港 PISA 2003 测试数据，演示最简单的多水平中介效应模型的应用。假设家庭学习资源（HOMEPOS）通过影响学生的数学学业效能（MATHEFF）影响学生的数学成绩（MATH），这三个变量均为学生水平的观测变量。下面采用 Mplus 软件演示固定效应的中介效应模型和随机效应的中介效应模型。

固定中介效应模型的 Mplus 程序如下：

```
TITLE: multilevel mediation analysis with fixed slopes in 1-1-1
       path model
DATA: File is PATH.dat;
      FORMAT F5.0 3F10.4;
VARIABLE: Names are SCHOOL MATHEFF HOMEPOS MATH;
          missing is  ;
          cluster is SCHOOL;
ANALYSIS: Type is twolevel MISSING;
          iterations is 5000;
          H1CONVERGENCE=0.01;
```

```
MODEL：
        %within%
        MATH ON HOMEPOS；
        MATH ON MATHEFF；
        MATHEFF ON HOMEPOS；
        %between%
        MATH with MATHEFF；
```

随机中介效应模型的 Mplus 程序如下：

```
TITLE：multilevel mediation analysis with random slopes in 1-1-1
       path model
DATA：File is PATH. dat；
      FORMAT F7. 0 3F10. 4；
VARIABLE：Names are SCHOOL MATHEFF HOMEPOS MATH；
          missing is  ；
          cluster is SCHOOL；
ANALYSIS：Type is twolevel RANDOM MISSING；
          iterations is 5000；
          H1CONVERGENCE=0. 01；
MODEL：
       %within%
       S1 | MATH ON HOMEPOS；
       S2 | MATH ON MATHEFF；
       S3 | MATHEFF ON HOMEPOS；
       %between%
       MATH with MATHEFF；
```

```
S1 WITH S2;
S1 WITH S3;
S2 WITH S3;
```

表 9－9 给出了固定效应模型和随机效应模型与数据的拟合情况，可以看出，随机斜率模型比固定斜率模型稍微复杂，但是在模型拟合上与固定斜率模型几乎没有差异，因此在实际应用中可以选用固定斜率模型。这里为了说明两个模型的区别，同时呈现两个模型的分析结果。

表 9－9 固定斜率和随机斜率的中介效应模型拟合指标

	H_0	自由参数	AIC	BIC	校正的 BIC
固定斜率	－35702.8	10	71425.7	71489.8	71458.0
随机斜率	－35679.7	16	71412.9	71515.4	71464.5

表 9－10 给出了固定中介效应模型和随机中介效应模型的参数估计结果，可以看出，固定中介效应模型和随机中介效应模型中平均效应部分的参数估计结果相差不是很大，第一水平的残差相差也不多，但是第二水平的残差相差较多。在固定中介效应模型中，由于第一水平的斜率 a，b，c'在第二水平是固定的，因此第二水平不包含这些参数的变异，而在随机中介效应模型中包含这部分的变异以及对应的协方差，另外由于这部分模型中加入了一些随机参数，所以随机参数估计值有较大的变化。

表 9－10 固定中介效应模型与随机中介效应模型的参数估计结果

		固定中介效应模型			随机中介效应模型		
	参数	估计值	标准误	Z 值	估计值	标准误	Z 值
固定（或平均）效应							
截距	MATH	552.72	5.710	96.797	550.44	4.571	120.411
	MATHEFF	0.124	0.036	3.462	0.169	0.033	5.091

续表

		固定中介效应模型			随机中介效应模型		
参数		估计值	标准误	Z 值	估计值	标准误	Z 值
斜率	*a*（MATHEFF←HOMEPOS）	0.192	0.026	7.416	0.197	0.025	8.001
	b（MATH←MATHEFF）	33.587	1.202	27.946	33.710	1.196	28.189
	c'（MATH←HOMEPOS）	5.656	1.671	3.384	6.712	1.644	4.084
第一水平的残差							
	MATHEFF	0.857	0.028	30.954	0.850	0.028	30.291
	MATH	4078.72	129.788	31.426	4026.56	125.005	32.211
第二水平的残差							
方差	MATHEFF	0.159	0.019	8.396	0.127	0.016	8.011
	MATH	4558.78	441.414	10.328	2857.54	302.913	9.434
	a				0.016	0.009	1.899
	b				38.348	23.338	1.643
	c'				54.764	38.145	1.436
协方差	MATH 与 MATHEFF	25.742	2.594	9.925	17.709	1.816	9.752
	a 与 *b*				−0.122	0.299	−0.407
	a 与 c'				0.149	0.474	0.315
	b 与 c'				−14.761	23.461	−0.629

注：为了显示模型之间的差异，保留了随机效应模型不显著的随机部分。

从固定中介效应模型的参数估计结果可以看出，家庭学习资源对学生的数学学业效能有显著的影响（$a=0.192$，SE＝0.026，$Z=7.416$），学生数学学业效能对学生数学成绩有显著的影响（$b=33.587$，SE＝1.202，$Z=27.946$）。在固定中介效应模型中，可以用 ab 直接计算得到学生家庭资源通过学生数学学业效能对数学成绩的影响，中介效应为 $ab=6.449$，用 Sobel 方法计算得到对应的标准误为 0.903，Sobel 检验表明中介效应显著（$Z=7.140$）。在考虑了家庭学习资源通过数学学业效能的中介影响后，家庭学习资源对学生数学成绩的直接影响仍然显著（$c'=5.656$，SE＝1.671，$Z=$

3.384)，可以计算家庭学习资源对学生数学成绩的总效应为 6.449＋5.656＝12.105。随机部分的参数估计结果表明，学生数学成绩（方差＝4558.78，SE＝441.414，Z＝10.328）和数学学业效能（方差＝0.159，SE＝0.019，Z＝8.396）存在显著的学校间差异。

从随机中介效应模型的参数估计结果可以看出，家庭学习资源对学生的数学学业效能的平均影响显著（a＝0.197，SE＝0.025，Z＝8.001），并且这一影响存在边缘显著的学校间差异［$\mathrm{var}(a_j)$＝0.016，SE＝0.009，Z＝1.899］；学生数学学业效能对学生数学成绩的平均影响显著（b＝33.710，SE＝1.196，Z＝28.189），这一影响程度的学校间差异边缘显著［$\mathrm{var}(b_j)$＝38.348，SE＝23.338，Z＝1.643］。在随机中介效应模型中，可以根据（9.50）计算平均中介效应的大小，从参数估计结果可以得到 $\mathrm{cov}(a_j, b_j)$＝－0.122，因此平均中介效应为 $E(a_jb_j) = ab + \mathrm{cov}(a_j, b_j)$＝6.641－0.122＝6.519。中介效应对应的学校间变异可由（9.51）计算得到。在考虑了家庭学习资源通过数学学业效能的间接影响后，家庭学习资源对学生数学成绩平均的直接影响仍然显著（c'＝6.712，SE＝1.644，Z＝4.084），根据（9.52）可以计算得到家庭学习资源对学生数学成绩的总效应平均为 6.519＋6.712＝13.231，根据（9.53）可以计算得到平均总效应在学校间的变异。

二、多水平中介效应分析方法的比较：多水平回归模型与多水平结构方程模型

目前，用于多水平分析的方法主要有基于多水平回归模型的分析方法（MLM）和多水平结构方程模型的方法（MSEM），下面以 2－1－1 模型为例，简单介绍两种方法的主要区别，更为详细的内容可以参见方杰、温忠麟、张敏强和任皓（2014）的研究。

（一）多水平回归模型

求自变量 X_j 到中介变量 M_{ij} 的路径系数 a（见图 9－9），也就是定义如

下方程式：

$$第一水平：M_{ij}=\beta_{0j}+\varepsilon_{ij} \quad (9.59)$$

$$第二水平：\beta_{0j}=\gamma_{00}+\gamma_{01}^{a}X_{j}+\mu_{0j} \quad (9.60)$$

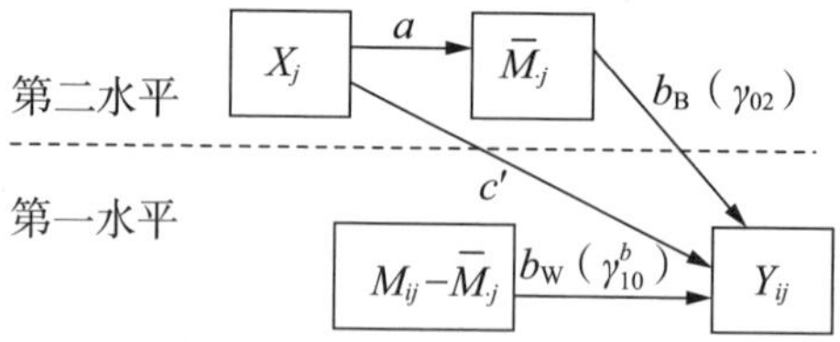

图 9—9　2－1－1 中介的多水平线性模型（方杰，温忠麟，张敏强，任皓，2014）

注：中介变量 M_{ij} 分为组内部分（$M_{ij}-\overline{M}_{.j}$）和组间部分 $\overline{M}_{.j}$。

其中，回归系数 γ_{01}^{a} 表示自变量 X_j 到中介变量 M_{ij} 的路径系数。β_{0j} 和 γ_{00} 表示回归方程（9.59）和（9.60）的截距，ε_{ij} 和 μ_{0j} 表示回归方程（9.59）和（9.60）的残差。多水平线性模型就是通过建立多水平回归方程组，将误差分解为各水平的误差，从而解决了随机误差独立性的问题。

求控制自变量 X_j 时，中介变量 M_{ij} 到因变量 Y_{ij} 的路径系数 b，也就是定义下列方程式：

$$第一水平：Y_{ij}=\beta_{0j}+\beta_{1j}(M_{ij}-\overline{M}_{.j})+\varepsilon_{ij} \quad (9.61)$$

$$第二水平：\beta_{0j}=\gamma_{00}+r_{01}^{c'}X_{j}+\gamma_{02}\overline{M}_{.j}+\mu_{0j} \quad (9.62)$$

$$\beta_{1j}=\gamma_{10}^{b} \quad (9.63)$$

其中 $\overline{M}_{.j}$ 表示中介变量 M_{ij} 的组均值。回归系数 γ_{10}^{b} 表示中介变量 M_{ij} 的组内差异（$M_{ij}-\overline{M}_{.j}$）的效应 b_{W}，回归系数 γ_{02} 表示中介变量 M_{ij} 的组间部分 $\overline{M}_{.j}$ 的效应 b_{B}（见图 9—9）。由于自变量 X_j 只能在第二水平变化，对某个固定的班级 j 而言，X_j 是个定值，因此自变量 X_j 只能对中介变量 M_{ij} 的组间部分 $\overline{M}_{.j}$ 产生影响，而不能对中介变量 M_{ij} 的组内差异部分（$M_{ij}-\overline{M}_{.j}$）产生影响。所以，中介变量 M_{ij} 的组内差异部分（$M_{ij}-\overline{M}_{.j}$）的中介效应 $ab=0\times\gamma_{10}^{b}=0$，中介变量 M_{ij} 的中介效应实际上就是组间部分 $\overline{M}_{.j}$ 的中介效应 $ab=\gamma_{01}^{a}\times\gamma_{02}$（见图 9—9）。如果 ab 显著不为 0 或 ab 的置信区间不包括 0，

就表示多水平中介效应显著（Zhang et al.，2009；方杰 等，2010）。Preacher 等人（2010）更明确指出，自变量、中介变量和因变量中，如果有一个变量是第二水平变量，则中介效应必定发生在组间水平。Pituch 和 Stapleton（2012）则谨慎指出，在 2－1－1 中介分析中，只有当中介变量的实际意义为 $\overline{M}_{.j}$ 代表的第二水平变量或（$M_{ij}-\overline{M}_{.j}$）代表的相对位置［如相对自我概念（relative self-concept），即学生自我概念在班级内的相对位置］时，才能认定中介效应仅发生在第二水平，否则会降低统计功效。

（二）多水平结构方程模型

用多水平线性模型进行 2－1－1 中介模型分析时，中介变量 M_{ij} 的组均值 $\overline{M}_{.j}$ 作为一个第二水平自变量进入回归方程，即默认可观测的 $\overline{M}_{.j}$ 就等于不可观测的潜变量（类似于本章第三节潜变量模型的定义）。但实际上，二者往往不相同。基于观测变量的分析可能会导致回归系数 γ_{02} 的参数估计和相应的中介效应估计 $\gamma_{01}^{a}\times\gamma_{02}$ 存在偏差。控制这种误差的方法是将不可观测的组间层面变量的均值当成潜变量（Preacher et al.，2010）。

多水平结构方程模型将 $\overline{M}_{.j}$ 看成是无法直接观测的潜变量。因此，直接观测的 M_{ij} 可分解为无法直接观测的组间差异（$\overline{M}_{.j}-\overline{M}_{..}$）、组内差异（$M_{ij}-\overline{M}_{.j}$）和总均值 $\overline{M}_{..}$ 。组间差异（$\overline{M}_{.j}-\overline{M}_{..}$）用潜变量 U_{Mj} 表示，组内差异（$M_{ij}-\overline{M}_{.j}$）用 R_{Mij} 表示，总均值 $\overline{M}_{..}$ 用常数 μ_M 表示，如图 9－10 所示。

M_{ij} 被分解为两个潜变量 U_{Mj}，R_{Mij} 和常数 μ_M：

$$M_{ij}=\mu_M+U_{Mj}+R_{Mij} \tag{9.64}$$

同理，Y_{ij} 也被分解为两个潜变量 U_{yj}，R_{yij} 和常数 μ_y：

$$Y_{ij}=\mu_y+U_{yj}+R_{yij} \tag{9.65}$$

组内效应可表示为

$$R_{yij}=\beta_{\text{within}}R_{Mij}+\varepsilon_{ij} \tag{9.66}$$

组间效应可表示为

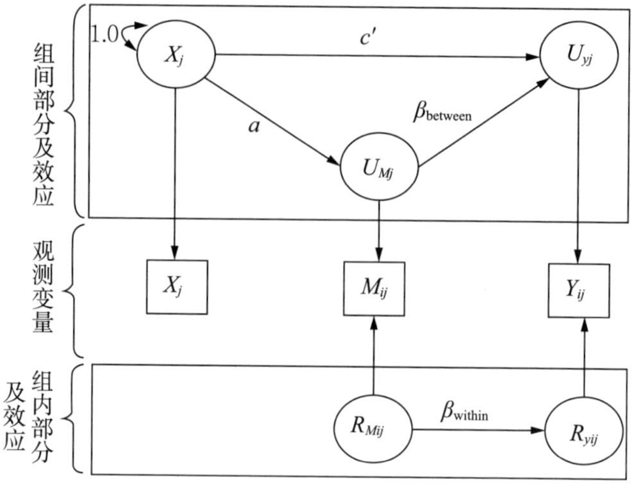

图 9－10　2－1－1 中介的多水平结构方程模型（方杰，温忠麟，张敏强，任皓，2014）

$$U_{yj}=\beta_{\text{between}}U_{Mj}+c'X_j+\delta_j \tag{9.67}$$

将公式（9.66）、(9.67) 代入公式（9.65）得：

$$Y_{ij}=\mu_y+c'X_j+\beta_{\text{between}}U_{Mj}+\beta_{\text{within}}R_{Mij}+\varepsilon_{ij}+\delta_j \tag{9.68}$$

将公式（9.62）、(9.63) 代入公式（9.61），得：

$$Y_{ij}=\gamma_{00}+\gamma_{01}^{c'}X_j+\gamma_{02}\overline{M}_{.j}+\gamma_{10}^{b}(M_{ij}-\overline{M}_{.j})+\varepsilon_{ij}+\mu_{0j} \tag{9.69}$$

比较方程（9.68）和（9.69）可知，校正抽样误差后的多水平结构方程模型和多水平线性模型相比，两者非常相似，最大的不同是前者用潜变量 U_{Mj} 代替 M_{ij} 的组间差异（$\overline{M}_{.j}-\overline{M}_{..}$），用 R_{Mij} 代替 M_{ij} 的组内差异（$M_{ij}-\overline{M}_{.j}$）。

（三）模型的比较与 Mplus 程序

Preacher 等人（2011）用模拟研究比较了设置潜变量的多水平结构方程模型和多水平线性模型在 2－1－1 中介模型分析中的表现。结果表明，多水平结构方程模型相对于多水平线性模型而言，不仅能有效减少中介效应估计的偏差，而且在中介效应的 95％置信区间覆盖率指标上表现也更优（95％置信区间覆盖率更接近 95％）。但是，多水平结构方程模型得到更准确的中介效应值是以统计功效降低且需要大样本（第二水平样本容量至少为20）为代价的。

基于多水平结构方程模型的中介效应的分析可以包含测量模型，从而有效降低测量误差的方差，增加测量的信度（Lüdtke et al.，2011；Li & Beretvas,2013）。Li和Beretvas（2013）的模拟研究结果表明，多水平结构方程模型相对于多水平线性模型而言，不仅能得到更准确的中介效应估计值，而且在中介效应的95%置信区间覆盖率指标上表现也更优。但是，多水平结构方程模型得到更准确的中介效应值是以不收敛的情况增多、统计功效降低为代价的。相比多水平线性模型而言，多水平结构方程模型为了控制测量误差而使用多指标，这大大增加了参数估计的数目，也就意味着需要用更大的第二水平样本容量（至少需要80）才能避免模型不收敛的情况出现。

多水平中介效应分析的Mplus程序：

```
TITLE：2-1-1 multilevel mediation model with fix slopes（MLM）
DATA：FILE IS data. txt；
VARIABLE：NAMES ARE GROUP M Y X MMEAN；
          BETWEEN IS X MMEAN；
          WITHIN IS M；
          CENTERING IS GROUPMEAN（M）；
          CLUSTER IS GROUP；
ANALYSIS：TYPE IS TWOLEVEL RANDOM；
MODEL：
        %WITHIN%
        Y ON M；
        [M@0]；
        %BETWEEN%
```

```
        MMEAN ON X(a);
        Y ON MMEAN(b);
        Y ON X;
MODEL CONSTRAINT:
        NEW(indb);
        indb=a * b;
OUTPUT: TECH1 TECH8 CINTERVAL;
```

多水平结构方程模型中介效应分析的 Mplus 程序：

```
TITLE: 2-1-1 multilevel mediation model with fix slopes (MSEM)
DATA: FILE IS DATA. DAT;
VARIABLE: NAMES ARE GROUP M Y X;
          BETWEEN IS X;
          CLUSTER IS GROUP;
ANALYSIS: TYPE IS TWOLEVEL RANDOM;
MODEL:
        %WITHIN%
        Y ON M;
        %BETWEEN%
        M ON X(a);
        Y ON M(b);
        Y ON X;
MODEL CONSTRAINT:
       NEW(indb);
       indb=a * b;
OUTPUT: TECH1 TECH8 CINTERVAL;
```

三、多水平中介的分析流程

面对一个多水平中介分析任务，研究者应当如何执行呢？根据方杰、温忠麟、张敏强、任皓（2014）的建议，一般的分析步骤如下（见图 9－11）。

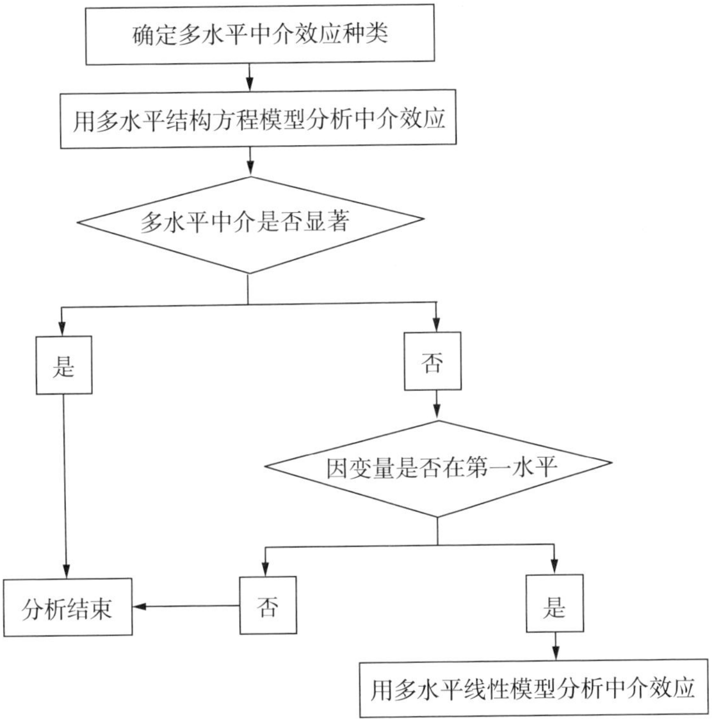

图 9－11　多水平中介效应的分析流程

第一步：确定多水平中介效应的种类。研究者应该以对现有文献进行的深度回顾与严谨的理论设计为基础，确定自变量、中介变量、因变量，变量所在水平以及变量之间的因果顺序。

第二步：利用多水平结构方程模型进行多水平中介效应分析。

第三步：判断多水平中介效应是否显著。如果多水平中介效应显著，则分析结束；否则进行第四步。

第四步：判断因变量是否在第一水平。如果因变量不在第一水平，则分析结束，分析结果为多水平中介效应不显著；否则进行第五步。

第五步：利用多水平线性模型进行多水平中介效应分析。如果多水平中介效应不显著，则分析结束，分析结果为多水平中介效应不显著；如果多水平中介效应显著，则报告分析结果为多水平中介效应显著，中介效应大小则按照多水平结构方程模型分析得出的系数 a 和 b 相乘得到。

第六节　多水平调节效应模型

设两水平调节效应模型（9.2）—（9.4）是学生嵌套于学校的两水平结构，只有调节变量 Z_j 是在学校水平的测量，属于 2×（1→1）调节（这三个数字依次代表调节变量、自变量和因变量的水平，数字 2 表示第二水平，数字 1 表示第一水平），又被称为跨水平调节效应（cross-level interaction），调节项为 $X_{ij}Z_j$［见方程（9.4），本节的 Z_j 即（9.4）中的 W_j］，跨水平调节效应的大小由回归系数 γ_{11} 表示，如果回归系数 γ_{11} 显著不为 0，则表示跨水平调节效应显著。目前，用于多水平分析的方法主要有基于多水平回归模型的分析方法和多水平结构方程模型的方法，下面以 2×（1→1）模型为例，简单介绍两种方法的主要区别，更为详细的内容可以参见方杰、温忠麟和吴艳（2018）的论文。

一、多水平回归模型

上述多水平调节分析方法［见方程（9.2）—（9.4）］容易解释且操作简单，方便应用。但这种方法有不足之处，从（9.4）可以看出，主效应 γ_{10} 没能区分 X_{ij} 的组内和组间效应，调节效应 γ_{11} 没能区分跨水平调节和第二水平调节效应。解决的方法是，将第一水平自变量 X_{ij} 按组均值 $\overline{X}_{\cdot j}$ 中心化后进行建模，同时将组均值 $\overline{X}_{\cdot j}$ 及其与第二水平的调节变量 Z_j 的交互项 $\overline{X}_{\cdot j}Z_j$ 置于第二水平（廖卉，庄瑗嘉，2012）：

$$第一水平：Y_{ij}=\beta_{0j}+\beta_{1j}(X_{ij}-\overline{X}_{\cdot j})+\varepsilon_{ij} \tag{9.70}$$

$$第二水平：\beta_{0j}=\gamma_{00}+\gamma_{01}\overline{X}_{\cdot j}+\gamma_{02}Z_j+\gamma_{03}\overline{X}_{\cdot j}Z_j+\mu_{0j} \tag{9.71}$$

$$第二水平：\beta_{1j}=\gamma_{10}+\gamma_{11}Z_j+\mu_{1j} \tag{9.72}$$

将方程（9.71）、（9.72）代入方程（9.70）得：

$$Y_{ij}=\gamma_{00}+\gamma_{01}\overline{X}_{\cdot j}+\gamma_{02}Z_j+\gamma_{03}\overline{X}_{\cdot j}Z_j+\gamma_{10}(X_{ij}-\overline{X}_{\cdot j})+ \gamma_{11}(X_{ij}-\overline{X}_{\cdot j})Z_j+\mu_{1j}(X_{ij}-\overline{X}_{\cdot j})+\varepsilon_{ij}+\mu_{0j} \tag{9.73}$$

此时，系数 γ_{10} 只表示自变量的组内差异（$X_{ij}-\overline{X}_{\cdot j}$）的效应，系数 γ_{01} 表示自变量的组间部分 $\overline{X}_{\cdot j}$ 的效应，从而区分了变量 X_{ij} 的组内和组间效应。$(X_{ij}-\overline{X}_{\cdot j})Z_j$ 的系数 γ_{11} 表示跨水平调节效应，$\overline{X}_{\cdot j}Z_j$ 的系数 γ_{03} 表示第二水平调节效应。这就控制了第二水平调节作用，从而得到真实的跨水平调节效应估计值 γ_{11} 。

二、多水平结构方程模型

如果数据来自 J 个学校的 I 个学生，其中，J 个学校是从学校总体中随机抽样，学生是从样本学校全体学生中随机抽样，$\overline{X}_{\cdot j}$ 作为从第一水平整合出来的第二水平变量，相比其他自然的第二水平变量（如 Z_j ）更难控制抽样误差。因为从第二水平的学校总体中抽取学校后，第二水平变量（如 Z_j ）就确定了，所以只需要增加第二水平的样本量就可以控制 Z_j 的抽样误差；但从第二水平的学校总体中抽取学校后，第二水平变量 $\overline{X}_{\cdot j}$ 还不确定，因为 $\overline{X}_{\cdot j}$ 不仅受第二水平抽样的影响，同时还受第一水平抽样的影响。要想有效控制 $\overline{X}_{\cdot j}$ 的抽样误差，需要同时增加第一水平和第二水平的样本量，这无疑增大了研究成本和难度。有学者提出将 $\overline{X}_{\cdot j}$ 看成是无法直接观测的潜变量，使用多水平结构方程模型行分析，能较好控制 $\overline{X}_{\cdot j}$ 的抽样误差。

已有研究者指出，多水平结构方程模型会自动地将所有在第一水平测量的变量（如 X_{ij} ）分解为组内部分（$X_{ij}-\overline{X}_{\cdot j}$）和组间部分 $\overline{X}_{\cdot j}$ ，组间部分

$\overline{X}_{.j}$ 用潜变量 U_{xj} 表示，组内部分（$X_{ij}-\overline{X}_{.j}$）用 R_{xij} 表示，则跨水平调节项为 $R_{xij}Z_j$，第二水平调节项为 $U_{xj}Z_j$（方杰，温忠麟，张敏强，任皓，2014；Preacher et al.，2016）。Ryu（2015）指出，正是由于 U_{xj} 和 R_{xij} 是潜变量，因此多水平结构方程模型无法按照一般调节效应的分析步骤，先要计算出潜调节项 $U_{xj}Z_j$ 和 $R_{xij}Z_j$（包括潜调节项的乘积指标），然后再分析调节效应。

有两种无须计算潜调节项的多水平调节结构方程模型分析方法（Preacher et al.，2016），这两种方法都无须产生乘积指标，都能在 Mplus 软件上方便实现。第一种方法是随机系数预测（random coefficient prediction，RCP）法，即将随机斜率 β_{1j} 当成因变量，做随机斜率 β_{1j} 对调节变量 Z_j 的回归［见方程（9.72）］，如果回归系数 γ_{11} 显著，就表示跨水平调节效应显著［见方程（9.73）］。第二种方法是潜调节结构方程（latent moderated structural equations，LMS）法。LMS 法直接分析指标的分布，将全部指标的分布近似为一个有限的混合分布，每个分布都是条件正态分布，其分布函数的对数用 EM 算法（expectation maximization algorithm）进行多水平调节效应估计（温忠麟 等，2013）。

Preacher 等（2016）对 RCP 法和 LMS 法在多水平调节效应分析中的作用进行了模拟比较。结果表明，在跨水平调节效应分析中（对应于 $R_{xij}Z_j$），RCP 法和 LMS 法的表现相当，但在第二水平调节效应分析中（对应于 $U_{xj}Z_j$），RCP 法相比 LMS 法会产生更大的参数估计偏差并存在更多的不收敛情况。因此，在跨水平调节效应分析中，建议使用 RCP 法，因为 RCP 法与 LMS 法效果相当，并且多数人比较熟悉这种方法；在同水平调节效应分析中，建议使用 LMS 法。

值得注意的是，Mplus 软件使用 LMS 法进行多水平调节分析时，未提供常用的 RMSEA、CFI、TLI 等拟合指数值。那如何判断基于 LMS 的多水平调节结构方程模型可以接受呢？判断方法有两种。第一种是利用对数-似然比检验（log-likelihood ratio test），根据 Mplus 结果中的 H_0 值，计算 −2LL 值［不含潜调节项的基准结构方程模型和包含潜调节项的多水平调节结构方程模型的似然比之差×（−2）］，−2LL 值近似服从 χ^2 分布，χ^2 分布的自由度为基准结构方程模型和多水平调节结构方程模型的自由度之差，如果－2LL值的卡方检验结果显著，就表示多水平调节结构方程模型更好（Klein & Moosbrugger，2000）。第二种是利用AIC判断，如果AIC变小，就表示多水平调节结构方程模型更好，因为AIC越大表示信息损失越多（Sardeshmukh & Vandenberg，2017）。

面对一个多水平调节分析任务，研究者应当如何进行呢？根据方杰等人（2018）的建议，一般的分析步骤如下（见图9－12）。

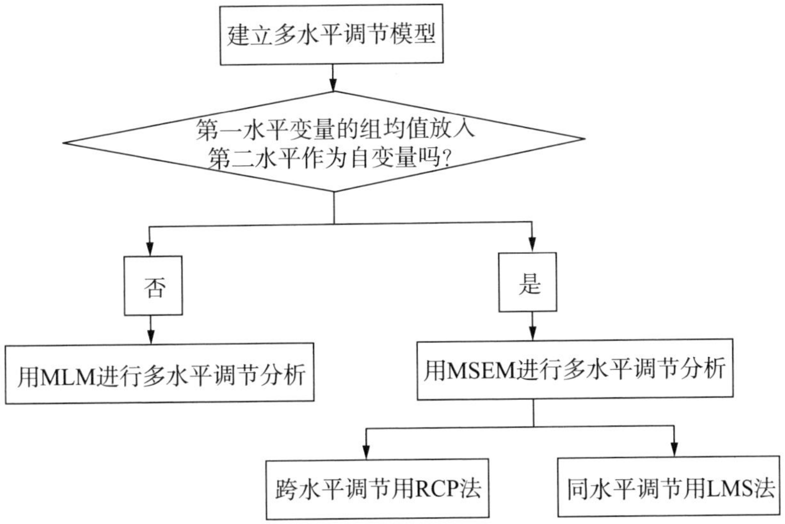

图9－12　多水平调节分析流程

第一步：建立多水平调节模型。模型的建立应该基于学科理论、文献资料和过往经验，模型中的每个路径关系都应当有依据，有关变量之间先后顺序的确定可参见温忠麟（2017b）。

第二步：是否将第一水平变量的组均值放入第二水平作为自变量？如果是，则进入第三步；如果不是，则使用多水平线性模型进行调节分析。

第三步：使用多水平结构方程模型进行调节效应分析。如果是跨水平调节效应，则选用RCP法进行分析；如果是同水平调节效应，则选用LMS法进行分析。

2×（1→1）调节效应的多水平结构方程模型分析的 Mplus 程序：

```
DATA：FILE IS 2.dat；
VARIABLE：NAMES ARE z x y j；
BETWEEN=z；　！第二水平变量是调节变量 z
CLUSTER=j；
ANALYSIS：TYPE=TWOLEVEL RANDOM；
          ESTIMATOR=MLR；
          ALGORITHM=INTEGRATION；
          INTEGRATION=11；
MODEL：
      %within%
      xw by x@1 ；　！设定自变量 x 的组内部分为潜变量
      x@.01；　！由于是单指标潜变量，因此固定负荷为 1，方差
               为 0.01
      b1 | y on xw；　！RCP 法设定方程（9.70）的斜率 β1j
      %between%
      xb by x@1；　x@.01；
      xbz | xb xwith z；　！LMS 法设定第二水平交互项 xbz，如
                           果是基准模型，就去掉此行
      y on xbz z xb；　！xbz 的系数值就是第二水平交互效应，如
                         果是基准模型，去掉 xbz
      b1 on z；　！RCP 法求跨水平交互效应
      b1 with y；　xb with z；　b1 with xb；　！求变量之间的
                                                相关
```

说明：1. 本程序只能得到非标准化解。

2. 如果是含有多指标变量的潜变量分析，需要在 MODEL 部分用“BY”定义因子。

3. 如果只用 LMS 法，则 MODEL 部分的语句改为：

```
%within%
xw by x@1; x@.01;
yw by y@1; y@.01;
b1 | yw on xw;
xwz | xw xwith z;
yw on xwz;    ! LMS法求跨水平交互效应
%between%
xb by x@1; x@.01;
yb by y@1; y@.01;
xbz | xb xwith z;
yb on xbz z xb;    ! xbz的系数值就是第二水平交互效应
xb with z;    b1 with xb;    yb with b1;
```

为减少 LMS 法的时耗，Preacher 等人（2016）提出两种可行的解决方法。第一，如果研究模型既包括跨水平调节，又包括同水平调节，则可尝试将 RCP 法和 LMS 法混合使用，以减少运行时间。第二，将多水平线性模型的调节效应分析结果当成多水平调节结构方程模型的调节效应分析的初始值(start values)。

第十章　结构方程分析中的模拟研究方法

在研究方法的论文中，经常会看到使用模拟（simulation）数据进行研究，即模拟研究。从来没有接触过模拟研究的读者，可能会疑问：自行编造一些数据，有什么用？又可以解答什么研究问题？

这里主要介绍模拟研究的目的、种类，在结构方程的模拟研究中常见的自变量和因变量，以及模拟研究的步骤和程序。编写时主要参考了 Bandalos（2006）对模拟研究的介绍，以及我们过往的模拟研究经验（Hau & Marsh，2004；Marsh & Hau，1996，1999；Marsh et al.，1998；Marsh & Hau，2002；Marsh，Wen，& Hau，2004；温忠麟，侯杰泰，& Marsh，2004）。

第一节　模拟研究简介

以两个变量的相关为例。假设我们想要知道两个学科（如中文和英文）成绩的相关，是否会因某个学科老师对所有学生在该科的分数都加上一个相同的分数而有所改变。例如，英文考试题目很难，太多人不合格，英文老师给每个学生加 15 分，这时，中文成绩和英文成绩的相关会不会改变？

熟悉统计的人知道，一个变量加上一个常数，不会改变该变量与其他变量的相关系数。但如果一个研究者不知道这个规律，也没有能力用数学方法推出结果，他可以随便找 100 个学生的中、英文两科分数，计算它们的相关系数。然后对所有学生的英文成绩加上 15 分，再次计算中、英文两科成绩的相关系数，就会发现加分后成绩的相关系数没有改变。他使用的方法就是模拟研究中一个非常简单的例子。

研究者当然也可以不去找实际分数，而是用计算机模拟产生 100 个学生的数据，计算中、英文两科成绩的相关系数。然后对所有英文分数加 15 分，再次计算两科成绩的相关系数，以了解加分后成绩的相关系数有没有改变。

就上面的例子而言，获得 100 名学生的实测中、英文分数，和让计算机模拟产生 100 个学生的中、英文分数（两科分数有某种程度的相关），似乎不好说哪种方法得到的结果更好。但模拟数据至少有两个好处，一是成本低廉，二是可以得到符合设计条件的数据。例如，希望考察两科相关系数为 0.6（代表高相关）、0.4（代表中相关）和 0.2（代表低相关）的情形，用模拟方法很容易产生符合条件的数据，但如果用实测数据，不知道尝试多少次才能得到相关系数分别为高、中、低的数据样本。这就不难理解，有关方法研究的文章，通常采用模拟研究或使用模拟数据进行示范。

可能有人会怀疑，仅用某次测验 100 人的数据所得的结论，是否有普遍性？对另一批数据可以得到同样的结果吗？这是模拟研究的一个局限，即我们难以穷尽所有情况。有的问题通过模拟研究所得结论可能只适用于某些被选取的特定范围。我们应该用多大的样本？考虑多少种不同条件（例如，相关为高、中、低）的数据，所得的结果才可信？

如果一个问题可以用数学方法解决，则没有必要进行模拟研究。如果没有找到数学方法解决，则模拟研究是值得尝试的。有时候，尽管用数学方法解决了问题，还是可以用模拟数据来展示方法的应用。

在模拟研究中，要根据研究问题，设定不同的“实验因素”，如模型参数、样本容量等，然后还有一个指标反映“实验结果”。例如，要计算两个变量的相关系数，但其中一个变量有缺失值，并且是完全随机缺失（missing completely at random，MCAR；Little & Rubin，2002）。要研究的问题是，哪种填补（imputation）缺失值的方法较好？所谓填补缺失值，就是在缺失处填上数字。设考虑的填补方法有三种：用变量均值、用回归预测值、用 EM 算法（都是 SPSS 上可选的缺失值填补方法）。为了让结果有广泛的代表性，需要设计不同的条件来产生数据。通常会考虑下面五个因素：

因素1——变量相关高低（被试间因素，例如，0.6、0.4、0.2、0；4个水平）。

因素2——变量分布（被试间因素，例如，正态、偏态；2个水平）。

因素3——样本容量（被试间因素，例如，100、200、500；3个水平）。

因素4——缺失比例（被试间因素，例如，5%、10%、15%、20%；4个水平）。

因素5——填补方法（被试内因素，均值、回归、EM算法；3个水平）。这是一个混合设计（见温忠麟，2016）的实验，此时填补方法是一个当然的实验因素。

实验的时候，要先产生满足前面三个因素组合水平的完整数据，此时可以计算两个变量的相关系数。然后按缺失比例（因素4）产生完全随机缺失数据。最后分别用不同的填补方法填补数据，并计算相关系数，它与原来完整数据的相关系数有一个差异。一般会重复实验很多次，如1000次，就会有1000个差异，平均差异可以作为实验的因变量（见本章第五节），平均差异（绝对值）较小的填补方法较好。

通过上面的例子，相信读者对模拟研究已经有了一个大概的了解。

第二节　解决问题的种类

大致来说，结构方程模型中适合采用模拟研究方法的问题包括下面几类（Bandalos，2006）。

一、检查统计方法的稳健性

很多统计模型及其分析方法都有一定的假设条件，当某些假设不符合时，可以借助模拟方法，了解原有的统计方法表现如何，是否还适用。例如，很多统计方法（如 ML 估计）都假设数据来自正态总体，借助正态分布的良好性质，可以用数学方法推出参数估计的性质（如估计的无偏性）。当数据呈现非正态分布时，基于正态分布的数学方法无法使用，这时可以通过模拟研究了解统计方法的表现。

如果正态分布条件下参数估计的性质在非正态条件下仍然保持或基本保持，如正态条件下的无偏估计在非正态条件下仍是无偏的或者近似无偏的，则称参数估计对分布假设有稳健性。有关 ML 估计稳健性的模拟研究很多，例见 Hau 和 Marsh（2004）的研究。一般地，如果一种统计方法在假设条件不满足的时候仍然适用，则称该方法有稳健性。

二、了解小样本结果

在结构方程分析中，对有些统计量只知道大样本下的渐近分布。例如，ML 估计的 χ^2，渐近服从 χ^2 分布。但在通常的应用中，样本容量不是很大，可以通过模拟研究，了解不同的样本大小如何影响这些统计量的分布，进而对研究者提出实用的指导（例如，Marsh & Hau，1999）。

类似地，在结构方程分析中，有些统计量是渐近无偏的，有些统计量是有偏的。例如，用 ML 估计潜变量交互效应模型，效应估计的标准误是渐近无偏的。可以用模拟研究了解样本大小对偏差的影响，例见 Marsh、Wen 和 Hau（2004），Lin 等人（2010）的研究。

三、考察统计量的渐近分布

在结构方程分析中，许多统计量的分布不能用数学方法推导。例如，多数拟合指数的分布都是未知的。这样，就不知道一个指数有多少机会大于 0.90，有多少机会大于 0.95，等等。在一项研究中，就算计算得知该指数为 0.98，在未知分布的情况下，也无从判断该模型拟合的好坏。

通过模拟研究，对某个特定模型，重复产生大量样本（如 1000 个协方差矩阵，每个矩阵由500个被试的模拟数据计算得到)，然后计算每个协方差矩阵得到的拟合指数，就可以知道拟合指数（在这个特定模型中）的分布。结构方程模型中有关拟合指数表现和模型检验界值的研究，大多采用模拟研究，例见Hu和Bentler（1998，1999）及温忠麟、侯杰泰和Marsh（2004）的研究。

当然，和上文提到的一样，这些模拟得到的数据分布是在一些特定模型和条件下计算所得的，有其局限性，这也是模拟研究的弱点。

四、其他研究课题

除了上面提到的三类问题经常使用模拟研究外，结构方程模型中模拟研究还被用于下面一些问题（Bandalos，2006）。

（1）使用特定非正态数据（如定序数据、离散数据）建模所引起的问题(因为许多结构方程模型方法假设数据是正态分布的)。

（2）使用误设模型（misspecified model）问题，即拟合模型与产生数据的真模型（true model）并不相同。

（3）模型要估计大量自由参数所引起的问题。

（4）用相关矩阵而非协方差矩阵所引起的问题。

（5）非线性效应模型中的问题。

与其他研究一样，模拟研究也需要具有理论或方法学上的意义，并能弥补前人研究的不足，才值得研究。

第三节　使用模拟总体与使用多个模拟样本的区别

模拟研究泛指任何由研究者自行产生数据的研究。其中，蒙特卡罗(Monte Carlo）法最常用，因而经常被当作模拟研究的同义词使用。蒙特卡罗法源于第二次世界大战中美国研制原子弹的曼哈顿计划（Bandalos，

2006)，是通过构造概率模型、进行随机试验来解决数学问题的方法。

模拟研究可以是基于一个模拟总体数据的分析。例如，根据某些条件产生 10 万名被试的 9 个变量得分，去拟合一个感兴趣的模型，得到 1 个解（1 套参数估计结果）。模拟研究也可以是基于多个样本数据的分析，然后考察抽样分布及其数字特征（如均值、标准差等）。例如，根据某些条件产生 1000 个样本（因为产生数据时，有随机的组成部分，所以每个样本并不相同），分别去拟合一个感兴趣的模型，得到 1000 个解（1000 套参数估计结果），就可以考察各参数的抽样分布和数字特征。显然，使用多个样本相当于在相同条件下重复实验。

模拟研究可泛指上述基于模拟总体和基于模拟多个样本这两类研究，但蒙特卡罗法专指基于多个样本的研究（Bandalos，2006）。

一、使用模拟总体的研究

在基于模拟总体的研究中，研究者依据一个已知各参数（包括路径数值）的模型（称为真模型），产生很大数量（如 10 万个）的被试数据作为总体（即模拟总体），去拟合一个待研究的模型（可以是真模型，也可以是误设模型）。研究者可能希望了解用某种新方法，能否正确估计出原有模型参数。但对于样本产生的参数估计的变异和估计的稳定性，没有什么兴趣。

例如，想了解误设模型如何影响主要参数的估计（Muthén & Kaplan，1985）。在真模型中，有 3 个因子，每个因子含 3 个指标，共有 9 个指标，因子负荷全设为 0.8，误差方差设为 0.36，3 个因子间相关均设为 0.3。此外，假设每个指标在所从属的因子有负荷（0.8）外，还有微小的跨因子负荷（0.1）（如，第一个因子的 3 个变量，各有 0.1 的负荷在第二个因子和第三个因子上）。要研究的问题是，如果忽略了这些跨因子负荷，其他参数的估计将受何影响？我们可基于真模型，产生 10 万个被试的数据（样本容量也可以取其他值，只要样本容量够大即可）。要拟合的模型为 9 个指标的 3 因子模型，删去所有微小的跨因子负荷，希望知道拟合这样的误设模型，原有的负荷

（0.8）会增大还是减小，具体将改变多少，因子间相关是否也会改变，等等。

又如，Marsh 和 Hau（2002）依据一些典型的学生学业成绩表现（例如，学生每年进步 0.5 个标准分），以及学生由小学升中学的典型分配方法（如成绩较好的学生较集中于一些名校），设计真模型并产生 10 万个学生的样本数据（内含学生的成绩），并设定每所中学的"增值"（即提高学生得分的能力）是相同的。研究目的是探讨多层数据的回归方法是否会同样难以避免趋中回归（regression towards the mean artifact）现象（温忠麟，侯杰泰，2003）。简单地说，要探讨成绩较好的学生会否被误判为进步较慢。Marsh 和 Hau（2002）只做了一次多层数据回归，模拟总体有 10 万个被试，分析结果表明，招收成绩较好学生的学校的"增值"低于其他学校的"增值"。而在产生数据时，所有学校的"增值"均已设定为相等，因此 Marsh 和 Hau 的研究结论是，多层数据回归并不能避免趋中回归的现象，从而可能导致错误结论。

再如，Marsh、Hau 和 Wen（2004）在批评 Hu 和 Bentler（1999）推荐的拟合指数界值时，也使用了模拟总体（50 万个被试数据）去拟合真模型和误设模型。

二、使用多个模拟样本的研究

使用多个样本的模拟研究就是 Bandalos（2006）界定的蒙特卡罗法。研究者依据一个已知各参数的模型（真模型），产生多个样本（例如，1000 个样本各含 500 个被试），再分别对每个样本数据拟合一个待研究的模型（可以是真模型，也可以是误设模型）。1000 个样本会得到 1000 个解（1000 套参数估计），研究者会考察各参数的抽样分布和数字特征（如均值、标准差等）。

例如，为了解偏态数据如何影响拟合优度指数，研究者依据一个含 9 个变量的 3 因子模型，产生 4000 个样本，其中包括 1000 个 $N=100$ 的轻微偏态样本（即 1000 个轻微偏态的样本，每个样本有 100 个被试），1000 个 $N=500$ 的轻微偏态样本，1000 个 $N=100$ 的严重偏态样本，及 1000 个 $N=500$ 的严重偏态样本。研究者希望探讨样本大小（$N=100$ 相对于 $N=500$）及其偏态程度（“轻微”相对于“严重”）如何影响拟合模型的 χ^2 值。

将上述4000个样本逐一拟合一个9变量的3因子模型，得到4000个 χ^2 值（及其他拟合指数和参数），因为我们知道拟合模型的 χ^2 期望值，所以可以通过不同条件组合（如 $N=100$、轻微偏态）对应的 χ^2 值的分布及其均值，了解样本容量大小及偏态程度如何影响 χ^2。当然，也可以了解样本容量大小及偏态程度如何影响其他拟合指数、参数的估计及其标准误。

因为一个样本的结果没有代表性，所以考虑样本大小的模拟研究，一般都会使用蒙特卡罗法（即使用多个模拟样本）。本章第二节提到的模拟研究文献，几乎都使用了多个模拟样本。Marsh、Wen和Hau（2004）的模拟研究则同时使用了模拟总体和多个模拟样本。

第四节　模拟研究中常见的自变量

Bandalos（2006）总结了模拟研究中研究者常用的自变量，本章第一节中那个五因素实验设计也能启发我们，在模拟研究中可以考虑哪些自变量。

一、模型种类

结构方程中的模拟研究，通常都需要设计一个或多个已知各参数的模型（真模型）去产生模拟数据。真模型设计成什么样子，这是首先要考虑的。

外观看来不同的模型，可能等同（equivalent）于一个简单的验证性因子模型。当模型等同时，不同的模型其实是在分析相同的协方差结构（侯杰泰等，2004），数学上不能分辨哪个模型更好。因此，不难理解，很多模拟研究，都是用验证性因子模型来研究的。

虽然用多种模型会使研究结果有更强的说服力，不过在研究资源或者工作量相同的条件下，我们可以：(1) 用多个不同种类的模型（如验证性因子模型、全模型、二阶因子模型等），研究较少的自变量（如不研究非正态分布的影响）；（2）用单一种类的模型（如只用验证性因子模型），研究较多自变量。Bandalos（2006）认为，对于大多数初步的探索研究来说，后者更为可取。

与模型种类有关的因素可以是真模型对垒误设模型，有关误设模型的类型参见本节第六点。

二、模型大小

模型大小（model size）可以用因子个数和指标个数的多少或者模型的自由度大小来衡量（Bandalos，2006）。模型大小可能影响 χ^2，例如 ADF 估计的 χ^2 在小模型中的偏差较小，在大模型中则偏差较大。

通常，自由度大小不容易控制，但因子个数和指标个数可以自行设计，所以需要的时候可以考虑将因子个数或（和）指标个数设计为实验因素。可以依据文献上一些常见的应用模型进行设计。例如，因子个数取为 1、2、3，每个因子上的指标个数取为 3、5、10 和 15。当然，也可以固定一个模型进行研究，其中因子个数和指标个数都是固定的（Marsh，Wen，& Hau，2004；Wen et al.，2010）。

另一个与模型大小有关的因素是模型的复杂性。一般以模型的自由度作为复杂程度的指标，自由度越小则模型越复杂。

三、模型参数

真模型确定之后，模型中的参数（如因子负荷大小）可以自行设计。也可以完全采用某个研究的结果（例如，用某个研究的协方差矩阵）。采用某个研究的结果，看似具有较强的真实性，不过，真实数据都会受到测量误差的影响，例如，在不从属的因子上负荷不是零（即有跨因子的小负荷），而这些并非研究的关注点。用自行设计的参数，好处是弹性较大，可以模拟不同的条件，易于检查和比较模拟结果。

例如，通常把标准化的因子负荷设计在 0.5 至 0.9 之间，因子之间的相关设计在 0 至 0.7 之间。对于不同的研究问题，可以根据经验和文献上有关参数的大概范围进行设计。低因子负荷代表一些信度低的测量工具（如量表），而高因子负荷代表一些信度高的测量工具。因子相关高的模型用于模拟互有关联的潜变量（因子），而低因子相关的模型用于模拟因子独立的情况。

四、样本容量

因为很多结构方程模型的参数估计，都是基于大样本推导估计的性质（如渐近无偏），所以我们希望了解样本容量如何影响估计结果。这就容易理解，许多模拟研究，都将样本容量作为一个因素。典型的样本容量范围可由 $N=100$ 至 $N=1000$（Bandalos，2006）。在特殊情况时，也可研究更小的样本，不过一般实证研究的样本容量多为 100 或 200 以上。而当样本容量超过 1000 时，估计的性质通常都趋向稳定（即 $N=1000$ 与 $N=2000$ 的结果差别不大）。当然，在研究课题中，可通过实际的模拟研究知道 $N=1000$ 的结果是否已经足够稳定。

前面说过，模拟研究就像做实验。就样本而言，可先做设计的最大及最小容量样本的情况，根据结果决定是否要调整样本容量，然后再做其他中等容量样本的情况。例如，设计 $N=100$、$N=300$、$N=500$ 和 $N=1000$ 四种情况，可先做 $N=100$ 和 $N=1000$，了解结果后，再做 $N=300$ 和 $N=500$ 的情况。

五、数据分布

结构方程模型的不少估计方法（如 ML 估计）都是基于正态分布的假设，但实际数据可能并非正态分布。所以在很多模拟研究中，需要将分布类型作为其中一个自变量，即希望知道模型估计结果在不同偏态数据上的表现。

产生非正态数据有几种常见方法（Bandalos，2006），一种是先产生正态分布的数据，然后将数值分类转换为非正态分布的（如，将小于－2 的值转为－2，将－2 至－1 的值转为－1，不同转换产生不同的分布形态）。当然我们也可预设某一分布频率（如，用累积频率，数值为 1 的占 10%，数值为 2 的占 15%，等），然后将数据转换编入该分布内。

Vale 和 Maurelli（1983）以及 Fleishman（1978）还提供了一个产生特定偏度（skew）和峰度（kurtosis）的方法，即用计算机模拟产生一批完全符合指定偏度和峰度的数据。为了产生一个偏度 s 和峰度 k 并符合预设协方差矩阵 $\boldsymbol{\Sigma}$ 的数据，先依据方程计算出一个过渡性协方差矩阵 $\boldsymbol{\Sigma}^*$，由 $\boldsymbol{\Sigma}^*$ 按产生正态数据的方法去产生数据（如产生 100 万个被试在变量 $X1$ 至 $X9$ 的数据），再依据方程将这些正态数据进行转换，使新的数据有偏度 s 和峰度 k，且符合协方差矩阵 $\boldsymbol{\Sigma}$。当然这只是产生偏态数据的一种方法（Mattson，1997）。

但要注意，无论采用什么方法产生数据，就算总体的偏度和峰度接近我们设计的数值，个别样本的偏度（或峰度）也可能很不稳定，一个样本的偏度（或峰度）与另一个样本的可能很不相同，并且都与设计的数值相去甚远。

现行常用方法大多针对单个变量的偏度及峰度进行模拟，对多变量分布的模拟仍是一个尚待研究的课题。

另一个与数据分布有关且受研究者重视的课题是定序数据。在社会学、教育学、心理学等研究领域中，很多时候所得的数据（如李克特量表测量所得的数据）并非真的等距数据，尤其是当量表的点数小于 5 的时候，难以达至接近正态分布。相对而言，5 点量表数据可能比较接近正态分布。为了解这类量表的特性，研究者可以选取 2 点、3 点及 5 点量表（Bandalos，2006），前两种情况用于考察点数少的量表数据因为其与正态分布相差较大所引致的误差，而 5 点量表则代表误差已不严重，可以接纳的情况。

六、真模型与误设模型

在模拟研究中，真模型是用来产生数据的模型，而要拟合的模型可以是真模型，也可以是误设模型。有的模拟研究，可能会比较用真模型和误设模型拟合的结果。例如，Hu 和 Bentler（1999）的模拟研究，就涉及真模型和误设模型，而且真模型还分简单模型和复杂模型。

以验证性因子模型作为真模型为例，模型类型这个因素的水平可以是：真模型、若干误设模型。误设模型通常是在真模型的基础上增加或者减少某些感兴趣的路径得到的。如果添加一些真模型中没有的路径，是参数过多（overspecification）的误设模型。如果是删除部分原有的路径，是参数过少（underspecification）的误设模型。

对于参数过多的模型，较常见的误设方法是，基于产生数据的真模型，加上一些本来没有的跨因子负荷，或者让本来不相关的测量误差相关等。参数增加，减少了模型的自由度，即增加复杂性，但对拟合优度指数（如 χ^2）及参数估计往往无多大影响。大部分误设模型，都是参数过少，包括删去一些次要的跨因子负荷、误差的相关等路径（参见 Hu & Bentler，1999；温忠麟，侯杰泰，2008）。

在真模型的基础上，无论是增加还是删除路径，得到的误设模型与真模型都有嵌套关系。如果误设模型与真模型没有嵌套关系，问题就变得复杂了，目前罕有研究这样的误设模型。

对于误设模型的种类，不容易做系统性或基于理论基础的分类。如果误设模型本身还有多个，除非不同的误设模型之间有嵌套关系，否则不容易把握和量化误设的严重程度。例如，我们难以界定删去一个次要的跨因子负荷和删去一个误差相关，哪一种是更严重的误设。这与我们能准确控制及描述样本容量（$N=100$、$N=500$、$N=1000$）等其他自变量是不同的。

七、参数估计方法

参数估计方法也可以是 SEM 模拟研究中的一个因素，并且常跟数据分布一起出现。如所知，在正态分布条件下，ML 估计是较好的估计方法，也是许多 SEM 软件默认的估计方法。研究者经常有兴趣知道，在非正态条件下，哪种估计方法较好。有关估计方法的比较，ML 估计通常都是其中的一种方法。

第六章提到多个文献，用模拟研究比较不同的估计方法。例如，Jaccard 和 Wan（1995）用 OLS、ML 和 WLS 分析模拟数据，发现在多个准则下，ML 一致优于 WLS，并且交互效应 γ_3 的 ML 估计的标准误的偏差不大。又如，Wall 和 Amemiya（2001）的模拟研究结论也认为 WLS 比 ML 的表现差，特别是当样本容量不够大的时候。吴艳等人（2011）也通过模拟研究比较 ML 和 GLS 在计算潜变量交互效应的“标准化”估计中的表现，发现还是应当首选 ML 方法进行估计。

第五节　在研究设计中常见的因变量

模拟研究的好处是我们心中已有标准答案，通常是设计的总体参数，称为真值（true value），当一种处理（实验条件组合）模拟结果与真值相同或最接近，该种处理对应的因素水平（如某种估计方法、建模策略等）通常就是模拟研究要推荐的，但模拟结果与真值接近程度（即估计的偏差）只是其中考虑的一种。

模拟研究是一种实验，需要有因变量来衡量实验处理的好坏。通常考虑的因变量包括模型收敛（convergence）的比例、适当（proper）解的比例、拟合优度指数（χ^2 及其他拟合指数）、参数估计的偏差（bias）、参数估计的精确度（precise）和估计效率（efficiency）、第一类错误率（type Ⅰ error rate）和检验力（power）、95% 的置信区间对真值的覆盖比率（95% coverage probability）等指标。

一、模型适当解比例

模拟研究中，因为要重复实验，一种处理下产生很多样本去拟合模型，经常会碰到模型不收敛的情况，特别是样本容量小的时候。这样，首先就可以将模型收敛的比例作为一种因变量，收敛比例越高越好。在收敛的情况下，有的参数估计是不适当的，例如，相关系数（绝对值）大于 1，误差方差小于 0，等等。这些不适当的解，都不应当算数（如在计算某个参数均值时，不包括这些解）。所以，适当解的比例经常是要考虑和报告的因变量（例见 Marsh，Wen，& Hau，2004）。所有其他因变量，都是基于适当解计算的。

二、拟合优度指数

因为绝大部分拟合指数都是由 χ^2（及自由度 df 等）导出的，所以 χ^2 常被用以评估不同处理下模拟拟合的好坏。χ^2 的偏差是一种因变量。对于真模型，χ^2 的期望值等于自由度，所以 χ^2 的估计偏差可以定义如下。

$$\hat{\chi}^2\ 偏差 = \frac{1}{n}\sum_{j=1}^{n}\frac{\hat{\chi}_j^2 - df}{df}$$

其中，n 是适当解的个数，$\hat{\chi}_j^2$ 是第 j 个适当解对应的 χ^2 值。显然，这样定义的是一种平均偏差。

也可以考虑重要的拟合指数，如 NNFI（即 TLI）、CFI、RMSEA 和 SRMR 等（Hu & Bentler，1999；温忠麟，侯杰泰 等，2004）。因为这些拟合指数的理论分布是未知的，所以通常是计算它们的均值或者中位数作为因变量，但也要留意这些指数的特性（Marsh，Hau，& Grayson，2005）。

三、估计偏差

参数估计偏差是指一种处理下重复实验的参数估计的均值与参数真值的差异，即平均差异。如果均值与真值有显著性差异，估计是有偏的。例如，在产生数据的总体中，某因子负荷是 0.700，产生了 250 个 $N = 500$ 的样本，进行了 250 次 CFA，得到 250 套参数估计值。计算该因子负荷 250 个估计值的均值为 0.705，如果这偏差（$0.705-0.700 = 0.005$）小于负荷标准误的 2 倍（即做一个 t 检验），说明对应的处理得到的估计是无偏的。反之，若 250 个估计值的均值系统性地较高或较低，偏差大于 2 个标准误，说明对应的处理得到的估计是有偏的。和通常参数检验情况一样，显著性检验有其局限（参见温忠麟，吴艳，2010），当重复次数较多时，微小的偏差也可能会变得显著，所以应参考偏差及其绝对值大小，不能仅靠显著性检验得出结论。

参数估计的偏差可以分为偏差和相对偏差（relative bias）。参数 θ 的偏差定义如下：

$$\text{偏差}=\frac{1}{n}\sum_{j=1}^{n}(\hat{\theta}_j-\theta)=\bar{\hat{\theta}}-\theta$$

其中 θ 是真值，n 是适当解的个数，$\hat{\theta}_j$ 是第 j 个适当解的估计值，$\bar{\hat{\theta}}$ 是估计值的平均值。参数 θ 的相对偏差定义如下：

$$\text{相对偏差}=\frac{1}{n}\sum_{j=1}^{n}\frac{\hat{\theta}_j-\theta}{\theta}$$

通常将相对偏差乘以 100%得到偏差百分比。

按上面的定义，每个处理上都会有一个偏差（或相对偏差），可以作为模拟研究的因变量，进行方差分析。

不能混淆不同参数并将其合并计算一个偏差。例如，不应将不同的因子负荷合并计算它们的平均偏差。对一些对称的模型，如 9 个变量分别从属于 3 个因子，设计的总体所有因子相关系数相等，9 个负荷也相等，则可以只报告其中部分参数，如只报告第 1 个负荷的偏差，第 1 个和第 2 个因子间的相关系数的偏差，而无须报告其他负荷和相关系数的偏差。当然，对一些不对称的模型，模型中不同部分所受的影响可能不同，应当报告更多参数的偏差。

上面的偏差和相对偏差的公式中，可以将每一项取绝对值，然后再计算平均值。做法是，对每一个样本的估计结果，先计算偏差绝对值，然后计算其平均值。因为用了绝对值，正负偏差不再互相抵消。这个偏差绝对值的平均值可以告诉我们，平均来说，每个样本估计的参数与其真值有多大偏离。因此，很多研究也同时报告这个偏差绝对值的平均值。

在比较不同的实验条件时（如方法之间的比较），偏差较小的实验条件较好。利用相对偏差（用偏差绝对值计算），可以判断偏差大小。一般认为，相对偏差的绝对值在 5%以内可以忽略（Hoogland & Boomsma，1998）；在 10%以内可以接受，且可以认为是无偏估计（Bandalos，2002；Reise et al.，2013）。

四、估计精确度

对同一个参数，如果不同样本得到的估计值相差很大，就算多个样本的平均值与真值接近，即没有什么偏差，单个或者少数几个样本（如，5 个 $N = 500$ 的样本）得到的估计值也可能偏离真值很远，有的正偏、有的负偏，即不同样本所提供的估计值不稳定。

估计的稳定性其实是一种估计精确度，通常用参数估计的标准差或者方差来衡量。沿用前面的记号，参数估计 $\hat{\theta}$ 的标准差为

$$SD = \left[\frac{1}{n}\sum_{j=1}^{n}(\hat{\theta}_j - \bar{\hat{\theta}})^2\right]^{\frac{1}{2}}$$

设 θ 是待估计的参数，$\hat{\theta}_1$ 和 $\hat{\theta}_2$ 是用不同方法得到的两个估计。如果 $\text{var}(\hat{\theta}_1) < \text{var}(\hat{\theta}_2)$，即 $SD(\hat{\theta}_1) < SD(\hat{\theta}_2)$，则称 $\hat{\theta}_1$ 比 $\hat{\theta}_2$ 有效。

对于有偏估计而言，均方误差（*MSE*）可以更好地衡量估计精确度。均方误差定义为

$$MSE = \frac{1}{n}\sum_{j=1}^{n}(\hat{\theta}_j - \theta)^2$$

MSE 等于估计的方差和偏差平方之和，即

$$MSE = \frac{1}{n}\sum_{j=1}^{n}(\hat{\theta}_j - \bar{\hat{\theta}})^2 + (\bar{\hat{\theta}} - \theta)^2$$

设 θ 是待估计的参数，$\hat{\theta}$ 是一个估计，则 $\hat{\theta}$ 的标准差的估计称为 $\hat{\theta}$ 的标准误，记为 $SE(\hat{\theta})$。统计软件在给出参数估计的同时，会给出其标准误。在同一种实验处理下重复抽样得到的 *SE* 的均值为

$$\overline{SE} = \frac{1}{n}\sum_{j=1}^{n}SE(\hat{\theta}_j)$$

$\overline{SE}$ 是统计软件得到的标准误，称为估计的标准误（estimated standard error）。上面的 SD 还有另一个用处，那就是作为标准误的一种实证结果，称为实证的标准误（empirical standard error）。将实证结果 SD 视为 SE 的真值，可以比较 SE 的偏差。

$$SE\text{ 的偏差} = \frac{1}{n}\sum_{j=1}^{n}[SE(\hat{\theta}_j) - SD] = \overline{SE} - SD$$

举例来说，在同一种实验处理下重复抽取 100 个样本，样本容量 $N=500$。对模型中的任何一个参数（如某两个因子间的协方差），每个样本拟合模型均会得到该参数的估计及其标准误。假设所有样本得到的解都是适当的，由这 100 个参数估计，可以计算其标准差 SD，就是实证的标准误。再由软件包所提供的 100 个标准误，计算得到平均值，就是估计的标准误。两者（实证的标准误和估计的标准误）比较，就可以了解统计软件提供的标准误是否有偏，是高估了还是低估了实证的标准误。在计算实证的标准误时，应有足够多的重复次数，尤其是当数据非正态时，可能要上万的重复次数。可以通过不断增加重复次数，以了解所得的实证的标准误是否稳定下来。

考虑标准误偏差时，也可以计算相对偏差（Bandalos，2006），

$$SE\text{ 的相对偏差} = \frac{1}{n}\sum_{j=1}^{n}\frac{SE(\hat{\theta}_j) - SD}{SD}$$

Hoogland 和 Boomsma（1998）认为 10%以内的相对偏差是可以接受的。

评估某种条件下统计软件估计的标准误是否过高或过低，这个问题是重要的，因为这会影响到检验用到的 t 值是否正确。如果估计的标准误过高，则相应的 t 值会过低，检验结果会错误地认为相应的参数不显著（即认为该参数为零）。

五、第一类错误率和检验力

第一类错误率是当参数真值为零时，参数检验结果为显著的次数与重复次数之比。举例来说，在同一种实验处理下重复抽取 100 个样本，样本容量

$N = 500$。假设所有样本得到的解都是适当的，其中有 6 个样本对所论的参数检验结果是显著的，则第一类错误率为 6%。一般认为第一类错误率越接近设定的 α 值（通常是 0.05）越好，在 0.025—0.075 之间是可以接受的（Bradley，1978；MacKinnon et al.，2004；Wu et al.，2013）。

统计检验力是指真值不为零时，参数检验结果为显著的次数与重复次数之比。统计检验力越接近 1 越好，0.8 被认为是合适的检验力标准（Murphy et al.，2014；Muthén & Muthén，2002）。

六、置信区间覆盖率

参数的 95% 置信区间对真值的覆盖率，是重复抽取的样本得到的置信区间覆盖了参数真值的百分比。这个覆盖率在一定程度上可以衡量参数估计及其标准误的估计精度，是评价和比较估计方法好坏的一个指标。置信区间覆盖率越接近 95%的方法越好（Bonett，2010；Taylor et al.，2008）。

第六节　模拟研究步骤

一般来说，一个模拟研究包含下列步骤：设计实验因素，构建产生数据的真模型，产生模拟数据，用样本数据拟合模型，对模拟结果进行统计分析。

一、设计实验因素

进行模拟研究时，首先要做的是根据研究目的设计实验因素，即考虑需要操纵的自变量，并设定其水平。

例如，假设我们想研究，当拟合的模型与数据吻合的时候，卡方值如何随样本容量 N 的变化而变化？当 N 很大时，卡方值会不会变得很大，以至于即使模型本来是吻合数据的，卡方检验也显著？

通常会先将有些条件固定到比较常见的情形，只考虑2—5个主要的因素，对每个因素设定比较常见的典型水平。例如，我们可以将模型局限在CFA范围，使用3个因子的模型，因子之间的相关固定为0.3，每个因子的指标个数相同，负荷也相同。要考虑的因素包括：每个因子的指标个数（4个水平，分别为3个、5个、10个、15个）；因子负荷（3个水平，分别为0.5、0.7、0.9，误差方差分别为0.75、0.51、0.19）；样本容量（3个水平，分别为200、500、1000）；估计方法（2个水平，分别为ML估计、GLS估计）。其中，前3个因素是被试间因素（会产生不同的模拟数据），最后一个是被试内因素（模拟数据不变）。

二、构建产生数据的真模型

根据设计的因素及其水平，就可以构建产生数据的真模型了。真模型可能是一个，也可能是多个。在上述的例子中，不同的指标个数，对应于不同的真模型，4个水平对应于4个真模型，但因子负荷和样本容量都不会改变真模型，改变的是参数真值。

真模型中的参数值要全部设定，才能产生数据。当真模型中的参数值全部设定后，就成了一个产生数据的真模型。一般地说，每个设计的模型及其参数的水平组合，都对应于一个产生数据的真模型。例如，指标个数为3，因子负荷为0.7，就是一个产生数据的真模型了，见图10－1。

三、产生模拟数据

对每个产生数据的真模型，用统计软件产生并存储足够多的原始数据或协方差矩阵。如样本容量分别为200、500和1000，重复抽样250次，则可以分别产生200×250、500×250和1000×250个被试的数据，分别用3个文档来存储；或者产生并存储指定样本容量（即200、500和1000）的协方差矩阵各250个。

使用 LISREL 做模拟是比较麻烦的（参见附录 10.1），而使用 Mplus 做模拟相对简单很多。在 Mplus 中有两种情况，一种是要拟合的模型与产生数据的模型完全相同（即拟合真模型），此时拟合模型（包括参数估计和假设检验）与产生数据在同一个程序中进行，未必要存储数据；另一种是要拟合的模型与产生数据的模型不完全相同（即拟合了误设模型），此时需要先产生并存储数据，然后调用数据拟合模型。详见下一节的例子。

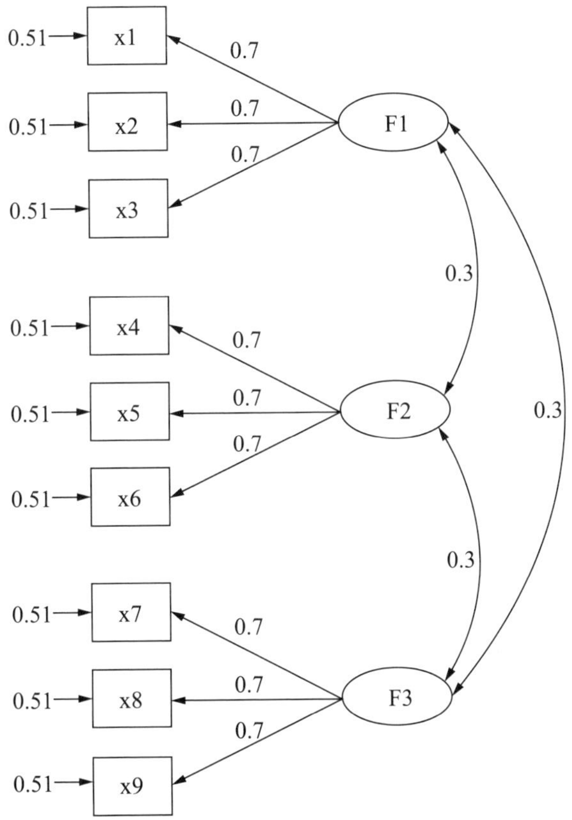

图 10－1　一个产生数据的真模型

四、用样本数据拟合模型

按研究设计，每次选取一定数量的被试数据（如 500 个被试的 9 个变量数据，或 500 个被试 9 个变量的协方差矩阵)，去拟合模型。拟合的模型可以是真模型（与产生数据的模型相同)，也可以是误设模型（与产生数据的模型不同)。

一般的 SEM 分析，只涉及一个样本。但对模拟研究，相同的条件通常都会产生重复的样本（如重复 250 次)。多数 SEM 软件都有现成的指令，让程序自动按顺序不断读取样本数据，重复拟合同一个模型，并将估计结果（参数估计值及拟合指数等）逐个存储于文件，供下一步统计分析之用。使用 Mplus 做模拟，会自动对结果进行统计分析。

五、对模拟结果进行统计分析

将第四步得到的数据合并和整理，就得到实验数据，根据模拟设计分析数据，主要是描述统计和频数分析，计算并比较上一节介绍的各种因变量。例如，报告主要参数估计的均值、标准差，模拟研究的因变量（如估计偏差、估计精确度、第一类错误率/检验力等)，有时候也会用方差分析计算各因素的主效应和交互作用，并用图表呈现结果。

整理实验数据时，会先删去不收敛及不适当的解，因为这些解往往是很异常的结果，不能和正常解一起分析，但通常都会报告每个实验处理收敛到适当解的比例。

第七节　用 Mplus 做模拟研究的例子和程序

下面就图 10－1 所示的模型，示范如何用 Mplus 程序做模拟研究。

一、拟合真模型

假设产生数据的真模型和要拟合的模型都是如图 10－1 所示的模型，样

本容量 $N=500$，重复 250 次实验（即重复抽取 250 个样本）。下面是 Mplus 程序。

```
TITLE：Fit the true model
MONTECARLO：  ！蒙特卡罗模拟
                Names are x1-x9；
                Nobservations =500；   ！样本容量 N=500
                Nreps =250；   ！重复抽取 250 个样本
                Seed=20200108；   ！蒙特卡罗模拟的种子
                repsave=all；
                save =ex＊.dat；   ！存储样本数据
MODEL POPULATION：   ！设定生成数据的模型（真模型）
                    F1 by x1-x3＊.7；   ！＊表示设定参数值
                    F2 by x4-x6＊.7；
                    F3 by x7-x9＊.7；
                    x1-x9＊.51；
                    F1-F3@1；   ！@表示设定参数值
                    F1-F3 with F1-F3＊0.3；
MODEL：   ！设定分析数据的模型
        F1 by x1-x3＊.7；   ！＊表示设定参数初始值
        F2 by x4-x6＊.7；
        F3 by x7-x9＊.7；
        x1-x9＊.51；
        F1-F3@1；   ！固定方差法
        F1-F3 with F1-F3＊0.3；
OUTPUT：TECH9；   ！输出计算结果出错的样本信息
```

说明一下，"save=ex＊.dat" 表示存储 250 个样本数据，文件名依次为

ex1. dat、ex2. dat、……、ex250. dat。此外，还会产生一个文件“exlist. dat”，里面列出前面提到的250个文件名。以后有需要调用全部250个样本数据做其他模型估计时，只需要调用文件“exlist. dat”便可。“F1 by x1-x3 * .7”中的星号，在“MODEL POPULATION”中表示设定参数值，在“MODEL”中表示设定参数的初始值。

Mplus的输出结果首先报告了模型拟合指数。和通常单个样本的输出结果不同的是，报告的是重复抽取的250个样本的拟合指数的统计结果，包括Proportions（比例）和Percentiles（百分位点），Proportions和Percentiles各自的Expected（期望）和Observed（观测）对应的数值越接近，表明蒙特卡罗模拟质量越好。下面是拟合指数RMSEA的结果。

```
RMSEA (Root Mean Square Error of Approximation)
          Mean                                   0.012
          Std Dev                                0.012
          Number of successful computations      250

               Proportions                 Percentiles
          Expected    Observed        Expected      Observed
            0.990       1.000          -0.017         0.000
            0.980       1.000          -0.014         0.000
            0.950       1.000          -0.009         0.000
            0.900       1.000          -0.004         0.000
            0.800       0.560           0.001         0.000
            0.700       0.536           0.005         0.000
            0.500       0.464           0.012         0.009
            0.300       0.348           0.018         0.020
            0.200       0.240           0.022         0.025
```

0.100	0.140	0.028	0.029
0.050	0.064	0.032	0.033
0.020	0.020	0.037	0.037
0.010	0.008	0.040	0.038

在输出结果的 MODEL RESULTS 中，ESTIMATES（估计）下面有 3 个参数值：Population 表示参数的真值；Average 表示（250 个样本）参数估计值的平均值；Std. Dev 表示（250 个样本）参数估计值的标准差（在模拟研究中可以视为标准误 *SE* 的真值）。S. E. Average 是 *SE* 的平均值（可以视为 *SE* 的估计值），M. S. E. 表示均方误差；95% Cover 表示 95%的置信区间覆盖率；% Sig Coeff 表示显著性水平为 0.05 时，参数检验结果显著不为 0 的百分比，如果参数真值不等于 0，结果即为检验力，如果参数真值等于 0，结果即为第一类错误率。

MODEL RESULTS

		ESTIMATES			S. E.	M. S. E.	95%	% Sig
		Population	Average	Std. Dev.	Average		Cover	Coeff
F1	BY							
X1		0.700	0.6935	0.0478	0.0470	0.0023	0.952	1.000
X2		0.700	0.6987	0.0454	0.0471	0.0021	0.948	1.000
X3		0.700	0.6983	0.0452	0.0471	0.0020	0.964	1.000
F2	BY							
X4		0.700	0.7020	0.0462	0.0471	0.0021	0.940	1.000
X5		0.700	0.7017	0.0483	0.0471	0.0023	0.936	1.000
X6		0.700	0.7024	0.0463	0.0472	0.0021	0.964	1.000
F3	BY							
X7		0.700	0.6949	0.0487	0.0471	0.0024	0.956	1.000
X8		0.700	0.6955	0.0461	0.0471	0.0021	0.948	1.000

X9		0.700	0.6971	0.0454	0.0470	0.0021	0.964	1.000
F1	WITH							
F2		0.300	0.2976	0.0601	0.0564	0.0036	0.932	1.000
F3		0.300	0.3012	0.0589	0.0564	0.0035	0.944	1.000
F2	WITH							
F3		0.300	0.2986	0.0593	0.0564	0.0035	0.940	1.000
……								
Residual Variances								
X1		0.510	0.5057	0.0528	0.0491	0.0028	0.928	1.000
X2		0.510	0.5037	0.0505	0.0494	0.0026	0.940	1.000
X3		0.510	0.5055	0.0529	0.0495	0.0028	0.944	1.000
X4		0.510	0.5060	0.0506	0.0495	0.0026	0.968	1.000
X5		0.510	0.5067	0.0496	0.0494	0.0025	0.940	1.000
X6		0.510	0.5066	0.0465	0.0495	0.0022	0.956	1.000
X7		0.510	0.5065	0.0533	0.0493	0.0028	0.952	1.000
X8		0.510	0.5081	0.0520	0.0494	0.0027	0.948	1.000
X9		0.510	0.5004	0.0476	0.0492	0.0023	0.956	1.000

二、拟合误设模型

前面介绍的是产生数据的模型与估计的模型相同的情形，Mplus 程序中同时设置了真模型与估计的模型。如果估计的模型与真模型不同，即估计了一个误设的模型（如图 10－2 所示的模型），需要调用真模型产生的数据去估计误设的模型。

作为示例，如图 10－2 所示的误设模型只有 2 个因子。用前面产生的数据拟合这个误设模型，Mplus 程序如下。

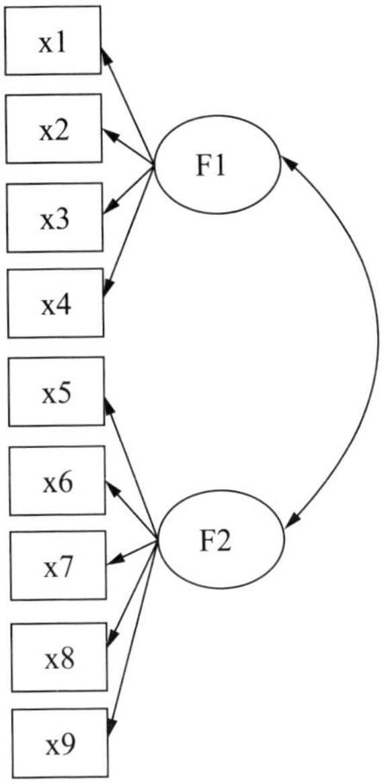

图 10－2　一个误设模型（相对于真模型而言）

```
TITLE：Fit a model with two factors
DATA：FILE＝exlist. dat；    ！调用数据
      TYPE＝MONTECARLO；    ！蒙特卡罗模拟
      VARIABLE：NAMES＝x1-x9；
MODEL：
        F1 by x1-x4 *.7；
        F2 by x5-x9 *.7；
        x1-x9 *.51；
        F1-F2@1；
        F1 with F2 *0.3；
OUTPUT：TECH9；
```

下面是拟合指数 RMSEA 的结果。因为是拟合了误设模型，RMSEA 均值 0.155 说明拟合欠佳。

RMSEA (Root Mean Square Error of Approximation)

Mean	0.155
Std Dev	0.010
Number of successful computations	250

Proportions		Percentiles	
Expected	Observed	Expected	Observed
0.990	0.988	0.132	0.130
0.980	0.972	0.134	0.133
0.950	0.940	0.138	0.138
0.900	0.920	0.142	0.143
0.800	0.804	0.146	0.146
0.700	0.688	0.150	0.149
0.500	0.504	0.155	0.155
0.300	0.296	0.160	0.160
0.200	0.192	0.163	0.163
0.100	0.096	0.167	0.167
0.050	0.052	0.171	0.171
0.020	0.024	0.175	0.175
0.010	0.004	0.178	0.176

下面是 MODEL RESULTS 输出结果，X4—X6 的负荷估计值都与真值有严重的偏差。

MODEL RESULTS

	ESTIMATES			S. E.	M. S. E.	95%	% Sig
	Population	Average	Std. Dev.	Average		Cover	Coeff
F1 BY							
X1	0.700	0.6914	0.0473	0.0468	0.0023	0.948	1.000
X2	0.700	0.6966	0.0450	0.0469	0.0020	0.952	1.000
X3	0.700	0.6963	0.0450	0.0470	0.0020	0.956	1.000
X4	0.700	0.2336	0.0572	0.0512	0.2208	0.000	0.996
F2 BY							
X5	0.700	0.2740	0.0596	0.0522	0.1850	0.000	0.996
X6	0.700	0.2739	0.0625	0.0522	0.1854	0.000	0.992
X7	0.700	0.6858	0.0481	0.0467	0.0025	0.944	1.000
X8	0.700	0.6868	0.0448	0.0467	0.0022	0.952	1.000
X9	0.700	0.6879	0.0444	0.0466	0.0021	0.952	1.000
F1 WITH							
F2	0.300	0.3511	0.0626	0.0557	0.0065	0.788	1.000
……							
Residual Variances							
X1	0.510	0.5087	0.0522	0.0488	0.0027	0.936	1.000
X2	0.510	0.5068	0.0505	0.0491	0.0025	0.940	1.000
X3	0.510	0.5083	0.0526	0.0491	0.0028	0.936	1.000
X4	0.510	0.9430	0.0607	0.0610	0.1912	0.000	1.000
X5	0.510	0.9227	0.0599	0.0605	0.1739	0.000	1.000
X6	0.510	0.9231	0.0609	0.0606	0.1744	0.000	1.000
X7	0.510	0.5192	0.0512	0.0485	0.0027	0.928	1.000
X8	0.510	0.5201	0.0498	0.0485	0.0026	0.940	1.000
X9	0.510	0.5132	0.0471	0.0483	0.0022	0.948	1.000

第八节 小 结

前面简单介绍了模拟研究的目的、在 SEM 中解决问题的种类、蒙特卡罗模拟、模拟研究中常见的自变量和因变量，以及由真模型产生模拟数据的方法，属于操作层面的技术。一个模拟研究最重要的，仍是研究问题的设定，它是整个研究的灵魂。好的模拟研究可以改善或提升理论，为应用工作者提供更方便、简单和准确的统计方法或建模技术。

统计上的许多问题，在找到数学证明或演算方法彻底地解决之前，用模拟方法进行研究是一种有效途径。如果随便指某一研究是用模拟研究，而不是用数学推算，故所得的结论没有意义，这是肤浅的、不合理的批评。面对模拟研究，更稳妥的做法是，针对研究内部存在的具体问题进行评论：具体指出一个模拟研究的自变量及其水平的设计，与实际情况存在怎样的重大差异，并指出这种差异将如何严重影响模拟的结论。例如，如果一个模拟研究设计的因子负荷偏高（全部设为 0.8 以上），但实际应用中相应的变量的因子负荷一般都没有那么高，而我们有充分理由指出，偏低的因子负荷将对该模型的参数估计产生影响，带来偏差，那么该模拟研究便存在严重的缺陷，结论可能靠不住。

附录 10.1 用 LISREL 做模拟研究的例子和程序

下面就图 10－1 所示的模型，使用 LISREL 进行模拟研究，示范如何计算总体协方差矩阵、产生模拟数据，以及用模拟数据拟合模型。

一、由模型产生总体协方差矩阵

虽然可以通过手工计算图 10－1 所示的模型的总体协方差矩阵，但模拟研究最好是使用 SEM 编程计算。

这是一个 3 因子模型，用单位矩阵（即对角线元素为 1，其他为 0）作为输入的数据。所有的模型参数都固定到其预定的值（如因子负荷都是 0.7）。因为所有路径都是固定的，所以模型的自由度是 $9\times10/2=45$。在 OU 命令中，将总体协方差矩阵 $\boldsymbol{\Sigma}$ 写到一个非文本文件中（本例中是 p1. sig）。

用以产生总体协方差矩阵的 LISREL 程序如下。

```
DA NI=9 NO=100
KM SY
1
1*0 1
2*0 1
3*0 1
4*0 1
5*0 1
6*0 1
7*0 1
8*0 1
MO NX=9 NK=3 PH=SY,FI TD=DI,FI
VA .7 LX 1 1 LX 2 1 LX 3 1 LX 4 2 LX 5 2 LX 6 2
VA .7 LX 7 3 LX 8 3 LX 9 3
VA 1 PH 1 1 PH 2 2 PH 3 3
VA .3 PH 1 2 PH 1 3 PH 2 3
VA .51 TD 1 1 TD 2 2 TD 3 3 TD 4 4 TD 5 5 TD 6 6
VA .51 TD 7 7 TD 8 8 TD 9 9
OU SI=p1. sig
```

上述程序所产生的 p1. sig 数据如下。

```
0.10000D+01  0.49000D+00  0.10000D+01  0.49000D+00  0.49000D+00  0.10000D+01
0.14700D+00  0.14700D+00  0.14700D+00  0.10000D+01  0.14700D+00  0.14700D+00
0.14700D+00  0.49000D+00  0.10000D+01  0.14700D+00  0.14700D+00  0.14700D+00
0.49000D+00  0.49000D+00  0.10000D+01  0.14700D+00  0.14700D+00  0.14700D+00
0.14700D+00  0.14700D+00  0.14700D+00  0.10000D+01  0.14700D+00  0.14700D+00
0.14700D+00  0.14700D+00  0.14700D+00  0.14700D+00  0.49000D+00  0.10000D+01
0.14700D+00  0.14700D+00  0.14700D+00  0.14700D+00  0.14700D+00  0.14700D+00
0.49000D+00  0.49000D+00  0.10000D+01
```

这就是总体协方差矩阵 $\boldsymbol{\Sigma}$，可以按下面的方式更清楚地写出来。

```
1
.490 1
.490 .490 1
.147 .147 .147 1
.147 .147 .147 .490 1
.147 .147 .147 .490 .490 1
.147 .147 .147 .147 .147 .147 1
.147 .147 .147 .147 .147 .147 .490 1
.147 .147 .147 .147 .147 .147 .490 .490 1
```

二、由总体协方差矩阵产生模拟数据

第一步是在 LISREL 中输入总体协方差矩阵 $\boldsymbol{\Sigma}$，去求得 Cholesky 分解[①]中的下三角矩阵 $\boldsymbol{L}$。

下面的 LISREL 程序中，“MA LX”指令用于对 LX 矩阵赋值。

```
DA NI=9 NO=100
CM
1
.490 1
.490 .490 1
.147 .147 .147 1
.147 .147 .147 .490 1
.147 .147 .147 .490 .490 1
.147 .147 .147 .147 .147 .147 1
.147 .147 .147 .147 .147 .147 .490 1
.147 .147 .147 .147 .147 .147 .490 .490 1
MO NX=9 NK=9 PH=ID TD=ZE
PA LX
1 0 0 0 0 0 0 0 0
1 1 0 0 0 0 0 0 0
1 1 1 0 0 0 0 0 0
1 1 1 1 0 0 0 0 0
```

① 对于一个非负定矩阵 $\boldsymbol{\Sigma}$（协方差矩阵就是非负定矩阵），可以将其分解成 $\boldsymbol{\Sigma} = \boldsymbol{LL'}$，其中 $\boldsymbol{L}$ 为下三角矩阵（即对角线以上元素为 0），称为 Cholesky 分解。

```
1 1 1 1 1 0 0 0 0
1 1 1 1 1 1 0 0 0
1 1 1 1 1 1 1 0 0
1 1 1 1 1 1 1 1 0
1 1 1 1 1 1 1 1 1
MA LX
1 0 0 0 0 0 0 0 0
1 1 0 0 0 0 0 0 0
1 1 1 0 0 0 0 0 0
1 1 1 1 0 0 0 0 0
1 1 1 1 1 0 0 0 0
1 1 1 1 1 1 0 0 0
1 1 1 1 1 1 1 0 0
1 1 1 1 1 1 1 1 0
1 1 1 1 1 1 1 1 1
OU ND=6
```

LISREL 输出结果中的负荷矩阵就是所求的下三角矩阵 $\boldsymbol{L}$：

LAMBDA-X

	KSI 1	KSI 2	KSI 3	KSI 4	KSI 5	KSI 6
	--------	--------	--------	--------	--------	--------
VAR 1	1.000000	--	--	--	--	--
VAR 2	0.490000	0.871722	--	--	--	--
VAR 3	0.490000	0.286674	0.823236	--	--	--
VAR 4	0.147000	0.086002	0.061119	0.983493	--	--
VAR 5	0.147000	0.086002	0.061119	0.464934	0.866658	--
VAR 6	0.147000	0.086002	0.061119	0.464934	0.278190	0.820796

```
VAR 7   0.147000  0.086002  0.061119  0.116177  0.069514  0.049838
VAR 8   0.147000  0.086002  0.061119  0.116177  0.069514  0.049838
VAR 9   0.147000  0.086002  0.061119  0.116177  0.069514  0.049838

LAMBDA-X
          KSI 7      KSI 8      KSI 9
        --------   --------   --------
VAR 7   0.972855      --         --
VAR 8   0.448624   0.863239      --
VAR 9   0.448624   0.272442   0.819120
```

第二步是在 PRELIS 中用上面得到的下三角矩阵，产生 25 万个被试在 9 个指标 X1 至 X9 的数据，但要借助 9 个独立的标准正态变量 V1 至 V9 产生随机数据，然后通过下三角矩阵进行变换得到 X1 至 X9。PRELIS 程序如下。

```
DA NO=250000
NE V1=NRAND
NE V2=NRAND
NE V3=NRAND
NE V4=NRAND
NE V5=NRAND
NE V6=NRAND
NE V7=NRAND
NE V8=NRAND
NE V9=NRAND
NE X1=1.000000 * V1
NE X2=0.490000 * V1+0.871722 * V2
NE X3=0.490000 * V1+0.286674 * V2+0.823236 * V3
NE X4=0.147000 * V1+0.086002 * V2+0.061119 * V3 +0.983493 * V4
```

```
NE X5=0.147000 * V1+0.086002 * V2+0.061119 * V3+0.464934 * V4+0.866658 * V5
NE X6=0.147000 * V1+0.086002 * V2+0.061119 * V3+0.464934 * V4+0.278190 * V5
NE X6=X6+0.820796 * V6
NE X7=0.147000 * V1+0.086002 * V2+0.061119 * V3+0.116177 * V4+0.069514 * V5
NE X7=X7+0.049838 * V6+0.972855 * V7
NE X8=0.147000 * V1+0.086002 * V2+0.061119 * V3+0.116177 * V4+0.069514 * V5
NE X8=X8+0.049838 * V6+0.448624 * V7+0.863239 * V8
NE X9=0.147000 * V1+0.086002 * V2+0.061119 * V3+0.116177 * V4+0.069514 * V5
NE X9=X9+0.049838 * V6+0.448624 * V7+0.272442 * V8+0.819120 * V9
CO ALL
SD V1-V9
OU RA=p1.raw WI=11 ND=6 XM IX=123456
```

说明：

1. 因为 PRELIS 语句中 NE（new variable 新变量）命令不能长于一行，所以在有需要时，先用第一句 NE 指令计算部分变量的和，再在第二句 NE 指令中加上余下的变量。

2. CO 表示后列的变量为连续变量。CO ALL 表示全部变量都是连续变量。

3. SD 指令删去临时变量 V1 至 V9，只保留并输出 X1 至 X9。

4. 数据输出至 p1. raw 非文本文件，每个变量占 11 位，其中 6 位是小数。

5. 用 123456 作为随机产生器的种子数（也可用其他数字）。以后只要用同样的种子数，就会产生一套完全相同的随机数据，方便验证模拟结果。

6. 记 $\boldsymbol{X}$ 为 X1 至 X9 组成的列向量，$\boldsymbol{V}$ 为 V1 至 V9 组成的列向量，则有 $\boldsymbol{X}=\boldsymbol{LV}$。其中 $\boldsymbol{L}$ 就是上面 Cholesky 分解中的下三角矩阵，满足 $\boldsymbol{\Sigma}=\boldsymbol{LL}'$。注意到 V1 至 V9 是相互独立的标准化正态变量，所以 $\boldsymbol{V}$ 的协方差矩阵是单位矩阵。由第一章的公式（1.19）可得，$\mathrm{cov}(\boldsymbol{X})=\boldsymbol{L}\mathrm{cov}(\boldsymbol{V})\boldsymbol{L}'=\boldsymbol{LL}'=\boldsymbol{\Sigma}$，即模拟出来的指标 X1 至 X9，理论上说其协方差矩阵正好就是总体协方差矩阵。

三、用样本数据拟合模型

产生模拟数据后，根据研究需要和设计，用样本数据去拟合模型。待拟合的模型可以是产生数据的真模型，也可以是误设模型。

如果我们要用全部模拟数据一次性拟合真模型，LISREL 程序如下。

```
DA NI=9 NO=250000
RA FI=p1.raw
MO NX=9 NK=3 LX=FU,FI PH=ST TD=DI,FR
PA LX
3 (1 0 0)
3 (0 1 0)
3 (0 0 1)
OU
```

但我们的目的是了解当数据拟合真模型的时候，卡方值如何随样本容量 N 的变化而变化，这就需要设计不同的样本容量，用样本数据拟合真模型。以 $N=500$ 为例，重复 250 次。下面的 LISREL 程序（命名为“p1. ls8”）运行结果会将 250 次拟合得到的参数估计值、拟合指数分别存入 p1. pv 和 p1. gf。

```
DA NI=9 NO=500 RP=250
RA FI=p1.raw
MO NX=9 NK=3 LX=FU,FI PH=ST TD=DI,FR
PA LX
3 (1 0 0)
3 (0 1 0)
3 (0 0 1)
OU PV=p1.pv GF=p1.gf
```

说明：

1. PV 及 GF 选项产生非文本文件，可供其他数据分析软件（如 SPSS）做进一步分析之用。

2. 为了解 PV 及 GF 等文件所产生数据的内容及次序（如哪几个数据是因子协方差），可先用窗口模式（不存盘）做一次（即 RP＝1）。要留意，不同版本的软件输出的内容及次序可能不完全一致。

3. 在窗口模式进行多次重复分析，会产生大量输出，运行速度慢，而我们也不会细看这些输出结果。为了避免 LISREL 在窗口产生结果，可在 DOS 环境下运行 LISREL 程序。以 LISREL 8.7 为例，在 DOS 环境下，进入存有 LISREL 程序 p1. ls8 的文件夹，然后运行“C:\lisrel87\lisrel87p1. ls8 t. out”①。运行后，p1. ls8 所在的文件夹会保存 p1. pv（内有参数估计值）和 p1. gf（内有拟合指数）。

① 这里只是示例，具体路径与 LISREL 安装的位置有关。

参考文献

英文文献

Abrahams, N. M., & Alf, E., Jr. (1972). Pratfalls in moderator research. *Journal of Applied Psychology*, *56* (3), 245—251.

Aguinis, H., Beaty, J. C., Boik, R. J., & Pierce, C. A. (2005). Effect size and power in assessing moderating effects of categorical variables using multiple regression: A 30-year review. *Journal of Applied Psychology*, *90* (1), 94—107.

Aiken, L. S., & West, S. G. (1991). *Multiple regression: Testing and interpreting interactions*. Sage.

Akaike, H. (1987). Factor analysis and AIC. *Psychometrika*, *52* (3), 317—332.

Algina, J., & Moulder, B. C. (2001). A note on estimating the Jöreskog-Yang model for latent variable interaction using LISREL 8.3. *Structural Equation Modeling*, *8* (1), 40—52.

Alwin, D. F., & Hauser, R. M. (1975). The decomposition of effects in path analysis. *American Sociological Review*, *40* (1), 37—47.

Anderson, J. C., & Gerbing, D. W. (1984). The effect of sampling error on convergence, improper solutions, and goodness-of-fit indices for maximum likelihood confirmatory factor analysis. *Psychometrika*, *49* (2), 155—173.

Anderson, T. W., & Rubin, H. (1956). *Statistical inference in factor analysis*. In J. Neyman (Ed.), *Proceedings of the third Berkeley symposium* (Vol. 5, pp. 111—150). University of California Press.

Arminger, G., & Muthén, B. O. (1998). A Bayesian approach to nonlinear latent variable models using the Gibbs sampler and the Metropolis-Hastings algorithm. *Psychometrika*, *63* (3), 271—300.

Asparouhov, T., & Muthén, B. O. (2010). Bayesian analysis using Mplus: Technical implementation. http://statmodel.com/download/Bayes3.pdf

Asparouhov, T., & Muthén, B. O. (2014). Multiple-group factor analysis alignment. *Structural Equation Modeling*, *21* (4), 495—508.

Asparouhov, T., & Muthén, B. O. (2019). Latent variable interactions using maximum-likelihood and Bayesian estimation for single-and two-level models. *Mplus Web Notes*: *No. 23*. http://www.statmodel.com/examples/webnotes/webnote%2023.pdf

Bagozzi, R. P., Baumgartner, H., & Yi, Y. (1992). State versus action orientation and the theory of reasoned action: An application to coupon usage. *Journal of Consumer Research*, *18* (4), 505—518.

Bagozzi, R. P., & Yi, Y. (1989). On the use of structural equation models in experimental designs. *Journal of Marketing Research*, *26* (3), 271—284.

Bandalos, D. L. (2002). The effects of item parceling on goodness-of-fit and parameter estimate bias in structural equation modeling. *Structural Equation Modeling*, *9* (1), 78—102.

Bandalos, D. L. (2006). The use of Monte Carlo studies in structural equation modeling research. In G. R. Hancock, & R. O. Mueller (Eds.), *Structural equation modeling*: *A second course* (pp. 385—426). Information Age.

Baron, R. M., & Kenny, D. A. (1986). The moderator-mediator variable distinction in social psychological research: Conceptual, strategic, and statistical considerations. *Journal of Personality and Social Psychology*, *51* (6), 1173—1182.

Batista-Foguet, J. M., Coenders, G., Saris, W. E., & Bisbe, J. (2004). Simultaneous estimation of indirect and interaction effects using structural equation models. *Metodološki Zvezki*, *1* (1), 163—184.

Bauer, D. J., & Curran, P. J. (2005). Probing interactions in fixed and multilevel regression: Inferential and graphical techniques. *Multivariate Behavioral Research*, *40* (3), 373—400.

Bauer, D. J., Preacher, K. J., & Gil, K. M. (2006). Conceptualizing and testing random indirect effects and moderated mediation in multilevel models: New procedures and recommendations. *Psychological Methods*, *11* (2), 142—163.

Bentler, P. M. (1990). Comparative fit indices in structural models. *Psychological Bulletin*, *107* (2), 238—246.

Bentler, P. M., & Bonett, D. G. (1980). Significance tests and goodness of fit in the analysis of covariance structures. *Psychological Bulletin*, *88* (3), 588—606.

Bentler, P. M., & Dudgeon, P. (1996). Covariance structure analysis: Statistical practice, theory, and directions. *Annual Review of Psychology*, *47*, 563—592.

Biesanz, J. C., Falk, C. F., & Savalei, V. (2010). Assessing mediational models: Testing and interval estimation for indirect effects. *Multivariate Behavioral Research*, *45* (4), 661—701.

Blom, P., & Christoffersson, A. (2001). Estimation of nonlinear structural equation models using empirical characteristic functions. In R. Cudeck, S. Du Toit & D. Sörbom (Eds.), *Structural Equation Modeling: Present and Future* (pp. 443—460). Scientific Software.

Bohrnstedt, G. W., & Goldberger, A. S. (1969). On the exact covariance of products of random variables. *Journal of the American Statistical Association*, *64* (328), 1439—1442.

Bollen, K. A. (1989). *Structural equations with latent variables*. Wiley.

Bollen, K. A. (1995). Structural equation models that are nonlinear in latent variables: A least squares estimator. In P. Marsden (Ed.), *Sociological Methodology* (Vol. 25, pp. 223—251). Blackwell.

Bollen, K. A., & Long, J. S. (1993). *Testing structural equation models*. Sage.

Bollen, K. A., & Paxton, P. (1998). Two-stage least squares estimation of interaction effects. In R. E. Schumacker & G. A. Marcoulides (Eds.), *Interaction and nonlinear effects in structural equation modeling* (pp. 125—151). Erlbaum.

Bonett, D. G. (2002). Sample size requirements for testing and estimating coefficient alpha. *Journal of Educational and Behavioral Statistics*, *27* (4), 335—340.

Bonett, D. G. (2010). Varying coefficient meta-analytic methods for alpha reliability. *Psychological Methods*, *15* (4), 368—385.

Boomsma，A. (1983). *On the robustness of LISREL against small sample size and non-normality*. Doctoral dissertation，University of Groningen.

Bozdogan，H. (1987). Model selection and Akaike's information criterion (AIC)：The general theory and its analytical extensions. *Psychometrika*，*52* (3)，345—370.

Bradley，J. V. (1978). Robustness? *British Journal of Mathematical & Statistical Psychology*，*31* (2)，144—152.

Browne，M. W. (1982). Covariance structures. In D. M. Hawkins (Ed.)，*Topics in applied multivariate analysis* (pp. 72—141). Cambridge University Press.

Browne，M. W. (1984). Asymptotically distribution-free methods for the analysis of covariance structures. *British Journal of Mathematical and Statistical Psychology*，*37* (1)，62—83.

Browne，M. W.，& Cudeck，R. (1993). Alternative ways of assessing model fit. In K. A. Bollen & J. S. Long (Eds.)，*Testing Structural Equation Models* (pp. 136—162). Sage.

Byrne，B. M. (1998). *Structural equation modeling with LISREL，PRELIS，and SIMPLIS：Basic concepts，applications，and programming*. Lawrence Erlbaum Associates.

Calogero，R. M.，& Jost，J. T. (2011). Self-subjugation among women：Exposure to sexist ideology，self-objectification，and the protective function of the need to avoid closure. *Journal of Personality and Social Psychology*，*100* (2)，211—228.

Chan，W. (2009). Bootstrap standard error and confidence intervals for the difference between two squared multiple correlation coefficients. *Educational and Psychological Measurement*，*69* (4)，566—584.

Chang，L. (2003). Variable effects of children's aggression，social withdrawal，and prosocial leadership as functions of teacher beliefs and behaviors. *Child Development*，*74* (2)，535—548.

Chang，L.，Liu，H.，Wen，Z.，Fung，K.，Wang，Y.，& Xu，Y. (2004). Mediating teacher liking and moderating Authoritative Teachering on Chinese adolescents' perceptions of antisocial and prosocial behaviors. *Journal of Educational Psychology*，*96* (2)，369—380.

Chaplin, W. F. (1991). The next generation of moderator research in personality psychology. *Journal of Personality*, *59* (2), 143—178.

Chen, X., Lam, S. K., Naumann, S. E., & Schaubroeck, J. (2005). Group citizenship behavior: Conceptualization and preliminary tests of its antecedents and consequences. *Management and Organization Review*, *1* (2), 273—300.

Cheung, G. W., & Lau, R. S. (2008). Testing mediation and suppression effects of latent variables: Bootstrapping with structural equation models. *Organizational Research Methods*, *11* (2), 296—325.

Cheung, M. W.-L. (2007). Comparison of approaches to constructing confidence intervals for mediating effects using structural equation models. *Structural Equation Modeling*, *14* (2), 227—246.

Chou, C., Bentler, P. M., & Satorra, A. (1991). Scaled test statistics and robust standard errors for non-normal data in covariance structure analysis: A Monte Carlo study. *British Journal of Mathematical and Statistical Psychology*, *44* (2), 347—357.

Clogg, C. C., Petkova, E., & Shihadeh, E. S. (1992). Statistical methods for analyzing collapsibility in regression models. *Journal of Educational Statistics*, *17* (1), 51—74.

Coenders, G., Batista-Foguet, J. M., & Saris, W. E. (2008). Simple, efficient and distribution-free approach to interaction effects in complex structural equation models. *Quality & Quantity*, *42* (3), 369—396.

Cohen, J., & Cohen, P. (1983). *Applied multiple regression/correlation analysis for the behavioral sciences* (2nd ed.). Erlbaum.

Cohen, J., Cohen, P., West, S. G., & Aiken, L. S. (2003). *Applied multiple regression/correlation analysis for the behavioral sciences* (3rd ed.). Erlbaum.

Cole, D. A., & Maxwell, S. E. (2003). Testing mediational models with longitudinal data: Questions and tips in the use of structural equation modeling. *Journal of Abnormal Psychology*, *112* (4), 558—577.

Cook, T. D., & Campbell, D. T. (1979). *Quasi-experimentation: Design and analysis for field setting*. Houghton Mifflin.

Cronbach, L. J. (1976). *Research on classrooms and schools: Formulation of questions, design and analysis*. Stanford Evaluation Consortium.

Cudeck，R.（1989）. Analysis of correlation matrices using covariance structure models. *Psychological Bulletin*，*105*（2），317—327.

Cudeck，R.，& Browne，M. W.（1983）. Cross-validation of covariance structures. *Multivariate Behavioral Research*，*18*（2），147—167.

Cudeck，R.，Harring，J. R.，& du Toit，S. H. C.（2009）. Marginal maximum likelihood estimation of a latent variable model with interaction. *Journal of Educational and Behavioral Statistics*，*34*（1），131—144.

Curran，P. J.，West，S. G.，& Finch，J. F.（1996）. The robustness of test statistics to nonnormality and specification error in confirmatory factor analysis. *Psychological Methods*，*1*（1），16—29.

Dalal，D. k.，& Zickar，M. J.（2012）. Some common myths about centering predictor variables in moderated multiple regression and polynomial regression. *Organizational Research Methods*，*15*（3），339—362.

Davies P. T.，& Cummings E. M.（1995）. Children's emotions as organizers of their reactions to interadult anger：A functionalist perspective. *Developmental Psychology*，*31*（4），677—684.

Dempster，A. P.，Laird，N. M.，& Rubin，D. B.（1977）. Maximum likelihood from incomplete data via the EM algorithm. *Journal of the Royal Statistical Society-Series B*，*39*（1），1—38.

Duncan，O. D.，Featherman，D. L.，& Duncan，B.（1972）. *Socioeconomic background and achievement*. Seminar Press.

Duncan，T. E.，Duncan，S. C.，Strycker，L. A.，Li，F.，& Alpert，A.（1999）. *An introduction to latent variable growth curve modeling：Concepts，issues，and applications*. Lawrence Erlbaum Associates.

Edwards，J. R.（2009）. Seven deadly myths of testing moderation in organizational research. In C. E. Lance & R. J. Vandenberg（Eds.），*Statistical and methodological myths and urban legends：Doctrine，verity and fable in the organizational and social sciences*（pp. 143—164）. Routledge.

Edwards，J. R.，& Lambert，L. S.（2007）. Methods for integrating moderation and mediation：A general analytical framework using moderated path analysis. *Psychological*

Methods, *12* (1), 1—22.

Efron, B., & Tibshirani, R. (1993). *An Introduction to the Bootstrap*. Chapman & Hall.

Ellis, P. D. (2010). *The essential guide to effect sizes: Statistical power, meta-analysis, and the interpretation of research results*. Cambridge University Press.

Fairchild, A. J., MacKinnon, D. P., Taborga, M. P., & Taylor, A. B. (2009). R^2 effect-size measures for mediation analysis. *Behavior Research Methods*, *41* (2), 486—498.

Fairchild, A. J., & McQuillin, S. D. (2010). Evaluating mediation and moderation effects in school psychology: A presentation of methods and review of current practice. *Journal of School Psychology*, *48* (1), 53—84.

Fan, X., & Sivo, S. (2005). Sensitivity of fit indexes to misspecified structural or measurement model components: Rationale of two-index strategy revisited. *Structural Equation Modeling*, *12* (3), 343—367.

Feinberg, F. M. (2012). Mediation analysis and categorical variables: Some further frontiers. *Journal of Consumer Psychology*, *22* (4), 595—598.

Fleishman, A. I. (1978). A method for simulating non-normal distributions. *Psychometrika*, *43* (4), 521—532.

Forgas, J. P. (2011). Affective influences on self-disclosure: Mood effects on the intimacy and reciprocity of disclosing personal information. *Journal of Personality and Social Psychology*, *100* (3), 449—461.

Fraser, C. (1980). *COSAN User's Guide*. The Ontario Institute for Studies in Education.

Frazier, P. A., Tix, A. P., & Barron, K. E. (2004). Testing moderator and mediator effects incounseling psychology research. *Journal of Counseling Psychology*, *51* (1), 115—134.

Freedman, L. S., & Schatzkin, A. (1992). Sample size for studying intermediate endpoints within intervention trials or observational studies. *American Journal of Epidemiology*, *136* (9), 1148—1159.

Friedrich, R. J. (1982). In defense of multiplicative terms in multiple regression equations. *American Journal of Political Science*, *26* (4), 797—833.

Fritz, M. S., & MacKinnon, D. P. (2007). Required sample size to detect the mediated effect. *Psychological Science*, *18* (3), 233—239.

Fritz, M. S., Taylor, A. B., & MacKinnon, D. P. (2012). Explanation of two anomalous results in statistical mediation analysis. *Multivariate Behavioral Research*, *47* (1), 61—87.

Gelman, A., Carlin, J. B., Stern, H. S., & Rubin, D. B. (2004). *Bayesian data analysis* (2nd ed.). Chapman & Hall.

Geman, S., & Geman, D. (1984). Stochastic relaxation, Gibbs distributions, and the Bayesian restoration of images. *IEEE Transactions on Pattern Analysis and Machine Intelligence*, *6* (6), 721—741.

Goldstein, H. (1995). *Multilevel statistical models* (2nd ed.). Wiley.

Goodman, L. A. (1960). On the exact variance of products. *Journal of the American Statistical Association*, *55* (292), 708—713.

Hagenaars, J. A., & McCutcheon, A. L. (2002). *Applied latent class analysis*. Cambridge University Press.

Hanushek, E. A., & Jackson, J. E. (1977). *Statistical methods for social scientists*. Academic Press.

Harnqvist, K. (1978). Primary mental abilities at collective and individual levels. *Journal of Educational Psychology*, *70* (5), 706—716.

Hastings, W. K. (1970). Monte Carlo sampling methods using Markov chains and their applications. *Biometrika*, *57* (1), 97—109.

Hau, K. T., & Marsh, H. W. (2004). The use of item parcels in structural equation modelling: Non-normal data and small sample sizes. *British Journal of Mathematical Statistical Psychology*, *57* (Pt 2), 327—351.

Hayduk, L. A. (1987). *Structural equation modeling with LISREL: Essential and advances*. Johns Hopkins University Press.

Hayes, A. F. (2009). Beyond Baron and Kenny: Statistical mediation analysis in the new millennium. *Communication Monographs*, *76* (4), 408—420.

Hayes, A. F. (2013). *Introduction to mediation, moderation, and conditional process analysis: A regression-based approac*h. The Guilford Press.

Hayes, A. F. (2015). An index and test of linear moderated mediation. *Multivariate Be-*

havioral Research, *50* (1), 1—22.

Hayes, A. F., & Preacher, K. J. (2011). Indirect and direct effects of a multicategorical causal agent in statistical mediation analysis. Manuscript submitted for publication.

Hayes, A. F., & Preacher, K. J. (2014). Statistical mediation analysis with a multi-categorical independent variable. *British Journal of Mathematical and Statistical Psychology*, *67* (3), 451—470.

Hayes, A. F., & Scharkow, M. (2013). The relative trustworthiness of inferential tests of the indirect effect in statistical mediation analysis: Does method really matter? *Psychological Science*, *24* (10), 1918—1927.

Henly, S. J. (1993). Robustness of some estimators for the analysis of covariance structures. *British Journal of Mathematical Statistical Psychology*, *46* (Pt 2), 313—338.

Hofmann, D. A., & Gavin, M. B. (1998). Centering decisions in hierarchical linear models: Implications for research in organizations. *Journal of Management*, *24* (5), 623—641.

Holmbeck, G. N. (1997). Toward terminological, conceptual, and statistical clarity in the study of mediators and moderators: Examples from the child-clinical and pediatric psychology literatures. *Jouranl of Consulting and Clinical Psychology*, *65* (4), 599—610.

Hoogland, J. J., & Boomsma, A. (1998). Robustness studies in covariance structure modeling: An overview and a meta-analysis. *Sociological Methods & Research*, *26* (3), 329—367.

Hox, J. (2002). *Multilevel analysis: Techniques and applications*. Erlbaum.

Hu, L., & Bentler, P. M. (1998). Fit indices in covariance structure modeling: Sensitivity to underparameterized model misspecification. *Psychological Methods*, *3* (4), 424—453.

Hu, L., & Bentler, P. M. (1999). Cutoff criteria for fit indexes in covariance structure analysis: Conventional criteria versus new alternatives. *Structural Equation Modeling*, *6* (1), 1—55.

Hu, L., Bentler, P. M., & Kano, Y. (1992). Can test statistics in covariance structure analysis be trusted? *Psychological Bulletin*, *112* (2), 351—362.

Iacobucci, D. (2008). *Mediation analysis*. Sage.

Iacobucci，D. (2012). Mediation analysis and categorical variables：The final frontier. *Journal of Consumer Psychology*，*22* (4)，582—594.

Ireys，H. T.，Werthamer-Larsson，L. A.，Kolodner K. B.，& Gross，S. S. (1994). Mental health of young adults with chronic illness：The mediating effect of perceived impact. *Journal of Pediatric Psychology*，*19* (2)，205—222.

Jaccard，J.，Turrisi，R.，& Wan，C. K. (1990). *Interaction effects in multiple regression*. Sage.

Jaccard，J.，& Wan，C. K. (1995). Measurement error in the analysis of interaction effects between continuous predictors using multiple regression：Multiple indicator and structural equation approaches. *Psychological Bulletin*，*117* (2)，348—357.

Jackman，M. G-A.，Leite，W. L.，& Cochrane，D. J. (2011). Estimating latent variable interactions with the unconstrained approach：A comparison of methods to form product indicators for large，unequal numbers of items. *Structural Equation Modeling*，*18* (2)，274—288.

James，L. R.，& Brett，J. M. (1984). Mediators，moderators and tests for mediation. *Journal of Applied Psychology*，*69* (2)，307—321.

Jöreskog，K. G. (1971). Simultaneous factor analysis in several populations. *Psychometrika*，*36* (4)，409—426.

Jöreskog，K. G. (1998). Interaction and nonlinear modeling：Issues and approaches. In R. E. Schumacker & G. A. Marcoulides (Eds.)，*Interaction and nonlinear effects in structural equation modeling* (pp. 239—250). Erlbaum.

Jöreskog，K. G.，& Sörbom，D. (1981). *LISREL：User's Guide*. International Education Services.

Jöreskog，K. G.，& Sörbom，D. (1988). *LISREL 7：A guide to the program and applications* (2nd ed.). SPSS.

Jöreskog，K. G.，& Sörbom，D. (1993). *LISREL 8：Structural equation modeling with the SIMPLIS command language*. Scientific Software International，Inc.

Jöreskog，K. G.，& Sörbom，D. (1996). *LISREL 8：User's reference guide*. Scientific Software International，Inc.

Jöreskog，K. G.，& Yang，F. (1996). Nonlinear structural equation models：The Kenny-

Judd model with interaction effects. In G. A. Marcoulides & R. E. Schumacker (Eds.), *Advanced structural equation modeling: Issues and techniques* (pp. 57—88). Erlbaum.

Judd, C. M., & Kenny, D. A. (1981). Process analysis: Estimating mediation in treatment evaluations. *Evaluation Review*, *5* (5), 602—619.

Judd, C. M., Kenny, D. A., & McClelland, G. H. (2001). Estimating and testing mediation and moderation in within-subject designs. *Psychological Methods*, *6* (2), 115—134.

Kelava, A., Werner, C. S., Schermelleh-Engel, K., Moosbrugger, H., Zapf, D., Ma, Y., Cham, H., Aiken, L. S., & West, S. G. (2011). Advanced nonlinear latent variable modeling: Distribution analytic LMS and QML estimators of interaction and quadratic effects. *Structural Equation Modeling*, *18* (3), 465—491.

Kenny, D. A. (2003). "Mediation," http://www.users.rcn.com/dakenny/mediate.htm/

Kenny, D. A., & Judd, C. M. (1984). Estimating the nonlinear and interactive effects of latent variables. *Psychological Bulletin*, *96* (1), 201—210.

Kenny, D. A., Kashy, D. A., & Bolger, N. (1998). Data analysis in social psychology. In D. Gilbert, S. Fiske, & G. Lindzey (Eds.), *The handbook of social psychology* (4th ed., Vol. 1, pp. 233—265). McGraw-Hill.

Kenny, D. A., Korchmaros, J. D., & Bolger, N. (2003). Lower level mediation in multilevel models. *Psychological Methods*, *8* (2), 115—128.

Klein, A. G. (2009). *QuasiML 2.63. Quick reference manual*. Unpublished manuscript, University of Western Ontario, London, Ontario, Canada.

Klein, A. G., & Moosbrugger, H. (2000). Maximum likelihood estimation of latent interaction effects with the LMS method. *Psychometrika*, *65* (4), 457—474.

Klein, A. G., & Muthén, B. O. (2007). Quasi-maximum likelihood estimation of structural equation models with multiple interaction and quadratic effects. *Multivariate Behavioral Research*, *42* (4), 647—673.

Kreft, I. G. G., de Leeuw, J., & Aiken, L. S. (1995). The effect of different forms of centering in hierarchical linear models. *Multivariate Behavioral Research*, *30* (1), 1—21.

Krull, J. L., & MacKinnon, D. P. (1999). Multilevel mediation modeling in group-based intervention studies. *Evaluation Review*, *23* (4), 418—444.

Krull, J. L., & MacKinnon, D. P. (2001). Multilevel modeling of individual and group level mediated effects. *Multivariate Behavioral Research*, *36* (2), 249—277.

Lau, R. S., & Cheung, G. W. (2012). Estimating and comparing specific mediation effects in complex latent variable models. *Organizational Research Methods*, *15* (1), 3—16.

Lazarus, R. S., & Folkman, S. (1984). *Stress, appraisal, and coping*. Springer.

Ledgerwood, A., & Shrout, P. E. (2011). The trade-off between accuracy and precision in latent variable models of mediation processes. *Journal of Personality and Social Psychology*, *101* (6), 1174—1188.

Lee, S. Y. (2007). *Structural equation modeling. A Bayesian approach*. Wiley.

Lee, S. Y., Song, X. Y., & Poon, W. Y. (2004). Comparison of approaches in estimating interaction and quadratic effects of latent variables. *Multivariate Behavioral Research*, *39* (1), 37—67.

Lee, S. Y., Song, X. Y., & Tang, N. S. (2007). Bayesian methods for analyzing structural equation models with covariates, interaction, and quadratic latent variables. *Structural Equation Modeling*, *14* (3), 404—434.

Lee, S. Y., & Zhu, H. T. (2000). Statistical analysis of nonlinear structural equation models with continuous and polytomous data. *British Journal of Mathematical and Statistical Psychology*, *53* (Pt 2), 209—232.

Li, F. Z., Duncan T. E., & Acock, A. (2000). Modeling interaction effects in latent growth curve models. *Structural Equation Modeling*, *7* (4), 497—533.

Li, X., & Beretvas, N. (2013). Sample size limits for estimating upper level mediation models using multilevel SEM. *Structural Equation Modeling*, *20* (2), 241—264.

Lin, G., Wen, Z., Marsh, H. W., & Lin, H. (2010). Structural equation models of latent interactions: Clarification of orthogonalizing and double-mean-centering strategies. *Structural Equation Modeling*, *17* (3), 374—391.

Little, R. J. A., & Rubin, D. B. (2002). *Statistical analysis with missing data* (2nd ed). Wiley.

Little, T. D., Bovaird, J. A., & Widaman, K. F. (2006). On the merits of orthogonalizing powered and product terms: Implications for modeling interactions among latent variables. *Structural Equation Modeling*, *13* (4), 497—519.

Lockwood, C. M., & MacKinnon, D. P. (1998). Bootstrapping the standard error of the mediated effect. *Proceedings of the 23rd annual meeting of SAS Users Group International* (pp. 997—1002). SAS Institute.

Lubinski, D., & Humphreys, L. G. (1990). Assessing spurious "moderator effects": Illustrated substantively with the hypothesized ("synergistic") relation between spatial and mathematical ability. *Psychological Bulletin*, *107* (3), 385—393.

Lüdtke, O., Marsh, H. W., Robitzsch, A., & Trautwein, U. (2011). A 2×2 taxonomy of multilevel latent contextual models: Accuracy-bias trade offs in full and partial error correction models. *Psychological Methods*, *16* (4), 444—467.

Lüdtke, O., Marsh, H. W., Robitzsch, A., Trautwein, U., Asparouhov, T., & Muthén, B. (2008). The multilevel latent covariate model: A new, more reliable approach to group-level effects in contextual studies. *Psychological Methods*, *13* (3), 203—229.

MacCallum, R. C., Roznowski, M., Mar, C. M., & Reith, J. V. (1994). Alternative strategies for cross-validation of covariance structure models. *Multivariate Behavioral Research*, *29* (1), 1—32.

Macho, S., & Ledermann, T. (2011). Estimating, testing, and comparing specific effects in structural equation models: The phantom model approach. *Psychological Methods*, *16* (1), 34—43.

MacKenzie, S. B., & Spreng, R. A. (1992). How does motivation moderate the impact of central and peripheral processing on brand attitudes and intentions? *Journal of Consumer Research*, *18* (4), 519—529.

MacKinnon, D. P. (2000). Contrasts in multiple mediator models. In J. S. Rose, L. Chassin, C. C. Presson, & S. J. Sherman (Eds.), *Multivariate applications in substance use research: New methods for new questions* (pp. 141—160). Erlbaum.

MacKinnon, D. P. (2008). *Introduction to statistical mediation analysis*. Erlbaum.

MacKinnon, D. P., & Cox, M. C. (2012). Commentary on "Mediation analysis and categorical variables: The final frontier" by Dawn Iacobucci. *Journal of Consumer Psychology*, *22* (4), 600—602.

MacKinnon, D. P., & Dwyer, J. H. (1993). Estimating mediated effects in prevention studies. *Evaluation Review*, *17* (2), 144—158.

MacKinnon, D. P., & Fairchild, A. J. (2009). Current directions in mediation analysis. *Current Directions in Psychological Science*, *18* (1), 16—20.

MacKinnon, D. P., Fairchild, A. J., & Fritz, M. S. (2007). Mediation analysis. *Annual Review of Psychology*, *58*, 593—614.

MacKinnon, D. P., Fritz, M, S., Williams, J., & Lockwood, C. M. (2007). Distribution of the product confidence limits for the indirect effect: Program PRODCLIN. *Behavior Research Methods*, *39* (3), 384—389.

MacKinnon, D. P., Krull, J. L., & Lockwood, C. M. (2000). Equivalence of the mediation, confounding, and suppression effect. *Prevention Science*, *1* (4), 173—181.

MacKinnon, D. P., Lockwood, C. M., Brown, C. H., Wang, W., & Hoffman, J. M. (2007). The intermediate endpoint effect in logistic and probit regression. *Clinical Trials*, *4* (5), 499—513.

MacKinnon, D. P., Lockwood, C. M., & Hoffman, J. M. (1998). *A new method to test for mediation*. Paper presented at the annual meeting of the Society for Prevention Research, Park City, UT.

MacKinnon, D. P., Lockwood, C. M., Hoffman, J. M., West, S. G., & Sheets, V. (2002). Acomparison of methods to test mediation and other intervening variable effects. *Psychological Methods*, *7* (1), 83—104.

MacKinnon, D. P., Lockwood, C. M., & Williams, J. (2004). Confidence limits for the indirect effect: Distribution of the product and resampling methods. *Multivariate Behavioral Research*, *39* (1), 99—128.

MacKinnon, D. P., Warsi, G., & Dwyer, J. H. (1995). A simulation study of mediated effect measures. *Multivariate Behavioral Research*, *30* (1), 41—62.

Marsh, H. W. (2001). Distinguishing between good (useful) and bad workloads on students' evaluations of teaching. *American Educational Research Journal*, *38* (1), 183—212.

Marsh, H. W., & Balla, J. R. (1994). Goodness-of-fit indices in confirmatory factor analysis: The effect of sample size and model parsimony. *Quality & Quantity*, *28* (2), 185—217.

Marsh, H. W., Balla, J. R., & Hau, K. T. (1996). An evaluation of incremental fit indices: A clarification of mathematical and empirical properties. In G. A. Marcoulides, & R. E. Schumacker (Eds.), *Advanced structural equation modeling: Issues and techniques* (pp. 315—353). Erlbaum.

Marsh, H. W., Balla, J. R., & McDonald, R. P. (1988). Goodness-of-fit indices in confirmatory factor analysis: The effect of sample size. *Psychological Bulletin*, *103* (3), 391—410.

Marsh, H. W., Guo, J., Parker, P. D., Nagengast, B., Asparouhov, T., Muthén, B., & Dicke, T. (2017). What to do when scalar invariance fails: The extended alignment method for multi-group factor analysis comparison of latent means across many groups. *Psychological Methods*, *23* (3), 524—545.

Marsh, H. W., & Hau, K. T. (1996). Assessing goodness of fit: Is parsimony always desirable? *The Journal of Experimental Education*, *64* (4), 364—390.

Marsh, H. W., & Hau, K. T. (1999). Confirmatory factor analysis: Strategies for small sample sizes. In R. H. Hoyle (Ed.), *Statistical strategies for small sample research* (pp. 251—284). Sage.

Marsh, H. W., Hau, K. T., Balla, J. R., & Grayson, D. (1998). Is more ever too much? The number of indicators per factor in confirmatory factor analysis. *Multivariate Behavioral Research*, *33* (2), 181—220.

Marsh, H. W., Hau, K. T., & Grayson, D. (2005). Goodness of fit in structural equation models. In A. Maydeu-Olivares, & J. J. McArdle (Eds.), *Contemporary Psychometrics: A Festschrift for Roderick P. McDonald* (pp. 275—340). Erlbaum.

Marsh, H. W., & Hau, K. T. (2002). Multilevel modeling of longitudinal growth and change: Substantive effects or regression toward the mean artifacts? *Multivariate Behavioral Research*, *37* (2), 245—282.

Marsh, H. W., Hau, K. T., & Wen, Z. (2004). In search of golden rules: Comment on hypothesis testing approaches to setting cutoff values for fit indexes and dangers in overgeneralizing Hu & Bentler's (1999) findings. *Structural Equation Modeling*, *11* (3), 320—341.

Marsh, H. W., Hau, K. T., Wen, Z., Nagengast, B., & Morin, A. J. S. (2013). Moderation. In T. D. Little (Ed.), *The Oxford Handbook of Quantitative Methods*, *Vol*. 2 (pp. 361—386). Oxford University Press.

Marsh, H. W., Wen, Z., & Hau, K. T. (2004). Structural equation models of latent interactions: Evaluation of alternative estimation strategies and indicator construction. *Psychological Methods*, *9* (3), 275—300.

Marsh, H. W., Wen, Z., Hau, K. T., & Nagengast, B. (2013) Structural equation models of latent interaction and quadratic effects. In G. R. Hancock, & R. O. Mueller (Eds.) *Structural Equation Modeling*: *A Second Course* (2nd ed.) (pp. 267—308). Information Age Publishing.

Marsh, H. W., Wen, Z., Hau, K. T, Little, T. D. Bovaird, J. A., & Widaman, K. F. (2007). Unconstrained structural equation models of latent interactions: Contrasting residual-and mean-centered approaches. *Structural Equation Modeling*, *14* (4), 570—580.

Marsh, H. W., Wen, Z., Nagengast, B., & Hau, K. T. (2012). Structural equation models of latent interaction. In R. H. Hoyle (Ed.), *Handbook of Structural Equation Modeling* (pp. 436—458). Guilford Press.

Mathieu, J. E., & Taylor, S. R. (2006). Clarifying conditions and decision points for mediational type inferences in organizational behavior. *Journal of Organizational Behavior*, *27* (8), 1031—1056.

Mattson, S. (1997). How to generate non-normal data for simulation of structural equation models. *Multivariate Behavioral Research*, *32* (4), 355—373.

McDonald, R. P., & Ho, M. R. (2002). Principles and practice in reporting structural equation analyses. *Psychological Methods*, *7* (1), 64—82.

McDonald, R. P., & Marsh, H. W. (1990). Choosing a multivariate model: Noncentrality and goodness of fit. *Psychological Bulletin*, *107* (2), 247—255.

McFatter, R. M. (1979). The use of structural equation models in interpreting regression equations including suppressor and enhancer variables. *Applied Psychological Measure-*

ment，*3* (1)，123—135.

Meredith，W. & Tisak，J. (1990). Latent curve analysis. *Psychometrika*，*55* (1)，107—122.

Montoya，A. K.，& Hayes，A. F. (2017). Two-condition within-participant statistical mediation analysis：A path-analytic framework. *Psychological Methods*，*22* (1)，6—27.

Moulder，B. C.，& Algina，J. (2002). Comparison of methods for estimating and testing latent variable interactions. *Structural Equation Modeling*，*9* (1)，1—19.

Mulaik，S. A.，James，L. R.，Van Alstine，J.，Bennett，N.，Lind，S.，& Stilwell，C. D. (1989). Evaluation of goodness-of-fit indices for structural equation models. *Psychological Bulletin*，*105* (3)，430—445.

Muller，D.，Judd，C. M.，& Yzerbyt，V. Y. (2005). When moderation is mediated and mediation is moderated. *Journal of Personality and Social Psychology*，*89* (6)，852—863.

Murphy，K. R.，Myors，B.，& Wolach，A. (2014). *Statistical power analysis：A simple and general model for traditional and modern hypothesis tests*. Routledge.

Muthén，B. O. (1989). Latent variable modeling in heterogeneous populations. *Psychometrika*，*54* (4)，557—585.

Muthén，B. O. (1990). *Mean and covariance structure analysis of hierarchical data*. Paper presented at the Psychometric Society meeting in Princeton，NJ. UCLA.

Muthén，B. O. (1991). Multilevel factor analysis of class and student achievement components. *Journal of Educational Measurement*，*28* (4)，338—354.

Muthén，B. O. (1994). Multilevel covariance structure analysis. *Sociological Methods & Research*，*22* (3)，376—398.

Muthén，B. O.，& Kaplan，D. (1985). A comparison of some methodologies for the factor analysis of non-normal Likert variables. *British Journal of Mathematical and Statistical Psychology*，*38* (2)，171—189.

Muthén，B.，& Satorra，A. (1989). Multilevel aspects of varying parameters in structural models. Invited paper for the conference，"Multilevel Analysis of Educational Data"，Princeton，NJ，April 1987. In D. R. Bock (Ed)，*Multilevel Analysis of Educational Data* (pp. 87—99). Academic Press.

Muthén，B. O，& Satorra，A.（1995）. Complex sample data in structural equation modeling. In P. V. Marsden（Ed.），*Sociological Methodology*（pp. 267—316）. Blackwell.

Muthén，L. K.，& Muthén，B. O.（2002）. How to use a Monte Carlo study to decide on sample size and determine power. *Structural Equation Modeling*，*9*（4），599—620.

Muthén，L. K.，& Muthén，B. O.（2007）. *Mplus user's guide*：*Statistical analysis with latent variables*（5th ed.）. Authors.

Muthén，L. K.，& Muthén，B. O.（2010）. *Mplus user's guide*：*Statistical analysis with latent variables*（6th ed.）. Authors.

Muthén，L. K.，& Muthén，B. O.（2012）. *Mplus user's guide*：*Statistical analysis with latent variables*（7th ed.）. Authors.

Muthén，L. K.，& Muthen，B. O.（2017）. *Mplus user's guide*：*Statistical analysis with latent variables*（8th ed.）. Authors.

Ntzoufras，I.（2009）. *Bayesian Modeling Using WinBUGS*. Wiley.

Paccagnella，O.（2006）. Centering or not centering in multilevel models? The role of the group mean and the assessment of group effects. *Evaluation Review*，*30*（1），66—85.

Ping，R. A.，Jr.（1995）. A parsimonious estimating technique for interaction and quadratic latent variables. *Journal of Marketing Research*，*32*（3），336—347.

Ping，R. A.，Jr.（1996a）. Latent variable interaction and quadratic effect estimation：A two-step technique using structural equation analysis. *Psychological Bulletin*，*119*（1），166—175.

Ping，R. A.，Jr.（1996b）. Latent variable regression：A technique for estimating interaction and quadratic coefficients. *Multivariate Behavioral Research*，*31*（1），95—120.

Ping，R. A.，Jr.（1998）. EQS and LISREL examples using survey data. In R. E. Schumacker，& G. A. Marcoulides（Eds.），*Interaction and nonlinear effects in structural equation modeling*（pp. 63—100）. Erlbaum.

Pituch，K. A.，& Stapleton，L. M.（2008）. The performance of methods to test upper-level mediation in the presence of nonnormal data. *Multivariate Behavioral Research*，*43*（2），237—267.

Pituch，K. A.，& Stapleton，L. m.（2012）. Distinguishing between cross-and cluster-level mediation processes in the cluster randomized trial. *Sociological Methods & Research*，*41*

(4), 630—670.

Pituch, K. A., Stapleton, L. M., & Kang, J. Y. (2006). A comparison of single sample and bootstrap methods to assess mediation in cluster randomized trials. *Multivariate Behavioral Research*, *41* (3), 367—400.

Pituch, K. A., Whittaker, T. A., & Stapleton, L. M. (2005). A comparison of methods to test for mediation in multisite experiments. *Multivariate Behavioral Research*, *40* (1), 1—23.

Preacher, K. J., Curran, P. J., & Bauer, D. J. (2006). Computational tools for probing interactions in multiple linear regression, multilevel modeling, and latent curve analysis. *Journal of Educational & Behavioral Statistics*, *31* (4), 437—448.

Preacher, K. J., & Hayes, A. F. (2004). SPSS and SAS procedures for estimating indirect effects in simple mediation models. *Behavior Research Methods, Instruments, & Computers*, *36* (4), 717—731.

Preacher, K. J., & Hayes, A. F. (2008). Asymptotic and resampling strategies for assessing and comparing indirect effects in multiple mediator models. *Behavior Research Methods*, *40* (3), 879—891.

Preacher, K. J., & Kelley, K. (2011). Effect size measures for mediation models: Quantitative strategies for communicating indirect effects. *Psychological Methods*, *16* (2), 93—115.

Preacher, K. J., Rucker, D. D., & Hayes, A. F. (2007). Addressing moderated mediation hypotheses: Theory, methods, and prescriptions. *Multivariate Behavioral Research*, *42* (1), 185—227.

Preacher, K. J., Zhang, Z., & Zyphur, M. J. (2011). Alternative methods for assessing mediation in multilevel data: The advantages of multilevel SEM. *Structural Equation Modeling*, *18* (2), 161—182.

Preacher, K. J., Zhang. Z., & Zyphur, M. J. (2016). Multilevel structural equation models for assessing moderation within and across levels of analysis. *Psychological Methods*, *21* (2), 189—205.

Preacher, K. J., Zyphur, M. J., & Zhang, Z. (2010). A general multilevel SEM framework for assessing multilevel mediation. *Psychological Methods*, *15* (3), 209—

233.

Pregibon, D. (1981). Logistic Regression Diagnostics. *The Annals of Statistics*, *9* (4), 705—724.

Prentice, D. A., & Miller, D. T. (1992). When small effects are impressive. *Psychological Bulletin*, *112* (1), 160—164.

Rasbash, J., Steele, F., Browne, W. J., & Goldstein, H. (2009). *A user's guide to MLwiN (Version 2.10)*. Centre for Multilevel Modelling, University of Bristol.

Raudenbush, S. W., & Bryk, A. S., (2002). *Hierarchical linear models: Applications and data analysis methods* (2nd ed.). Sage.

Raudenbush, S. W., Bryk, A. S., & Congdon, R. (2004). *HLM 6 for Windows*. Scientific Software International, Inc.

Raudenbush, S. W., & Sampson, R. (1999). Assessing direct and indirect effects in multilevel designs with latent variables. *Sociological Methods & Research*, *28* (2), 123—153.

Reise, S. P., Scheines, R., Widaman, K. F., & Haviland, M. G. (2013). Multidimensionality and structural coefficient bias in structural equation modeling: A bifactor perspective. *Educational and Psychological Measurement*, *73* (1), 5—26.

Rigdon, E. E., Schumacker, R. E., & Wothke, W. (1998). A comparative review of interaction and nonlinear modeling. In R. E. Schumacker, & G. A. Marcoulides (Eds.), *Interaction and nonlinear effects in structural equation modeling* (pp. 1—16). Erlbaum.

Ryu, E. (2015). The role of centering for interaction of level 1 variables in multilevel structural equation models. *Structural Equation Modeling*, *22* (4), 617—630.

Sardeshmukh, S. R., & Vandenberg, R. J. (2017). Integrating moderation and mediation: A structural equation modeling approach. *Organizational Research Methods*, *20* (4), 720—745.

Saris, W. E., Batista-Foguet, J. M., & Coenders, G. (2007). Selection of indicators for the interaction term in structural equation models with interaction. *Quality & Quantity*, *41* (1), 55—72.

Satorra, A., & Bentler, P. M. (1988). Scaling corrections for chi-square statistics in covariance structure analysis. In *American Statistical Association* 1988 *Proceedings of the Business and Economics Sections* (pp. 308—313). American Statistical Association.

Scariano, S. M. , & Davenport. J. M. (1987). The effects of violations of independence assumptions in the one-way ANOVA. *The American Statistician*, *41* (2), 123—129.

Schermelleh-Engel, K. , Klein, A. , & Moosbrugger, H. (1998). Estimating nonlinear effects using a latent moderated structural equations approach. In R. E. Schumacker, & G. A. Marcoulides (Eds.), *Interaction and nonlinear effects in structural equation modeling* (pp. 203—238). Erlbaum.

Schumacker, R. E. , & Marcoulides, G. A. (1998). *Interaction and nonlinear effects in structural equation modeling*. Erlbaum.

Shrout, P. E. , & Bolger, N. (2002). Mediation in experimental and nonexperimental studies: New procedures and recommendations. *Psychological Methods*, *7* (4), 422—445.

Sivo, S. A. , Fan, X. , Witta, E. L. , & Willse, J. T. (2006). The search for "optimal" cutoff properties: Fit index criteria in structural equation modeling. *The Journal of Experimental Education*, *74* (3), 267—288.

Sobel, M. E. (1982). Asymptotic confidence intervals for indirect effects in structural equation models. *Sociological methodology* , *13*, 290—312.

Sobel, M. E. (1988). Direct and indirect effects in linear structural equation models. In J. S. Long (Ed.), *Common problems/proper solutions* (pp. 46—64). Sage.

Spencer, S. J. , Zanna, M. P. , & Fong, G. T. (2005). Establishing a causal chain: Why experiments are often more effective than mediational analyses in examining psychological processes. *Journal of Personality and Social Psychology*, *89* (6), 845—851.

Spiegelhalter, D. J. , Thomas, A. , Best, N. G. , & Lunn, D. (2003). *WinBugs user manual* (Version 1. 4). MRC Biostatistics Unit.

Spiller, S. A. , Fitzsimons, G. J. , Lynch, J. G. , & McClelland, G. H. (2013). Spotlights, floodlights, and the magic number zero: Simple effects tests in moderated regression. *Journal of marketing research*, *50* (2), 277—288.

Steiger, J. H. (1990). Structure model evaluation and modification: An interval estimation approach. *Multivariate Behavioral Research*, *25* (2), 173—180.

Steiger, J. H., & Lind, J. M. (1980). *Statistically-based tests for the number of common factors*. Paper presented at the Psychometrika Society Meeting, Iowa City.

Stone-Romero, E. F., & Rosopa, P. J. (2008). The relative validity of inferences about mediation as a function of research design characteristics. *Organizational Research Methods*, *11* (2), 326—352.

Taylor, A. B., MacKinnon, D. P., & Tein, J. Y. (2008). Tests of the three-path mediated effect. *Organizational Research Methods*, *11* (2), 241—269.

Thompson, R. J., Gil, K. M., Burbach, D. J., Keith, B. R., & Kinney, T. R. (1993). Role of child and maternal processes in the psychological adjustment of children with sickle cell disease. *Journal of Consulting and Clinical Psychology*, *61* (3), 468—474.

Thompson, R. J., Kronenberger, W. G., Johnson, D. F., & Whiting, K. (1989). The role of central nervous system functioning and family functioning in behavioral problems of children with myelodysplasia. *Journal of Developmental and Behavioral Pediatrics*, *10* (5), 242—248.

Tofighi, D., & MacKinnon, D. P. (2011). RMediation: An R package for mediation analysis confidence intervals. *Behavior Research Methods*, *43* (3), 692—700.

Tucker, L. R., & Lewis, C. (1973). The reliability coefficient for maximum likelihood factor analysis. *Psychometrika*, *38* (1), 1—10.

Vale, C. D., & Maurelli, V. A. (1983). Simulating multivariate nonnormal distributions. *Psychometrika*, *48* (3), 465—471.

Vispoel, W. P. (1994). Integrating self-perceptions of music skill into contemporary models of self-concept. *The Quarterly Journal of Music Teaching and Learning*, *5*, 42—57.

Wall, M. M., & Amemiya, Y. (2000). Estimation for polynomial structural equation models. *Journal of the American Statistical Association*, *95* (451), 929—940.

Wall, M. M., & Amemiya, Y. (2001). Generalized appended product indicator procedure for nonlinear structural equation analysis. *Journal of Educational and Behavioral Statistics*, *26* (1), 1—29.

Wen, Z., & Fan, X. (2015). Monotonicity of effect sizes: Questioning kappa-squared as mediation effect size measure. *Psychological Methods*, *20* (2), 193—203.

Wen, Z., Marsh, H. W., & Hau, K. T. (2002). Interaction effects in growth modeling: A full model. *Structural Equation Modeling*, *9* (1), 20—39.

Wen, Z., Marsh, H. W., & Hau, K. T. (2010). Structural equation models of latent interactions: An appropriate standardized solution and its scale-free properties. *Structural Equation Modeling*, *17* (1), 1—22.

Wen, Z., Marsh, H. W., Hau, K. T., Wu, Y., Liu, H., & Morin, A. J. S. (2014). Interaction effects in latent growth models: Evaluation of alternative estimation approaches. *Structural Equation Modeling*, *21* (3), 361—374.

West, S. G., Finch, J. F., & Curran, P. J. (1995). Structural equation models with nonnormal variables: Problems and remedies. In R. H. Hoyle (Ed.), *Structural equation modeling: Concepts, issues and applications* (pp. 56—75). Sage.

Wilcox, R. R. (1997). *Introduction to robust estimation and hypothesis testing*. Academic Press.

Wirtz, J., & McColl-Kennedy, J. R. (2010). Opportunistic customer claiming during service recovery. *Journal of the Academy of Marketing Science*, *38* (5), 654—675.

Wu, Y., Wen, Z., Marsh, H. W., & Hau, K. T. (2013). A comparison of strategies for forming product indicators for unequal numbers of items in structural equation models of latent interactions. *Structural Equation Modeling*, *20* (4), 551—567.

Yang, F. (1998). Modeling interaction and nonlinear effects: A step-by-step LISREL example. In R. E. Schumacker, & G. A. Marcoulides (Eds.), *Interaction and nonlinear effects in structural equation modeling* (pp. 17—42). Erlbaum.

Yang-Wallentin, F., & Jöreskog, K. G. (2001). Robust standard errors and chi-squares for interaction models. InG. A. Marcoulides, & R. E. Schumacker (Eds.), *New developments and techniques in structural equation modeling* (pp. 159—171). Erlbaum.

Yuan, K. H. (2005). Fit indices versus test statistics. *Multivariate Behavioral Research*, *40* (1), 115—148.

Yuan, K. H., & Bentler, P. M. (1998). Robust mean and covariance structure analysis. *British Journal of Mathematical Statistical Psychology*, *51* (1), 63—88.

Yuan, K. H., & Bentler, P. M. (1999). F tests for mean and covariance structure analysis. *Journal of Educational and Behavioral Statistics*，*24*（3），225－243.

Yuan，K. H.，& Bentler，P. M.（2000）. Robust mean and covariance structure analysis through iteratively reweighted least squares. *Psychometrika*，*65*（1），43－58.

Yuan，Y.，& MacKinnon，D. P.（2009）. Bayesian mediation analysis. *Psychological Methods*，*14*（4），301－322.

Zhang，Z.，Zyphur，M. J.，& Preacher，K. J.（2009）. Testing multilevel mediation using hierarchical linear models：Problems and solutions. *Organizational Research Methods*，*12*（4），695－719.

Zhao，X.，Lynch Jr.，J. G.，& Chen，Q.（2010）. Reconsidering Baron and Kenny：Myths and truths about mediation analysis. *Journal of Consumer Research*，*37*（2），197－206.

Zhu，H. T.，& Lee，S. Y.（1999）. Statistical analysis of nonlinear factor analysis models. *British Journal of Mathematical and Statistical Psychology*，*52*（2），225－242.

中文文献

陈希孺，王松桂．（1987）. 近代回归分析：原理方法及应用．安徽教育出版社.

方杰，温忠麟．（2018）. 基于结构方程模型的有调节的中介效应分析，心理科学，*41*（2），453－458.

方杰，温忠麟，梁东梅，李霓霓．（2015）. 基于多元回归的调节效应分析．心理科学，*38*（3），715－720.

方杰，温忠麟，张敏强．（2017）. 类别变量的中介效应分析．心理科学，*40*（2），471－477.

方杰，温忠麟，张敏强，任皓．（2014）. 基于结构方程模型的多层中介效应分析．心理科学进展，*22*（3），530－539.

方杰，温忠麟，张敏强，孙配贞．（2014）. 基于结构方程模型的多重中介效应分析．心理科学，*37*（3），735－741.

方杰，张敏强．（2012）. 中介效应的点估计和区间估计：乘积分布法、非参数 Bootstrap 和 MCMC 法．心理学报，*44*（10），1408－1420.

方杰，张敏强，顾红磊，梁东梅．（2014）. 基于不对称区间估计的有调节的中介模型检验. 心理科学进展，*22*（10），1660－1668.

方杰，张敏强，李晓鹏．(2011). 中介效应的三类区间估计方法．心理科学进展，*19*(5)，765—774.

方杰，张敏强，邱皓政．(2010). 基于阶层线性理论的多层级中介效应．心理科学进展，*18*(8)，1329—1338.

侯杰泰，温忠麟，成子娟．(2004). 结构方程模型及其应用．教育科学出版社.

廖卉，庄瑗嘉．(2012). 多层次理论模型的建立及研究方法．见陈晓萍，徐淑英，樊景立(编)，组织与管理研究的实证方法（第 2 版，pp. 553—587). 北京大学出版社.

刘东，张震，汪默．(2012). 被调节的中介和被中介的调节：理论构建与模型检验（高中华，译). 见陈晓萍，徐淑英，樊景立(编)，组织与管理研究的实证方法（第 2 版，pp. 553—587). 北京大学出版社.

刘红云，骆方，张玉，张丹慧．(2013). 因变量为等级变量的中介效应分析．心理学报，*45*(12)，1431—1442.

刘红云，张雷．(2005). 追踪数据分析方法及其应用．教育科学出版社.

刘红云，张月，骆方，李美娟，李小山．(2011). 多水平随机中介效应估计及其比较．心理学报，*43*(6)，696—709.

柳士顺，凌文辁．(2009). 多重中介模型及其应用．心理科学，*32*(2)，433—435.

莫雷，温忠麟，陈彩琦．(2007). 心理学研究方法．广东高等教育出版社.

邱皓政．(2008). 潜在类别模型的原理与技术．教育科学出版社.

邱皓政，林碧芳．(2009). 结构方程模型的原理与应用．中国轻工业出版社.

石磊，王学仁，孙文爽．(1997). 试验设计基础．重庆大学出版社.

舒华．(1994). 心理与教育研究中的多因素实验设计．北京师范大学出版社.

孙配贞，郑雪，余祖伟．(2010). 初中生感戴状况与学校生活满意度的关系：应对方式的中介作用．心理发展与教育，*26*(1)，67—72.

王济川，谢海义，姜宝法．(2008). 多层统计分析模型：方法与应用．高等教育出版社.

王孟成．(2014). 潜变量建模与 Mplus 应用：基础篇．重庆大学出版社.

王阳，温忠麟．(2018). 基于两水平被试内设计的中介效应分析方法．心理科学，*41*(5)，1233—1239.

温聪聪，伍伟平，林光杰．(2019). 对齐（Alignment)：一种新的多群组分析法．心理科学进展，*27*(1)，181—189.

温福星．(2009). 阶层线性模型的原理与应用．中国轻工业出版社.

温忠麟．(2016)．心理与教育统计（第 2 版)．广东高等教育出版社．

温忠麟．(2017a)．实证研究中的因果推理与分析．心理科学，*40*（1)，200—208．

温忠麟．(2017b)．教育研究方法基础（第 3 版)．高等教育出版社．

温忠麟，侯杰泰．(2003)．心理测验中的趋中回归与超常分数重现概率．心理学报，*35*（3)，419—425．

温忠麟，侯杰泰．(2008)．检验的临界值：真伪差距多大才能辨别：评《不同条件下拟合指数的表现及临界值的选择》．心理学报，*40*（1)，119—124．

温忠麟，侯杰泰，Marsh，H. W.(2003)．潜变量交互效应分析方法．心理科学进展，*11*（5)，593—599．

温忠麟，侯杰泰，Marsh，H. W.(2004)．结构方程模型检验：拟合指数与卡方准则．心理学报，*36*（2)，186—194．

温忠麟，侯杰泰，Marsh，H. W.(2008)．结构方程模型中调节效应的标准化估计．心理学报，*40*（6)，729—736．

温忠麟，侯杰泰，张雷．(2005)．调节效应与中介效应的比较和应用．心理学报，*37*（2)，268—274．

温忠麟，吴艳．(2010)．潜变量交互效应建模方法演变与简化．心理科学进展，*18*（8)，1306—1313．

温忠麟，吴艳，侯杰泰．(2013)．潜变量交互效应结构方程：分布分析方法．心理学探新，*33*（5)，409—414．

温忠麟，叶宝娟．(2014a)．中介效应分析：方法和模型发展．心理科学进展，*22*（5)，731—745．

温忠麟，叶宝娟．(2014b)．有调节的中介模型检验方法：竞争还是替补？．心理学报，*46*（5)，714—726．

温忠麟，张雷，侯杰泰．(2006)．有中介的调节变量和有调节的中介变量．心理学报，*38*（3)，448—452．

温忠麟，张雷，侯杰泰，刘红云．(2004)．中介效应检验程序及其应用．心理学报，*36*（5)，614—620．

吴艳，温忠麟．(2011)．结构方程建模中的题目打包策略．心理科学进展，*19*（12)，1859—1867．

吴艳，温忠麟，侯杰泰，Marsh，H. W.(2011)．无均值结构的潜变量交互效应模型的标准化估计．心理学报，*43*（10），1219－1228.

吴艳，温忠麟，李碧．(2014). 潜变量交互效应模型标准化估计中的检验问题．心理学探新，*34*（3），260－264.

吴艳，温忠麟，林冠群．(2009). 潜变量交互效应建模：告别均值结构．心理学报，*41*（12），1252－1259.

叶宝娟，李董平，陈启山，王艳辉．(2011). 青少年感觉寻求与烟酒使用的关系：一个有中介的调节模型．心理发展与教育，*27*（4），417－424.

叶宝娟，温忠麟．(2011). 单维测验合成信度三种区间估计的比较．心理学报，*43*（4），453－461.

叶宝娟，温忠麟．(2013). 有中介的调节模型检验方法：甄别和整合．心理学报，*45*（9），1050－1060.

叶宝娟，杨强，胡竹菁．(2013). 感恩对青少年学业成就的影响：有调节的中介效应．心理发展与教育，*29*（2），192－199.

张雷，雷雳，郭伯良．(2003). 多层线性模型应用．教育科学出版社.

郑昊敏，温忠麟，吴艳．(2011). 心理学常用效应量的选用与分析．心理科学进展，*19*（12），1868－1878.

术语索引

M

N

O

P

Q

X

Y

Z

出 版 人　李　东
责任编辑　翁绮睿
版式设计　沈晓萌
责任校对　翁婷婷
责任印制　叶小峰

图书在版编目（CIP）数据

中介效应和调节效应：方法及应用 / 温忠麟，刘红云著. —北京：教育科学出版社，2020. 9（2023. 9 重印）
ISBN 978－7－5191－2278－2

Ⅰ. ①中…　Ⅱ. ①温…　②刘…　Ⅲ. ①统计模型—研究　Ⅳ. ①C815

中国版本图书馆 CIP 数据核字（2020）第 148282 号

中介效应和调节效应：方法及应用
ZHONGJIE XIAOYING HE TIAOJIE XIAOYING：FANGFA JI YINGYONG

出版发行	教育科学出版社		
社　　址	北京·朝阳区安慧北里安园甲 9 号	**邮　　编**	100101
总编室电话	010-64981290	**编辑部电话**	010-64981167
出版部电话	010-64989487	**市场部电话**	010-64989009
传　　真	010-64891796	**网　　址**	http://www. esph. com. cn
经　　销	各地新华书店		
制　　作	北京金奥都图文制作中心		
印　　刷	三河市兴达印务有限公司		
开　　本	720 毫米×1020 毫米　1/16	**版　　次**	2020 年 9 月第 1 版
印　　张	27	**印　　次**	2023 年 9 月第 5 次印刷
字　　数	387 千	**定　　价**	85. 00 元

图书出现印装质量问题，本社负责调换。